女性文化学

『十一五』国家重点图书出版规划项目
全国教育科学『十五』规划重点项目
国家精品资源共享课『中国女性文化』课程指定教材

赵树勤　主编

湖南师范大学出版社

图书在版编目（CIP）数据

女性文化学／赵树勤主编．—长沙：湖南师范大学出版社，2015.7
ISBN 978 - 7 - 5648 - 2138 - 8

Ⅰ.①女… Ⅱ.①赵… Ⅲ.①女性—文化学 Ⅳ.①C913.14 - 05
中国版本图书馆 CIP 数据核字（2015）第 115573 号

女性文化学

赵树勤 主编

◇策划组稿：谭南冬
◇责任编辑：黄 莉
◇责任校对：江洪波
◇出版发行：湖南师范大学出版社
　　　　　　地址/长沙市岳麓山 邮编/410081
　　　　　　电话/0731.88853867 88873071 传真/0731.88872636
　　　　　　网址/http://press.hunnu.edu.cn
◇经销：湖南省新华书店
◇印刷：河北浩润印刷有限公司
◇开本：787mm×1092 mm 1/16
◇印张：21.25
◇字数：420 千字
◇版次：2015 年 7 月第 1 版 2024 年 9 月第 3 次印刷
◇书号：ISBN 978 - 7 - 5648 - 2138 - 8
◇定价：68.00 元

女性文化的本土性建构

——序赵树勤主编的《女性文化学》

20 世纪 80 年代以降，女性主义无论是作为一种思想观念，还是作为一种文化现象，都已成为当代中国日渐拓展的一种人文话题和社会景观。人们也许难以条分缕析地说清女性主义文化如何重塑了性别、自我与发展的概念，如何重释了人与社会、人与自然的关系，如何更新了爱与生死、身体与心灵、疾病与健康的观念，如何改变了现代人的思维方式与行为准则等，但可以肯定地说，女性主义文化及观念已经潜在或显在地渗透到社会政治、经济、文化及人们社会生活的各个领域，对促进妇女解放、文化进步和社会发展已经发生且仍在发生重大影响。而随着全球经济一体化格局的形成，随着我国建设小康社会，构建和谐社会目标的日渐接近，这种渗透和影响将更加深远，其意义和价值将更加彰显。

在西方，女性主义（或女权主义）大致经历了一个由一种人权运动到一种社会思潮，由争取女性生存发展的权利到确立当代女性一种普泛的价值观念的过程。而女性学的研究，已由 1960 年第一个由女学者组成的独立研究中心——瑞德克利夫研究所（Radcliffe Institute）的成功创建，发展到今天女性研究机构林立、女性主义学派纷呈、与女性研究有关的数以万计的课程遍布西方各国大学的繁荣局面。

我国真正现代意义上女性主义观念的提出，女性学的研究，是改革开放以来的事。在对西方女权主义思想的借鉴与反思中，在对中国传统文化中女性观念的承继与批判中，在对社会转型期一系列关涉女性的现实问题的叩问和探询中，对女性问题的关注，对女性文化的研究，逐步进入人们的视野，形成了一种独特的研究视角和研究方向，甚至成为了一门独特课程和专业。特别是 1995 年，在北京举行了联合国第四次世界妇女大会之后，中国政府为实现《北京宣言》和《行动纲领》，先后制定了 1995—2000 年、2001—2010 年《中国妇女发展纲要》。在将"男女平等作为促进中国社会发展的一项基本国策"的主领之下，策略性地将教育列为妇女发展重点突破的领域之一，力图通过教育来实现女性的自我提升、社会的和谐构建。这无疑是意义深远的明智之举。因此，对于承担着全面培养高素质、创新型人才任务的各类高等院校来说，普遍开设性别素质教育课程，以帮助学生建立正确的性别意识，建构素养全面的完形人格，步入自立自强的健康人生极有必要。对于这门课程的建构和实施，不少高校、不少学者都作了有益的探索和实践，然当务之急是，我们还缺乏一本系统全面、规范实用的性别素质教育教材。

湖南师范大学赵树勤教授长期以来关注与研究女性文化，积极进行性别素质教育课程的建设与实践。她为完成全国教育科学"十五"规划重点项目"21世纪高等院校女性学课程的体系建构与教材建设"和创建国家精品资源共享课"中国女性文化"课程而主编的这本《女性文化学》，可说是高校性别素质教育课程教材的一个成功范本。该书立足于中国现阶段女性问题，从女性主义的视角全方位地阐述了女性文化的发生、发展及现状，提供了构建本土女性文化的建设性意见。具体而言，《女性文化学》一书体现出如下几个鲜明特色：

第一，多元化的思想体系建构。女性学本身就是一个从妇女的角度进行理论与实践研究的跨学科领域，它涉及社会科学与人文科学的所有方面，还涉及自然科学研究的方法论等问题。《女性文化学》一书充分考虑了这一特点，全书采用了一种大文化、跨学科的多元体系构架，从女性主义文化思潮，女性的历史，女性与教育，女性与法律，女性与文学，女性与传媒，女性与科学，女性与审美，女性与生态文明，女性的身体与智慧，女性与婚恋、家庭，女性与就业、参政等十二个方面勾画了女性，尤其是中国女性的文化地形图。全书既以女性主义为基点，对男性中心主义历史条件下形成的男性视角进行了矫正，对历史积淀下形成的男权思想进行了辨析；又摒弃了那种狭隘的、极端的或偏激的女性主义观点，用一种多元的视角，一种客观的、科学的态度来关注女性文化所涉及的问题。这种态度，表明了中国女性主义发展到一个新的阶段，表明了该书的编撰者们开始用一种更宽容、更务实，因而也更科学的态度来研究女性文化问题，这种多元的思想方法为我们建立男女平等、双性和谐的美好社会提供了一个思想平台和理论支持。

第二，本土性的女性文化阐释。该书立足于女性主义的观点和方法，立足中国现实，对女性文化尤其是中国女性文化的发生发展及其表现特征进行了充满本土意味的阐释。如"女性主义文化思潮"一章在界定女性主义的内涵、思潮的流变的基础上，重点评述了女性主义在中国的传播，使读者对中国女性主义的成长有了一个初步的认识；如"女性的历史"一章概述了女性光荣又屈辱的历史，透视了中国女性在漫长的历史阶段中与自身苦难命运抗争的情形，并对女性在家庭与社会中的角色定位进行了新解读；又如"女性与法律"一章概述了女性的法律权利，对我国女性维权的热点问题与女性犯罪问题进行了探讨，为改善女性的生长环境提供了很好的参照；再如"女性与文学"一章在论析中国文学史编撰中女性缺席的现象及其原因的基础上，重点对中国当代女性文学的缘起与演进进行了系统梳理，并展望了女性文学的未来走向。全书还讨论了女性与审美，女性与生态文明，女性的身体与智慧，女性与就业、参政等极富前沿性现实性的问题。在阐述女性文化有关问题时，本书始终注意用女性主义的观点来分析问题，并且使这种观点本土化，因而具有很强的中国特色。

第三，性别问题的实际性指导。该书在放眼全球女性文化发展的同时，突出地表现了对中国女性生存状况的关切。全书所讨论的问题都是当前女性在发展建设中遇到的普遍性问题，所提出的理论主张均建立在广泛调研的基础上，具有很强的实践性。比如该书分析了现代传媒中女性从业人员受到男性挤压的现象，提出了女性要在传媒中崛起应采取的措施；对当前女性维权的热点问题的探讨中，提出了应对的具体法律对策；在剖析现阶段中国女性就业所受到的歧视和遭遇的困难时，提出了若干解决的方案；在探讨目前教育中的性别差异这一现实时，提出了建立无性别差异的教育模式设想；等等。正因为本书的理论阐述都是建立在解决女性实际问题基础上的，所以极具针对性、启发性和实用性。

第四，深入浅出、雅俗共赏的表述方式。《女性文化学》是为高校各专业学生编写的性别素质教育课程教材，必须考虑不同专业学生的实际水平与现实需求。我们看到，该书对研究对象作了认真的选取，所有的理论阐释和观点陈述都逻辑清晰，言简意赅，明白易懂。这样的表述风格，既方便了老师的教学，也使学生在学习过程中感觉亲切，易于接受。

德国伟大诗人和思想家海涅曾经说过，每一个时代都有它的重大课题，解决了它就能把人类社会向前推进一步。21世纪中国发展的首要命题即建构和谐社会。我期望《女性文化学》一书的出版发行能推进全国高校性别素质教育课程的全面展开，能在启发人们性别意识、升华性别理论水平、展示性别研究成果、提供性别问题的实际指导等方面给人以积极的教益和切实的帮助，并能以此促进男女平等、两性和谐的理想社会的构建。

陈湘生

2014 年 12 月

前　言

　　这本《女性文化学》是作者为完成全国教育科学"十五"规划重点项目"21世纪我国高校女性学课程的体系建构与教材建设",创建国家精品资源共享课程"中国女性文化"而编撰的。它既是一本为高校本科生开设性别素质教育课程所撰写的教材,又是一本凝结着学术前沿思想的研究论著,同时它亦可被看作一本为社会所有人准备的关于女性话题的普及性读物。

　　20世纪60年代以来,女性学或者说女性研究(在英文中,女性学和女性研究是同一个词,即women's studies)① 在世界许多国家已成为一门显学,并呈现出丰富多彩的形态和开放多元的理论建构面向。它以其独特的对过往文化的颠覆、化解与更新,以其对最新文明的深邃而鲜活的思考,衍化成人类前沿的学术和知识,并渗透到各个学科领域。可以这么说,在当今全球化信息化的时代,不了解女性文化,学者几乎不可能有效深入地进行人文社会科学研究,② 国民也难以积极自觉地参与现代文明的建设。

　　20世纪80年代中期以降,由于改革开放、社会转型所带来的东西方文化遇合的宽松语境,女性文化日渐成为中国当代社会触目皆在的"物质"景观。1995年,北京成功举行联合国第四次世界妇女大会之后,中国政府为实现《北京宣言》和《行动纲领》,先后制定了1995—2000年、2001—2010年《中国妇女发展纲要》。在将"男女平等作为促进中国社会发展的一项基本国策"的主领之下,策略性地将教育列为妇女发展重点突破的领域之一,力图通过教育来实现女性的自我解救、社会的和谐构建。教育对于面临着根深蒂固的传统文化困扰的中国女性来说,或许是一条最为现实的解放之路。

---

　　① 在西方学术界,在相当一个范围内,女性主义几乎成为女性研究的同义词;以女性主义涵盖女性研究不仅是一种表述,在很大程度上也是一个事实。本书为论述的方便或避免用语的重复,有时也采用了女性主义这一表述。
　　② 美国密西根大学刘禾教授说:"在国外,如果一个学者不懂女性主义,几乎不能进行研究。"(荒林主编:《中国女性主义学术论丛书·总序》,九州出版社2004年版)

高等院校的教育一方面要适应 21 世纪知识经济时代的需要，培养素质全面的创新型人才，而传统的落后的性别意识窒息了人的潜能和创造力，使之无法应对日新月异的信息社会。另一方面，每一个高校学生都是未来的母亲、父亲；而高等师范院校相当于整个教育的母机，每个师范生的身后都有一条长长的等待她（他）直接（间接）教育、影响的未成年人组成的长龙，大学生的性别意识将影响千秋万代。因此，有必要帮助学生和公民建立正确的性别意识、建构素养全面的完形人格。

如今，女性学已成为了不少国家高等教育教学体系的一个有机构成，许多国家在高校基础课程中开设了女性学或与女性学相关的课目，在多种学位课程中也设立了女性研究方向。如美国有 12% 的大学生从妇女研究课程取得学分，仅 1978—1985 年，妇女研究方面的博士论文就达 13000 多篇。为此，国内不少院校为实现高等教育课程与国际接轨，也为了研究和传播女性文化，陆续在校内开设女性学及相关课程，这类课程在世纪之交得以迅速普及，并覆盖了全国众多高校。但令大多进行性别素质教育教学的执教者倍感困难的是，难以觅见一本具有普泛性指导性的规范化教材，教师们只好各自为政，自编自唱。所以，建设我国本土的具规范化、普及性意义的女性学素质教育教材乃当务之急。

基于上述理由，我们在多年进行女性文化研究和女性学教学实践的基础上编撰了本书。我们之所以将本书命名为"女性文化学"而非"女性学"，之所以从大文化、多学科的角度构建本书体系，首先是因为女性学本身就是一个从妇女的角度进行理论与实践研究的跨学科领域，它涉及社会科学与人文科学的所有方面，还涉及自然科学研究的方法论等问题。其次，是想超越狭隘和一般锁定的女性属性，从广阔的文化领域来探讨女性的历史境遇、现实生存及未来前景，探讨文化是如何构造了女性、构造了男人与女人的丰富复杂性，并检索文化在发展过程中所遭遇的诸种问题，尤其是性别不平等问题。本书从女性主义文化思潮，女性的历史，女性与教育，女性与法律，女性与文学，女性与传媒，女性与科学，女性与审美，女性与生态文明，女性的身体与智慧，女性与婚恋、家庭，女性与就业、参政等十二个方面勾画了女性，尤其是中国女性的文化地形图。

本书一方面注意到女性学课程的学术前沿性，另一方面也充分考虑到了我国文化的本土特色，以及各专业大学本科生、普通民众的知识水平与现实需求。所以，书本内容坚持全球性与本土性、学术性与实用性的有机统一，行文风格力求深入浅出、雅俗共赏，利于理解接受、普及推广。我们期望本书在启发人们性别意识、升华性别理论水平、展示性别研究成果、提供性别问题的实际指导等方面能给人以积极的教益和切实的帮助，并能以此促进男女平等、双性和谐的理想社会的建构。

女性学是一门凝聚了多种思想智慧、散发着蓬勃生机的不断发展的学科，囿于我们的学术背景与知识积累，本书对女性学思想的论述实际上依然是不完整的、暂时性和启发性的，我们期待着专家读者的批评，以便在以后的研究中逐步接近完善。

目录

第一章
女性主义文化思潮

20世纪80年代中期以降，女性主义文化日渐成为中国当代社会触目皆在的"物质"景观，不论我们如何认识，它都已在不知不觉中渗透到我们生活的方方面面。也许人们难以说清女性主义文化如何重塑了性别、自我与发展的概念，如何重释了人与社会、人与自然的关系，如何更新了爱与生死、身体与心灵、疾病与健康的观念，如何改变了现代人的思维方式与行为准则等，但它所带来的妇女的解放、文化的进步、社会的发展有目共睹、不容小视。近二十年来，中国女性以其艰苦卓绝的理论探寻、文本创造和实践行动参与了中国当代文化地图的建构，她们不仅撑起了人类生产和社会结构的"半边天"，而且支撑着当代文学文化的"半边天"，离开了女性主义文化，中国当代文化史就是不完整的。因此，系统地考察与梳理世界女性主义思潮的流变及其中国境遇将有助于我们全面、发展地认识中国女性文化与整个中国文化，有助于我们深入理解女性主义文化思潮与先进文化之复杂关联。

第一节　女性主义的内涵及其对世界文化的贡献

"女性主义"（feminism）这一术语于1870年出现在法国（法语féminisme），后传入英国及其他欧洲国家和少数拉美国家，1910年后在美国流行，非英语国家也在20世纪初开始流传feminism一词，汉语有音译为"飞米尼斯主义"的。feminism也可译为"女权主义"、"男女平等主义"、"妇女解放运动"等。国内现今通常译为"女性主义"，主要是想表达一种政治态度与文化立场。因为"女性主义"一词更注重性别意识与文化建构，区别于早期妇女解放运动争取男女平权的斗争，国内大多学者在批评运动中也倾向于采用"女性主义"而不用"女权主义"。"女性主义"自产生之日起，其意义一直处于演变之中，至今仍众说纷纭，莫衷一是。一般而言，女性主义可以概括为以消除性别歧视、结束对妇女压迫为政治目标的社会运动，以及由此产生的思想和文化领域的革命，具体内涵包括政治、理论、实践三个层面。从政治上说，女性主义是一种社会意识形态的革命，一场提高妇女地位的政治斗争；从理论上看，女性主义是一种强调男女平等、对女性进行肯定的价值观念、学说和方法论原则；从实践而言，女性主义是一场争取妇女解放的社会运动。女性主义实际上是三个层面的集合体，无论从哪个层面指称和讨论女性主义，都有其合理性。①同时，女性主义又是发展的、多元的。女性主义从一开始就有别于其他各种"主义"，它不是传统意义上的严格定义的文化和学说，也不是铁板一块的意识形态，它有自己的过去、现在和未来，我们无法以固定的理论和常规的模式来指称它，因为它似一股奔涌不息的文化泉流，悄然漫过各个领域，于流动与蔓延中不断地吐故纳新，不断地孕育新的活力和生命。自由主义女性主义、激进女性主义、马克思主义－社会主义的女性主义、精神分析女性主义、存在主义女性主义、后现代女性主义、多元文化的与全球的女性主义以及生态主义女性主义，每一种女性主义思潮的探讨都丰富了女性主义文化，女性主义正是以其独特的包容性、化解性和创造性，两百余年持续显现出旺盛的生命力，女性主义也许是20世纪唯一能延续几个世纪甚至几十个世纪的文化思潮。②

回溯女性主义发展的漫漫征程，我们可以清晰地看到女性主义为世界文化发展作出了不可磨灭的积极贡献。首先，女性主义作为一场争取妇女解放、推动社会政治进步的文化运动，承担了解放妇女、思考妇女前途和命运的使命，它唤醒了占人类二分之一的广大妇女，并为其争得了政治、经济、文化等诸多方面的权利、地位和实惠，极大地解放了生产力，促进了全球政治、文化朝完美方向发展。其次，女性主义反思与质疑了以往父权制基础上的一切文化，揭示了其对女性的遮蔽与扭曲，使我们在"熟知"的文化史屏障背后窥见另一种女性文化和女性存在，这种遮蔽无疑颠覆了父权文化的不公正，使人们对既往文化的认识更完善、更接近真理，同时也使双性和谐的

---

① 对女性主义定义的概括参照以下国际权威性辞典：《韦氏新世界辞典》、《牛津哲学辞典》、《美国学术百科全书》、《不列颠百科全书》（12卷）。

② 著名学者张首映指出，"女性主义批评也许是这个世纪唯一能延续几个、几十个世纪的文论批评流派"（张首映：《西方二十世纪文论史》，北京大学出版社1999年版，第495页），我以为此说用以概括女性主义文化也是适用的。

人类完形文化的逐步建构得以可能实现。再次，女性主义的富有开拓性和建设性的批评与文学本身就是人类文化史上的一个伟大创造，是女性奉献给人类文化的一块瑰宝，它填充了批评史与文学史的空白，丰富了世界思想文化的宝库。

第二节　西方女性主义文化思潮的流变

为了更清晰地描述西方女性主义文化思潮的流变，我们有必要对此前的女性主义发展史作一简单的回溯。一般认为，欧洲文艺复兴是女性思想解放的肇端。文艺复兴倡导的尊重个人权利的号召影响了一批中产阶级妇女，意大利女子维多里诺·达斐尔特为当地百姓办了一所学校，允许任何阶层的子女入学。这种教育思想和制度逐渐传遍了整个欧洲。此后社会各阶层对妇女问题的关注一直持续增长，鼓吹妇女解放的女性主义思潮虽时隐时现、时高时低，但从未中断。

18～19世纪，启蒙运动的启迪、工业革命的洗礼和法国大革命的风暴唤醒了广大妇女，她们自愿组织起来，向父权制传统宣战。启蒙思想家展现的"自由、平等、博爱"，"天赋人权"的理想激励着妇女奋起追求平等的权利；工业革命的工厂劳动强化了男女之间的社会分离，也为妇女的经济独立、摆脱家庭束缚与男性压迫提供了某种基础；法国大革命中《人权宣言》的通过则进一步鼓舞了妇女追求平等的愿望和斗志，同时也使她们意识到集体斗争的重要性。1791年，奥林普·德·古日（Olympe de Gouges）有感于女性在革命中的"不在场"境况，发表了著名的《女权宣言》，主张女性和男性一样享有天赋的权利："妇女生来就是自由人，和男人有平等的权利。社会的差异只能建立在共同利益的基础之上。"[①] 受其影响，英国女哲学家玛丽·沃尔斯通克拉夫特（Mary Wollstonecraft）发表著名论文《为女权辩护》，批判了卢梭等认定的女人生来是"男人的附属物"、妇女只能是"家庭里的天使"的论说，明确提出妇女与男人一样具有理性，应当在政治、教育、工作及财产继承等方面享受与男性同样的权利，呼吁女人不做只知取悦男人、依靠男人的寄生虫，而应成为为世界改革贡献力量的具有独立人格的"明智的公民"。这正是日后女权主义者奉为圭臬的女权思想。

---

① 闵冬潮：《国际妇女运动》，河南大学出版社1991年版，第28页。

大多学者认为，女性主义文化思潮的发展经历了三个阶段。① 第一阶段为 19 世纪中期至 20 世纪前期，主要思想为争取男女平权、两性平等。1848 年，美国妇女在纽约州召开了首届女权大会，会上，伊丽莎白·凯蒂·斯坦顿（Elizabeth Cady Stanton）仿效《独立宣言》发表了一篇"苦情宣言"，陈述了社会、经济和法律中种种对妇女的歧视现象，提出了男女在工作、财产、受教育等方面的平等要求，宣称"我们坚持不证自明的真理，所有的男人、女人生而平等"②，"我们坚决要求立刻给予妇女所有属于美国公民的权利和特权"③。大会表决通过了争取女性参政权的议案。1851—1867 年，英国伦敦、曼彻斯特、爱丁堡等地相继建立了"妇女参政协会"，要求妇女的政治权利；英国开明的男性思想家约翰·斯图亚特·穆勒也多次发表论著，为女性的参政权利大声疾呼。1870 年，英国通过《已婚妇女财产法》，妇女取得了财产继承权。19 世纪末女性争取权利的运动波及瑞典、挪威、芬兰等北欧国家，后又影响到俄国和亚洲国家。这一女性主义浪潮在 20 世纪初达到高峰。此高峰的形成与第一次世界大战有着密切的关联。一战期间，男子大批开赴前线，女性挑起了他们留下的担子，活跃在各行各业，甚至包括军火制造业等男人的传统行业，她们在为国家建立卓越功勋的同时，也在一定程度上削弱了男人的主宰地位。S. M. 吉尔伯特（Sandra M. Gilbert）和 S. 格巴（Susan Gubar）指出，无论是比喻还是实际地看，第一次世界大战都使男人遭到重创，并给妇女一个恢复被剥夺地位的机会，每送一个小伙子上战壕，就意味着给妇女空出一份工作。"据说在战时，劳动妇女的增加数目：法国有一百万人，英国有一百五十万人，德国有两百万人，欧美各国合起来达一千万人以上。"④妇女就业机会的增加一方面有助于其从对丈夫的经济依赖关系中解放出来，促进妇女意识的觉醒；另一方面，则壮大了以往中产阶级妇女所组成的妇女运动队伍，使妇女运动有了新的面貌。一战结束不久，英国、美国、奥地利、比利时、德国等 15 个国家的女性赢得了选举权。与此同时，女性主义理论逐步走向成熟，其影响也更加广泛深入。1929 年，女性主义文学批评的先驱、英国作家弗吉尼亚·伍尔夫（Virginia Woolf）出版了备受女性主义者青睐的《一间自己的屋子》（A Room of One's Own），这本小册子的中心论点即"一个女人如果要写小说一定要有钱，还要有一间自己

---

① ［法］朱莉亚·克里斯蒂娃：《妇女的时间》，见张京媛主编：《当代女性主义文学批评》，北京大学出版社 1992 年版，第 347－371 页。
② 闵冬潮：《国际妇女运动》，河南大学出版社 1991 年版，第 108 页。
③ 王政：《女性的崛起——当代美国的女权运动》，当代中国出版社 1995 年版，第 11 页。
④ 杜慧君：《妇女问题讲话》，新知书店 1938 年版，第 82 页。

的屋子"①。在此，"钱"和"一间屋子"不仅仅是它们本身，而是一种象征，是妇女没有经济地位、文学传统、创作自由的生存状况的写照，也是妇女要进行创作的必要条件的象征。这本书闪烁的女权思想的真知灼见使女性主义文学理论初具规模。第一阶段女性主义思潮以妇女普遍赢得选举权与财产权而胜利告终。应该指出的是，这一时期女性主义的局限性亦十分明显，主要表现在对一般女性问题的探讨都建立在"普遍妇女"的意义上，忽视了不同国别、民族、种族、阶级等不同情况妇女的独特性，正如克里斯蒂娃所言，这一代的女性主义将不同背景、年龄、文明或者不同心理结构的妇女问题在"普遍妇女"的标记下国际化了。②

女性主义文化思潮的第二阶段为20世纪六七十年代，强调性别差异和女性的独特性，并以此否认男权秩序是这一时期的主导思想。第二次世界大战结束后，一方面，战时曾走出家门、支援前线、为国分忧的女性劳动大军被要求回到家里，以腾出就业岗位给解甲归田的男性；另一方面，广告、电影、电视等大众传媒则不遗余力地打造与渲染"幸福的家庭主妇"形象，致使北美不少妇女再次沦为"家里的天使"、"消费的奴仆"。到20世纪50年代中期，辍学结婚的美国女大学生达到60%。进入20世纪60年代，"幸福的家庭主妇"的舆论导向与女性生活的严峻现实间的冲突日益加剧，女性倍感压抑、苦闷，甚至愤懑。1963年，美国女权运动领袖贝蒂·弗里丹撰写了《女性的奥秘》一书，以无可辩驳的生动事例解构了美国理想女性的神话，振聋发聩般地唤醒了广大女性，一场前所未有的妇女解放运动由此爆发。20世纪70年代，美国黑人等少数民族和劳动阶层妇女也投身到这一运动，她们成立了"全国黑人女权主义组织"③，反抗自己所遭受的阶级、种族、性别等多重压迫。黑人及劳动妇女的加入拓展了妇女运动的视野，增加了它的广度和深度，使此次妇女解放运动成为"美国历史上基础最广泛、最多样化的运动之一"④。

风起云涌的美国妇女运动很快延伸到西方各国。德国、法国、荷兰等国妇女活动家像她们的美国姐妹那样，成立了各种自治团体和"提高觉悟小组"。英国的妇女运动率先由劳动妇女发起。1968年，她们连续发起了三次争取平等权利的斗争，震动了全国，妇女运动开始在全英范围内展开，许多中产阶级妇女也加入其中。1969年，全英男女平等权利委员会成立，将运动

①　[英] 弗吉尼亚·伍尔夫：《一间自己的屋子》，王还译，三联书店1989年版，第2页。
②　[法] 朱莉亚·克里斯蒂娃：《妇女的时间》，见张京媛主编：《当代女性主义文学批评》，北京大学出版社1992年版，第353页。
③　时春荣：《美国少数民族妇女卫护民族多样性的斗争》，《妇女研究论丛》1996年第2期。
④　王政：《女性的崛起——当代美国的女权运动》，当代中国出版社1995年版，第156页。

推向高潮。欧美各国的这次妇女运动不仅要求男女平等的各项权利，而且对以男性为中心的文化进行了猛烈的抨击。她们认为生态环境受到男性科学技术的破坏，对第三世界的剥削也是由男性统治造成的。女性建立各类绿色组织与和平组织，满腔热情地参加环境保护与和平运动。

女性主义思潮第二阶段的追求既是前一阶段的继续，也是一种断裂，其目标从争取妇女在政治、经济、法律等领域的权益转向了对妇女本质及文化构成的探究，虽然两阶段均要求男女平等，但第二阶段追求的不是以男人为标准的平等，而是体现了性别差异的平等。这一时期，女性主义刊物不断出现，妇女学研究进入高等学府，女性主义理论也在女权运动实践中有了跃进式的发展，女性主义思想家试图以其理论补充、修正和重构世界文化。其中，法国女作家西蒙·德·波伏瓦（Simone D. Bouvoir）、美国女权运动活动家贝蒂·弗里丹（Betty Friedan）和凯特·米利特（Kate Millet）等均为此作出了杰出贡献。

波伏瓦的《第二性》（*The Second Sex*）虽发表于 1949 年，但它对女性主义文化思潮的再度兴盛起了推波助澜的作用。在这部著作中，波伏瓦运用大量哲学、生物学、心理学、历史、文学等材料证明，并不存在先验的"女性气质"，女性在社会历史过程中被降低成了男人的对象，被铸造成了男人的另一性，即第二性；女性自由的障碍不是生理条件，而是政治、法律的限制造成的。波伏瓦的"女人不是天生的，而是被变成的"著名思想使她成为当代最负盛名的女性主义者，她的女性主义理论对西方传统文化产生了巨大冲击，《第二性》也因此被誉为"有史以来讨论妇女的最健全、最理智、最充满智慧的一本书"。弗里丹的《女性的奥秘》（*Feminine Mystique*）60 年代初一问世即成为此阶段女性主义思潮的宣言书。作者有感于美国妇女回归家庭后重新被限制在其生理功能中的严峻现实，在对美国家庭主妇的生活进行广泛调查的基础上，写出了这本纪实体裁的名著。弗里丹在书中猛烈抨击了那些来自社会和妇女自身的要使妇女成为贤妻良母的虚假论证，并对弗洛伊德的男权化的女性观展开了强有力的批判。她一针见血地指出，"女性奥秘论告诉人们，女人的最高价值和唯一使命就是她们自身女性特征的完善"①，即女性必须安于母亲和妻子的角色，由此"妇女发展已经被阻止在生理的水平上，在很多情况下，对她们来说，除了爱和性满足的需求之外，没有任何高层次的需求。甚至连自尊、自重以及受到他人尊重的需求——'对于力量，取得成就，对于胜任，精通和竞争，对于面对这个世界的自信，对于自

---

① ［美］贝蒂·弗里丹：《女性的奥秘》，程锡麟等译，北方文艺出版社 1999 年版，第 375 页。

立和自由的愿望'——还没有被清醒地认识到"①。因此，必须教育妇女在科学中发现，在社会中开拓，取得一种经济独立的新的整体角色，女性才能真正获得解放。《女性的奥秘》是女性主义的一个里程碑，它不仅改变了千百万美国女性的命运，也改变了人类的文化和生活，改写了女性的历史，被西方奉为女性的圣经。米利特的《性的政治》（*Sexual Politics*）一书于1970出版，当年即成为全美畅销书。全书分"性的政治"、"历史背景"、"性在文学中的反映"三大部分，第一部分评述了两性间不平等的权利关系，第二部分概述了19～20世纪女权主义斗争及对手的命运，第三部分集中讨论了性别权利关系在D.H.劳伦斯、亨利·米勒、诺曼·梅勒和让·热内四位作家笔下的表现。米利特指出，男性主义是一种社会体制，与政治密切相关，因而两性关系也是一个严肃的政治问题；在文学这种父权意识的文化产物中，男性作家凭借其性别意识，在小说这个小天地里再现着现实世界的性政治；女性主义者的任务就是清算文学中男性的"暴政"，以使作者和作品从父权文化中解放出来。米利特是最早将女性主义理论引入文学批评的人，她的《性的政治》引导人们将文化批评与文学批评结合起来，建立了一种从女性视角对男性文学进行颠覆性阅读与批评的全新批评方式，"奠定了一种成为女性主义内部论争之出发点的女权见解"②，此书的影响使它成为女性主义的又一重要经典，并被称为"美国女性主义批评之母"。

20世纪80年代后期，女性主义文化思潮发展到第三阶段。这是女性主义众声喧哗的开放时期，女性主义者提倡的三个阶段的女性主义方法相互融合或共存于同一历史时间之内，拒绝那种形而上学的男女两分法。正如克里斯蒂娃所言，她们不再强调男女的对立或一元论，而是要求性别差异的政治必须由多元化的差异来取代；她们注重女权、女性与女人的统一，使女人不再成为与男性对立的准男人，而是让女人成为女人，男人成为男人；她们主张消弭冲突、对抗、暴力等男性统治话语，推进爱、温情、友谊的新的文化政治话语，使世界成为具有新生意义的后现代世界。

第三节　女性文化思潮在当代中国的传播

20世纪以来，中国虽有过多次妇女解放运动和女性思想的萌芽，但都未

---

① ［美］贝蒂·弗里丹：《女性的奥秘》，程锡麟等译，北方文艺出版社1999年版，第375页。
② 林树明：《女权主义文学批评在中国》，贵州人民出版社1995年版，第9页。

能像英美等国那样形成女性文化的气候。一方面，这是因为这些妇女运动从来都不具有独立的意义，它只是社会革命运动的一个组成部分，一种争取社会进步、反封建的手段，其斗争的对立面不是强大的男女不平等的男性政治、经济、文化霸权，而是帝国主义、封建主义、官僚资本主义这三座压在中国人民头上的大山。新中国成立后，在很大的程度和范围内，人们普遍认为中国的妇女已经解放，妇女问题被交托于妇联组织，而妇联则主要以保护妇女的合法权益、使妇女在社会主义经济建设中更大地发挥作用为其主要任务。另一方面则由于现代意义的妇女理论异常匮乏，其思想仅仅停留于男女平等、女人能顶半边天的女权阶段，在已经平等的概念的掩盖下，真正的妇女问题、西方女性主义60年代后期至今所探讨的诸多问题在中国理论界都不可能引起关注。直至20世纪80年代，思想解放、改革开放和经济转型所玉成的东西方文化遇合的宽松语境才为西方女性主义思潮的引进、生长提供了契机和沃土，于是，真正具有当代世界意义的女性主义文化思潮成功步入中国内地。

女性主义文化思潮在中国内地的传播实际上是从引进与阐发两个向度展开的，引进略领先一步。引进即对西方女性主义理论与创作的译介。1981年，朱虹在为《美国女作家作品选》所写的序中率先介绍了美国妇女现状及女性主义思潮。1983年，她在《美国女作家短篇小说选》的前言中全面介绍了西方妇女文学及美国的女权运动、女性主义思想和妇女研究现状，这些简略的介绍仿佛打开了一扇窗户，让一向耳目闭塞的中国读者见识了女性主义理论这朵异域奇葩。80年代中期以后，对西方女性主义理论与创作的译介出现高潮。先是《外国文学》、《上海文论》开辟专栏重点评介西方女性主义理论与创作，而后，《文学评论》、《外国文学评论》、《文艺理论批评》等权威性刊物及普通刊物纷纷推出此方面论文。接下来，波伏瓦的《第二性》、贝蒂·弗里丹的《女性的奥秘》、弗吉尼亚·伍尔夫的《一间自己的屋子》和杰梅茜·格里尔的《女太监》等专著，玛丽·伊格尔顿编选的《女权主义文学理论》、张京媛主编的《当代女性主义文学批评》等论文集先后由国内各家出版社出版，西尔维亚·普拉斯、安·塞斯顿、玛格丽特·阿特伍德以及阿赫玛托娃等欧美女作家创作也纷纷在中国面世。

大量的西方女性主义思潮的译介不仅为女性文化与文学提供了理论的武器和创作的参照，而且营造出一种呼唤女性主义文化的赫赫声势，催促着女性文学的勃兴。但不可忽视的是，这种引进和接受在早期有着明显的局限性：翻译的少，评述或者转述的多，翻译全文者少，摘录者多。评介者常常择其论点、要义而舍弃论证的过程，即注重精神实质和结论而忽视具体问题研究、论证之方法和文本分析、解释的全过程。如20世纪80年代初对女性主义理论的引进主要散见于有关外国文学的刊物上，评介工作多半由一些熟谙外国文学理论和创作动态的研究者来承担。这些研究者的初衷恐怕亦不在中国文学研究方面，而只是在翻译、评论西方妇女文学的同时将女性主义批评作为一种新现象、新思潮引进中国。又如80年代后期，除波伏瓦的《第二性》（这个1986年由湖南文艺出版社翻译出版，被冠以"第二性"之名的译本只是原书的第二卷，其比较集中地谈论文学的第一卷在两年之后才以《女性的秘密》为书名翻译出版）、贝蒂·弗里丹的《女性的奥秘》、弗吉尼亚·伍尔夫的《一间自己的屋子》这些女性主义较早期的经典著作由几家出版社翻译出版外，在全国影响较大，常为女性批评者作为理论武器的玛丽·伊格尔顿编选的《女权主义文学理论》只是一本论文摘要性的文集，文集分"寻觅女性传统"、"妇女与文学创作"、"性别与文学类型"、"女权主义写作界定"、"妇女的写作不同吗"五个专题，对一些女权主义文学理论和批评论文和专著进行分门别类的摘要，虽能大致看出国外女权主义文学理论的概貌，但不免有只言片语的零碎感。90年代尤其是90年代中期以后，这一局限逐步得到克服，具体表现为全译本的经典女性主义文本批量问世和译介的更加系统化、专门化。其中，张京媛、王逢振、王宁、叶舒宪、康正果、林树明、林建法、王政、张岩冰、陈晓兰、艾晓明等学者作出了积极贡献。随着译介的成功与原著翻译的升温，一批有志于女性研究的专家与学者开始将西方女性主义理论与中国文化对接，并借此阐发女性主义的中国内涵和中国价值，为国内女性独立话语的成熟奠定了基础。这种对接与阐发呈现为三个阶段。

　　第一个阶段的起止时间为20世纪80年代中至90年代初。这是对接与阐发的萌生阶段，也是少数先行者启蒙批评的阶段。这一阶段最有影响的女性主义批评著作有李小江主编的《妇女研究丛书》（其中如李小江的《女性审美意识探微》、《夏娃的探索》，孟悦、戴锦华的《浮出历史地表》）和刘思谦的《娜拉言说》。《浮出历史地表》（1989）是一本对本阶段中国女性主义批评具有决定性影响的著作。作者孟悦和戴锦华都是熟谙20世纪西方理论的最具影响的中国女性主义批评家。这部著作显示了鲜明的西方解构主义、女性主义精神和立场，并且以女性所具有的命定的解构性的认识为前提，对所有作家的探讨都是围绕着女性、女性体验、女性立场与主导话语的关系这个中心展开的。孟悦和戴锦华认为，在中国两千年的文明史中，女性是一个历史的盲点，是一个空洞的能指，她不指向任何的所指，又可以任男性填充进任何的内容。她在社会及家庭伦理秩序中是被统驭的对象，在经济秩序中是依附在男人身上的寄生者，在文化层次上，她只是一个被命名者。这个失去话语权的被压抑着的性别呈现一种无名又无言的状态。她不是没有自己的历史，而是无法说出自己的历史。也正因为这样，"女性能够书写的并不是另外一种历史，而是一切已然成文的历史的无意识，是一切统治结构为了证明自身的天经地义、完美无缺而必须压抑、藏匿、掩盖和抹杀的东西"①，尽管女作家们面对着无从言说自己的近乎失语的状态，但她们依然在写作，在"表现"自己，也正因为有了这种"表现"，才有了长期被埋没于地表之下的女性的"浮出"。孟悦、戴锦华这本冠以"现代妇女文学研究"之名的著作对中国现代文学史上三个时期的女性写作和写作着的女性作了深入探讨，论析了男性的话语系统作用下女作家们写作的困境及她们作为叛逆者的叙述策略。《浮出历史地表》以其新颖独到的见解和充满才气的惊人之笔在80年代后期的女性文学研究领域引起了巨大的反响，被认为是中国真正的女性主义批评著作。这部著作及作者的其他论文对中国女性主义批评的影响非同一般，此后许多女性文学研究者都曾受惠于该书，在其论著中表现了与其十分相似的精神和评判标准。

90年代中期为对接与阐发的第二阶段。这是批评家队伍迅速壮大且批评者之间互相呼应的阶段，也是女性批评的成长阶段。这一阶段开始的标志性事件即1995年在北京召开的联合国第四次世界妇女大会。这一事件使前一阶段个别学者致力的没有获得大范围认可和反响的女性批评成为了一种呼声甚高、参与者甚众的"显学"，成为了一种"时髦"和趋势。一批批有分量、有深度的女性研究论著从"世妇会"这一年开始如雨后春笋般大量问世。其间可以做出索引记录的有刘慧英的《走出男权传统的樊篱》，陈顺馨的《中国当代文学的叙事和性别》，任一鸣的《女性文学与美学》，王春荣的《新女性文学论纲》，林丹娅的《当代中国女性文学史论》，林树明的《女性主义文学批评在中国》，陈惠芬的《神话的窥破》，盛英、乔以钢的《二十世纪中国女性文学史》，王绯、孙郁主编的《莱曼女性文化书系》等。这些著作在先期的李小江、孟悦、戴锦华等研究的基础上把问题的探讨向前推进了一步。几本著作均以女性理论、女性视角，对中国从古至今的文化史和文学史中的现象及作品进行了一次重新梳理和审视，得出了与以往男性视阈下的评说截然不同的结论，对以男权为中心的社会审美机制进行了无畏的诘问和挑战。

20世纪90年代末到如今可说是对接的第三阶段，也是一个深化和行动的阶段。在这一阶段，本土学者对西方女性主义的接受与阐释表现出某些新的倾向。其一，从文学到文化的延伸。此阶段，学者不仅重视从文学角度阐发女性主义，如乔以钢的《多彩的旋律——中国女性文学主题研究》、赵树

① 孟悦、戴锦华：《浮出历史地表·绪论》，河南人民出版社1989年版，第4页。

勤的《找寻夏娃——中国当代女性文学透视》、李玲的《中国现代文学的性别意识》、郭力的《20世纪中国女性文学的生命意识》、陈志红的《反抗困境——女性主义文学批评在中国》、林树明的《多维视野中的女性主义文学批评》、姚玳玫的《想像女性》等专著，而且将思想的触角伸向了更广阔的文化领域，如李小江主编的《性别论坛》丛书、荒林主编的《中国女性主义学术论丛》、连续出版物《中国女性文化》和《中国女性主义》都涉及历史学、教育学、社会学、心理学、生态学、法学、传播学等多种学科，在更广泛的意义上传播了女性主义。其二，从理论到实践的拓展。进入21世纪后，不少学者从早期启蒙式的女性主义理论阐发逐步走向具体行动。比如《中国女性主义》将"女性主义在行动"作为第一栏目，把反对性暴力和家庭暴力等作为主题，展示了艾晓明等女性学者深入社会底层的艰难调查与奋力呼喊。又如李小江赴云南等地开展的基层女性的调研和培训，都表明女性主义在中国的传播真正开始从书本走向社会，从象牙塔走向民间。

参考文献

1. 闵冬潮：《国际妇女运动——1789—1989》，河南人民出版社1991年版。

2. 王政：《女性的崛起——当代美国的女权运动》，当代中国出版社1991年版。

3. 孟悦、戴锦华：《浮出历史地表》，河南人民出版社1989年版。

4. 李小江：《夏娃的探索》，河南人民出版社1989年版。

5. 林树明：《女权主义文学批评在中国》，贵州人民出版社1995年版。

6. 王红旗主编：《中国女性文化》，中国文联出版社2000年版。

7. 荒林主编：《中国女性主义》，广西师范大学出版社2004年版。

8. ［法］西蒙·波伏瓦：《第二性》，桑竹影等译，湖南文艺出版社1986年版。

9. ［英］弗吉尼亚·伍尔夫：《一间自己的屋子》，王还译，三联书店1989年版。

10. ［英］Susan Alice Watkins 著：《女性主义》，朱侃如译，广州出版社1998年版。

11. ［美］贝蒂·弗里丹：《女性的奥秘》，程锡麟等译，北方文艺出版社1999年版。

12. ［美］凯特·米利特：《性的政治》，钟良明译，社会科学文献出版社1999年版。

13. ［美］罗斯玛丽·帕特南·童：《女性主义思潮导论》，艾晓明等译，华中师范大学出版社2002年版。

第二章
女性的历史

在中国历史上，不管是周幽王为博褒姒一笑，烽火戏诸侯的典故，还是范蠡功成身退，与西施泛舟太湖的传说；也不管是唐玄宗迷恋杨玉环美色，不理朝政，导致"安史之乱"的爆发，还是吴三桂"冲冠一怒为红颜"，引清兵入关，加速了明朝的覆灭，在民族危难和朝代更迭的历史动荡中，我们不难发现在历史事件的背后随处潜藏着中国女性的柔弱身影。

从某种意义上说，女性的历史从来都是与民族、国家的历史密不可分的。中国从先秦至今大致经历了四次巨变，每一次巨变均对中国女性产生了深远的影响。一、先秦至两汉时期。这是中国历史上第一次民族大融合时期，也是中华民族初步形成时期。这一时期涌现出一大批女政治家，如商代的妇好，春秋的西施（越），战国的钟离春（齐）、宣太后（秦）、赵太后（赵）、如姬（魏），西汉的吕后、窦太后，东汉的邓太后、梁太后；女军事家，如商代的妇好，西汉的范夫人，新莽的吕母、迟昭平；大实业家、大发明家，如秦代的寡妇清，西汉的陈宝光妻；文学家、史学家，如春秋许穆夫人，西汉卓文君、班婕妤，东汉班昭、徐淑、蔡文姬；还有一批深明大义、自请出塞和亲的妇女，如西汉的江都公主、王昭君等。二、魏晋南北朝隋唐五代时期。这是中国历史上第二次民族大融合时期，也是中国文化与外国文化第一次大交汇时期。这一时期，尤其是唐代，是中国封建社会史上女性最为自由、最为开放，也最是才华横溢和扬眉吐气的时代。三、宋元明清（鸦片战争以前）时期。在这一时期里，随着程朱学派的"理学"和王阳明的"心学"占据中国思想界的统治地位，整个社会架构起了一种"男尊女卑"的文化体制和社会规范。明朝以后，妇女被完全打入到社会的最底层，成为男人名副其实的附庸。四、鸦片战争以后。这一时期，反帝反封建的革命运动和思想解放运动风起云涌，社会各阶层妇女踊跃参加中国妇女解放运动，并最终取得了女性自身的解放。

无论在中国还在西方，当人类社会的历史车轮驶入父权制时代以后，女性便逐渐沦为"第二性"。女性的历史是一部屈辱的历史，但在漫长的历史演进中，女性却不断地与社会环境、文化思潮带给她们的束缚和钳制进行着不懈的反抗，由此也创造了许多辉煌的成就。我们如果了解了女性在历史深处的种种表现，就可更为深刻地理解历史进程中女性的反抗意识和反抗精神，并对男女平权的双性和谐社会充满期盼。

第一节　光荣与屈辱：女性历史概述

在人类历史上，妇女曾经是这大地的主人，她们有着漫长的光荣历史，也经历了太长时间的屈辱生活。人类学家证实，在人类进入定居的农耕生活方式前，妇女在经济和社会上是强有力的。他们相信，在"深远的历史"上，女人与男人是平等的。

在中国，女娲时代就是人类妇女史上一个辉煌的时代。女娲就是远古先民在神话中塑造的原始社会的女性主宰。女娲神话始见于《楚辞·天问》、《山海经·大荒西经》等古代典籍。女娲最早出现的面目是"化生万物"的形象。《山海经·大荒西经》记载："有神十人，名曰女娲之肠，化为神，处栗广之野，横道而处。"屈原在其《天问》中也有一句看似没头没脑的话："女娲有体，孰制匠之？"显然，里面包含着女娲造人的神话。王逸注释时也说她"一日七十化"。"化"就是变，蕴含着生育主题。《说文》："娲，古之神圣女，化万物者也。"在神话中，女娲是化育万物的女神，自然也是创造人类的女神。《太平御览》卷七十八引《风俗通》："俗说天地开辟，未有人民，女娲抟黄土作人，剧务，力不暇供，乃引绳于泥中，举以为人。"此外，女娲还是一位"炼石补天"的英雄，《淮南子·览冥训》说，女娲以其生命的全部，重新安定了天地，使人类再度获得生息繁衍的权利。我们说神话以转喻的形式叙述了远古时期相继发生的历史事件，女娲神话所处的时代，人类学家称为母系社会，在这个社会里，"其民聚生群处，知母不知父"①。总之，妇女是这个时代的主宰。女娲造人和补天的不朽功绩，反映了人们对女性延续种族作用的肯定，同时也是对女性社会地位的高度认可。

---

① 陈奇猷：《吕氏春秋校释》，学林出版社1984年版，第1321页。

而这一点在我们当今的考古发掘中也得到了证实。如辽西牛河梁遗址中女神庙供奉的陶质女神群像，体现出典型的母权制遗风。

除了以"女娲"为代表的神话传说展现了女性的绝对主导地位，从原始社会的早期婚姻制度也可以看出女性的主导地位。在早期的母系社会里，"男女杂游，不媒不娉"①，实行的是群婚制。所谓群婚制，是随着母系氏族而产生的，没有母系血缘关系的一群人构成的团体性的婚姻。群婚制在人类历史上实行了数万年之久，普那鲁亚婚制是群婚制的典型。普那鲁亚婚制即由一氏族的一群兄弟和另一氏族的一群姐妹交互群婚，它不仅排除了父母和子女通婚，而且也排除了姊妹和兄弟通婚，并且禁止同胞的和旁系的兄弟姊妹间的婚姻关系，它"是群婚的最高发展阶段"。其婚姻形式是"望门居"，婚姻即在野外交媾的意思。普那鲁亚婚制不仅为氏族的形成提供了前提条件，而且为氏族的进一步发展奠定下坚实的基础。到母系氏族全盛时期，对偶婚制流行起来。所谓对偶婚制，就是由一个男子和一个女子在一段时期内构成夫妻关系，其婚姻形式是"从妇居"，即婚后男子在晚上去妻子的氏族和妻子宿在一起。更重要的是："在原始社会，妇女地位高尚，子女以母亲的氏族计算血统，继承母亲氏族的财产、血统和姓氏。"② 也就是说，在母系社会里，女性是"第一性"的。

然而，随着历史长河的演进，妇女的光荣史开始渐行渐远。大约在五千年前，随着农业、畜牧业和手工业的发展，男子的作用不断加强，逐渐代替了妇女在生产、生活中的地位，这种变化最早体现为一夫一妻制的出现。由于定居生活稳固、经济单位缩小、家庭形式完备这些标志着社会进步的情况的出现，最早的一夫一妻关系产生了。更为重要的原因是，随着私有财产的出现，男子要求女子遵守贞操，以便生子继承其私有财产，此时，由不固定的对偶婚制转化为较固定的一夫一妻制的条件已完全成熟。一夫一妻制的确立是男性获得支配权的标志。正如恩格斯所说的："在历史上出现的最初的阶级对立，是同个体婚制下的夫妻间的对抗的发展同时发生的，而最初的压迫是同男性对女性的奴役同时发生的。"③ 正是这种男女生产、生活地位与经济关系的改变，社会对女性的要求与限制（如贞节等）也逐步加强，女性也有了种种巧妆浓抹等取悦于人的方式的需要与进展。

但是，由于男子在所有权上的支配地位，一夫一妻制从一开始就有了不平等的特殊性质。比如，嫦娥就生于一夫一妻制的夏代，然而，"当时的一

---

① 杨伯峻：《列子集释》，中华书局1985年版，第164页。
② 黎明志：《简明婚姻史》，群众出版社1989年版，第33页。
③ 恩格斯：《家庭、私有制和国家的起源》，转引自樊静：《中国婚姻的历史与现状》，中国国际广播出版社1990年版，第17页。

夫一妻制，实为一夫多妻制。后羿还有另外的妻子'纯狐'等在家主政。"①
于是，嫦娥成了中国历史上第一个反抗一夫多妻制的女性。

　　女性地位的沦丧不是一蹴而就的，而是经历了一个较为漫长的蜕变过程。由于历史的积淀，母系社会的遗俗在很长一段时间内还有所留存。这一点从中国传说及古籍中夏、商、周的女性称谓中明确体现出来。如夏有女娇、女歧，商有简狄、妲己，周有姜原、褒姒等。虽说称谓仅是个人在社会中的区别符号，但它能从一个侧面反映出人的社会地位及社会性质。透视中国古代对女性称谓的结构组合模式及其演变，我们可以窥见其中所蕴含的历史文化意义。在这些称谓中，女性大都有自己的私名。女性私名分为两种形式：第一种是"纯私名"式，女性的名字就用一个字表示，可以独立地标明自我；第二种是"前附＋私名"式，即在私名前附上氏族徽号、庙号、亲属关系等字来指称，但其核心元素仍是私名用字。当封建礼教风气日重，女性地位也每况愈下，其称谓也就只能用"张王氏"、"李赵氏"来指称。所以，女性私名的存在寓示着女性在历史的某一时刻有着自我独立的人格，"殷代女性私名用字具有独立性，这种殷代女性称谓的模式显示出某些母权社会的遗风"②。

　　在商代，平民妇女和贵族妇女的社会地位还没有降到周代以后的卑下地步，妇女在社会事务中还起着较为明显的主导作用。商代妇女有一定的财富，独立经营田产。她们在国家政治生活中还起重要作用，武丁、康丁两世，有妇女充当小臣（商代的臣正），妇女还参与祭礼、占卜等重大活动，做巫祝。贵族妇女更是广泛地参加国家政治活动，在国家政权机构中占有一定的地位。商代更是有很多著名的女子做出了非凡的事迹。比如殷契的母亲简狄就是商人的第一个祖先。将商人祖先归结于女性，说明妇女在商代的宗法系统中还具有崇高的地位。又如商代的妇好，是武丁的三个王后之一。她本领很大，既能主持宗庙祭祀，经常受命主持祭天、祭先祖、祭神灵等各类祭典，又能领兵打仗，在武丁对周围二十多个"国家"的战争中，经常统兵率将、驰骋疆场，屡立战功。所谓"国之大事，在祀与戎"。妇好又会打仗，又掌握了祭祀与占卜的权力，因此地位非常之高。而周代则根本不准女人接触军事，对女性的各种礼教规则亦是逐步增加。从商代到周代，中国妇女的社会地位开始下降了。

　　周代，贵族阶级的礼教较严格，男女界限分明，要求妇女"牝鸡之晨，唯家之索"。但平民阶级对礼教还是漠然视之。同时，尊男轻女、多娶多生

　　① 刘士圣：《中国古代妇女史》，青岛出版社 1991 年版，第 26 页。
　　② 曹兆兰：《金文与殷周女性文化》，北京大学出版社 2004 年版，第 43 页。

的观念在周代开始产生。西周社会实行的是一夫一妻制，但对奴隶主贵族来说，实际上是一夫多妻制。周人奴隶主阶级"多妻"之妻，其来源一是女奴隶，二是媵嫁制度。所谓媵嫁制，是指一个女子出嫁，须有其他妇女随嫁，即贵族男子娶了一个正妻，同时可得到若干陪嫁的媵。《左传·成公八年》、《公羊传·庄公十九年》都曾谈到当时的从媵制度，《仪礼·士昏礼》郑玄有个简明的注："古者嫁女必娣侄从，谓之媵。"用今天的话说，媵就是从嫁。从嫁有两种形式，一种是姐妹从嫁。《尔雅·释亲》："女子同出，谓先生为姐，后生为娣。"一种是侄娣从嫁。《礼记·曲礼下》孔颖达疏："侄是妻之兄女，娣是妻之妹，从妻来为妾也。"姐妹同夫已经充分暴露出男性的贪婪与阴暗，然而男性并没有就此满足他们的欲望，他们把目光投向更为年轻的一代，甚至规定侄女也可以随姑出嫁，同事一个丈夫！到了春秋时期，天子、诸侯、卿、大夫都实行媵制，媵制是实现一夫多妻制的特殊制度。

西汉初期是提倡、宣传、扩散贞节观念的时代，汉武帝在位时，"罢黜百家，独尊儒术"，董仲舒根据孔、孟的"君君、臣臣、父父、子子"的伦理纲常，提出了"君为臣纲、父为子纲、夫为妻纲"的"三纲"说，意思是臣一定要服从君，子一定要服从父，妻一定要服从夫，这是天命所决定的不可改易的法则。由此，西汉规定了"七弃"和"三不出"的婚姻准则，使妇女的命运从此彻底被男人控制。"七弃"是无子、淫佚、不事舅姑、口舌、盗窃、妒忌、恶疾（皇帝、贵族之妻另作别论）。做妻子的只要符合其中任何一条，都可以被丈夫合法地抛弃掉。"三不去"是"尝更三年丧不去"、"贱娶贵不去"、"无所归不去"。尽管在法律上做了一些不许休妻的规定，但它片面苛求妇女，在它的樊篱下，不知演出了多少夫妻爱情悲剧。《孔雀东南飞》里的刘兰芝只因不被婆婆喜欢，焦仲卿就不得不与她生离死别，这恐怕也是对男性制定之礼教的莫大讽刺。

东汉政府提倡礼法、主张以礼法来束缚女子更甚。尽管东汉男尊女卑的观念、夫为妻纲的道理已然确立，三从四德的典范也早已有之，但还很散乱、很浮泛。就如刘向的《列女传》虽以"古列女善恶所以兴亡者以戒天子"（宋人曾巩语）作为创作动机，但实际也不过分"母仪"、"贤明"、"仁智"、"贞顺"、"节义"、"辩通"、"孽嬖"诸传罗列一些事实，宣传一些做媳妇的标准。而到了东汉班昭作《女诫》，则把压抑妇女的思想系统地编撰起来，具体陈述了"卑弱"、"敬顺"、"专心"、"曲从"之类的封建道德教条，把男尊女卑变成一种行为准则，视卑弱、柔顺为女性必须具有的品质，为妇女生活构建了一个总则，这就是常说的"四德"，即妇德、妇言、妇容、妇功。如果说汉代的"三纲五常"、"三从四德"这些观念是束缚中国人精神的枷锁，那么《女诫》则是专门为中国妇女铸造的一副镣铐。

需要说明的是，汉代只是贞节观念由宽向严逐渐过渡的时代，女子的人格尚未完全被礼教摧残掉，《列女传》和《女诫》只是在理论上为妇女的处世和做人制定了一些规范，且在两汉时并没有真正得到实施。而后的三国两晋南北朝时期，贞节观念较之西汉更为宽疏，在社会上尚未形成舆论的重视，贞节观念相对淡漠，世人也绝无轻视寡妇再嫁的思想，唯对门第观念十分注意，论婚必求高门。但到晋以后，世人对贞节问题开始重视起来。

唐代前期（高祖至玄宗时期）是政治、经济文化高度发展的时期，人的个性得以相对自由的发展。在这种相对开放和宽松的社会环境下，广大女性纷纷从封建礼教的束缚中解脱出来，在一定程度上获得了身心的自由和解放。唐代后期（肃宗至哀帝时期），在经历了"安史之乱"之后，为了维护封建统治，统治者大倡儒学，企图通过恢复儒学的正统地位来维护尊卑森严的封建等级制度，在这种背景下，唐代女性地位也开始逐渐呈现下降趋势。①

讲唐代的女性，必须提到一个特殊阶层。唐代佛、道两教兴盛，寺观林立，造成了一个庞大的女尼、女冠（女道士）群。据《新唐书·百官志》记载："天下女冠九百八十八人，女尼五万五百七十六人。"女尼、女冠们的社交、出游和生活都比较自由，她们广交达官名士，经常游历名山大川。比如，女道士李季兰在开元寺与诸名士诗词酬酢，吟风弄月；鱼玄机与温庭筠、李郢等名士都有着爱情关系；女道士宋华阳与李商隐也有缱绻之情。可以说女尼、女冠是唐代妇女中最独特的一个阶层，她们在受压抑的环境中绽放出了女性的光彩。

在唐代，还出现了中国历史上唯一的正统女皇，那就是武则天。武则天自690年登基，至神龙元年（705）被迫退位，总共做了十五年皇帝，前后执政却近五十年。她是中国封建社会中唯一的女皇，也是一位机智果断的出色政治家。武则天在历史中对男性的刺痛、对女性野心的激励，作为一个集体无意识积淀在中国人的心灵深处，时时提醒着妇女的力量所在。

中国妇女的非人生活，经过宋明理学桎梏的钳制和束缚，到清代达到了登峰造极的阶段。清朝，在法律面前，男女是绝对不平等的；在经济财产方面，妇女只能分得一点嫁资，没有继承家产的权利；在夫妻关系方面，即以丈夫殴打妻子为例，元律允许妻子可以凭此要求离婚，而清律则规定："其夫殴妻，非折伤勿论。"即使被打伤了，也需妻子自己去告发，妻子虽然可以据此提出离婚，但丈夫仍有愿否之权力。再如，假使丈夫逃亡了，元律允许妻子离婚，但明、清律却规定必得三年以上才准许妻子改嫁。在清朝，特别要求妇女贞操、节烈。清律规定，"守节十五载以上，逾四十而身故者"，

---

① 段塔丽：《唐代妇女地位研究》，人民出版社2000年版，第124－125页、第151－152页。

"一律旌表"，而对再嫁之妇，则规定不得因夫或子贵而请求封爵。①

可以说在整个封建时期，中国妇道观深受儒家文化影响，其核心内涵是"三从四德"，其理论基础是"三纲五常"，尤其是宋明理学宣扬的所谓"守贞"、"守节"、"女子无才便是德"等妇道观，强化了男尊女卑的价值观念，扭曲了中国男女的正常关系。

另外，从女性审美观念的发展轨迹看，在整个历史长河中，中国对女性美观念的演进也遵循着从质朴到富丽这样一条发展轨迹，即早期以质朴为美，从汉代开始，注重修饰美。《诗经·硕人》对美女的描写是："手如柔荑，肤如凝脂，领如蝤蛴，齿如瓠犀，螓首蛾眉；巧笑倩兮，美目盼兮！"这是春秋时期形容女性美的最佳词句，其中并没有雕琢装饰之意。宋玉《登徒子好色赋》写东家之子："眉如翠羽，肌如白雪，腰如束素，齿如含贝。"注重牙齿、肌肤、眸子、体态和身腰，也主要以女性本身为审美对象。但从汉代开始，注重女子装饰，到魏晋走向成熟，后世皆然。如曹植《洛神赋》不但对洛神的外貌进行细致的刻画，而且极力描写了洛神的装饰之美："奇服旷世，骨像应图。披罗衣之璀粲兮，珥瑶碧之华琚。戴金翠之首饰，缀明珠以耀躯。践远游之文履，曳雾绡之轻裾。"女性美的观念从质朴到华丽，从崇尚天然到注重修饰，是时代进步的表现，也是历史的自然演成。但即使在当今女性装饰、打扮充分自由之际，女性依然会在不经意中陷入到"被看"的境地，这必须引起我们的警觉。

从鸦片战争开始，民族存亡的忧患意识也让中国女性觉醒了。1900 年以后，在改革维新的时代气息中，新式男女学校如雨后春笋般创办起来。1911年 1 月 23 日，妇女参政同盟会在南京召集了 18 个省的妇女代表大会，通过了诸如"实行男女权利平等"、"实行普及女子教育"、"实行一夫一妇主义"等十一条政纲。民国政府成立以后，随着女权运动的展开，妇女开始有机会在政府机关工作。五四运动以后，女子也有从事教师工作的了。新中国成立后，"妇女半边天"的口号深入人心，中国女性在政治上取得了与男性完全平等的权利，女性的天地重新被打开。

对于西方女性地位的历史变迁，我们可以通过对古希腊妇女发展的考察，从而理解西方妇女的历史轨迹。

公元前 10 世纪至前 9 世纪，古希腊进入荷马时代，这时妇女观念的萌芽主要集中在《荷马史诗》当中。《荷马史诗》通过塑造一系列鲜明生动的女性形象，包含了歧视妇女和尊重妇女两种思想传统：一方面强调性别分工，另一方面又颂扬男女爱情，如对挑起特洛伊战争的海伦进行赞美。这两

---

① 刘士圣：《中国古代妇女史》，青岛出版社 1991 年版，第 353 页。

种观念一直贯穿在西方后来的妇女观中。

公元前 8 世纪至前 6 世纪，古风时代的希腊流行"女人是祸水"的观念，在赫西俄德创作的《神谱》和《工作与时日》里讲到，宙斯出于对普罗米修斯偷盗天火的气愤，创造了第一个女人——潘多拉，当潘多拉来到人世并揭开装满灾难的盒盖之后，不幸从此遍布大地，同时，女性的命运也进入到不幸的境地。

公元前 5 世纪，希腊社会进入到古典时代，色诺芬、柏拉图和亚里士多德等哲人对妇女问题从理论上作了全面、系统的阐述。

色诺芬在《经济论》中对男女的不同生活领域进行了划分，他说："对于女人来说，待在家里要比留在田野里更光荣些。"此外，他还提出了女性美德的标准，那就是无条件地服从丈夫。① 色诺芬的妇女观反映了生活在小农社会中男性的普遍心态。

柏拉图对妇女的态度是矛盾的。柏拉图在感谢主赐给他恩宠时说，第一，他生下来是自由的，不是奴隶；第二，他是男人而不是女人。在《蒂迈欧篇》中，柏拉图将转世为女人看作对行为不端的男性的惩罚。但柏拉图在《理想国》里继承了自荷马思想中尊重女性的传统，提出了给予妇女同等的受教育和参政权力的崭新思想，这为西方女性思想注入了新的内容。从 19 世纪起，随着西方女权运动的兴起，柏拉图这一思想重新引起了人们的注意。

亚里士多德在《论动物的生成》中，认为"在体格上雌性同雄性相比存在着明显的缺陷"，从而为男性对女性的统治提供了生物学的理论基础。在《政治学》中，他说："男女间的关系自然地存在着高低的分别，也就是统治和被统治的关系，这种原则在一切人类之间是普遍适用的。"这样，亚里士多德为男性对女性的统治作了政治学上的辩护。亚里士多德还曾引用索福克勒斯的话说，"沉默是妇女的美德"，又为男性对女性的统治提供了伦理学的依据。② 这样，古典时代的希腊妇女地位进一步降低了。

从公元前 334 年亚历山大东侵开始，到公元前 30 年罗马征服埃及为止，西方进入到希腊化时代，在这一时期内，妇女的地位得到了一定程度的提高。其原因主要有：第一，东西文化交融。当亚历山大远征时，东方民族尤其是古埃及人对于妇女的态度对希腊产生重大影响，如古埃及女子享有财产权和继承权，并可依据自己的意愿自由地立遗嘱，古埃及女子行动自由，热衷于社交、文化和宗教活动，等等。当东西文化交汇时，古埃及人的妇女观

---

① 裔昭印：《古希腊的妇女——文化视域中的研究》，商务印书馆 2001 年版，第 38 - 39 页。

② 以上所引均见裔昭印：《古希腊的妇女——文化视域中的研究》，商务印书馆 2001 年版，第 42 - 43 页。

必然对希腊产生影响。公元前 200 年左右，在亚历山大里亚这个国际化的都市里，各阶层的妇女都可以在街上自由行动、在商店购物，这就是明证。第二，城邦独立地位丧失，失去了城邦独立的古希腊人把注意力从城市的公共生活转向了私人生活和家庭欢乐，这样促进了男女两性关系的变化，使妇女得到更多的关注和尊重。第三，新的哲学伦理思想产生，其中犬儒主义、伊壁鸠鲁主义对妇女态度比较开明。比如，犬儒主义向女性敞开学习哲学的大门，使有些妇女进入到哲学家行列；伊壁鸠鲁则建立学校，接受各阶层女子来听讲他的哲学思想。总之，东西文化交融、妇女经济权力增长、城邦衰弱、古典价值崩溃和新的哲学思想之兴起等多种因素交互作用，使得希腊化时代的妇女地位得以提高。

当西方妇女进入中世纪以后，其公共权利和法律权利都严重萎缩了。中世纪的妇女"不能够参加国家和社会的任何管理，不能在政府和军队中任职，不能担任律师和法官"①。也就是说，妇女绝对不能担任任何公职，所有政府机构的大门都对妇女关闭了。

中世纪常把妇女看成是万恶之母。许多学者试图从神学、生物学、医学等著作中寻找理论证据来证明妇女天生比男子低劣。中世纪只有修女受到尊敬，因为修女被认为是虔信、自我牺牲和赎罪的代表。但即使这样，修女还是和世俗妇女一样不能担任神职，"都会法"禁止修女触摸圣杯和圣服，不能在举行弥撒时点香或接近圣坛。"教会理论确立了圣母的无罪使者的身份，赞美诗歌颂修女，她们是耶稣的新娘，体现了圣母的形象。但是，神学对妇女的提高并没有伴随着妇女实际社会地位的普遍提高。"②

妇女真正要走向男女平等还有漫长的道路要走。西方女性经过中世纪长时间的压抑之后，终于掀起了反抗浪潮，为自己的权利而抗争着。

西方女权运动的第一次浪潮始于何时有两种说法：一种认为它始于 19 世纪后半叶，历时 70 多年，到第一次世界大战时达到最高点；另一种认为是在 20 世纪初。女权运动的源头要追溯到法国大革命自由平等思潮的影响。18 世纪 90 年代，巴黎出现了一些妇女俱乐部，她们要求教育权和就业权，著名妇女活动家玛丽·戈兹（Marie Gouze）代表她的俱乐部发表了第一个"女权宣言"，主张自由平等的公平权利不能仅限于男性。

妇女运动第一次浪潮进入尾声时，妇女在选举权、教育权和就业方面取得了极大的成就，特别是经历第二次浪潮的洗礼之后，消除两性差异、要求

---

① ［以色列］苏拉密斯·萨哈著：《第四等级——中世纪欧洲妇女史》，林英译，广东人民出版社 2003 年版，第 11 页。

② ［以色列］苏拉密斯·萨哈著：《第四等级——中世纪欧洲妇女史》，林英译，广东人民出版社 2003 年版，第 33 页。

各个领域对妇女开放的思想已形成共识，但是，传统的性别角色规范直到今天依然顽固地禁锢着妇女的进一步解放。

在中国，由于没有女权运动的背景，妇女的解放是随着全中国的解放而共生的，所以面临的困境就更复杂。从新中国成立初期到改革开放，新中国采取政治的、经济的等各种手段，把妇女投放到大生产运动中去，但这种大生产运动是付出了巨大代价的。英国最重要的女性主义思想家朱丽叶·米切尔（Juliet Mitchell）就精辟地评价了这场大生产的实质，她说："在与苏联这场革命大致相似的阶段，所有工作的重点都放在：在生产中解放妇女。这是一场令人难忘的推动妇女解放的社会运动。然而，这场运动却带有惊人的性压抑和严厉的清教徒主义的色彩（这种现象目前仍在公民们的生活中蔓延）。"①

有人怀念中国20世纪50年代至"文革"时期"男女不分"的时代，认为那时妇女走出家庭、参加社会生产活动开辟了女性解放自身的新天地。但是，在那个妇女"男性化"的时代，妇女有意地掩盖男女两性的生理和心理差异，一切以男性为标准，"男女平等"的背后是女性自我的丧失，妇女实际上还是沦为了一种社会工具，没有独立的人格地位和人生价值。我们应该清醒地意识到，口号的平等绝不等于实质的平等。总之，中国妇女无论是80年代以前的"刚性化"还是当今的"柔性化"，都没有真正成为自己的主宰。

但不管现实有多么困难，妇女还是在大踏步前进，她们正在抛掉"第二性"的地位。妇女经历了两次解放运动的洗礼，她们的觉悟正在一步步提高，现在，她们正在准备迎接妇女解放运动第三次浪潮的到来。我们有理由相信，这个世界将会超越"第一性"或"第二性"的概念。我们正在一点点地向一个真正合作的社会、一个全球化的社会前进，那时，两性的优点都会得到了解、重视和利用。21世纪一定会是历史上第一个两性平等的新世纪，因为全世界妇女地位的提高将会使两性关系变得更为和谐、更少冲突，也将会使世界变得更加美好。

正是对女性的前途充满乐观的自信，海伦·费希尔在《第一性》的结尾中写道："妇女在大踏步前进。她们抛掉了第二性的地位，这是几千年前农耕时代确立时为她们铸就的角色。她们的水平——以及领导地位——将得到提高。她们正在企业、教育、专业、政府和民间团体中获得有影响的职位。她们在某些经济部门中占主导；她们是第一性。她们也已经开始表达自己的

---

① ［美］朱丽叶·米切尔著：《妇女：最漫长的革命》，见李银河主编：《妇女：最漫长的革命——当代西方女性主义理论精选》，三联书店1997年版，第32页。

性愿望，重新界定浪漫和家庭生活。当代妇女像冰川一样缓慢地切割出一个新的经济和社会前景，建造一个新世界。我相信，这个世界将超越第一性或第二性的概念。我们正在逐渐一点点地向一个真正合作的社会、一种全球文化前进；那时，两性的优点都得到了解，重视和利用。21世纪可能会是现代历史上第一个看到两性作为平等的人共同工作和生活的世纪。男人和女人本来就应该这样生活，男人和女人在人类卓越的过去的如此多个千年中确实就曾是这样生活的。"① 的确，对于妇女来说，只要有梦在，就会有希望。

总之，在漫长的历史进程中，在广阔的世界范围内，父权制文化体系中男性话语的霸权地位导致女性往往扮演着一个受压迫、被歧视的角色，也就是女性主义思想家西蒙·波伏娃所说的"第二性"。但不管前进道路有多么困难，女性们从没有安于受压迫、被歧视的地位，她们正努力抛掉了"第二性"的地位，要求享有人的完整权利，向男性和女性之间的不平等关系挑战，向所有造成女性"第二性"地位的权力结构、法律法规和民间习俗挑战。随着人类文明的不断进步，我们完全可以相信：新世纪以后，世界将会超越"第一性"或"第二性"的狭隘观念，走向一个全球化的、真正平等协作的社会。

第二节　苦难与抗争：女性历史透视

一、字符：性别意识的潜藏

文字是文明社会产生的标志。有了文字才有关于人类文明历史的详细记载。当人类自觉地运用本民族特有的字符进行交流与叙述时，不经意之间，就带来了不同的性别意识。

关于中国汉字的起源，古代文献说法不一，最具代表性的说法有"结绳记事说"、"河图洛书说"、"八卦说"、"仓颉造字说"及近代学者考证的"刻画符号说"。而刘士圣则认为文字是由女性创造的。他说："家务劳动，如缝制衣服，分配食物，抚育子女等都由妇女承担。男子打回猎物，交与妇女保管和分配。妇女由于记事和记数的需要，她们创造了刻画符号。她们开始以象形记载猎物，然后以图画符号计数猎物多少，通过长期的摸索，刻

---

① ［美］海伦·费希尔著：《第一性》，王家湘译，辽宁人民出版社2002年版，第333页。

画，逐渐学会了用符号记事，这些符号可能就是中国文字的起源。"①

刘士圣的话看起来有一点道理，中国最古老的姓氏大多从女，就连"姓"字本身也从女从生。《说文》："姓，人所（从）生也。"这一释义显然把氏族乃至人类的起源与女性直接挂钩，而不自觉地摒弃了男性的作用。所以陈东原也说："中国人'姓'的起源，好像以母为中心，与父没有关系，所以'姓'字从女、从生。如古之著姓，'姚'、'姒'、'姬'、'姜'、'妫'、'嬴'、'姞'、'妘'……诸字，旁皆从女。有人谓姓为我国最古的团体，那末即是以母姓为中心的团体，母系时代，血统一定是纯一的。"②

另外，在中国古籍中能找到很多女性专有的或表示尊重女性的汉字，如在甲骨文中出现的女性个人专有的私名中，存在大量的"女"字旁文字，如妸、妥、好、妵、娘、妹、媒等，殷代女性私名也大量存在从女字旁的字：媚、婇、嫡，等等。在最古老的含义中，母、妻等字则表明了对妇女的尊重，如《说文》说："母，牧也。从女，象怀子之形，一曰象乳子也。"母亲是孕育者，哺乳着包括男性在内的所有人。又如《尔雅·释名》解释"妻"字说："妻，齐也。"就是"与夫齐体"之意。《说文》云："妻，妇与己齐者也。""与己齐者"，也就是夫妇平等的意思。

但女权制从原始社会开始消亡，女性地位的下降已成为无法抗拒的历史趋势，这从汉字的表意中也能看出一点端倪。

如"妇"字，《礼记》明确地说，"妇人"就是"伏于人者"。《说文》也说："妇，服也，从女持帚洒扫也。""妇"字的本义直截了当地指明了女性的卑微命运。

次如"娶"字，《说文》说："娶，取妇也。""取"字取象于远古战争胜者割取所杀所俘之敌的左耳以计功，取、娶构成直接的字源关系。虽说"取妇"已不能与捕获敌人相提并论，但其中也蕴含一种深义，那就是女性可以像物品一样获取，完全没有自主权。

再如"婚"字，《说文》："婚，妇家也。礼，娶妇以昏时。""婚"字就是最初的"昏"字，取象于远古黄昏时分举行迎亲的民俗仪式，隐隐透露远古时期抢婚的风俗。野蛮的抢婚制，是几乎所有民族都要经历的一段最为古老的记忆，这种风俗并非起源于纯粹的游戏，而是潜藏着女性婚姻的悲剧性源泉。

另如"媒"字，《说文》说："媒，谋也，谋合二姓者也。"《绎史》卷三引《风俗通义》云："女娲祷祠神，祈而为女媒，因置婚姻。"《太平御览·

---

① 刘士圣：《中国古代妇女史》，青岛出版社1991年版，第13页。
② 陈东原：《中国妇女生活史》，上海书店1984年版，第22页。

后纪》则说："以其载媒，是以后世有国，是祀为皋禖之神，因典祠焉。"孔子说："不孝有三，无后为大。"在农耕社会，经济匮乏，人口再生产是延续社会、稳定社会的一条必由途径，女娲因为媒合了婚姻，所以深受推崇，故而在神话传说中把送子的权力也一并交给了她。但在整个封建社会里，"媒妁之言"不知毁掉了多少少女的青春乃至生命。

在整个《说文》所收的238个女部字里，其中明确带有歧视色彩的有55个字，有一些字表面上看起来是赞美女性的，但仔细品味，其实不然。如美、好、妩、媚、姝、姣、嫣、娜、媛、婉等字，都是一些赞美女性的字眼，我们今天在使用这些词的时候，通常不会去联想它们造字时的本义，但只要稍加分析就不难发现，这些词语当初都是用于直接描写女性之容貌、体态和性格的：容貌娇美、皮肤洁白、身材高挑、体态轻盈、顾盼妩媚、性格娴静、处事温婉柔顺，等等。因而我们认为，这些字眼所凝结的与其说是一般的词义，毋宁说它们积淀了中国男性对理想女性经久不衰的审美期盼和追求，其对女性的态度停留在"女为悦己者容"的桎梏里无法摆脱，女性只是男性观赏的对象，被严重地加以"物化"了。

在西方，一些激进的女权主义者也发现了文字当中的性别歧视现象，她们当中一些人甚至还试图去扭正这个现象，如现在的女权主义者都用"gender"（社会性别）来替代"sex role"（性别角色），用"he/she"替代"he"表示不定指的第三称，用"policeperson"、"mailperson"、"postperson"替代"policeman"、"mailman"、"postman"，等等，她们对一些具有某种性别歧视的词特别敏感，如对用"history"而不用"herstory"耿耿于怀，认为历史不仅仅是记述男人的故事。有人甚至提出另用一套女性的词汇来取代现有男性世界的词汇。这些都说明由于男性掌握了话语发言权，由文字构成的文明历史蕴含了对女性无意识的歧视。

西方女权主义者渴望建立一套自己的文字符号的愿望，在信息交流如此频繁的今天只能是一种虚幻的梦想，但在中国的湖南省江永县及其邻近地区，却真的流传着一种女性专有的文字，这些女字与女字写成的作品就是"女书"。女书，也许是女性在文明历史上对男性统治的一个反动吧。

一般说来，文字只有地域、民族、国籍之别，而无性别之分，唯有江永女书属于女性所有，成为女性的专利。女书的字符是流传在中国湖南省江永县及其邻近地区专在妇女中使用的一种记号音节文字，有两千多个字符。女书作品主要是七言和五言韵文，分创作、记录、翻译三大类。创作的作品主要包括三朝书、结交书、慰问信、祝贺信、传记、祭文等，使用于祭祀、读唱娱乐、信件往来、诉说身世、记事记史、改写汉字韵文、编绣等。

女书为什么只在江永女性范围内传承和享用，它与女性之间有哪些微妙的关系，这至今仍旧是个谜。宫哲兵在《女性文字与女性社会》一书中提出："女书文字源于纺织女红的图案。"他分析了女书产生的社会背景：江永县妇女在历史上裹小脚，不下地耕作，只在家纺织。一个女子婚前长锁闺房，婚后数日重回娘家，直到生了孩子才住到男方家里，此后，她们不能与丈夫以外的男性交往，由于与男性的隔离，妇女之间常在一起纺织、做女红、唱歌、拜义姊妹等频繁活动，自然形成一个女性社会，这为女性文字的产生提供了土壤。但也有人提出，女书至迟在 3000 年前的殷商时代就已经存在了。①

构成女字最基本的单位是笔画，女书文字的基本笔形有五种：点笔形、斜笔形、弧笔形、竖笔形、圆笔形。其造字方法是：第一，运用笔画、构件创造一批独体字、合体字；第二，运用偏旁构件作为音符制造新字；第三，借用和改造汉字，创制一批新字。

对于女书文字的特征，有人总结过，即"女字从整体上看，是一种由右向左略有倾斜的长菱形的字体，右上角一般是全字的最高点，左下角是全字最低的位置。它的行款方向是由上至下，由右向左，没有标点，排行整齐。笔画线条纤细一致，笔势犀利，既有小篆体匀称的特点，又有甲骨文劲挺的姿态。与汉字相比，最大的不同是汉字呈方形，上下左右的结构、组合对称，字体显得厚实稳重；女字则呈长菱形，结构的组合形式左右错开排列，左在下，右在上，上下保持在斜菱形的范围内，字体细长秀丽"②。

而女书作品主要是诉述苦情。女书作品反映出在封建制度下，包办婚姻、缠足、受婆家虐待等妇女生活的苦难。但是，女书作品却又不仅仅停留在诉说苦情上，更多的是对黑暗社会的血泪控诉、对封建礼教观念的叛逆，不屈服于命运打击的呐喊，具有鲜明的妇女觉醒色彩和女性反叛意识。因为女书中留下的苦情作品很多，所以有的学者说女书是"苦情文学"，同时有人认为女书带有女性结社的性质，"因为妇女用女书结拜姊妹并进行通信往来、社交活动，因此有的学者说女书是女性结社文学"③。当然，有些女书作品除了诉述苦情，还囊括了其他多重民俗文化意蕴。比如流传在湖南江永、江华、道县及广西钟山、富川等地由新娘的母亲或女伴亲自制作、用女字书写的送给新娘的婚嫁辞书——"三朝书"——就是如此。它一般专用于婚嫁"贺三朝"，在旧时代，当地女子新婚满三天时，关系较好的女性亲友都要用女书文字写信祝贺。在那些传习"女书"的女性的观念中，女人虽然出嫁，在她还没有为夫家生儿育女之时仍然属于她曾属于的那个女性世界，

① 彭建群、格来：《"女书"之谜探源》，《文化交流》1997 年第 3 期。
② 吴多禄：《奇特的女书——湖南江永妇女文字简说》，《零陵师专学报》1995 第 Z1 期。
③ 杨仁里：《江永女书：人类文字史上的奇迹》，《民族论坛》2004 年第 10 期。

因此，"三朝书"的撰写属于婚后礼仪活动之一，格式固定，装订考究，情感真挚，具有浓郁的女性主体意识。就"三朝书"内容说，包含有恭贺新娘婚姻美满、歌颂良好的娘家出身环境和婆家落处环境、抒发对新娘离别不舍和诉说自我苦情等多重思想意蕴。①

虽然旧制度下的妇女们地位低下，主宰不了自己的命运，但是，她们却能依靠自己的聪明才智顽强地掌握"女字"，并运用这种女性自己的文字对旧社会进行控诉和批判，体现劳动妇女对自己命运的朦胧认识和自我意识的初步觉醒。妇女在文化地位上十分低下，由于没有受教育，很少有女性认识汉字，于是她们利用手中的女红来另辟蹊径，创造出男性无法取代的文字符号。女书使普通的妇女也掌握了一种文字工具，在这个独特的女性社会中，妇女们以女书结交联络，以女书为纽带维系着的那片与男性社会隔绝的狭小的女性天空。她们借着女书这种自己专用的交际工具，可以随时记录自己的生活、结交姊妹、互通书信、倾诉苦情、发泄哀怨、表达自己的思想感情。

女书只限于女人使用，传女不传男，具有鲜明的性别文化特征。它是女性的，而不是男性的，也不是全社会的，它只限于在女性这个小圈子内流传。它被女性创造出来，记录的是女性的劳动、生活和思想感情，它反映的是当地的女性社会。正因为父权制投射在女性心灵的伤害和阴影使女性内心积淀起对男人的仇恨，并作为一种集体无意识和女书一起代代相传，这就注定了女书传女不传男。这种女书文化现象实际上已经形成了一种坚定的女书寄托、女书信仰或叫女书崇拜。所以有人说："妇女们不用'男字'（汉字），客观上是因为她们被剥夺了受教育的权利，主观上是因为她们不愿意向男人们透露自己的心声，这就给女书赋予了一种超乎书写工具之上的意义，成为一种特殊的文化符号了。"② 的确，在女书的创造与使用中，男性的缺席和女性的控制权使女性获得了书写自己和自己书写的双重自由。

由于长时间受到封建礼教的浸染，女书作品叙述的故事背后往往隐藏着一个父权的代言人，如包公、玉皇大帝等，无一不暗含着父权的绝对权威，所以女书的内容不可能完全准确地表达自己真实的心声。但女书作为一种特殊的性别字符，打破了男性对文明历史的绝对支配权，表征着女性在人类历史的长河中始终在发出属于自己的声音。"江永的女性——作为被沦为边缘群体的一族，运用她们自己创造出的性别文字——女书来控诉权益的被剥夺，随着这种两性合作伙伴关系的逐渐确立和女性地位的提高，她们在历史潮流的推动下慢慢地融入到了主流社会。"③

---

① 梁惠娥、王中杰：《女书"三朝书"探析》，《民族艺术》2013年第3期。
② 田率隽：《江永女书及其女性文化色彩》，《中华女子学院学报》2004年第4期。
③ 贺夏蓉：《多重视角下的女书及女书文化研究》，华中师范大学2011年博士学位论文。

虽然女书为封建社会的女性在思想表述、情感宣泄等诸多层面提供了一套系统的话语体系，取得了较为丰硕的成果。但是自民国以来特别是"五四"运动以后，女书衰落的步伐不断加速。2004年，最后一位女书自然传承人阳焕宜老人的离世，标志着女书作为文字的使用已正式寿终正寝。① 如今，女书正面临着失传的危险，但正如有人所说的那样："女书的终结是两性对话时代的开始，标志着女性已经从喃喃自语走向了交往对话，从私下反抗转为公开作战。女性只有深入男性话语，坚持女性的身份和立场，催化男性话语中心自我裂变，把根植于女性心中的男性权威意识一点点祛除掉，才可能使女性具有纯粹'自然'的意义。"② 也许，女书的退隐正意味着女权的到来。

二、后妃：历史的另一只眼睛

后妃现象作为我国君主制时代帝王婚姻家庭制度的一种特殊现象，是人类社会发展到一定阶段的产物。作为我国政治制度的重要组成部分之一，它已成为我们管窥历史真实的"另一只眼"。

"后"字的原意曾是国主，君主。古代的后王实际指的是天子、嗣后，天子的配偶才称为后。《礼记·曲礼下》说："天子之妃曰后。""妃"字的古音读"配"，其本义即指配偶。班固在《白虎通·嫁娶》篇中说："天子之妃谓之后何？后，君也。天下尊之，故谓之后。"所谓天下尊之，尊后妃的实质，是尊天子，而不是尊后妃。郑玄注《礼记》曰："后之言，后言，在夫之后也。"一切唯天子之命是命，这就是后妃生活的本质。③ 埋葬秦始皇时，就有数千未有产子的后妃被活埋，后妃的命运可见一斑。

中国古代后妃体制也称女官制度或内职制度，是母权制社会转变为父权制社会以后，妇女地位日益低下的一种产物，是实现"男主外，女主内"的社会角色分工的一种重要方式。

中国自夏、商、周以降，宫中就有所谓"内职"制度。从古代典籍看，中国古代的女官制度似乎发端于奴隶制高度发达的西周。《礼记》卷十《昏义》第四十四称："古者天子后立六宫、三夫人、九嫔、二十七世妇、八十一御妻，以听天下之内治，以明章妇顺。"郑玄注："三夫人以下百二十人，周制也。"《周礼·天官·家宰》中对三夫人、九嫔、二十七世妇、八十一女御的职责还作了明确而具体的规定，然而经众多学者的考证、辨析，认为《礼记》、《周礼》等成书较晚，周公所制订的"内职"制度即后妃制度不可

---

① 参见刘忠华主编：《闺中奇迹——中国女书》，黑龙江人民出版社2004年版，第32－37页。

② 傅美蓉：《女书：我们的终结，抑或我们的开始》，《妇女研究论丛》2003年第4期。

③ 刘士圣：《中国古代妇女史》，青岛出版社1991年版，第74页。

信，仅仅"是战国以后的人对于官制的一种理想"。"因此，很难说西周时已出现了后妃体制。"①

到了春秋战国时期，后宫女性人数大增，"大国拘女累千，小国累百"（《墨子·辞过》）。秦始皇建立了由太皇太后、皇太后、皇后、夫人、美人、良人、八子、七子、长使、少使等构成的后妃体制，夫人以下皆为妇官，也是妾。所以有人认为，"后妃体制之创立应始于秦朝"②。

汉初因袭秦制，无论在中央权力机构方面或后妃体制上，均无什么重大变化。又因为："刘邦以'布衣'称帝，对于皇家的礼仪体制不十分重视，后宫也还没有形成定制。直到汉武帝时，他好大喜功，讲究声色之乐，才制定后宫制度。"③ 根据《汉书·外戚传》，汉武帝至汉元帝时，形成夫人、昭仪、婕妤至良使、夜者等十四个等级，并各有爵位、秩禄。至此，后妃建制在形式上已具有鲜明的"内官"性质，除后、夫人外，昭仪以下均属后宫女官。

后妃体制在结构与性质上发生重大变化应始于三国两晋、南北朝时期。而三国魏晋时期，后妃建制又开始扩充，至晋武帝司马炎时，首次采用了三夫人、九嫔的建制，并有了具体称号，其后又置"女职"，"以典内事"。"女职"有内司、作司、太监、女侍中、监、女尚书、美人、女史、女贤人、女书史、书史、小书女、中才人、供人、中使女生、才人、恭使宫人、青衣、女酒、女食、奚官女奴等。这些女职都有官品，高者二品，低者五品。（《北史·后妃传序》）孝文帝改订内官，置女职，开始把妃嫔与专职女官区分开来，也可以说后妃体制包括了两个部分。

隋朝完全是依照《周礼》建立后妃体制的，这也是它与以前各朝各代最大的不同之处。在隋朝，专职女官已自成体系。隋文帝时设六尚、六司、六典，隋炀帝时设六局二十四司，"以掌宫掖之政"。

至明朝，后妃体制达到高度发展阶段，明朝统治者看到了中国历史上后妃参与朝政屡见不鲜的现象，于是特别强调后妃"不可俾于政事"（《明史·后妃传序》），同时又强调"广嗣"，并且规定，凡妃嫔生子，依例晋级。

总之，三国两晋南北朝时期，中国后妃体制较之秦汉阶段有所变化，亦有所发展。隋唐时代，中国后妃体制基本上已趋于定型化。清承明制，后妃由皇太后、皇后、皇贵妃、贵妃、妃、嫔、贵人、常在、答应构成。

至于后宫宫女的来源，最初是从战败国的女俘中挑选，汉代的君主嫌这个面窄，要在民间选宫女，又叫选秀女，由朝廷派出大批人"于洛阳乡中阅

---

① 周文英：《略论中国古代的女官制度》，《辽宁大学学报》1996 年第 3 期。
② 周文英：《略论中国古代的女官制度》，《辽宁大学学报》1996 年第 3 期。
③ 刘士圣：《中国古代妇女史》，青岛出版社 1991 年版，第 143 页。

视良家童女，年十三以上，二十以下"都在征召之列，后世各朝虽有人对这种民间选秀的做法有所非议，但效果甚微。

　　少女一旦被选进宫，便再也不准同家人团聚，深锁宫中，与外界隔绝。只有极个别的少女受到帝王的宠幸而升为妃子，绝大多数的宫女是在寂寞、凄清中度日，有的宫女偷偷地写一些泣诉宫怨的诗词。唐代孟棨《本事诗·情感》记载的"红叶题诗"故事，讲的就是唐代大诗人顾况拾到从宫里飘出的一枚梧桐叶，上题一诗："一入深宫里，年年不见春，聊题一片叶，寄与有情人。"诗中以简洁直白的语言透露出宫女情感之悲苦。宫女问题不但激发了历代文人的同情之心，一些文人甚至将其视为政治问题、社会问题来加以批判。唐代白居易就曾上书唐宪宗《请拣放后宫内人》，企图解决"后宫佳丽三千人"带来的"上则虚给衣食，有供亿靡费之烦；下则离隔亲族，有幽闭怨旷之苦"（《请拣放后宫内人》）问题，要求宪宗尽量拣放后宫内人；而且出于"愍怨旷也"的创作目的，撰写了著名的政治讽喻诗《上阳白发人》，通过描写一位上阳宫女长达四十余年的幽禁遭遇，揭示出后宫佳丽三千的悲惨命运。

　　另一方面，封建统治者为了防止宫女反抗，宫里专门制定有严酷的刑罚，后妃体制使众多女性受到摧残。后妃、宫女犯下过失之后，有时会遭到非人的酷刑与残害。元代陶宗仪《元氏掖庭记》中记载，元顺帝时后宫有"酷刑"、"臭刑"、"蒸刑"、"悬心之刑"等。明成祖朱棣的爱妃暴死，因怀疑宫女在茶中掺毒，一次就杀掉宫女、宦官几百人！更有甚者，自秦始皇开了先例以后，皇帝死后要几千名宫女陪葬，称为"生殉"，直到唐以后才代之以终年"守陵"，也是虽生犹死。

　　尽管后宫制度使女性遭受非人的磨难，但这种制度也使一部分女性在一定程度上发挥出她们的聪明才智，在文化、艺术领域中拥有重要的建树。后妃、女官长期生活在宫中，生活条件优越而特殊，她们置身于上层社会，熟谙宫廷政治，并可以观览宫廷藏书，因而这些女性很快成为学识渊博之人，撰写了不少有影响的作品。如汉代女文学家班婕妤工诗善赋；女史学家、文学家班昭，一生除了完成《汉书》八表及天文志外，还著有文学作品多种；唐代的上官婉儿当时即有"巾帼宰相"之称，在唐中宗朝主持风雅，代朝廷品评天下诗文；唐代女作家徐贤妃的作品可与当时的男作家匹敌；辽代、明代均有很多女官成为女秀才、女学士。此外，还有的后妃、女官作画习字、弹琴鼓瑟，成为著名的书画家、艺术家。

　　更重要的是，统治者为便于管理庞大的后宫体制，设立了"女史"一职，由于女史的存在，使得在中国传统的男权文化史上，有另一只眼睛在默默观察着宫闱生活的女性生活，在女史的"彤管"下，中国不为人知的一群女性命运被记录下来，供后世嘘叹与反思。

女史是中国一种特殊的史学现象。女史一职是承袭周制而来，《周礼》在设官建制时就考虑到了女性，正如《隋书·后妃传》云："周公定礼，内职始各列焉。"女史虽然人卑职微，没有位号，但她是皇帝宫闱生活的目击和记录者，且通晓文字，有一定的文化修养，在后宫生活中扮演着一个独特的角色，对后宫嫔妃们的生活进行规范和约束。也就是说，君主为了"整肃后宫"，或者为了使皇后能"母仪天下"，就要有一个约束机制，要设置"记功书过"的"彤史"，即女史，使后宫处于女史的监督之下，使"关雎之风行，彤史之化脩"。① 所谓彤史，就是女史执"彤管"，记载嫔、妃生活。在中国古代文献典籍中，"彤管"一词最早出现在《诗经·邶风·静女》中。其诗曰："静女其娈，贻我彤管。彤管有炜，说怿女美。"郑玄作《毛诗笺》直截了当地注为："彤管，笔赤管也。"所以后来"彤管"就"被用来作为专记君王私生活的女史权力和职责的象征"②，并以之作为女史与记言、记事的左史、右史的区别。

女史主管记录与王后有关的"内务"，郑玄《周礼注》云："女史，女奴晓书者。"女史的职能就是"掌王后之礼职，凡后之事，以礼从"，实际上就是皇帝后宫生活中的一只理性的眼睛。《毛传》的解释更明白："古者后夫人必有女史彤管之法，女史不记过，其罪杀之。"女史不但执掌王后礼职，而且还管记录、安排君王的"宫闱生活"。虽然她们记写的不是君王治国交邦的大事，没有"秉笔直书"的男性史官那样惹人注目，也不能留下永垂青史的"大作"，可她们在书写着宫闱生活这样一个特殊角落的人群，如果没这个特殊的角落，那么生活和历史将是干瘪、枯萎的。

中国史学上的女史现象正是一只大而又亮的女性眼睛，通过女史我们可去破解不少"文化之谜"。正如有人说的那样："人类生命产生和衍续的'原点'，即'本体'，就是'男女''一阴一阳谓之道'，二者缺一，生命之'道'就完结了，这就是'二元本体思维'的模式。而皇后身边女史一职的设置正是人类原始的'二元本体思维'的产物，在以'男权文化'为轴心的古代社会里，女性的存在像天空中日月同在一样不可缺少，而有时政治的兴衰，时代的更替，更深层次的原因总是和'女性'连在一起的，正所谓传统意义上的'女人祸水'、'女色误国'。"③

需要说明的是，女史用女性特有的敏锐性记录了后妃们的生活，揭示了

---

① 欧阳修、宋祁：《新唐书·后妃传》，上海古籍出版社 1986 年版，第 347 页。
② 陈得媛：《从〈诗经〉"彤管"本义看中国古代"女史"的性质》，《河北学刊》2003 年第 1 期。
③ 周文英：《略论中国古代的女官制度》，《辽宁大学学报》1996 年第 3 期。

历史上女性的生活真相，并在其中显示出女史们特有的智慧与力量，这是其价值所在，但其性质仍是维护男权的社会制度，并没有提高妇女在历史中的地位。

三、缠足：一段杀女的历史

缠足始于何时，众说纷纭。陈东原认为："据我看来，缠足起于南唐，殊无足疑。南唐李后主有宫嫔窅娘，纤丽善舞。乃命作金莲，高六尺，饰以珍宝，网带缨络，中作品色瑞莲；令窅娘以帛缠足，屈上作新月状，著素袜行舞莲中，回旋有凌云之态——这实是后世缠足之起源。"① 金莲的说法最早应该起源于五代南唐，而三寸金莲则出现在元朝。标准的三寸金莲平均长度为 13.3～14 厘米，宽度为 4.4～5 厘米。

缠足的过程是这样的：当女孩长到四五岁时，将大约 110 厘米长裹脚布一端放在脚背内侧，将小脚趾裹住，只留出大脚趾，然后用力将脚趾和脚跟拉在一起，让脚趾向下弯曲进入脚心，使脚跟与脚掌合拢。这样，女孩只能用脚趾背走路了。清末对金莲的要求有所谓的七字诀：曰瘦、曰小、曰尖、曰弯、曰香、曰软、曰正。方绚写了一本缠足的专著《香莲品藻》，虽然文字不多，却把金莲品出了味道，如其中"香莲五式"把妇人小脚分为五等：莲瓣、新月、和弓、竹萌、菱角。"香莲十八名"为四照莲、锦边莲、钗头莲、单叶莲、佛头莲、穿心莲、碧台莲、并头莲、并蒂莲、同心莲、分香莲、合影莲、缠枝莲、倒垂莲、朝日莲、千叶莲、玉井莲、西番莲，等等，完全把病态的审美建立在女性的痛苦之上。

对于中国为什么会出现缠足的现象，有人分析过主要原因：第一，封建专制下的纲常礼教是其存在的主要根源；第二，封建经济所有制为缠足提供了温床；第三，封建政治观对女性的排斥导致女性社会地位失落；第四，封建婚姻制度对女性的制约；第五，女子"以弱为美"的审美观将缠足推到极致。②

缠足因为违背人性，是一种病态社会心理的产物，所以从一开始就遭到了有识之士的抨击。宋代车若水在《脚气集》中说道："妇人缠足不知始于何时。小儿未四五岁，无罪无辜，而使之受无限之痛苦，缠得小束，不知何用？"这是中国反对缠足的第一声。

太平天国颁布法律禁止妇女缠足。清末，康有为、梁启超领导的维新派发表文章，组织戒缠足会，极力反对缠足，倡导天足，得到了社会的广泛响

---

① 陈东原：《中国妇女生活史》，上海书店 1984 年版，第 125 页。
② 谢凤华、张学武：《中国妇女缠足放足探析》，《社会科学论坛》2003 年第 12 期。

应，形成了颇具规模的"天足运动"。民国伊始，几届政府都公布禁止缠足的法令，"天足运动"有所深入。1939年7月16日，周恩来、刘少奇、邓小平等13人专门就缠足问题联合提案给陕甘宁边区主席团转边区区长联席会议，要求陕甘宁边区政府通过法律手段禁止妇女缠足恶习。但是近一千年缠足的习俗在现实生活中远未停止，直到1949年建国以后，缠足方始告终。

对于缠足的罪孽，女性主义活动家、作家安德里亚·德沃金发出了一连串的质问："缠足存在了上千年。在什么意义上，用什么尺度，人们才能清算上千年的历史中女人所受的这穷凶极恶的罪行，才能衡量这种侵犯，才能统计这残忍和内在的痛楚？在什么意义上，用什么样的词汇，才能洞察这一千年间女人的历史的意义和现实？"在漫长的一千年间，以美的名义，为性的艺术，为阴阳和谐，为角色定义，一个性别残害、奴役另一个性别，"杀女"成为了合法的制度，德沃金不由感慨万分：

> 试想这罪孽的规模。
>
> 数以百万计的妇女，在一千多年中，以情欲的名义，被野蛮地致残。
>
> 数以百万计的人，在一千多年中，以美的名义，被野蛮地致残。
>
> 数以百万计的男人，在一千多年中，在与献给小脚崇拜的做爱中行乐。
>
> 数以百万计的男人，在一千多年中，对缠足顶礼膜拜。
>
> 数以百万计的母亲，在一千多年中，为了婚姻的保障，野蛮地残害着她们的女儿。
>
> 数以百万计的母亲，在一千多年中，以美的名义，野蛮地残害着她们的女儿。①

中国缠足现象的出现除了封建社会男尊女卑观念、礼教制度等社会因素以外，其实还有一个更深的含蕴，那就是中国士大夫经受长期的压抑，无处发泄，于是将发泄的压抑转向了女性。正如有人分析的那样："各文明民族——不管是古希腊、古印度还是穆斯林国家，在迈入现代社会之前，妇女的地位通常都是较低下的，女性都处于男权统治下，然而却只有中国发明了缠足。中国的士大夫阶层既不能如古希腊知识者一样参与民主政治，又不能如古印度的高级种姓一般天生富贵，亦无穆斯林战士攻城略地的勇武。中华帝

① ［美］安德里亚·德沃金：《杀女——谈缠足》，见李小江等主编：《主流与边缘》，三联书店1999年版。

国在公元前二世纪就开始建立一个依托文人士大夫的国家官僚体系，高高在上的皇帝操纵着这个体系，而士大夫只不过是官僚机器中的一个个螺丝钉；虽然皇帝不可能完全抛开这架机器，但一个个的螺丝钉却是随时可以更换的。于是两千年来，中国的文人士大夫就在患得患失、吟风弄月中生活；在自己消磨尽阳刚之气以后，为建立对第二性的统治，而终于只能靠毁坏女性的肢体来实现了。"① 于是，"杀女"便成了泱泱大国的奇特景观了。

中国士大夫文化崇尚的是贞静、柔顺、雅致、婉约，但又讲究"男女有别"，于是女性化的士大夫要与女性划清界限就只有两种办法：一是士大夫自身变得勇武一些，二是女性变得柔弱一些。士大夫本身在等级森严的封建专制社会中，不可能变得勇武，那么办法就只有一种：让女人变得更弱。缠足满足了士大夫虚幻的强悍之梦，正如一篇讽刺随笔所说的那样："缠足对男人来说是有尊严的生活状态，而对女人来说是知足的状态。让我说得更清楚，我是本阶层的一个典型。从小我被灌输了太多的四书五经，结果眼花背驼。记忆力不强，而对一个古老文明来说，你要学那么多，才谈得上有知识。所以在学者中，我形象不佳，胆小，我的声音在男人中间显得娘娘腔。但是，对我的小脚老婆来说，除非我把她抱到轿子上，她只有幽居在家中，对她来说，我步履英武，声如洪钟，智同圣贤。我就是世界，我就是生活本身。"② 这段话真是一针见血，明明白白地说出了中国士大夫们强迫女人缠足的不得已的苦衷：为了在女性面前直起腰杆，男人不惜残忍地对女性身体下毒手。

缠足给女性带来了一千年的噩梦，今天中国的女性能以健康自然的身躯融入社会，加入到各项工作中去，这是女性解放的进步，也是时代的进步。

四、妓女：女性屈辱的亲历者

妓女业被认为是"世界上最古老的职业"。关于"妓"字，《说文解字》、《辞海》、《中文大字典》等辞书的定义是：娇小美貌但地位低下的女子、专门从事歌舞杂技的女艺人、有偿提供性服务的女子。

陈东原认为："中国之有妓女，实起于汉武之营妓，而南北朝时家妓最盛。……可是真正的妓的制度，汉朝才有。"③ 我们怀疑妓女的起源比这要早，甚至可以追溯到先秦。中国古代祭祀神的祭品中，包括"季女"。"季女"就是到了出嫁年龄而未嫁的女子。主祭人要与"季女"在祭祀仪式上

① 陈玉明：《士大夫与女人的缠足》，《书屋》2003 年第 6 期。
② ［美］安德里亚·德沃金：《杀女——谈缠足》，见李小江等主编：《主流与边缘》，三联书店 1999 年版。
③ 陈东原：《中国妇女生活史》，上海书店 1984 年版，第 60 页。

性交，以祈求神赋予人类有旺盛的繁殖能力。可见，古代的"伎女"、"妓女"是由远古的"季女"演变而来的。"伎女"又演变为"妓女"。妓女成为商品，纯粹卖淫现象也由来已久。

中国最早的妓女如先秦时期的女乐来源于女奴隶以及近似女奴隶的女俘或罪犯妻子中的佼佼者①。据研究，"有可信史料为证的女乐历史是从商代开始的"。殷商甲骨文中的"巫"，"即是当时的女乐和后来被称之为歌妓的'远祖'"②。先秦女乐的主要职能就是"歌舞娱人"，所娱之人，主要是帝王、达官贵人和士大夫。而中国最早的官营妓院则是春秋时期齐国宰相管仲设置的。公元前685年，齐桓公把管仲尊崇为仲父，辅佐自己治理国家。管仲为使国家发达，用创设市场的方式发展商业，除了设立盐市、鱼市等农副市场外，他还在齐公的宫中设了"女市"，也称"女闾"。即《战国策·东周策》中所载"齐桓公宫中七市，女闾七百"，这也许是我国最早的国家妓院。

到汉代，除了继续沿袭先秦"女乐"旧制，还衍生出了"女娼"之名。服务对象也"从宫廷走向贵族、官宦之家"，"扩大到贵戚五侯和外戚之家"③。《后汉书·卢植传》载："（马）融外戚豪家，多列女娼歌舞前"，即是明证。汉武帝还创设了"营妓"制度。营妓制度的设置主要是为军队官兵提供性服务，《万物原始》中称"汉武帝始置营妓，以待军士之无妻室者"（见《汉武外史》）。元末陶宗仪《南村辍耕录》指出："以古称妓为官婢，亦曰官奴。汉武帝始设营妓，为官奴之始"，可见，"营妓"属于官妓性质。"营妓"制度使得妓女变成政府层面设置的具有团体性质的职业阶层。

魏晋南北朝时家妓盛行。家妓既不是妾，也不是婢，只供主人声色犬马之用。如西晋的王恺、石崇，他们两人家中都蓄养着成群家妓。造成家妓盛行的原因在于魏晋南北朝时期政府从法律层面确认了"乐户"的存在。所谓"乐户"指的是"女乐、倡优等歌舞艺人的户籍，他们被认为身份低贱，不属于良民。乐户中的女子就是妓女"④，与先秦女乐和汉代女娼一样，这些女子多为古代的犯罪妇女或犯人妻女，她们因罪被没入官府，充当官妓，供人娱乐。据文献记载，从公元前841年左右到公元1644年前后的2500年间，我国妓女的一个主要来源是女性罪犯和男性罪犯的妻女。可以说，古代中国是惩罚女性罪犯，或判罚罪犯的妻子、女儿为妓时间最长的一个国家。后来，"乐户"亦用作旧时妓女或妓院别称，这个称呼一直延续到1950年我国封闭妓院前。这期间，"乐户"又衍生出多种称呼，如"女闾"、"章台"、"平

---

① 武舟：《中国妓女生活史》，湖南文艺出版社1990年版，第47页。
② 李剑亮：《唐宋词与唐宋歌妓制度》（修订本），浙江大学出版社2006年第2版，第9页。
③ 李剑亮：《唐宋词与唐宋歌妓制度》（修订本），浙江大学出版社2006年第2版，第12页。
④ 武舟：《中国妓女生活史》，湖南文艺出版社1990年第1版，第47页。

康"、"行院"、"风月场"、"烟花巷"、"宜春院"、"温柔乡"、"云吉班"、"枇杷门巷"、"秦楼梦馆"等。"妓院"不过是其中被使用得较多的称呼。

"花街柳巷"的称谓大约起于盛唐，是我国古代对妓院集中营业区的称呼。对妓院集中地区的称谓还有"红灯区"一词。这个名词源于国外，大概起源于1868年的英国。当时，伦敦指挥往来车辆的交通警察，启用了世界上第一盏红绿两色的煤气交通指挥灯。这种灯启发了伦敦的妓女们，在妓院集中的地区，家家妓院门口悬挂红灯，"红灯区"的称谓由此而生。

中世纪欧洲的妓女是一种得到社会承认的职业，这主要源于中世纪的教会文学的影响，圣奥古斯丁曾经写道："城中的妓女犹如宫殿的排水管，如果你清除了排水管，房子就会污秽满地。"① 基督教社会承认妓女的存在，是因为卖淫业可以防止通奸和私奔行为，其作用犹如排水管。

12世纪在意大利和法国城市中出现了官办的妓院，13世纪又扩展到英国、德国和西班牙，但妓女地位十分卑贱。为了强调妓女的低贱地位，许多法律条文对妓女作了严格限制，甚至对妓院设置的地点和妓女所穿的服装都有规定。到了16~17世纪，由于绝对君主制的确立、宗教改革、对花柳病的恐惧等原因，欧洲社会对妓女的敌意日益加深。

在西方，根据1929年2月日内瓦国际联盟妇孺青年保障参议会调查各国娼妓制度报告，有48个国家采取两种办法禁娼，用法律彻底废止娼妓制度的国家有德国、玻利维亚、古巴、美国、芬兰、英国、挪威、荷兰、波兰、多米尼加、瑞士、捷克等28个国家。采用取缔的办法节制娼妓活动的国家有法国、意大利、比利时、澳大利亚、西班牙、希腊、罗马尼亚、日本、巴拿马等19个国家。

在中国，1924年3月8日，由何香凝主持，在广州召开了中国妇女第一次纪念三八国际妇女节大会，会上，何女士郑重喊出"废除娼妓制度"的口号。此后各界禁娼的呼声就此起彼伏了。1949年11月21日下午，北京市第二届各界人民代表会议在中山公园中山堂召开，郑重宣布了北京市政府《关于封闭妓院的决议》（草案），由此，卖淫业在新中国成为违法行为。

在中国历史上，文人对妓女往往怀有一种特殊的复杂情感。虽然文人们在某些特定场合不免发出诸如"且免歌词，休载妓，莫携樽"之感慨，但绝大多数文人却颇钟情于和歌妓交往。或倾慕歌妓的才学技艺，或视歌妓为红粉知己；或流连风月，仅为逢场作戏，聊以娱宾遣兴，或借放荡青楼，旨在排忧遣闷，抒发失意之情；或着意于"赢得青楼薄幸名"的狂游狎邪，或崇

---

① ［以色列］苏拉密斯·萨哈著：《第四等级——中世纪欧洲妇女史》，林英译，广东人民出版社2003年版，第226页。

尚于"盖世界浪子班头"的兀傲不羁。诸如此类，不一而足。但于文人与妓女交往关系的考查，即可管窥文人对妓女的种种复杂心态。不管是温庭筠"与新进少年狂游狭邪"，落得"士行尘杂"之不良评价，亦或是北宋词人张先"年已八十余"，"犹畜声妓"，遭到苏轼"诗人老去莺莺在，公子归来燕燕忙"之讥诮；也不管柳永旅居京华，"日与儇子纵游娼楼酒馆间"，高唱"知几度、密约秦楼尽醉。仍携手，眷恋香衾绣被"，视歌妓为情感交流和精神寄托的主要对象，亦或是冯梦龙早年"逍遥艳冶场，游戏烟花里"，在经历了与苏州名妓侯慧卿的恋爱悲剧后，大病一场，写下了回忆侯慧卿诗歌数十首。这种刻骨铭心的经历也深刻影响了他的文学创作，以至于在《卖油郎独占花魁》一文中作意渲染卖油郎秦重与花魁娘子莘瑶琴这对身份悬殊的恋人之间"以情度情"、平等互爱的爱情观。我们不难看出，除了文人骨子里包含的风流秉性，希冀"小楼深巷狂游遍"、"赢得青楼薄幸名"的原始冲动，更多的是从一个侧面展现了落魄文人仕途蹭蹬、怀才不遇、英雄失意的放荡情绪。因此，偎红倚翠的"秦楼梦馆"，一见倾心的浪漫邂逅均成为诸多文人挥之不去的永恒念想与追忆。韦庄高唱"如今却忆江南乐，当时年少春衫薄。骑马倚斜桥，满楼红袖招"，对唐时"江南"青楼歌女充满了浪漫的追忆；晏几道低吟"记得小蘋初见，两重心字罗衣。琵琶弦上说相思"，洋溢着初见小蘋时一见钟情的刻骨铭心。所有这些饱含情感的浅吟低唱，无不是文人内心世界的真实反映。

在元朝，文人们更是创作了数量繁多的杂剧，来表现妓女们屈辱的遭际和高尚的人格。这当然有着历史的特殊背景，主要的原因是元代文人遭到了前所未有的轻视，而且作为进身之阶的科举也几乎被取消。元代除太宗九年（1237）举行过一次科举外，科举废而不行垂八十年之久，直至仁宗延祐二年（1315）才恢复科举制度。元代是中国第一个少数民族统治汉族的时代，强悍的少数民族征服了以汉族为主体的中原各民族，朴野劲直的游牧文化冲击甚至重创了高度发展的农业文化，这一超越常规的历史变迁造成了封建宗法制度的断裂，也导致了一向被奉若神明的儒学伦理体系的瓦解，使整个社会意识领域陷于混沌无序的失重状态。而对此感受最深的莫过于那些被赶出清雅优裕的书斋而无所逃匿地接受血与火洗礼的文人墨客们。"对于这些在蒙古灭金战争中沦入社会底层的士子们来说，最大的痛苦并不是山河易主所造成的故国沦亡之悲，而是高度发展的封建制度及其思想文化体系的崩毁所导致的人格扭曲与自我的迷失。"① 于是，人伦的失序、道德的沦丧、社会

---

① 陈雅娟：《从元代士妓爱情杂剧透视元代文人心态与社会地位》，《巢湖学院学报》2005 年第 5 期。

的窳败抽去了一代书生以儒道立身的精神支柱。这样，他们选择了玩世避世的态度，在放荡不羁中麻木痛苦的灵魂。这就造成了元代文人与以前文人截然不同的心态，元代文人追求一种世俗的"适意"，退避到世俗生活中去寻找"身适"，与烟花、美酒作伴。也正是这样，他们能以较为平等的眼光去看待艺妓们，并以艺妓为原型创作出了许多士子与妓女的爱情故事，使世人对妓女和妓女的生活有一个重新的认识。关汉卿的《救风尘》、《金线池》、《谢天香》等杂剧均以妓女为题材，表明作者对遭受蹂躏压迫的妓女的高度关注和同情，也谴责了元代的妓女制度。

但从另一个角度来看，中国古代妓女大多因各种因缘失身于人，沦落风尘，但其中亦不乏重情高义，把追求爱情和正义作为自己崇高理想的妓女，即所谓"节妓"、"义妓"者。"节妓"者多信守盟誓，忠于爱情。明末金陵名妓董小宛爱上冒辟疆，从良为妾后便一往情深，矢志不渝，以至劳瘁而卒，年仅28岁。冒辟疆还为其撰写《影梅庵忆语》详载其事以歌颂之。金陵诗妓柳如是在钱谦益病卒，遭遇同族族人纠结凶徒乘丧入室，意欲瓜分钱氏家产时，自缢殉夫，以生命平定家难，维护了家族利益。除了忠于爱情，坚守贞节之"节妓"，更有侠义为本，重人格尊严，讲人道精神，尚民族气节，崇国家大义的"义妓"者（有些"节妓"亦可称为"义妓"）存在。文人更是在自己的笔下展现了大量义肝侠胆的"义妓"、"侠妓"形象：唐代白行简《李娃传》中的长安名妓李娃在和鸨母共同预谋骗逐荥阳生后，看到荥阳生流落街头，乞讨为生的遭遇，又不免心生怜惜和悔恨之情，毅然决然与鸨母决裂，不仅拯救荥阳生于危难之际，而且全力照顾他，助其功成名就，体现了强烈的人道主义精神。冯梦龙《醒世恒言》之《杜十娘怒沉百宝箱》中，杜十娘得知自己钟情的李甲为贪千金之资将其出卖的现实，将百宝箱中价值万金的首饰一一投江，自己最终也"抱持宝匣，向江心一跳"，以生命维护了自己的尊严。白行简的《李娃传》虽属虚构，但喜剧性的结局却饱含了作者对妓女的同情和对其品格的赞赏。而冯梦龙的《杜十娘怒沉百宝箱》却改编自同时代文人宋懋澄的《负情侬传》，有着深厚的现实基础。至于历史现实中的"义妓"亦不胜枚举。如宋代抗金女英雄梁红玉出身营妓，被韩世忠赎身为妾，后多次随夫出征，亲执枹鼓，抗击金兵，后人高度评价其"内平叛逆，外御强仇，挽狂澜于既倒，扶大厦于将倾，古今女子，唯此一人也"（《英烈夫人祠记》）。宋代艺妓严蕊与台州太守唐仲友交往，遭到朱熹等宋代道学家拘捕入狱，虽身陷囹圄，遭受鞭笞酷刑，但仍坚称"是非真伪，岂可妄言以诬士大夫，虽死不可诬也"，拒不以诬言陷害唐仲友。南宋高邮名妓毛惜惜不愿为叛臣荣全侍宴，坚守"妾虽贱，不能事叛臣"的人生信条，表现出宁死不屈的大义精神。明末秦淮歌妓李姬（李香君）与侯方域相爱，断然拒绝权奸替侯方域梳拢自己，并当面怒斥侯方域"读万卷书，所见岂后于贱妾耶"，其忠义爱国之情，溢于言表。民国初年侠妓小凤仙（朱筱凤）帮助反帝将领蔡锷将军逃出北京，挣脱了袁世凯的软禁，为英雄美人之间至死不渝的爱情增添了更多的动人魅力。诸如此类名妓，尽管身处卑贱处境，均为女性屈辱的亲历者，但做出的一些事情却并不平凡，甚至是可歌可泣的大事，充分体现了"节妓"、"义妓"们的独立人格、坚贞品行和崇高精神。

近代，有很多学者对娼妓现象作了研究，因为立场观念的差异，他们对娼妓现象的态度和所持的观念也不同，其中有代表性的观点有几种。第一种是以弗洛伊德为代表的以施虐心理为男性固有特征和以受虐心理为女性固有特征的立场；第二种立场是以福科为代表的视虐恋为权力游戏和纯粹的感官享受的立场；第三种立场是女权主义的批判立场。比如，弗洛伊德的门徒的海伦·多伊奇因持有女性天生有受虐心理这一观点而名噪一时（女权主义者则认为她臭名昭著）。多伊奇认为，女性天生是自虐、自恋和被动的，而且认为这是女性最基本的特性。英国作家波顿（Robert Burton）也曾说过这样一句话："一切恋爱都是一种奴役现象。"[1]

女权主义反对娼妓制度，这一制度使女性成为男性所消费的"商品"，她们已经完全丧失自我人格尊严，成为被统治、被利用、被羞辱的对象，是女性屈辱的亲历者。在当今中国，娼妓现象还依然存在，尤其在较为偏僻的农村，由于经济的落后，"笑贫不笑娼"的现象时有发生，这有悖于我国社会主义精神文明建设。因此，从根本上消除娼妓现象，这需要全社会共同努力：一方面提高全社会精神文明修养，一方面制定相关法律法规，让女性的价值在建设有中国特色的社会主义市场经济大潮中体现出来。

五、礼教：男尊女卑的砥柱

作为封建时代禁锢女性思想，约束女性行为的礼教，是导致男尊女卑地位悬殊的砥柱思想。礼教的逐步兴起和高度发达，从某种程度上说，也就是女性地位逐步下降，自由逐步丧失的过程。

东周时代，男女隔离并不厉害，恋爱还很自由。《诗经》中就有很多描写男女自由相恋的诗篇。如《郑风·野有蔓草》写男女邂逅相遇后相互爱悦，于是就结为夫妇，这是何等的自由。《陈风·东门之枌》在"东门之枌"这一节里写男女为爱欲所驱，放弃职业婆娑于市；《陈风·东门之池》就进一步，写男子想接近女子，和她晤语晤歌晤言；《陈风·东门之杨》更

---

① 李银河：《中国女性的感情与性》，今日中国出版社 1998 年版，第 159 页。

进一步，他们竟然急着要结婚了。而《郑风·褰裳》："子惠思我，褰裳涉溱；子不我思，岂无他人？"意思是说你同我好，我就同你好，你不同我好，我可以同别人好。这是何等的大胆，何等的不受拘束，女子的天真与狂野，令今人也有点惊奇。但在这种自由的诗的王国里，礼教的痕迹还是依稀可见，如《卫风·氓》："匪我衍期，子无良媒"，陈东原说："因为无媒的原故，不得不把两相约定的婚姻衍期了，也是礼教初形成的极好证据。"①

中国古代史家对女性历史的探索和对女性事迹的著录不多，西汉刘向编撰的《列女传》可算开了先例，成为第一部妇学专史和通史。后世正史之列传如南朝宋范晔《后汉书·列女传》、元脱脱等《宋史·列女传》、野史之杂传如晋皇甫谧《列女传》、明解缙《古今列女传》以及方志之妇女传记如东晋常璩《华阳国志》等都深受其启示和影响。《列女传》现存七卷，第一卷《母仪》，第二卷《贤明》，第三卷《仁智》，第四卷《贞顺》，第五卷《节义》，第六卷《辩通》，第七卷《孽嬖》，每卷15篇（第一卷佚1篇，存14篇），载录从传说时代到西汉中期各阶级阶层105名知名女性事迹，用以教化妇女，鉴戒世人。

刘向《列女传》专以妇女为记载对象，所载之人有严守妇道的烈女，有通才卓识的才女，有言行怪异的丑女，有身怀治国本领的巾帼英雄，有行侠仗义的义女，有祸国殃民的妖女，"它第一次系统地把妇女事迹分门别类地载入史册，全方位地记载了从传说时代到西汉中期社会各阶级阶层的女性事迹，成为迄今所知第一部专载妇女言行、事迹的通史、专史"②。

东汉班昭以其"博学高才"被汉和帝多次征召入宫，除继承父兄遗志续修《汉书》之外，还曾担任后妃的教师，被尊为曹大家（gū）。她对后世影响最大的还得数她写的《女诫》，由于她受儒家思想以及宫廷生活的影响，在《女诫》中，班昭系统地陈述了"卑弱"、"敬顺"、"专心"、"曲从"之类的封建道德教条，把压抑妇女的思想编撰起来，使它成为一套枷锁套在妇女身上。她发挥了《白虎通义》中"阴卑不得自专，就阳而成之"的伦理观，以及"三纲五常"的道德观念，把男尊女卑变成一种行为准则，视卑弱、柔顺为女性必须具有的品质；把"夫为妻纲"发展成为"夫有再娶之义，妇无二适之礼"。《女诫》充分阐述了"四德"，并使之规范化。班昭关于"四德"的阐述至今仍有难以估量的影响，可以说，班昭的《女诫》成为了禁锢女性的理论典范，自从有了《女诫》，男尊女卑的思想就成了中国伦理界的砥柱。

---

① 陈东原：《中国妇女生活史》，上海书店1984年版，第26页。
② 王丽英：《论刘向〈列女传〉的立传标准及其价值》，《广州大学学报》2002年第2期。

宋代是妇女生活的转变时期。随着理学的兴起和发展，社会对女性的约束越来越多。理学也叫道学，性理之学或义理之学。主要代表人物是"北宋五子"［周敦颐、二程（程颢、程颐）和张载、邵雍］和南宋朱熹。北宋初期的周敦颐是理学的奠基人，周敦颐在他的《通书·礼乐第十三》里说："礼，理也，乐，和也，阴阳理而后和。君君、臣臣、父父、子子、兄兄、弟弟、夫夫、妇妇——万物各得其理然后和，故礼先而乐后。"① 对理学发展起突出作用的是程颢、程颐兄弟。他们提出"饿死事极小，失节事极大"的主张。女子不能再嫁、男子可以出妻的二重道德观念到了他们那里才正式成立。"饿死事小，失节事大"的贞洁观的提出是宋儒为了适应封建社会统治阶级的需要，以压抑妇女人性、贬低妇女人格、扼杀妇女权利为基础。这种思想来源于孟子"舍生取义"的思想，将妇女的"贞操"问题升华为人格高下的品定，把妇女对丈夫的贞操提高到义士政治节操的高度，无疑给广大妇女的思想和行为带上了沉重的镣铐。南宋朱熹继承周敦颐、二程，兼采释、道各家思想，形成了一个庞大的哲学体系，成为理学的集大成者。

理学形成以后，整个宋、元、明、清时期，占统治地位的哲学思想便是理学。理学是以儒家思想为主，糅合了佛、道唯心主义思想而形成的新儒家的完整思想体系。理学的核心是"理"，或叫"天理"，他们提出了"存天理，去人欲"的理欲观，把封建等级制度说成是天经地义，把"三纲五常"说成是"天理"。自宋代理学兴起至鸦片战争前后，由理学发展完善的礼教使中国妇女一步一步地沦入了地狱深层。

在礼教的催生下，中国古代出现了许许多多的所谓节妇、烈女，而理学以后，这种情形就更厉害了。董家遵曾作了一个统计，在《图书集成》这本数十大册的节妇烈女传记里，宋以前的节妇人数仅占 0.62%，为 92 人，而宋以后的节妇人数竟占到 99.74%，为 37134 人；在历代的烈女中，宋以前占 0.8%，为 95 人，而宋以后占 99.2%，为 12062 人。这些烈女分为自杀与被杀两种。烈女自杀宋代为 79 人，元代为 306 人；烈女被杀宋代为 43 人，元代为 77 人。自杀方式有投水、自缢、绝食、投崖、悲恸过度、吞金等方式，而以投水和自缢的最多。② 由此可以看出礼教对女性的残忍与狠毒，说礼教吃人一点也不为过。

由于受礼教的影响，社会生发出种种对女性的规定和制约。比如宣扬什么"女子无才便是德"，对这句话的来历，陈东原作了解释，他认为这句话起源于明末，当时有两个原因使这句话成了普遍的谚语。一是由于故事传说

---

① 转引自陈东原：《中国妇女生活史》，上海书店 1984 年版，第 136 – 137 页。

② 董家遵：《历代节妇烈女的统计》，见陕西人民出版社编：《守节·再嫁·缠足及其它——中国古代妇女生活面面观》，陕西人民出版社 1990 年版，第 111 – 116 页。

的影响，如《西厢记》的莺莺因能晓诗文而约会张生，二是由于当时很多妓女以诗词著名，这样使世人认为有才使女子不幸。①"女子无才便是德"这句话不知埋没了多少有才情的女子的智慧。又比如，礼教规定女子要"笑不露齿、行不露足"，这个行为模式成为中国传统观念中大家闺秀必须遵循的一个准则。在封建礼教压迫最深重的年代，即使女子看病也要遵循这一准则。如《红楼梦》等著名小说所描写的那样，医生给贵妇人看病，只能隔着帐子，给里面伸出来的手腕把脉，望、问等必要的诊病手段也就不得不取消了。有时，对于深宅闺秀，医生甚至只能"悬丝诊脉"。

明代中叶以后，随着商品经济的发展和资本主义生产关系的萌芽，新兴的市民力量得到了最初的发展。这种历史变革的新动向反映到意识形态上，便是原始的民主主义思潮和个性解放要求的滥觞和发展，并且两者汇合成为中国早期的民主主义启蒙思潮。这时出现了一大批同情妇女疾苦者，他们反对封建桎梏对妇女的束缚，朦胧地提出男女平等主张。李贽就是痛批节妇、烈女的第一人。李贽十分憎恨那些高官显爵的道学家，指斥他们"阳为道学，阴为富贵，被服儒雅，行若狗彘"（《续焚书·三教归儒说》），是一群道貌岸然的假道学；痛斥他们衣着文雅，道貌岸然，而行为卑污，对妇女的亵渎如同猪狗。他针对程颐鼓吹的"饿死事极小，失节事极大"谬论，赞许"寡妇改嫁好"，斥责不许寡妇改嫁是"不成人"、"大不成人"。李贽大力称扬卓文君与司马相如的自决行动，他赞赏侠女红拂的私奔之举，说："奇！这是千古来第一个嫁法。"②

到了19世纪初，清代著名小说家李汝珍在小说《镜花缘》中发表了许多对女性同情的见解。如反对女子修容，反对女子穿耳，反对女子缠足，反对算命合婚，反对男子讨妾，承认男女智慧平等，主张女子参政，等等。这部小说借百花仙子谪凡的经历，着重刻画了唐闺臣等一百位才女的卓越才能和高尚情操，否定了男尊女卑的封建观念。

新中国成立以后，封建礼教也随之被社会主义精神文明所代替，妇女能顶半边天的观念深入人心，自尊、自爱、自强的新型道德观也为广大妇女所接受，但是，要彻底清除封建礼教思想还有很长的路要走，还有很多的工作要做。

六、女教：女性的启蒙

中国的家庭教育源远流长。《周易》中的"家人""渐""蛊""节"等

---

① 陈东原：《中国妇女生活史》，上海书店1984年版，第191-202页。
② ［明］张凤翼：《李卓吾先生批评红拂记》（第十出），李贽评，明虎林容与堂刻本。

卦便是最早讲家庭问题的。如果《周易》是写在殷、周之际，则中国有文字记载的家教历史便已有三千多年了。之后，先秦的礼法，汉代的家法，六朝以后出现的家训、家规、家仪，以及近人有关家庭教育的论述，自然都属家教的范畴。"男主外，女主内"，这样的思想在《周易》的《家人》卦中已经明显地表现出来。

中国古代女子一般从十岁起接受基本的妇德、妇容及妇功教育。《礼记·内则》记载："女子十年不出，姆教婉、娩、听从；执麻枲，治丝茧，织纴、组、紃，学女事，以共衣服；观于祭祀，纳酒浆、笾豆、菹醢，礼相助奠。"① 女子出嫁之前，大多接受女红教育。

女红旧时指女子所做的纺织、刺绣、缝纫等事，是古代女子必须遵从的"四德"之一。女红一词最早见于《汉书·景帝纪》："雕文刻镂，伤农事者也；锦绣纂组，害女红者也。"颜师古注："红读曰功。"② 从此始女红一直沿用下来。

出于封建礼教的制约，中国古代妇女主要接受女红和一些伦理规范的教育，很少读书识字。但也有例外，如班昭，不仅自己著书立说，而且开课讲学，其中还收了男弟子。班昭不仅仅是《汉书》最后一部分书稿的完成者，而且还是《汉书》学的传授者。《汉书》由于是鸿篇巨著，用典较多，文字比较古奥生涩。《汉书》问世之初，当时很多读者难以读通，班昭便在东观藏书阁开始讲授《汉书》和对《汉书》进行文字疏通工作，年轻学者马融为了读懂《汉书》，曾奉诏师从班昭受《汉书》。因封建社会男女有别，授受不亲，为避男女之嫌，马融平时只能"伏于阁下，从昭受读"。马融就是班昭教出来的第一个通《汉书》的学者，也是中国古代历史上有文字记载的第一位受读于女教师门下的男弟子。据《后汉书·马融传》说，马融后来教授诸生，常有千数，琢郡卢植、北海郑玄等都是他的高足弟子，也可以说是班昭的再传弟子。

清朝的袁枚吸收了一批女弟子，从事文学创作，人称"随园弟子"，这些女弟子都是袁枚晚年所接纳的。袁枚具有一定程度的男女平等思想，对传统观念予以批判，如他称："俗称女子不宜为诗，陋哉言乎！圣人以《关雎》、《葛覃》、《卷耳》冠《三百篇》之首，皆女子之诗。"③ 另外，袁枚大力倡导性灵说，也有力地推动了女弟子的出现，他的性灵说为女子提供了适宜其创作的审美标准与审美追求。

中国两千多年封建社会的延续使得男尊女卑的伦理观念在人们头脑中根

---

① 孙希旦：《礼记集解》，中华书局1989年版，第772－773页。
② 班固：《汉书·景帝纪第五》，中华书局1962年版，第151页。
③ 王英志：《随园女弟子概论》，《江海学刊》1995年第6期。

深蒂固。"女子无才便是德"的信条导致时至 19 世纪末叶的中华帝国尚无一所可供广大女性读书学习的校园,女性文盲呈普遍现象,这与中华民族拥有数千年文明的历史极不协调。

中国社会的积贫积弱,女子不受教育是一个重要根源。女子教育"上可相夫,下可教子,近可宜家,远可善种"。① 因此,倡导女学、"打破女禁"一直是中国近代先进人物的孜孜追求。终于,在欧风美雨东渐的晚清时期,女子教育受到了世人的关注。

中国近代最早提倡女学的是清末早期改良主义者,他们受西学东渐的影响,最早接触西学、认识西学并主张学习西学。倡导女学教育就是在这样的背景下开始的,代表人物有郑观应、宋恕等。早期改良主义者的这些主张是中国近代倡导女子教育的最初呼声,标志着中国近代女学教育思想开始萌芽。

此外,以康有为、梁启超、严复为代表的维新派是近代女学教育的积极倡导者,也是实践女学的积极支持者。他们从"天赋人权"的文化观出发,批判中国传统男尊女卑的思想,主张男女平权,女子应同男子一样有受教育的权利。

康有为认为"男女皆人类,同属天生",所以男女应平等。梁启超认为"女学最盛者,其国最强","欲强国必由女学"。梁启超《变法通义》中有专论《论女学》,梁氏一针见血地指出:"吾推及天下积弱之本,则必自妇人不学始。"② 他分析的具体原因是,由于女子受教育的权利被剥夺,女子成年后不具备相应的知识素养,接踵而来的直接后果是丧失执业自养的能力,致使中国"女子二万万,全属分利而无一生利者。惟其不能自养,而待养于他人也"。严复则从进化论观点出发,认为一国一种的强弱在于民,而民之优劣取决于童蒙教育、家庭教育和女子教育。他认为"使国中之妇女自强,为国政至深之根本"③。

维新派的这些主张是女学教育思想在中国萌芽后又一次强有力的呼声,使人们对封建的女子教育观产生怀疑,传播了"民权"和"女权"的新思想,具有重大的思想启蒙意义。

晚清时期其他杰出女性也有类似的呼声。卢翠在《女学报》上撰文,呼吁兴办女子学校,并把兴办女子学校与国家命运联系在一起。女权主义者刘纫兰在其《劝兴女学启》中更是振臂高呼:"天下兴亡,女子也有责焉!"这些女性还勇敢地通过各种渠道向光绪皇帝进言,提出成立"贵妇院",并

---

① 董宝良:《中国教育史纲》近代之部,人民教育出版社 1990 年版,第 205 页。
② 董宝良:《中国教育史纲》近代之部,人民教育出版社 1990 年版,第 177 页。
③ 王雷:《略论中国近代的女学教育》,《沈阳师范学院学报》1996 年第 4 期。

"准荐拔高等女学生及闺媛,入贵妇院受职理事"。①

以孙中山为代表的革命派从妇女解放、"女权革命"的高度来认识女学教育,他们宣传西学的"人权"观、"民权"观和"女权"观,认为女学不兴是亡国之源、亡种之源,号召女子为天赋之权利而斗争,勉励妇女扫除依赖男子之劣根性,努力于学问,成为救国之女豪杰。孙中山曾以《女子教育之重要》为题,发表演说,指出:"中国女子虽二万万,惟于教育一道,向来不注意,故有学问者正少,处于今日,自应提倡女子教育为最重要之事"②。著名女革命家秋瑾于1907年在上海创办了中国第一份女报《中国女报》,号召女子读书学习,走向社会,参加为自身求解放的斗争。革命派的主张推动了妇女解放运动,从根本上动摇了封建礼教的思想支柱,为女学教育的形成和发展做了思想上的准备。

中国近代由国人自己创办的最早的女子学堂是上海电报局局长经元善于1898年5月在上海创办的经正女塾。招收8~15岁的女学生20多人入学,聘请中西教习。这所女子学堂由于戊戌变法的失败,于1900年停办。

随着"女权革命"的高涨和创设新教育的呼声,以及科举制的结束,清政府迫于压力,于1907年制订了《女子小学堂章程》和《女子师范学堂章程》,从官方角度承认了女学教育的部分权利,这是中国近代女学教育发展的一个转折点。

辛亥革命后,1912年南京临时政府成立,蔡元培任首任教育总长,对教育进行了一系列改革,于1913年颁布了新的学校系统,称谓"壬子癸丑学制"。这个学制明确确立了男女平权的教育原则,规定为女子单独设立中学、师范和职业各类学校,并规定小学男女可以同校。

1920年暑假,蔡元培主持的北京大学,首次招收女生。

女子教育的发展为中国妇女走向自身解放提供了启蒙基础,随着广大妇女的觉醒,中国社会发生了翻天覆地的变化。

---

① 王振国:《晚清女子学校教育的肇始》,《史学月刊》2005年第4期。
② 何晓夏:《简明中国学前教育史》,北京师范大学出版社1990年版,第90页。

第三节　家庭与社会：女性角色的演进和定位

一、女性家庭角色观念的历史演进

在人类的早期就已经出现了男女的社会分工。对于这种分工的缘由，有两种理论对此作了解释。一是"力量理论"。这种理论认为，男性的力量大、爆发力强，所以早期社会的男性就从事诸如猎取大动物、屠宰、开垦土地、投掷武器等工作，女性则在从事纺纱、织布、做罐子、编篮子等工作外，最重要的是照料幼儿与家务劳动。一是"育儿适应性"理论。这种理论认为，早期社会里女性的工作之所以与生育等家庭活动有关，是因为那些工作必须与带孩子的工作相适应，因为母亲对孩子的哺乳期平均达两年之久，如果女性从事离家很远且时间很长的工作，带孩子出门就有潜在的危险，而且带孩子兼做其他工作，这种工作必须是允许被打断的工作，等等。由此可见，由于体质差异与女性的生育导致了最初的社会分工，但这种分工是带有某种动物本能的天然倾向，不是社会意志强加的，这种早期分工并不影响女性在公共事务中的决策和发挥主导作用。真正的性别不平等的分工是在私有制建立的基础上产生的。

在中国，性别分工作为制度确定下来在西周初的周礼中就已开始，到春秋、战国时期，逐步确立起来。春秋、战国时期，从政治意识与政治形态的进展上看，可以说是"霸诸侯"到"王天下"的时代，是变革、动荡的时代，等级森严的封建专制主义的政治体制正在建立之中。为了适应社会发展的需要，一些思想家开始对治理国家的根本问题进行探究和思考，在探究的过程中，人际关系的处理成为他们普遍关注的焦点。春秋时期郑国的思想家和政治家子产明确提出"天道远，人道迩"的人生观，反对殷周以来"唯天为大"的天道观，虽然不否认鬼神，但更明显地表现出重视人事的倾向，具有强烈的人本主义思想。在子产看来，所谓"人道"或指人的道理，或指人际间的道德规范。天道幽远，人道切近，故应该关注人事，不能用天道掩盖人道。这种重视人伦关系的思维方式直接影响了中国哲学思想和政治思想的发展。钱穆在《中国思想史》中断言："中国人爱讲人道，不爱讲天道。爱讲切近的，不爱讲渺远的。非切实有据，中国人宁愿存而不论，这是中国人传统的思想态度和思想方法。"① 因此，到了孔子那里，更是将社会人伦

---

① 钱穆：《中国思想史》，台湾学生书局 1988 年版，第 5 页。

关系的处理作为"为政"的核心问题之一。如《礼记·哀公问》中载（哀公）曰："敢问为政如之何？"孔子对曰："夫妇别，父子亲，君臣严。三者正，则庶物从之矣。"① 可见男女之别已经成为孔子为政意识中的核心问题之一。正是在孔子等人的大力倡导下，男女有别的制度逐步确立起来。

董仲舒继承了先秦儒家的思想，他把男女关系与阴阳关系相对应，并借用法家思想推演出三纲之说，强调君、父、夫对臣、子、妻的绝对支配权力。董仲舒认为天有阴阳，人有男女，"君臣、父子、夫妇之义，皆取诸阴阳之道。君为阳，臣为阴；父为阳，子为阴；夫为阳，妻为阴"。② 为了提阳抑阴，他又指出："阴者阳之助也；阳者岁之主也。"③ "三王之正随阳而更起。以此见之，贵阳而贱阴也。"④ 阴阳之说反映了儒家哲学的根本思想。

此后，封建统治者及其御用文人从维护宗法制和父权制的政治制度出发，编撰了诸如《女儿经》、《改良女儿经》、《四字女经》、《闺范》、《闺训千字文》、《闺阁箴》、《温氏母训》、《家范》、《女孝经》、《内训》、《女范捷训》等一类对妇女进行教育的小册子，为维护宗法礼制和封建专制统治服务。

在中国传统政治思想中，"家国同构"的思想根深蒂固。一般认为，国家的兴衰系于社会的稳定，社会的稳定又系于家庭的和睦，而家庭成员的修养则靠女性作为妻子和母亲的相夫教子。在中国的史书上，记载了无数这种贤明的妻子和贤德的母亲，并以此作为家庭伦理的教育素材。在关于贤明妻子的记载中，她们或训夫成仁，或相夫教子，或劝夫从善，无不显示中国女性贤惠、温柔的秉性。有谦逊有礼的齐御者妻（刘向《列女传》），有勉夫励志的乐羊妻（《后汉书》卷八十四《列女传》），有见识过人的许允妻（《世说新语·贤媛》篇），有以死励夫的独吉士（《金史》卷一三〇《列女传》），有忍辱负重的程氏妻（元代陶宗仪《辍耕录》），等等，不胜枚举。在关于贤德母亲的记载中，主要集中在母德、母仪、母教这些"齐家"的行为和品格上：有三迁为儿的孟母（刘向《列女传》），有忧国忧民的虞潭母（《晋书》卷九十六《列女传》），有以身作则的陶侃母（《世说新语·贤媛》篇），有教子有方的郑善果母（《隋书》卷八十《列女传》），有善良仁慈的后母穆姜（《颜氏家训·教子第二》），等等。《韩诗外传》卷九说："贤母使

① 李学勤主编：《十三经注疏·礼记正义》，北京大学出版社1999年版，第1375页。
② ［清］苏舆：《春秋繁露义证》卷十二《基义第五十三》，钟哲点校，中华书局2002年版，第350页。
③ ［清］苏舆：《春秋繁露义证》卷十一《天辨在人第四十六》，钟哲点校，中华书局2002年版，第336页。
④ ［清］苏舆：《春秋繁露义证》卷十一《阳尊阴卑第四十三》，钟哲点校，中华书局2002年版，第324页。

子贤也。"中国古代女性之所以任劳任怨相夫教子，虽然体现了中国女性的远见卓识和善良品质，但在很大程度上是因为女性自身没有经济地位，于是将一切希望寄托在丈夫、儿子身上，希望母以子贵，妻以夫荣。

尽管正史列传和杂史杂传等相关文献把这些妻子、母亲的事迹加以歌颂传承下来，但掩盖不了"男尊女卑"的角色实质。封建社会把社会与家庭工作范围分为"公"、"私"、"内"、"外"四个领域，国家为"公"，家庭为"私"，在家庭的分工中又有"内"、"外"之别。所谓"男主外，女主内"，就是把女性局限于"私"领域中的"内"领域，女性的职责就是生养孩子、侍奉老人、照顾丈夫、做饭洗衣、织布纺线。由此，女性退出了哈贝马斯所说的"公共领域"，这种性别分工制度塑造了女性，使她们变得忍耐、顺从、柔弱、依附、被动，从而退守到家庭，将丈夫和孩子作为自己全部的依托。

在西方，男尊女卑的思想也经过长期教化，内化为一种社会性别意识。

在旧俄罗斯，妇女始终是受压抑和受侮辱的阶层，她们政治上无权，在社会生活中受歧视，在家庭生活中处于附庸地位。俄国有一句粗俗的谚语："男人不打你，就是不爱你。"16 世纪俄罗斯的《治家格言》就是一本专门教男人如何处罚妻子的教科书。《治家格言》写到，如有小过错，用鞭子抽几下，如果"很不听话"，那就扒掉衣服狠揍。在那个时候，很多妇女身上有伤，常能见到眼瞎的、耳聋的、头破脸肿的、手脚脱臼的。至于女子的婚姻，则全由父母包办，她们自己没有任何选择的权利，常常是直到结婚那天，未婚夫妻还从来没有见过面。[1] 十月革命后，从旧俄罗斯进入到苏联时代，苏联政府废除了一切限制妇女权利的法律，国家有明确政策规定妇女有参加政治生活、社会劳动和接受教育的权利，苏联妇女开始享有一切公民权利。但由于"大男子主义"根深蒂固，而妇女又接受了良好的教育，所以，在苏联与俄罗斯时期，隐含着种种家庭危机，离婚率高一直是困扰妇女的一大社会问题。目前，俄罗斯妇女面临众多的社会问题，其中最为严峻的是出生率下降、家庭不稳定、离婚率高、不完整和无子女家庭数量剧增、核心家庭的规模在缩小。另外，妇女实现自我的可能性呈下降趋势，出现了"贫困的女性化"现象，如今有很多的俄罗斯女性要在家庭幸福和事业成功之间进行取舍，这些都对中国的女性有很大的启发意义。

在英国，一直到 19 世纪中叶，女人依然是男人的附属品，女人的生活被局限在家庭里面。人们借用《圣经》来告诫和教育妇女：她们从属于男子，她们的体力和智力低于男性，母亲和妻子是她们的天职。在 19 世纪，

---

① 任国英：《俄罗斯妇女的过去与现在》，见郑玉顺主编：《女性与社会发展——第二届妇女发展国际研讨会论文集》，中央民族大学出版社 2002 年版，第 90～91 页。

一句广为流传的话就是"做男人的帮手是女性的真正的职业"。在私人生活中，妇女从属于父亲、丈夫、兄弟甚至成年的儿子，妇女的主要责任就是管理家政、养育孩子、侍候丈夫。19世纪的社会道德学家们强调女性最重要的三大职责："每天花时间让丈夫、父母、兄弟姐妹生活舒适；不管遇到疾病与健康、痛苦和快乐，妇女在道德上要保持贞洁；以自己高尚的道德行为影响社会。"①

为了把妇女禁锢在家庭里，英国社会动用了一切力量来强化男尊女卑的观念，为了使妇女的家庭生活有意义，社会把"家庭天使"（angel in the house）的桂冠戴到妻子头上，并大肆赞美家庭、崇拜家庭。如福音派宣称："家庭是安宁有序社会的基石，妻子和母亲是家庭的核心。"著名政论家约翰·拉斯金赞美："家是和平之地，避风之港，不仅避开一切伤害，而且借以挡开一切恐惧、忧虑、离别……是神圣之地。"② 这样，英国主流社会的女性角色规范通过长期的教化，已经内化成为妇女自身的价值观念，她们囿于妻子和母亲的角色樊篱，固守着家庭小圈子，这在很大程度上决定了以后英国妇女运动的温和性和艰巨性。

在美国，妇女在传统的家庭中历来扮演着母亲和妻子的角色，但美国革命后带来的思想意识形态和社会变化影响了美国妇女。美国革命之后，舆论界开始大力推崇妇女教育，不少有影响的人认为，妇女作为母亲和妻子，对共和国的存亡有着至关重要的意义，理想的女性应有这样的品格：有独立的思考能力、爱国心强、是个贤惠的妻子、精明的管家、有知识的母亲。为此，美国提出了"共和国母亲"这一概念。"共和国母亲"的概念第一次把母亲的作用同国家的政治前途联系起来，这有助于提高妇女在家庭中的地位和增强她们的自尊，对母亲重要性的宣传还逐渐改变了社会对妇女的蔑视。与此同时，我们要看到这样的后果，"对母亲和妻子重要性的强调发展成为把妇女拘禁在家庭小圈子里的理论依据，形成了一个对妇女约束性很大的社会观念：女性唯一的生活目标是做贤妻良母，一个女人若不想做妻子、母亲，或是想干妻子、母亲以外的事，那便是个'无女人味'的人"③。可以说，"共和国母亲"地位在一定程度上把妇女更紧地束缚在家庭小天地之中了。

二、现代职业女性家庭角色的现实矛盾与重新定位

在中国，太平天国按照其男官制度创立了女官制度，这一制度首次为女

---

① 潘迎华：《19世纪英国现代化与女性》，浙江人民出版社2005年版，第148页。

② 转引自陆伟芳：《英国妇女选举权运动》，中国社会科学出版社2004年版，第17-18页。

③ 王政：《女性的崛起：当代美国的女权运动》，当代中国出版社1995年版，第7页。

性走出家庭开辟了道路，正如有人所说的："太平天国的女性政策可说是把女性从传统制度束缚下解救出来，进而成为日后女性解放运动的基础。"①而后，从戊戌变法开始，中国妇女解放运动汇合于革命运动，如火如荼地开展起来了。到新中国成立以后，妇女终于得到与男子平等的权利，走出家庭，迈向社会广阔的天地。在西方，从1866年英国妇女第一次提出女性选举权、1869年美国妇女提出"女性参政"的口号到现在，女性参政作为一种政治诉求已经走过140多年的历史，现在，西方国家的女性参政已成为一种基本的妇女权利。总之，经过长期的奋斗，中外妇女都冲破了家庭的牢笼，正在各个领域实现着女性的价值。

确实，自18世纪末工业革命以来，人类社会进入到智能时代，个体的智力和能力成为人力资本中最重要和最活跃的因素，性别在两性价值定位时的决定性意义逐渐减弱，正如约翰·奈斯比特在《大趋势》一书中所指出的，随着科学技术的发展，体力劳动者与脑力劳动者的比例在不断发生着变化，在机械化初级阶段，两者之比为9：1，在中等机械化条件下，两者之比为6：4，在全自动化条件下，两者之比为1：9。"从总的发展趋势来看，女性在体力上弱于男性的生理上的差别，在谋求社会发展的职业时，越来越不重要了。"②

妇女参加有报酬的社会工作，使得夫妻双方开始对"妻子"和"丈夫"的角色期望重新定位。在"双职工"家庭中，妻子无疑希望丈夫能分担家务，这迫使丈夫面对重新建构家庭分工模式的挑战。在中国，据2000年全国妇女地位调查提供的数据，男性承担家务劳动时间平均每天为93分钟，应当说，"男主外，女主内"的性别分工已经发生了很大的改变。2007年5月15日在北京举行的中韩建交15周年中韩妇女友好交流活动专题研讨会上，全国妇联妇女发展部部长崔郁表示，中国妇女参与经济建设的程度与能力不断提高，已成为中国经济发展的主要力量，当前妇女劳动力对中国GDP的贡献已超过40%③。2012年8月15日，中国妇女网刊发的《关于职业女性工作与家庭冲突分析研究》一文甚至认为"女性在经济社会发展中的实际作用超过了70%"④。2013年，全球医疗行业的领先者默沙东发布的2012年全球《企业社会责任报告》显示："公司内31%的管理职位由女性担任，董

① ［日］针谷美和子：《太平天国与女性》，《国外社会科学》1995年第3期。
② 转引自李慧英主编：《社会性别与公共政策》，当代中国出版社2002年版，第132页。
③ 王岩：《中国妇女劳动力对中国GDP的贡献已超百分之四十》，见中国新闻网，2007年5月15日。网址：http：//www.chinanews.com/cj/hgjj/news/2007/05－15/935714.shtml.
④ 参见《关于职业女性工作与家庭冲突分析研究》，见中国妇联新闻2012年8月15日，网址：http：//acwf.people.com.cn/n/2012/0815/c99013－18747527.html.

事会中女性占17%。在默沙东中国，截至2012年底，女性员工占默沙东中国员工总数的60%以上，女性高管（包括默沙东中国总裁）占高管总数的46%以上。"① 因此，该公司还顺利入选2013年美国《职场女性杂志》发布的"女性员工多元文化最佳雇主"榜单。所有这些数据无不表明，随着社会的发展进步，女性已逐步突破传统女性的角色定位，在现代社会的政治、经济生活中充当中坚力量。

但在当前，我们应清楚地看到，女性以家庭为主、男性以挣钱为主的男外女内格局并未彻底改变。2000年全国妇女地位调查表明："有85%以上的家庭做饭、洗衣、打扫卫生等日常家务劳动主要由妻子承担。女性平均每天用于家庭劳动的时间达4.01小时，比男性多2.7小时，两性家务劳动时间的差距仅比1990年缩短了6分钟。"2008年2月，由上海市教育系统妇女委员会等组织的"上海高校女性人才的研究与对策"调查中显示，主要由妻子做家务的家庭占被调查的66.1%，主要由丈夫做家务的仅占11.4%。同样，在美国和西欧等发达国家里，家务活与照顾孩子仍然也几乎全由妇女承担，男子对烹调、洗盘子之类的家务分担最少，未超过四分之一。只有购物分担比较平均，其他杂活如倒垃圾、户外活动、家庭修缮往往由男子承担，但这类活仅占家庭责任的很小一部分。② 而在世界第二大经济体的东方日本，2010年3月8日《光明日报》刊文称："日本人的平均寿命、受教育程度以及收入水平在世界各国中均名列前茅，但唯独日本女性就业率较低。2009年日本女性的社会参与程度在109个国家中排第57名，联合国废除女性差别委员会已多次提出严厉批评并要求日本作出改善。同年10月，世界经济论坛公布了评价各国性别差距程度的'男女差距指数'，日本排在第75名，是七国集团中男女差距最大的一个国家。在'女性国会议员人数'这一指标中，日本仅排在第105名，表明日本女性参与政治的程度非常低。"③ 因此，在现代职业女性的角色扮演中，一方面是现代女性要经济独立的职场工作，一方面是传统女性需承担相夫教子的家庭责任，二者之间的摩擦、矛盾和冲突，导致了现代职业女性难以"抉择"的角色定位，不断地制约着女性的发展。

所以，现代职业女性就处于"传统"与"现代"角色的夹击之中，工作角色与家庭角色这两个方面常常会发生冲突和矛盾，孩子、丈夫需要照

---

① 参见《重视女性职业多元化发展平等就是商机》，光明网女人频道2013年9月18日，网址：http://lady.gmw.cn/2013 - 09/18/content_ 8940183. htm.

② 转引自李慧英主编：《社会性别与公共政策》，当代中国出版社2002年版，第137 - 138页。

③ 参见严圣禾：《日本：女性奔走职场不轻松》，《光明日报》2010年3月8日，网址：http://www. gmw. cn/01gmrb/2010 - 03/08/content_ 1066901. htm.

顾，因为这通常被视为母亲、妻子的责任，而大量的家务劳动和精力的投入，又会影响业务的提高，甚至挤占工作时间、耽误工作效率。这样，如何解决职业女性的角色紧张、如何处理夫妻之间的冲突与矛盾成了当前一个很实际又迫切需要解决的问题。究其原因，正如有报道指出的："在近十几年中，特别是随着改革开放的深入，女性实现自我价值的意识增强，中国女性的社会属性和家庭属性被同时强化，既要求妇女在家庭生活中担任传统角色，赞赏温顺、贤淑、忍耐、奉献等女性气质；又在工作中要求她们冲破传统观念的束缚，尽力实现自我价值。男人只要职务升迁，专业晋升，甚至发财致富，就会被认为是一个成功者；而女人在取得了类似成就后，还要接受传统的'贤妻良母'的家庭标准的检验。这种不公正、不合理、不易冲破的传统偏见和价值观念，就使得职业女性长期处于两重角色的矛盾冲突之中。"①

现在，在我国的学术界，一些男性知识精英极力主张妇女回家，认为妇女走上社会是超前的，认为这造成了家庭关系的紊乱，因此要恢复传统的男女秩序和家庭关系，解决劳动力市场供大于求的矛盾。

1987年，在上海市妇女学会和婚姻家庭研究会召开的第二次妇女理论研讨会上提出了"关于妇女回家的问题"，其宗旨似乎是要重估妇女参加社会劳动的得失，试图恢复家庭妇女这一社会阶层。后来，《中国妇女》杂志推出了持续一年的题为"1988——女人的出路"之讨论，对妇女是否要重返家庭，各方展开了激烈的争辩。劳动部1988年在《女工宜实行阶段性就业》的专项报告中说："阶段性就业是指在一些发达国家里，随着国民收入水平和文化水平的提高，职业妇女婚后自动退职回家，从事家务劳动和抚育子女，待孩子长大后，再重新就业。在1996年，劳动部门又一次研究阶段性就业的可行性。就此，全国妇联在1997、1998年的全国人大和政协会议上，专门就反对妇女阶段性就业问题再提议案，劳动部在提案答复中也承诺"三年不出台妇女阶段性就业政策"。但在2000年10月，《中共中央关于制定国民经济和社会发展第十个五年计划的建议》还是出现了"建立阶段性就业制度"②的提法。

有关妇女阶段性就业的政策虽然在目前暂时还没有实行，但我们可以看到在中国转型时期，让妇女回家（或阶段性回家）的设想就如达摩克利斯之

① 参见新华网2005年3月8日《专家建议：应走出职业女性的心理误区》，网址：http://www.bj.xinhuanet.com/bjpd_sdzx/2005-03/08/content_3833552.htm.

② 参见丁娟：《妇联组织在参与立法中的作用及其自身的决策功能》，见李秋芳等主编：《半个世纪的妇女发展——中国妇女五十年理论研讨会论文集》，当代中国出版社1999年版，第137-139页。

剑，始终悬在妇女头顶。我们的看法是，如果女性重新回到家中，就会使女性再次失去独立的经济地位、丧失工作权利，在经济上以至精神上重新依附男性，这样，中国妇女经过一个多世纪奋斗争取到的就业权利就会得而复失。另外，国家和个人花费大量财力和人力开发女性的能力和智力后又让她们放弃专业，退回家中，必然会导致人力资源的浪费和闲置，所以，我们认为，让女性回家的设想是不可取的。

为了能有效地实现现代职业女性家庭角色的重新定位，也为了能更好地让女性更好地走入到公共领域中来，我们认为，有两个方面值得努力。

第一，均衡男女承担家务的义务。我们应形成这样的共识，家庭是夫妻共同组成的，男女应平等地分担家庭责任。我们要弱化男人供养家人的角色认同感，鼓励男性承担家务劳动。一个有利的信号是，现在西方一些国家开始制定政策鼓励男性参与家庭事务中来。如日本于 1992 年开始了父母双亲假；美国在 1994 年签署了有限的父母假（即没有报酬）；瑞典规定，父母都可享受产假，时间为 12 个月，其中父亲必须休假一个月；等等。男女共同分担家务是一场性别意识的革命，它将从根本上改变传统的两性角色，从而使男女都有更多的选择性，女人可以依据兴趣爱好选择家务劳动或社会工作，同样，男人也可以依据兴趣爱好选择照料小孩或从事专业职业，这样，男女双性的和谐社会就可能建立起来。

第二，重估家务劳动的价值。联合国 1993 年的《世界妇女状况》指出："妇女所做的工作往往未记录在案，被低估或根本就没有被估算。"① 现在有许多有识之士提出，应该赋予家庭劳动以社会价值，把"看不见的贡献"以某种形式加以肯定。确实，如果没有妇女在家照料孩子、料理家务，男人就无法外出从事有偿工作，妇女付出的不仅仅是从事家务所需的体力和时间，而且还有机会成本。好在现在有国家对这个问题已作出积极的探索，如有的国家通过"附属账目"来注册登记未标价的工作，特别是妇女从事的工作。这一估算就使妇女一向被忽视的巨大贡献得到某种意义上的肯定。这也必定带来一系列的社会反思，它要求人们重新思考社会劳动的总量，这个总量就包括非市场性的家务劳动。这种对家务劳动价值的重新估算在一定程度上会促进男性分担家务，这对传统的"男主外，女主内"思想的解构无疑也会有一定的帮助。

参考文献

1. 陈东原：《中国妇女生活史》，上海书店 1984 年版。

---

① 转引自李慧英主编：《社会性别与公共政策》，当代中国出版社 2002 年版，第 147 页。

2. 刘士圣：《中国古代妇女史》，青岛出版社 1991 年版。

3. 曹兆兰：《金文与殷周女性文化》，北京大学出版社 2004 年版。

4. 段塔丽：《唐代妇女地位研究》，人民出版社 2000 年版。

5. 夏晓虹：《晚清女性与近代中国》，北京大学 2004 年版。

6. 李银河：《中国女性的感情与性》，今日中国出版社 1998 年版。

7. 樊静：《中国婚姻的历史与现状》，中国国际广播出版社 1990 年版。

8. 黎明志：《简明婚姻史》，群众出版社 1989 年版。

9. 董宝良：《中国教育史纲》，人民教育出版社 1990 年版。

10. 何晓夏：《简明中国学前教育史》，北京师范大学出版社 1990 年版。

11. 裔昭印：《古希腊的妇女——文化视域中的研究》，商务印书馆 2001 年版。

12. 潘迎华：《19 世纪英国现代化与女性》，浙江人民出版社 2005 年版。

13. 陆伟芳：《英国妇女选举权运动》，中国社会科学出版社 2004 年版。

14. 王政：《女性的崛起：当代美国的女权运动》，当代中国出版社 1995 年版。

15. 李银河主编：《妇女：最漫长的革命——当代西方女性主义理论精选》，三联书店 1997 年版。

16. 计荣主编：《中国妇女运动史》，湖南出版社 1992 年版。

17. 郝润华：《妇女与道德传统》，江苏古籍出版社 2002 年版。

18. 李小江等主编：《主流与边缘》，三联书店 1999 年版。

19. 杜芳琴、王政主编：《中国历史中的妇女与性别》，天津人民出版社 2004 年版。

20. 李慧英主编：《社会性别与公共政策》，当代中国出版社 2002 年版。

21. 陕西人民出版社主编：《守节·再嫁·缠足及其它——中国古代妇女生活面面观》，陕西人民出版社 1990 年版。

22. 郑玉顺主编：《女性与社会发展——第二届妇女发展国际研讨会论文集》，中央民族大学出版社 2002 年版。

23. ［以色列］苏拉密斯·萨哈：《第四等级——中世纪欧洲妇女史》，林英译，广东人民出版社 2003 年版。

24. ［美］海伦·费希尔：《第一性》，王家湘译，辽宁人民出版社 2002 年版。

第三章
女性与教育

　　教育是影响人的身心发展的一种社会活动，它传递生产和社会生活经验，使人获得知识、技能，形成一定的思想观念、品德和个性，是培养社会所需要的人才的重要途径。① 受教育的程度常常直接或间接影响到个人在社会上的成就。女性教育问题历来是衡量一个国家一个民族发展水平的重要标志，它既是女性社会、政治地位的重要标志，又对其他方面具有重大制约作用。当女性受教育水平得到提高，其经济地位也随之提高，对社会就能作出更大的贡献。经济地位的提高也使得女性参与社会的能力得到提高。提高女性的教育水平也是女性摆脱传统束缚、真正实现女性解放的必由之路。

　　女性教育作为教育的一个不可缺少的组成部分，深入研究女性教育的历史与现状，改变女性教育研究的视角，从女性主义理论出发来研究这一问题具有重要意义。

第一节　女性教育的历史与现状

　　女性教育的历史经历了漫长、曲折的过程，与女性摆脱传统的束缚，争取自身的解放紧密相联。

---

　　① 夏征农主编：《辞海》"教育"条，上海辞书出版社 1999 年缩印版，第 820 页。

一、世界女性教育的历史

（一）古代社会——零星的家庭教育

自从母系社会由父系社会所代替，女性便开始了她们的黑暗时代，也正是从这时候起，女子学习文化知识的权利被剥夺了。教育一开始就把女子排除在外，在有史可考的所有国家的古代教育中，尚未发现有女子进入学校的迹象。

在这一漫长的时期里，女性所接受的只是零星的家庭教育。而且就连这也不是每个女孩都能享受的，只有在少数有文化或有地位的家庭中，女孩子能学点零星的文化知识。王公贵族的妻妾有时能得到学习的机会，但学习的内容也仅限于娱乐主子或消磨时光的歌舞诗画。在学校教育存在的时代，这种零星的家庭教育是非正规的教育，甚至称不上是教育，因为它既缺少完整而系统的教育内容和方法，又没有固定的学习年限。

古代的思想家已有人注意到女子教育问题。古希腊的柏拉图在《理想国》中主张男女儿童都要上学受教育。他认为从 7 岁起，男孩和女孩要分别进入国立初等学校，学习阅读、写字、计算、唱歌、音乐等；对于体育诸如投枪、赛跑、骑马等，柏拉图认为"女孩和妇女也该知道这一切"。亚里士多德则坚决反对女子受教育，他引证对动物的观察，认为女子天质比男子低劣得多，所以高深的教育和修养对她们并无实益。

忽视女子教育是古代社会的普遍现象，这是由妇女在社会生活中的地位及家庭劳动分工决定的。当时，社会政治为男性所垄断，在教育尚未完全从政治和宗教中分离出来的情况下，自然不会让女子受教育。从家庭劳动分工看，一般是男人务农或经商或从政以维持一家人的生活，女子则负责生儿育女和料理家务。所以，在古人看来，女子不受教育是理所当然的事。另外，古代社会的教育只有一个目的，即培养统治者，这对于处在被奴役地位的广大女子来说显然是不可能的。

（二）文艺复兴——女子学校教育的萌芽

从中世纪后期起，女子教育有了很大进展。这一时期，欧洲的女子教育走在了世界前列，而意大利文艺复兴时期的女子教育又走在了欧洲前列。意大利女子教育走在欧洲前列的主要原因在于人文主义运动所带来的对于女子教育的开明思想。在客观上还由于意大利保留了女修道院，它们成为女子教育的场所。但是，这一时期及以后受教育的女子也仅限于一小部分人。她们或出身贵族之家，或为学者的妻女。上层女子所受的教育在内容上几乎等同于男子教育。女子与男子一样学习文学、历史、天文、宗教、地理等，此外，女子还有一些特有的教育内容，如家政（缝纫、烹调等）、医药、护理、女子礼仪（歌舞、音乐、化妆、社交礼仪甚至谈情说爱等）。为培养良好的体格，女子教育还进行多种多样的户外活动，如骑马等。

意大利的女子教育代表了这一时期欧洲女子教育的一般情况。基督教并不反对女子教育，女修道院和僧院一样地成为学府，受教育的一般是名门闺秀，此外，女修道院和僧院也接收一些无家可归的贫苦儿童，对他们进行教育和役使，教师一般是修道院的修女。

欧洲女子教育发展的原因是多方面的。首先，文艺复兴对人性及性问题的开明思想使女子在一定程度上摆脱了传统观念的束缚，女子更多地开始参与社会生活，从而为女子接受教育创造了有利条件。其次，宗教改革所引起的宗教事业的发展在客观上促进了女子教育的发展，各教派为宣传自己的宗教思想而大办教育，其中也包括女子教育。另外，盛行中世纪的骑士制度提高了女子的社会地位，使女子的文化教育权也得到尊重。

女子教育的发展是同这一时期一些教育家、思想家的努力倡导分不开的。英国的空想社会主义者莫尔主张男女教育权利平等，在这一点上，他超越了前代和同时代的人文主义者。继多利诺在他的学校里招收女生，教授音乐、宗教、拉丁语、希腊语和文学，夸美纽斯提出"泛智"思想，认为"所有城镇、乡村的男孩和女孩不论贫富和贵贱都应进入学校"。法国的芬龙曾任新天主教女子学校的校长，30 岁时他写了一篇题为"论女孩的教育"的短文，并于几年后公开发表，该文虽论述粗浅，却标志着教育思想的新开端。芬龙在法国上层社会开启了女子教育运动。

（三）工业革命——19 世纪末女子学校教育的发展

18 世纪后期的工业革命使历史进入一个崭新的时代，经济发展对知识的需要引起了各国对教育的重视，一些资本主义国家先后建立了公共教育制度并确立了普及义务教育的原则，这是这一时期女子教育发展的根本原因。

工业革命为女子教育开辟了美好的前景。为了满足劳动力的需要，资本家大批雇佣廉价女工，并不得不对这些女工进行必要的技术教育和文化教育。这种建立于发展生产目的之上的教育客观上推动了女子教育的发展。更重要的是，女工的出现开辟了女子参与社会的新时代，改变了有史以来女子仅仅局限于家庭的生活方式，同时，也改变了整个社会对女子的道德观念，这对于女子教育有着更深远的意义。

女子中学的大发展是这一时期女子教育的最大特色。19 世纪前，中等教育一向被认为是培养贵族绅士和国家官吏的场所，为男子所垄断。在公立女子中学出现之前，只有个别宗教组织或私人企业主开办极少数的贵族女子寄宿中学，如 1764 年在彼得堡建立的俄国第一所贵族女子中学——贵族女子学院。

几乎与女子中学同时，女子大学也产生了。美国再次走在了世界前列。1837 年，美国俄亥俄州的奥伯林联合学院首先向女子开放。1841 年，第一位女性获得该院的文学士学位。美国南北战争后，绝大多数州的大学开始招收女生。女子高等教育虽然产生了，但依然保守得很。许多国家或大学只有师范科和医学科对女子开放，许多大学只准女生做不授予学位的旁听生，女子参与高等教育的比例较男性低得多。1907年，德国女大学生占全体大学生的30%，瑞士为22%，法国为6%。

工业革命把世界分成两大区域：一是发达国家，一是发展中国家。发达国家的女子教育出现了惊人的大好形势。首先是随着义务教育的实施，女子初等教育已基本接近普及。仅以日本为例，1905年初等教育女生入学率已达到93.4%。其次是女子中学、女子大学的出现。这是女子教育发展史上的重大事件。然而，不论在小学阶段还是在中学和大学阶段，女子教育与男子教育的差距仍然十分明显，而且在教育内容、教育方式等方面仍然有较多歧视女性的因素存在。发展中国家由于其经济和整个教育的落后，在女子教育方面未呈现出明显的进步。

（四）现代世界各国的女性教育

在西方社会发展史上，妇女为争取自身的解放、为实现社会性别公平的目标而进行的社会运动和学术研究已持续了两百余年。自20世纪五六十年代开始，西方妇女运动及女性学研究进一步推动了妇女教育的理论和实践。

现代西方女性主义经历了两次高潮。第一次是从19世纪后30年开始，延续到20世纪前20年，主要是在政治和社会领域内进行改革。这一改革虽然在法律、政治、经济、教育等方面纠正了性别不平等的做法，但并没有真正冲击支撑和造成这种不平等现象的观念和意识形态。20世纪50年代起，由法国学者德·波伏瓦等发动了妇女争取自身平等权利斗争的第二次高潮。这一高潮从一开始就将矛头直指长期以来存在的将男女两性固定于特定的社会分工模式和结构，以及为其合理性作论证的传统价值观。在这一高潮中，教育是女性主义者特别关注的领域。一方面是因为教育对人的社会性别的形成关系重大，另一方面是因为她们相信教育在消除性别不平等方面有可能发挥重要作用。西方现代女性主义者把改变学校教育中的性别不平等作为实现自身所追求目标的重要组成部分。她们要求用性别视角重新审视教育，审视学校生活的本质属性，检查学校的课程设置、教学原则、教育工作者对不同性别的教育对象所采取的基本态度和方法等，以消除教育中的性别歧视，使教育成为实现社会性别公平的重要途径。性别公平作为一项原则，应在教育的方方面面得到实施。西方许多国家已将性别公平纳入国家的教育法规，将性别公平的概念作为指导与性别问题有关的教育改革。

20世纪70年代以来，全世界女性教育取得了可观的进展，妇女向教育机会的性别平等方面迈进了一大步。在1970—1990年，发展中国家成年女性识字率和学校注册人数增加了差不多2/3。大部分国家由于将全民初等教育作为基本国策，使得女性受教育的机会也增加了。在发展中国家，1970年女性在高等教育中的注册率仅为男性的50%，而到1990年，这个比率达到了70%，2011年继续攀升至82.5%。

　　然而，教育的发展在全球也是不平衡的，由于发展中国家政治的不稳定、经济的不发达和传统习俗的影响，世界上9亿文盲中大多数仍然是女性。1990年的世界全民教育大会所发表的《世界全民教育宣言》指出，要普及教育、促进平等，最为紧迫之事就是要确保女童和妇女的入学机会，改善教育质量，并消除阻碍她们积极参与的障碍。应该摒弃教育中任何有关性别的陈规陋习。自跨入21世纪以来，女童和妇女教育成为国际社会关注的一个焦点。

二、中国女性教育的历史

　　在漫长的古代社会中，中国女性受教育的形式是家庭教育。据《礼记》、《仪礼》等记载，这种家庭教育包括"子师"教育，也就是保姆式的教育。女子长到10岁，就要求"深处闺房"，受家庭教育，开始学习操持家务；而男子可走出家门，进蒙馆或其他私学。周朝时，贵族女子出嫁前三个月还要进行特殊的教育，即"妇德、妇言、妇容、妇工"。

　　西汉著名政论家、文学家贾谊专门写有《胎教》一文，要求孕妇保持良好的坐行姿态与平和舒畅的心态。对胎教的关注一定程度上体现了对女子教育的重视。东汉的班昭曾担任过皇后和妃嫔的教师，她在《女诫》中对"妇德、妇言、妇容、妇工"作了详尽的解释。所谓"妇德"是"清闲贞静，守节整齐，行己有耻，动静有法"。"妇言"是指"择辞而说，不道恶语，时然后言，不厌于人"。"妇容"是指"不必颜色美丽"，应该"盥洗尘埃，服饰鲜洁，沐浴以时，身不垢辱"。"妇工"是指"不必工巧过人"，应当"专心纺绩，不好喜笑，洁其酒食，以奉宾客"。她在《女诫》中虽然也主张女子在15岁之前应与男子一样接受教育，但所受教育的内容完全是维护传统礼教和道德规范。她所提倡的"四德"等规范女子言行的内容对此后的女子教育书籍产生了深远的影响，严重束缚了女子身心的健康发展。

　　起于隋唐时期的科举考试制度对中国古代教育产生了巨大的影响，但它完全把女子排斥在外。唐朝是中国经济文化的鼎盛时期，不少女子著书立说。主要的有唐太宗长孙皇后写的《女则》三十卷，唐太宗曾颁行于世，只是已经散佚。宋若华写的《女论语》是一部关于女子教育的书，共12章，规范了女子的行为准则，由于文字比较通俗，容易上口又容易记忆，所以流传很广，对唐代以后的妇女影响很深。

宋代的司马光在所著的《家范》中主张女子读书，说"女子六岁开始习女工之小者，七岁开始诵《孝经》《论语》，九岁为之讲解《论语》《孝经》《列女传》《女诫》之类，略晓大义"，同时又主张"男治外事，女治内事"，确定了封建社会男女的地位。

明朝的仁孝文皇后写了《内训》，批评当时不让女子读书的做法，提出如果要让女子保持贞洁，应该让她们懂得一些道理，要读《孝经》、《列女传》、《女诫》之类。明清时期的理学将所谓"饿死事极小，失节事极大"等扼杀人性的观念灌输给女子，教育她们守贞守寡，以致贞节牌坊十分流行。

鸦片战争后，中国逐步沦为半封建半殖民地社会。1894年爆发的中日甲午战争以中国失败而告终。帝国主义列强在中国的侵略活动日益加剧，中国面临着被瓜分、亡国灭种的严重危机。以康有为、梁启超为代表的资产阶级维新派，为实现救亡图存、改良社会的政治目的，在文化教育领域里提出一系列与其政治目的相适应的思想，提倡重视妇女的文化教育就是这种思想的反映。康有为在《大同书》里对封建社会广大妇女的悲惨境况作了淋漓尽致的揭露。他指出，男女生来就是平等的，否定其平等即违背天赋人权的公理。他认为男女在一切权利面前都是平等的，在教育上也就应享有平等的权利。他所主张的妇女解放的具体步骤和方法是"先设女学，章程皆与男子学校同。其女子卒业大学及专门学校者，皆得赐出身荣衔，如中国举人、进士，外国学士、博士之例"。① 妇女占人口的一半，她们受了教育，发展了智力，是国家的宝贵财富，是国家强盛的一个重要原因。在康有为看来，妇女受了教育，在经济上可以自立，不依赖男子。他不仅提倡妇女受教育，而且认为"妇女之需学，比男子为尤甚"。因为妇女受了教育，能对儿童实施良好的早期教育。同康有为一样，梁启超也是从主张男女平权、解放妇女的立场出发，提倡和重视妇女的文化教育。梁启超把中国积弱的根本原因归结于妇女未受教育，认为"正人心、广人才"是"治天下之大本"。而二者都必须从教育开始，教育之本是从母教开始；而母教之本要从女子教育开始。梁启超还指出，当时中国社会最严重的问题是民智不开、人才匮乏，而广大妇女没有受教育则是造成人才匮乏的一个重要原因。为了实现其主张，梁启超计划先在上海创设一所女学堂，然后逐渐推广普及到各省府州县。为此，他写了一篇《倡设女学堂启》，并附有《女学堂试办略章》，具体提出了兴办女学的种种设想，如招生办法、课程设置及内容、考试制度、学校管理等。维新人士谭嗣同与康、梁一样重视妇女的文化教育问题，见解也大致相同。他极力要求设女学，使"妇女无不读"。为了保证儿童从小都能真正受

---

① 康有为：《大同书》，中华书局1956年版，第133页。

到教育，谭嗣同提出了"凡子女八岁不读书，罪其父母。一家不读书，五家皆坐罪"的监督管理办法①。这反映了谭嗣同的义务教育思想，这种教育思想是难能可贵的。以康、梁为代表的资产阶级维新派关于妇女文化教育的思想和理论在当时具有一定的进步意义和作用，这主要表现在以下几个方面。

在维新派的思想影响下，一些先进妇女开始觉醒。如梁启超的夫人李愚仙、康有为的女儿康同薇等人于 1898 年 7 月 24 日在上海创办了我国近代第一份《女学报》，积极配合维新派揭露封建陋俗，发表兴女学、大力提倡妇女文化教育等文章。她们把中国与西方诸国对待妇女的态度作了比较。认为"秦西诸国，凡格致、算学、医学等事，半出于女子，于是为男子助。中国视为无用之物。而饮食衣服，悉仰给焉，于是为男子累。一助一累，相去远矣。"因此，她们提出要提高妇女的社会地位，普遍设立女学，广泛培养妇女，使她们接受一定的教育。这样才能"起二万万沉埋之囚狱，革千百年无理之陋风"，才能像"西国女子人人读书，人人晓普通之学，人人习专门之业，不特于一家之中、大有裨益，即一国有事，亦岂无以报效毫末哉"！可见，那些先进妇女把妇女受到教育与祖国的前途命运联系起来了，反映了她们进步的爱国主义思想。

私立女校开始出现。甲午战争后，国势日衰，国人越来越看到教育的重要性。由于维新人士对妇女文化教育的提倡及外国教会女学的刺激，国内开始出现私立女校。我国近代第一所国人自办的女校是 1898 年经元善在上海创办的经正女塾。1902 年冬，蔡元培等在上海创办了一所带有革命性质的爱国女学。同年，何承寿等在常州创办了争存女子学堂，等等。这一时期的私立女学大多集中在江苏、上海等经济、文化比较发达的地方。私立女校虽然人数有限，但对妇女文化教育运动的开展起了一定的促进作用，特别是蔡元培通过爱国女学为辛亥革命培养了不少女战士。

19 世纪末，开始有中国女子留学海外。她们最初以伴读身份出现，主要是跟随丈夫或父兄出国读书，属于临时性质。20 世纪初，国内女子教育开始兴盛，但还没有高等教育，为了进一步深造，一些已受过初中等教育的女子开始出国留学。最早的中国女留学生选择的国家是日本，一方面由于日本文化与中国文化较为接近，另一方面所需费用也相对较少，同时当时中国知识分子留学东瀛成风，也影响了女子留学的选择。留日女学生从 1901 年的 3 人增加到 1910 年的 125 人，主要学习师范课程。这些学生刻苦学习，接受了现代文明的熏陶，开阔了眼界，促进了中日两国文化的交流。她们给日本人留下了良好的印象："此等留学生举止娴雅，志趣高尚，对日本人亦不畏

---

① 谭嗣同：《谭嗣同全集》（增订本下册），蔡尚思、方行编，中华书局 1981 年版，第 406 页。

惧，彬彬有礼，为日本妇女所不能及。"大部分留学生并非像清政府所料想的那样为维护其统治而效忠，她们通过自己创办的报刊，如《女子魂》、《中国新女界》、《二十世纪之中国女子》等大力宣传民主思想，为中国资产阶级革命作了重要的舆论准备。有的与孙中山领导的革命力量汇合后，成为革命的中流砥柱。如秋瑾回国后加入了同盟会，为革命献出了生命。留学北美也成为当时的风尚，早在19世纪80年代就有少数女子在传教士的帮助下留学美国。女子官费留学美国始于20世纪初。1906年，有3名官费女生赴美国韦尔斯利女子大学学习。到1911年，官费女留学生达到52名。清末民初，已有中国女子留学欧洲，第一次世界大战前，留学法国的中国女生已达10人，均为官费。1912年，留法勤工俭学运动兴起，社会各界号召女子赴法留学。这期间以湖南、四川最为踊跃。1919年，蔡畅、向警予等发起成立湖南女子留法勤工俭学会，积极筹集路费及互助基金。同年年底，蔡畅等6人赴法勤工俭学。20世纪初留法勤工俭学的中国女学生有40多人。

由于维新人士对妇女文化教育的提倡、留日女学生的宣传，以及当时社会上要求恢复女权、兴女学的呼声越来越高，1907年，清学部颁布了《女子师范学堂章程》和《女子小学堂章程》。这两个章程的颁布标志着女子教育在学制上占有一定的地位，客观上刺激和促进了妇女文化教育运动的发展。据中华教育改进社1924年刊布《中国教育统计概况》就清末学校女生作了统计，除教会女校学生外，1906年全国有女学生306名，1907年就增长了5倍至1853名，到1908年就新增加到2679名，1909年增加到12164名，至1912年增至141130人，[①] 这反映了我国近代妇女渴求文化知识的愿望之强烈。

1911年，以孙中山为代表的资产阶级民主主义者登上了历史的舞台，成立了南京临时政府。与此同时，教育部废除了清末"忠君尊孔"的教育思想。在妇女文化教育方面，规定初等小学可以男女同校，可以为女子设立中学、师范和职业等各类学校，这比起1907年《女子小学堂章程》规定只设立女子小学和女子师范要进步得多。孙中山非常重视妇女的文化教育。1912年，广东女子师范第二校开学，他作了题为"女子教育之重要"的讲演，对该校的开学极为赞赏。孙中山在讲演中指出，只有男女平权才能"养成真共和民国"，而"中国女子虽有二万万，惟于教育一道，向来多不注意，故有学问者正少。处于今日，自应认真提倡女子教育为最要之事"。[②] 他在讲演中还指出，要使中国"四万万人皆得受教育"，当务之急是要发展师范教育，

---

① 陈景磐：《中国近代教育史》，人民教育出版社1983年版，第272页。
② 孙中山：《在广东女子师范第二校的演说》，《孙中山全集》第二卷，中华书局1982年版，第358页。

而"女子师范尤为重要"。

从全国范围看，民国初年的妇女的文化教育运动有所发展。女子学校和学生数量较前有了增加。据不完全统计，1912 年女子学校有 2389 所，女生人数达 141130 人；1913 年有女子学校 3123 所，女生 166964 人；1914 年有女子学校 3632 所，女学生 177273 人；1915 年有女子学校 3766 所，女生180949 人。① 如初等教育，1907 年全国有女校 391 所、学生数 11936 人，占学生总数的 2%，1918—1919 年，全国初等小学女生达 190882 人，占初等小学生总数的 4.3%。② 总之，辛亥革命后，妇女文化教育突出的特点表现为：学校类型由小学、初等师范发展到中学、职业学校和高等师范；办学形式由官立、私立发展到公立、官立和私立并存，学校和学生数量逐渐增多。

五四运动是一次反帝反封建的爱国运动，也是一次伟大的思想解放运动。解放妇女，实行男女教育平等、大学开女禁等是整个思想解放运动的重要组成部分。五四运动把妇女文化教育推向了一个新的高潮，许多进步社团和刊物非常关心妇女的文化教育，并把它作为解放妇女问题的一条途径。当时出现了许多专门研究妇女问题的报刊，如《新妇女》、《妇女评论》、《现代妇女》、《妇女声》等。一些受了马列主义影响，具有初步共产主义思想的先进分子纷纷撰稿，热烈讨论开展妇女文化教育运动。当时著名的进步社团少年中国学会主办的《少年中国周刊》除开辟"妇女世界"专栏外，还把第七、八期作为"妇女号"特刊，在特刊中报道了当时我国几所女校力争男女同校的斗争经过，并通过对欧美等国的大学男女同校情况的介绍，呼吁政府应尽快开大学女禁。有的文章还根据各方面的事实否定了女子智慧不如男子的论点，要求男女必须受同等教育。

五四时期的女性文化教育的一个显著的特点，就是国立大学开女禁。蔡元培 1912 年在任教育总长发表演说时就指出，"教育普及，人人受同等的教育"，"男子与女子同系国民"，权利与义务应当平等。蔡元培从 1916 年开始任北京大学校长，主张高等学校中男女同校，1920 年秋季，北京大学允许 9位女生入校旁听，这是大学开女禁的开始。大学男女同校标志着女性社会地位的进一步提高，是近代中国教育史上值得大书的一件事。之后，广东高等师范大学、北京高等师范大学也相继招收女生。一些私立大学，如大同学院、南开大学、厦门大学等开始兼收女生。高等小学、中学也实行男女同校同班，开了一代社会之新风。

民国时期，在"中华民国"制订的有关教育法规中也提出了"男女教

---

① 陈景磐：《中国近代教育史》，人民教育出版社 1983 年版，第 271 – 271 页。

② 乔素玲：《教育与女性》，天津古籍出版社 2005 年版，第 29 页。

育机会平等"的思想（1929 年 4 月国民政府公布的《中华民国教育宗旨及其实施方针》），在 1931 年通过的《训政时期约法》中规定"男女教育之机会一律平等"。但从总体上看，教育的普及还很落后。例如，根据当时国民政府的统计数字，1931 年到 1935 年，全国女子受初等教育毕业人数为 136.12 万人，1937—1945 年毕业人数为 648 万人，合计在 14 年间有 784.16 万人受初等教育，这在当时两亿三千多万中国妇女中，比例是何等的小啊！受中等教育的女性人数则更少。1919 年时，全国公立女子学校仅 9 所。1922 年全国女子中学人数达到 3249 名，占全体中学生人数的 3.14%。据 1929 年的统计，全国女中学生有 3.3 万名，1931 年达到 5.6 万名，占全体中学生人数的 14.94%。到 1949 年新中国成立前两年，女性占高等教育中研究生的比例为 13.7%，大学生的比例为 17.7%，专科生的比例为 17.6%。

中华人民共和国建立以来，政府制定了一系列的有关保护妇女利益的法律、法规，建立了新的教育体系，为提高女性的文化水平，提高女性的社会地位，鼓励女性自尊、自信、自立、自强发挥了不可估量的作用。新中国成立 50 多年来，中国的教育发展经历了三个阶段：第一阶段是 1949—1966 年，对旧的教育体制进行改造，确立新的教育体制阶段；第二阶段是 1966—1976 年，十年"文化大革命"；第三阶段从 1977 年至今。

在第一阶段的 17 年中，中国在教育战线进行了社会主义改造，对旧的教育体制、教材内容和教学方法都进行了改革，收回了教育主权，接管了教会办的学校。其间经历了学习苏联，提出了"教育为无产阶级政治服务、教育与生产劳动相结合"的教育方针。这一阶段的女性教育也有了一定发展。

第二阶段的十年间，由于"文化大革命"，学校曾一度关闭，教学全部停止。其间由于过分强调"妇女能顶半边天"，"时代不同了，男女都一样"，忽视男女两性在生理上的差别，使女性失去了其自然属性。这一阶段，女生就学人数从整体上有所减少。

第三阶段，经过教育战线上的拨乱反正，教育逐步朝着正确的方面发展。改革开放 30 多年来，教育事业得到长足的发展，女性教育也取得很好的成绩。

基础教育方面，我国已经全面普及了义务教育，小学学龄儿童入学率已达 99.9%，中小学女生所占学生总数的比重也在不断提高。根据安树芬编《中国妇女教育资料选编》，中华全国妇女联合会妇女研究所、陕西省妇女联合会研究室编《中国妇女统计资料（1949—1989）》、中华全国妇女联合会妇女研究所、国家统计局社会与科技统计司编《中国性别统计资料（1990—1995）》，教育部发展规划司编《中国教育统计年鉴 2012》等资料，我们可以考察几个有代表性年份的中小学女生所占学生总数比重的情况（见表3-1）：

表3-1 中小学女生所占学生总数比重（%）

年份 学校类别	1951年	1965年	1980年	2012年
小学	28	39	44	46.4
普通中学	25.6	32.2	39.6	48.5

高等教育方面，女性教育在新中国成立以后取得了很大的进展，特别是改革开放以后，普通高校在校女生人数不断增长，从1949年的2.32万增长到1993年的85.2万，到2002年快速增至397.04万，到2012年更是猛增至1308.29万人。1951年女生占普通高校大学生（本专科生）总数的23.4%，1993年提高到33.6%，2002年进一步提高到43.95%，2009年达到50.48%，首次超过男生的比例，2012年又继续攀升至51.35%。

第二节 教育中的性别差异与问题

一、教育中的性别差异

实现社会性别公平以及男女平等的原则既是教育民主化的主要目标之一，又是教育现代化的重要内容。世界各国教育民主化的进程表明，保障女性与男子一样有平等的受教育权利，在教育资源分配上、在教育成功机会上提供男女两性平等的保障，以及通过无性别歧视促进全社会的性别公平，始终是伴随现代教育进步和发展的重要组成部分，也是衡量一个国家教育民主化和现代化的重要指标。教育本身就是实现社会性别公平化的重要途径和基本条件。无论是教育民主化进程本身提出的性别公平目标，还是教育作为女性解放的必要条件，都要求我们审视在现代社会中教育的作用和功能、教育环境和方法是否有利于实现社会性别的公平。

衡量女性教育发展水平最常用的指标有两个，一是女童的入学率，二是女性接受高等教育的情况。据联合国儿童基金会的统计，1994年全球达到小学五年级水平的女童的百分比为68%，中国女童已达到86%。2012年中国女童入学率超过99%。中国女大学生的比例也已达到甚至超过一些发达国家的水平，2012年已经达到51.35%。

尽管我国在女性受教育方面有着得天独厚的优越条件，国家的宪法、法律规定了男女享有同等的权利，包括受教育的权利，但在现实生活中，女性受教育仍存在着许多问题，要真正地实现男女享受同等受教育权利，还有各种困难和阻力。

女性文盲、半文盲的比例仍然较高。扫除文盲是新中国成立之后政府下大力气做的一件事。1949年，中国女性文盲比例高达90%。在过去的50多年中，全国累计扫除文盲1.75亿，其中1.1亿是女性。然而，不少新文盲在近年又纷纷加入老文盲的队伍，使得女性文盲、半文盲的比例仍然居高不下。在第四次人口普查中，女性文盲是男性文盲的3.08倍，第五次人口普查时已上升到3.42倍。即使是到2010年第六次人口普查，这一比值已经降至约2.82倍，但女性文盲、半文盲的比例也仍然较高。

我国女性受教育还存在着城乡发展不平衡、地域发展不平衡的状况。城镇的女孩一般能受到良好的教育，而农村的女孩受教育却有一定困难。女童辍学、未入学主要是在农村，文盲也主要在农村。据《中国2010年人口普查资料》，2010年第六次人口普查时，15岁及以上城市女性文盲人口约为528.08万人，占15岁及以上人口总数比重为3.03%；而15岁及以上乡村女性文盲人口约为2828.43万人，相应比重则高达10.66%。同时，一些欠发达地区，如西部地区的教育相对落后，女孩受到的影响更大。学龄儿童中，男生入学率大大高于女生的入学率。根1993年的调查，全国6~14岁未入学儿童中，女童占66.4%，并且主要集中在西部地区。

从受教育程度看，我国女性受教育的比例大体上随着教育程度的提高而依次降低。这一趋势虽然在近年来略有变化，普通高校女大学生与女硕士生有了大幅增长，但女博士生的比例依然严重偏低。根据《中国性别统计资料(1990—1995)》、《中国教育统计年鉴2000》、《中国教育统计年鉴2012》等统计数据，我们可以将几个年份的在校女生所占比例列表如下（见表3-2）。

表3-2　在校女生所占比例（%）

年份＼学校类别	小学	普通中学	普通高校	硕士生	博士生
1991	46.5	42.7	33.4	25.1	10.6
1995	47.3	44.8	35.4	30.6	15.5
2000	47.6	46.2	41.0	36.1	24.0
2012	46.4	48.5	51.4	51.5	36.5

高等教育中，女生的专业较集中于医学、语言、财经、艺术等专业，集中于师范院校。在人文科学和师范类学校中，女生比例高于男生；而在理工科院校中，男生比例高于女生。受到传统的对女性综合能力看法的影响，使

得女生较多地选择人文和师范专业。一些女生对学习理工科缺乏信心，家长、教师也给予了一定的影响，这造成了男女生专业选择方面的差异。

二、性别差异与教育

在教育系统和教育环境中，包含着性别公平或歧视的教育因素和资源是多方面的，它主要体现在以下几个方面。

（一）教育法律和政策。教育方面的法律、规章和政策所确认的性别公平原则和发展女性教育的特殊政策是实现教育中的社会性别公平的制度性保障条件。从国家宪法到教育基本法及其他教育法规和政策都将男女平等、发展妇女教育作为重要的原则加以肯定和确认。而在一些具体的政策法规中，也会出现忽视女性教育、固守传统的性别角色分工的倾向。例如，在招生、专业和课程设置上，有关教育稀有资源分配的政策虽然没有关于性别区分的任何内容，但因为缺乏性别公平意识和理念的政策和措施，在现实生活中，人们自然会依从社会固有的传统的性别观念，产生带有性别不公平的或性别歧视的实际后果。

（二）教材及教科书。教材和教科书是集中表现教育内容的主要形式。教材及教科书中所传递的有关性别的分化、分工观念是决定新生一代社会性别观念和行为的重要因素。通过对现行教材及教科书的分析表明，许多教材及教科书，尤其是语文、历史、哲学等科目的教科书中，更多地反映男性主导社会和历史的价值观，反映的是传统文化固有的社会性别分工和劳动分工，虽然这种分工和分化是过去历史和相当部分的现实的反映，但编辑者毫无性别意识地编写工作是不利于培养下一代公民的性别公平意识的。教材及教科书的改革是当代教育中实现社会公平的重要内容。此外，编排和审查教科书的人员的性别比例和性别观念，也是影响教科书的倾向性的重要因素之一。

有研究者对中小学语文教材的研究发现①，我国现行中小学语文教材是非社会性别公平化教材。例如，小学语文教材中出现的男性职业有 30 余种，从行政领导到普通职工，从高级工程师、科学家到体力劳动者，有文学家、英雄、领袖等，十分全面；而女性职业仅有 10 多种，主要是服务员、售货员、护士、教师等，比较单一，女性职业集中在地位比较低的职业。在整套教材中展示出的男性的性格和行为多是坚强、勇敢、忧国忧民、大义凛然、胸怀宽广、吃苦耐劳、顽强拼搏、滑稽可笑、作恶多端等；表现出的女性形

---

① 金庆花等：《中小学语文课本中的女性形象研究》，见史静寰主编：《妇女教育》，吉林教育出版社 2000 年版，第 416 页。另参见史静寰《走进教材与教学的性别世界》（教育科学出版社 2004 年版）与郑新蓉《性别与教育》（教育科学出版社 2005 年版）相关论述。

象多为善良、细心、朴实、无私、慈祥、耐心、装神弄鬼（《西门豹》中的女巫）等。中学语文教材也是如此。例如，从作者的性别来看，整套教材能辨认出性别的作者有 182 位，其中男性有 162 位，占 89%。从课文的主人公来看，全套教材共出现主人公 89 人，其中男性 60 人，占 67.42%。而女主人公的光辉形象寥若晨星，仅出现过机智勇敢的抗英英雄冯婉贞、明晓事理的乐羊子妻、女作家叶文玲、哈佛博士田晓菲等数人。在教材内容方面，"男主外，女主内"等传统性别角色意识强烈，有对男女实行双重标准的信息，并且还存在性别偏见的语言。

其他学科的教科书也同样存在性别不平等的现象。如物理和化学教科书中经常出现拿着试管的男性的手臂，数学教科书中的应用题表述也常常是性别刻板的。可以说，理科教科书与妇女和女孩的日常经历脱节，而且未对女科学家给予肯定。历史教科书的性别不平等更为明显。历史学习似乎多数时候是关于男性战争史的学习，女性对历史发展的贡献被最小化处理。①

教科书中性别不平等的危害是不言而喻的。我国的中小学语文教科书实际上在宣扬男权制社会的意识形态，起着把两性朝着有助于男权制的方向社会化的作用。它发挥作用的机制，一是塑造典型的性别气质，男性知识渊博、能力高超、独立自主、志向远大、顽强进取，女性则无知低能、温和美丽、寻求同情和保护，人类的优点被过多地赋予给了男性。二是确立性别角色，把可以成就事业的公共领域安排给男性，而把家庭事务、子女养育以及一些地位较为低下的公共事务安排给女性；把报酬高的职位安排给男性，而把次等的、报酬低的职位安排给女性。

教科书中的性别不平等的危害对女生的影响更大。首先，女生缺乏可资效仿的偶像性榜样。榜样对学生的发展有重大的影响，因为他们的许多态度是通过模仿榜样的行为从而产生替代性强化而获得的。一个有较大影响力的榜样通常与学习者有类似之处，如性别、阶层、种族等，即这些榜样可以反映学习者的自我概念和志向。我们可以按照交往的形式把榜样分为互动性榜样和偶像性榜样。互动性榜样指学生在日常交往中认同的榜样。在学校情境中最有可能成为学生互动性榜样的人有教师和其他学生。偶像性榜样指因受到学生的特别崇敬而被学生视为楷模的榜样。偶像性榜样不是学生现实生活中可以互动的人物，而一般是社会名人。在学校情境中，学生选择获得偶像性榜样的途径一般来自语文和历史教科书、课外读物以及学校有意识地在不指向学科学习的非实体性精神环境中提供的诸多榜样。特别是语文教科书，

① 陈雨亭：《我国中小学教科书中性别不平等的社会学分析》，《当代教育科学》2003 年第 3 期。另参见龙娟《小学语文教材性别角色分析》（湖南师范大学 2012 年硕士学位论文）与宋娟《中学语文教材女性角色与学生性别意识的建构》（西南大学 2010 年硕士学位论文）相关论述。

因其所特有的人文性而为学生提供了很多可供选择的榜样。但我们从前文有关我国教科书的分析中可以看出，女性不但出场的频率远远低于男性，而且被赋予的人格特质也劣于男性。女生勤奋学习，学到的却是自己的性别在文化中低劣的定位，她们很难找到偶像性榜样来激励自己。这在很大程度上就是女生的好成绩会导致低自尊的原因。

如果单独审视每一篇课文，似乎没有一篇重要到足以导致女生的自卑感，而且教科书的影响方式是潜移默化的，因此人们对教科书中的性别不平等缺乏足够的关注就不足为奇了。但是如果考察教科书中的大量性别不平等的积累效应，其影响就不可以等闲视之了。各章节中的性别不平等组成了一本不平等的教科书，每本、每科的教科书又累积成一个不平等的教科书体系。女生从小学一入校到大学毕业一直浸泡在性别不平等的教科书体系里，累积的最坏后果是导致女生产生内化的性别自卑感，认同性别歧视者的价值观，导致较低的自尊。一旦女生把性别自卑感内化，那么她们就会在自我实现的道路上步履迟疑。

同样教科书中的性别不平等对男生也有消极的影响。首先，教科书过多地宣扬了男性勇敢、坚强、能力高超、独立自主等阳刚品质，而不表现甚至是鄙视男性软弱、寻求情感支持的一面。当男生发现自己所处的环境不鼓励他们表达情感，就只好把焦虑和痛苦深埋在内心，这样必然造成一些心理问题。据研究，男性自杀的可能性比女性大 5 倍，患严重精神失常的可能性是女性的 3 倍，而且他们患各种与紧张有关的疾病如高血压、心脏病、气喘等的可能性也很大。男性酗酒的可能性比女性大 6 倍。男性的暴力活动也比女性常见得多，88% 因暴力犯罪而被捕的人是男性。其次，教科书过多地把公共领域和私人领域作了性别的划分，潜在地影响了男生未来参与家庭生活的积极性。这在语文、历史等教科书中表现突出。语文教科书所描述的男性多数时候是在家庭以外的环境工作、娱乐等，而女性多在家庭或其周围活动。历史教科书中的男性更是在政界、知识界纵横驰骋。教科书所宣扬的这种"男主外、女主内"的一些观念不利于男生形成平等的两性观，从而使男生最终也成为性别不平等的受害者。

（三）教师的态度和行为。教师自身的性别观念以及对学生的性别角色的期待是影响学生性别观念和行为的又一个重要因素。教师既可能是传递新的性别公平价值和观念的重要因素，也可能是传递旧的性别观念、培养传统性别角色的重要人物，这都取决于教师是否具有社会性别公平的理念和与之相适应的教育技能和方法。

许多教师对自己性别不平等的做法习焉不察。很多时候，正是他们"性别适合"的教育实践参与了性别不平等的再生产。也就是说，他们做了性别不平等的社会实践的合谋者。即使是女教师，由于她们是在性别不平等的环境中成长的，因此很可能意识不到自己已经内化了的流行的价值观念。就像民主观念一样，性别平等的观念也应该渗透在教育的方方面面。

女大学生会经常在学校里遇到一些与性别有关的不愉快经历。英语的听力课上，有一道听力题多数同学做错了，听力老师看看材料后恍然大悟道："原来那个女的是经理，男的是打字员。应该男的是经理，那样我们就对了。"老师头脑中的固有观念就是：男人才可能是领导者，女人永远只能充当配角。哲学史的老师在课堂上说："女人学哲学是哲学和女人的悲哀。"弄得女同学上哲学课都灰溜溜的，不喜欢学哲学。①

在课堂上，教数学的老师叫学生上黑板做题时，"难度不很大的题让女生做，以便把题做对，以提高其兴趣，对其产生鼓励作用。而难度大的题让男生做。虽然男生也不一定做对，但男生做起来比女生强。另外，我尽量不让女生受挫折"。或者总是让男生做那些老师自己把握不准学生能否做出来的题，因为害怕"打击"女生。教语文的老师在课堂提问时，侧重于男生和女生的搭配，比较简单的问题，如读课文或回答那些直接在课本上能找到答案的问题，会叫比较"老实"的女生回答，以便给她们点"信心"。

据研究，教师提问男生的时候更加有耐心，等待男生回答问题的时间比等待女生的时间长。随着年级的升高，男生在课堂上的参与也相应提高。男生会抢答教师的问题而较少受到教师和同学的责备；而当女生抢答问题时，教师通常批评她们要注意适当的行为习惯，因此女生通常安静地举手等待教师点名才回答问题。有研究报告说，男生抢答问题的次数是女生的8倍。

许多教师的性别观念处于经验层次，他们/她们对基于自己性别观念基础上的日常教育实践没有进行性别公平的反思与监控。在对待女生小学、初中时学习成绩的明显优势，随着年级升高女生学习理科渐渐表现出来的弱势，以及女生一些胆小、要面子、怕丢人等性格特征方面，都归咎于女生自身的不足，而没有对教科书的价值导向、师生互动中的性别差异、学校教学管理人员的性别差异等隐蔽的因素对女生的成长影响提出异议。即使是注意了"因性施教"的教师，也只是把注意力集中在男生和女生已有的特点上，而没有注意这些特点的社会建构。

教师或多或少地存在性别角色刻板印象，把一些与男生有关的性格特点与行为赋予更加积极的评价。他们在提到男生"好突击"、"好省事"、"贪玩"等特点时，几乎都带着欣赏的语气，似乎这些特点与他们眼中男生更具

① 陈雨亭：《性别差异与日常教育实践》，《当代教育科学》2005年第8期。另参见刘朝晖：《2003年人教版初中语文教材性别角色分析——基于1998年人教版初中语文教材研究结论的比较研究》，《课程·教材·教法》2008年第9期。

有创新精神的能力相连；而女生的一些诸如"认真"、"懂事"、"刻苦"、"要面子"、"按部就班"等特点则与缺乏创新能力相连。

西安市民孙女士的儿子刚刚参加完高考，成绩不理想。于是她准备让孩子补习一年，当她领着孩子去某中学咨询时，学校的一名教师对孩子说了这样的一番话："一定要好好学习，千万不要谈恋爱，等你考上大学后，要什么样的美女就有什么样的美女。"对这名教师的话，孙女士无法接受："一个老师怎么能对孩子说出这样的话呢？"① 无独有偶，在此两年前，湖南的一位全国优秀语文教师也在题为"入学教育课"的论文中写道："你读书干什么？考大学干什么……我要明确地告诉你——读书考大学，是为了自己，不是别人……读书增强了自己的本领……将来能找到一个好的工作，挣下大把的钱……找一个漂亮的老婆……所以，我强调读书应该是为了自己！"② 媒体披露后，全国哗然。而这位老师正是用这种方式来对他的学生进行所谓的"入学教育"的，这种观点与自古有之的"书中自有黄金屋，书中自有颜如玉"如出一辙。然而，家长的抱怨也好，"怪论教师"被教委解聘也好，原因都是教师的教育不符合教育方针。未被看到的另一方面是，一个教师如何能够漠视占教室一半人数的女生的心理感受，去谈什么"挣大钱娶美女"，难道女生学习就是为了成为被娶的美女吗？要知道，教师的教育是面向全体学生的，当然包括所有的女生。教师不经意间所流露的性别偏见的观念潜移默化中影响了所有的学生，包括男生和女生。

女教师在学校中的地位和比例等也是影响学生性别认识的因素之一，尤其是女教师在较高学术职称和学校领导层中的比例，它将影响教师的态度和角色行为，也是学生认识社会性别分化和分工的重要背景，对女大学生的影响尤其深刻。根据《中国教育统计年鉴2012》，我们可以将2012年全国高等院校女专任教师的学术职称结构列表如下（见表3-3）：

表3-3　2012年全国高等院校女专任教师的学术职称结构

	总　计	正高级	副高级	中级	初级	未定职称
人数	680918	48151	179871	298751	115940	38205
百分比（％）	47.28	28.42	43.58	51.87	55.26	52.80

从上表可以看出，我国高校女教师的比率从整体上看还是不低的，尤其是未定职称与中初级职称比例较高，但是随着职称的提高，女教师的比率大

---

① 刘哲：《大学美女多的是，为学生不早恋教师另类鼓励》，《华商报》2004年7月8日。
② 吴湘韩：《某重点中学语文老师："读书是为了挣大钱娶美女"》，《中国青年报》2001年4月3日。

幅下降。同时，高校中女教师的学科分布也比较多地集中于语言、文学、教育等社会科学方面。

据《中国教育统计年鉴 2012》的统计，我国在校攻读博士学位的283810 名学生中，女生为 103436 名，仅占 36.45%，这与同期女大学生占学生总数 51.35% 的比例是不相称的。

（四）资源分配和学校管理。资源分配主要指一些稀有的教育资源的分配。在教育行政管理、学校管理系统中，在学术评议机构中，地位和层次越高，女性所占的比例越低，这已为许多国家和地区所注意。尽管女性在初中等教育甚至高等教育中，其数量的发展已很可观，然而，在教育决策、教育管理和高层次的学术机构中仍然处于不利处境。在管理上，无论是学校管理或班级管理都还存在一些不利于人们消除的固有的性别偏见。例如，班级中男女学生依照性别编制男女分类的花名册，而且男生通常在前面。

教育中包含的各种因素的制度是决定学生性别观念和行为的重要因素，它不同于其他社会环境的教育影响。现代学校教育无论是教师行为、态度，还是教科书传递的信息都代表一种社会认可、家长放心的具有肯定性的特征。这种肯定性特征使人们更加倾向于接受学校教育所提供的性别观念和行为训练，尤其是对儿童来说，更是如此，他们不会拒绝学校对他们的影响。基于社会和家长对学校的认可和肯定以及受教育者对学校和教师的信任，学校在传递性别观念和培养行为上，更显示出其特有的地位和作用。

然而，学校教育环境并不是天然的性别公平或无性别环境，它特殊的作用和功能都可能是双向性的。如果要使学校教育成为社会性别公平的途径或实现其社会性别公平的工具，必须进行以社会性别公平为目标的教育改革。

三、建立无性别偏见的教育教学模式

进入 20 世纪下半叶以来，许多国家和地区对性别公平的研究不再只停留在调查和分析学校教育中性别歧视的因素方面，而开始构建一种新的无性别歧视的教育教学模式。这种整体性的改革包括教材、教法、教师行为态度、教师培训等系列的变革内容。

首先是在教材和课本方面的改革，要求教材的编写和审订者具有鲜明的社会性别公平的观念，使教育内容能反映出女性的形象和历史，反映妇女社会生活和家庭劳动、生育活动的重要性和价值。同时要求教材和教科书的编审者应有一定的女性比例。我国现行的中小学教科书，特别是语文和历史教科书中存在着严重的性别不平等。无论是在课文还是在插图中，女性的出场次数都比男性少得多；有职业的男性比女性多，而且男性所从事的职业声望更高。男性的性格更多地集中了人类的优点，其能力更高超。与美国等发达

国家相比，我国的教科书中的性别不平等其实更加严重。这一现象的存在有我国的特殊原因。教科书中的性别不平等对女生和男生都有很大的危害，因此，在新课程的教材改革中必须强调编写使用性别平等的教科书，具体说来就是在教科书的编写、审查和选用中努力做到性别平等。

其次，在培养和训练教师的师范教育方面，要使教师和未来的教师了解和认同社会性别公平的理念，了解男女学生的差异和形成差异的原因，了解一般课堂上常见的性别角色区别活动和角色固定模式，使教师能自觉地控制性别刻板观念对男女学生的影响。

再次，在教师的教育教学态度和行为方面，教师的教育教学要淡化学生的性别。在组织教育教学活动时，尽可能不以性别为分组标准；在指导和批评学生时，应避免"女孩应该怎样"、"男孩应该怎样"的性别模式；在指导学生选择课程、专业和职业时，尽可能根据学生的实际能力和兴趣加以具体的指导，而不要以学生的性别为主要指导的依据，同时要鼓励男女学生去尝试传统认为异性占优势的专业和职业。例如，鼓励女生选修机械、数学等学科；鼓励男生从事家政、幼儿教育、保健等方面的职业。

作家舒芜曾说过："民主和科学都不能彻底消灭性别歧视。大概，性别歧视就是性别歧视，自有男性中心社会就有，在可预见的将来也一直会有。它曾经成为封建主义体系的一个重要组成部分，却非封建主义所专有。"①这些话一针见血地道出了民主和科学中存在的性别歧视。舒芜又举例说，蔼理士《性心理学》的中译者潘光旦教授在此书的一条译者注中明白地说："男女平等的概念，在稍知两性差别的人是不大容易接受的。"他把蔼理士的科学理论作为反对男女平等的根据了。改革开放以来，弗洛伊德学说在中国广为传播，一方面促进了性道德观念的解放和提高，另一方面，在社会意识中、文学艺术中、学术理论中，性别歧视以各种各样的新的形态大量出现，至今未艾。长期以来盛行的观点是，女性问题只要生产力发展了，社会、文化发展了（现代化了，科学、民主了），便会自行解决。民主和科学都产生于特定的社会文化，表达着一定的社会性别制度。如舒芜所说，男性中心社会的社会性别等级制构造了男男女女，大家往往对性别歧视习以为常、视若无睹，并且以社会性别制度的规范来行事。这也包括制定民主法则的人、创立科学见解的人。民主和科学中也存在着性别歧视的现实使得教育的责任更为重大，只有首先在教育中消灭性别歧视和偏见，才可能逐步揭示人们头脑意识里那些贴着民主和科学标签的性别偏见，真正达到男女平等的境界。

---

① 舒芜：《不仅是封建的帐》，《读书》2000 年第 8 期。

第三节　女性终身教育

终身教育（lifelong education）是 20 世纪 60 年代国际上出现的一种教育思潮，它对当代国际教育的改革产生了重大影响，并深刻影响了女性教育的发展方向。终身教育的创立者是法国教育家保罗·朗格朗，他于 1965 年首次提出终身教育思想，他的《终身教育导论》被认为是终身教育理论的奠基作与里程碑，对终身教育概念的形成与传播起了重要作用。保罗·朗格朗认为，"终身教育包括了教育的各个方面、各种范围，包括从生命运动一开始到最后结束这段时间的不断发展，也包括了教育发展过程中的各方面与连续的各个阶段之间的紧密而有机的内在联系"。① 终身教育思想的精髓在于教育要贯穿人生的始终，要使教育和人的生活密切结合起来。1972 年，联合国教科文组织国际教育委员会发表了《学会生存——教育世界的今天和明天》，正式确认了保罗·朗格朗的终身教育理论，倡导把终身教育作为各国今后制定教育政策的主导思想。女性的终身教育是伴随女性的生命历程、面向不同生命周期阶段的女性群体，满足不同女性群体需求的教育。这一理念大大突破了传统女性教育理论的樊篱，将对女性教育的发展改革产生深远的影响。

一、女性终身教育的意义与发展瓶颈

终身教育被誉为"可以与哥白尼'日心说'带来的革命相媲美，是教育史上最惊人的事件之一"。② 女性终身教育也已成为国际发展的大趋势，尤其对中国的女性教育具有非凡的意义。

1. 终身教育促进女性整体发展。③ "终身教育之父"保罗·朗格朗认为终身教育是一个整体，要面向社会全体人员，"当我们谈到终身教育的时候，我们头脑里经常考虑的是教育的整体性和完备性"。④ 对女性终身教育而言，它需面向社会全体女性，着眼于全体女性的发展。不论年龄大小、学历高低、职业层次、地区差异等，只要有需求，所有女性都可以成为接受教育的

---

① ［法］保罗·朗格朗：《终身教育导论》，滕星等译，华夏出版社 1988 年版，第 16 页。
② ［瑞士］查尔斯·赫梅尔：《今日的教育为了明日的世界》，王静译，中国对外翻译出版公司 1983 年版，第 22 页。
③ 康红芹：《推动终身教育促进女性发展》，《职教通讯》2001 年第 11 期。
④ ［法］保罗·朗格朗：《终身教育导论》，滕星等译，华夏出版社 1988 年版，第 15 页。

对象，成为一名学习者。当前我国女性发展存在的主要问题在于，我国女性整体受教育程度不高，素质普遍较低，由此而直接影响了她们的发展前景。不管是整体层面上的女性群体，还是具体层面的农村女孩、城市白领女性个体，都应纳入终身教育的范围。终身教育将女性教育的对象扩充为所有女性，努力提升女性整体素质，促进女性整体发展。

2. 终身教育促进女性全面发展。终身教育被认为是最能培养全面发展的人的教育，它使每个人都有足够的机会发展自我、完善自我，真正实现全面发展。女性终身教育把人们的观念、视野从传统的狭隘的学校教育的桎梏中解放、拓展开来，使女性教育的外延大大拓宽，范围大大扩展。它强调女性要获得全面发展。从教育形式来看，终身教育是一种涵盖各级各类教育的全面教育。它既包括家庭教育又包括学校教育和社会教育；既包括普通教育又包括成人教育和职业教育；既包括学前教育与初等教育，还包括中等教育与高等教育；既包括正规教育又包括非正规教育。不同女性群体可以根据自身需要来选择相应的教育形式，从而促进自身全面发展。从学习内容来看，终身教育的学习内容是非常全面的。通过终身教育，女性获得的不仅仅是知识的积累，还包括技能的提升、经验的丰富、智力的增长以及人格的完善等。因此，女性终身教育产生的合力能帮助女性得到全面发展。

3. 终身教育促进女性持续发展。处于生命周期不同阶段的女性群体具有不同的知识与技能需求，女性终身教育努力满足这种需求，也相应具有持续性，并贯穿于女性的一生，注重其各个阶段的持续充分发展。例如从女性婴幼儿期平等的关爱和性别意识启蒙、青少年时期的社会性别知识教育与平等意识培养，到中青年女性的职业教育和技能培训、老年女性的健康教育和养生培训等，女性终身教育关注女性生命周期的全过程，实现女性教育的一条龙无缝对接，促进女性持续发展。

4. 终身教育能帮助女性更好地应对知识经济带来的挑战和机遇。随着以高新技术为重要内容的知识经济的兴起，知识成为重要的无形资本，使人类进入学习化社会和终身教育时代，女性及其终身教育面临着挑战与契机。由于女性教育的相对滞后，我国女性人力资本的总价值，尤其是女性高新技术人才总量远低于男性。但知识经济的"重智"特点则恰好为女性创造了可以凭智力、知识优势超越以前因体力弱势而无法与男性平等参与发展的障碍。而且，知识经济为女性终身教育提供可靠的技术保障。例如，大量开发的计算机教学软件为女性不仅提供了丰富多彩的教育形式，还提供了更多受教育和发展能力的机会。尤其是教育延伸到家庭，使女性在理家、生育的同时，也能接受教育，并由此深刻影响到她们的职业选择、工作业绩与生活状态，帮助她们在知识经济时代更加自信与成功。

女性终身教育除了上述意义之外，还对缩小我国教育的地区差别，促进教育公平与均衡发展具有重要作用。

深刻理解女性终身教育的重要意义，我们还应清醒地认识到我国女性终身教育所存在的问题。当前，我国女性终身教育的发展还存在以下瓶颈：第一，受传统观念的束缚，尤其是"重男轻女"的思想的影响，女性受教育和培训的机会低于男性。第二，农村与西部地区成人教育培训网络不健全，办学条件差，女性成人教育未能形成体系。第三，课程体系不健全，教育培训缺乏针对性。在教学课程设置上，没有形成系统的教学体系，随意性很强。表现为教材质量差，不配套；教学内容针对性差，教学内容与当地经济发展实际联系不紧密，缺乏针对女性特点的内容；培训不配套，实际运用有一定困难。第四，一些女性自身对终身教育的认识不足，缺乏学习的动力。第五，缺乏相应的法律支持、组织支撑及财政支援。我国还没有为女性终身教育体系的建立制订有针对性支持的法律，零散的几部计划与纲要并不是真正意义上的法律法规；组织支撑乏力，我国尚未建立管理终身教育的国家和地方的专门的组织系统；经费缺乏，在终身教育体系中占有重要位置的成人教育在财政预算内教育经费中所占比例微乎其微，女性终身教育极度缺乏经费。可见，我们加强女性终身教育还需要克服很多困难，任重而道远。

二、加快女性终身教育发展的途径和方式

针对女性终身教育存在的主要问题，我们应该对症下药，可以从政府、社会与女性自身三个层面十条途径入手，来加快我国女性终身教育的发展。

（一）政府层面。在我国"大政府、小社会"的格局中，政府在分配社会资源中占据主导地位，因此各级政府是女性终身教育的第一推动力。科学、合理的政府行为对女性终身教育的推进起着至关重要的主导作用。

1. 制定有关女性终身教育的法律法规。任何教育制度的建立都依赖于法律法规的强制和规范作用。相关法律法规是促进女性终身教育发展的有力保障，同时也是政府管理女性终身教育的重要手段。发达国家的终身教育的发展历史就是证明。法国是进行终身教育立法较早的国家。1919 年法国就颁布了《阿斯杰法》，1956 年颁布了《终身教育草案》，1971 年连续颁布《终身继续教育法》、《职业训练法》与《技术教育法》等 4 部与女性终身教育有关的法律。实践证明，立法对法国女性终身教育的发展立下了汗马功劳。美国也于 1976 年在《高等教育法案》中加入了《终身教育法案》，此后与终身教育相关的法案不断颁布，对美国女性终身教育起到了重要的推动作用。在我国，终身教育的地位虽然已在《中华人民共和国教育法》中以一句"建立和完善终身教育体系"得以确立，但是专门的终身教育法律法规及其实施细则尚未出台，有关女性终身教育的法律法规更是一片空白。尤其是终身教育思想在我国还未普及，广大女性自觉地接受终身教育还无法实现的情况下，一定的法律约束和规范就显得非常必要。因此，必须先制定出相关法律法规，为女性终身教育健康、持续、有序的发展提供法律保障。

2. 分区域分层次制定与实施女性终身教育规划。发展女性终身教育需要有一个既能宏观指导又可实际操作的总体规划，要制定分步骤实行的战略方针，具体规定在某一段时间内应完成或达到的目标；制定相应的分步实施对策，作为实施总体规划的必要环节。由于我国地域、传统等诸多方面的差异，各地区的发展很不平衡。即使同一区域内部各地区之间也有相当大的差异。这就决定了女性终身教育发展规划这一宏伟战略不可能按同一标准在全国各地区统一实施，必须有区别、有针对性地实施。目前可采取先在东部较发达的地区进行试验试点，由东向西、分片推进的办法解决各地区之间的差异难题。分层次分步骤实施策略，是由终身教育自身的本质特点决定的。女性终身教育是贯穿人的一生的社会实践活动，它有两个显著的特征：终身性、全员性。前者包括女性胎儿教育、婴幼儿教育、青少年教育、成人教育、老年教育等。后者是指女性终身教育是面向全体女性。这就决定女性终身教育不可能一蹴而就，一劳永逸。而必须采取分层次分步骤进行的策略：应有选择地进行试点，做到由点到面，以点带面，最后实现普及；应遵循先易后难的原则，先从简单的比较容易解决的问题入手，步步推进，层层深入；在起始阶段不应求全责备、过分追求完美，而应当采取实事求是的态度，先建立后完善、先普及后提高。因此，必须有区别、有针对性地实施，切忌简单地一刀切。

3. 设置女性终身教育管理机构。作为管理女性终身教育的责任主体，政府应该设置专门负责终身教育的机构，行使统一规划和管理协调的职责，以便将构建女性终身教育体系的工作落到实处。一些发达国家已经为我们做出了示范。为了顺利推行终身教育，美、英、法等国家都建立了一些专门的终身教育机构。有学者建议，我国也应该成立国家构建终身教育体系委员会，可以由国家领导人出任主任，有关部委负责人担任委员[①]。委员会决定构建终身教育体系的大政方针及重要问题。下设办公室挂靠教育部，作为委员会的办事机构，负责统一规划、管理协调有关实施终身教育体系的具体工作。地方各级政府亦相应建立相应机构，自上而下形成一个管理系统。如此，女性终身教育工作由专门机构负责，由专人抓，可以迅捷地将工作落到实处。

4. 确保女性终身教育经费的投入。女性终身教育如果没有经费投入，就

---

① 徐明祥、李兴洲：《构建我国终身教育体系的难点及对策》，《教育研究》2001 年第 3 期。

是无米之炊。政府应增设适当比例的女性终身教育专项投入，用于女性各类教育与培训，尤其是一些具有重要意义的专项扶持项目，例如以外来务工女性为主的大专、高中在职学历教育或者职业技能培训，有关危害女性身体健康的常见疾病防治教育与宣传项目等。政府要逐年增加用于女性教育的资金，加强和完善社区教育体系，充分利用社区内各类中等学校和企业的办学资源，为女性提供更多的接受继续教育的条件与设施。政府还可以酌情开征终身教育税，不仅可以筹措部分经费，亦可强化全民终身教育意识。同时，成立全国终身教育发展基金会，吸收民间资金，鼓励社会组织和个人以及海外友好人士的捐赠，联合社会力量推动女性终身教育事业的发展。

（二）社会层面。社会是发展女性终身教育的中坚力量与重要因素。充分发挥社会各界尤其是各类教育机构的作用，对促进女性终身教育具有非常重大的意义。

1. 全社会应该改变观念，创造有利于女性终身教育发展的良好氛围。良好的社会环境有利于女性终身教育的健康与快速发展。但由于在长达几千年的中国历史发展中，女性的地位和作用一直得不到应有的尊重和重视。长期的压抑和被剥夺使得女性的起点始终落后于男性，历史传统的包袱十分沉重，"男尊女卑"、"女子无才便是德"等思想根深蒂固。直至现在，这些愚昧保守的思想仍然残留在社会中，这对知识经济时代的女性教育，尤其是女性终身教育产生了不利影响。因此，整个社会应顺应时代潮流，尽力为女性的发展营造良好氛围。首先，社会要认识到女性不仅和男性一样，有理想、有抱负、有追求，她们还具有自身独特的优势。在社会发展中，女性贡献的力量是不可忽视的，社会理应赋予女性和男性同等的权利，而终身教育权就是其中的重要内容。其次，社会要理解女性的双重角色，她们既要承担繁重的家务劳动，又要在事业上有所作为，其压力之大可想而知。对此，社会应呼吁广大男性在行动上帮助女性分担一定的家庭责任，让女性有更多的时间和精力接受继续教育，缓解女性的双重角色冲突，为其发展增加砝码。女性一旦获得发展，对家庭和社会来说都是有利的。

2. 改进教育教学内容与方式。教育教学是女性终身教育工作的核心部分，其运行情况直接关系着女性能否获得发展。现代女性常常面临着双重角色的压力，既要承担家务，又要兼顾工作，所以在接受终身教育时会受到时间、地点、经济等各方面的制约。因此，必须改进教育教学内容与方式，针对不同层次的女性，采取不同的学习内容与方式，来适应女性终身教育的发展情况。对于广大农村女性，应以提高科学文化素质为主要目的，以学习农业实用技术为主要内容。可以在农闲时节举办不定期农业实用技术培训班、夜校、函授、远程教育等多样化的形式，教学内容要适合当地发展的实际需要。组织编写有地方特色的教材，要针对女性特点，突出实用性。例如可增加缝纫、刺绣、编织等适合女性接受的内容，吸引她们来学习。对城市女性来说，应围绕其所处的岗位和从事的职业进行岗位与职业培训。此外可以重视闲暇教育。提高女性闲暇生活的质量，既是终身教育的题中应有之义，又是终身教育的重要内容和方式。高质量的闲暇生活对女性健康发展有着重要的意义。闲暇生活使人们生活得更愉快、更有节奏、更有情趣，有利于促进女性身心全面的和谐的发展。通过闲暇时间，也可使女性更广泛接触社会、了解自然，从广阔的社会文化生活中汲取精神营养，丰富道德情感，构建积极向上的价值观。在教学方法上，要采用妇女群众喜爱的通俗易懂的形式办学，要加强实践能力培养，把课堂教学与现场指导、实际操作、咨询服务等教学活动有机结合起来。

3. 建立女性终身教育的社会激励和监督机制。合理的激励机制是女性接受教育的内驱力。终身教育激励机制的建立就是要使女性产生终身学习的愿望，从而激发其自主性，使学习成为一种习惯。相关的各类教育机构应该在政府的指导下，制定女性终身教育的鼓励和优惠措施。例如，减免杂费，提供食宿或给以生活补贴，资助所需学习用品用具，发放助学金，开办免费的女子班等。要实行免费或低费培训，以调动和鼓励女性参加教育的积极性。同时，应该建立科学的评价机制，传统观念只注重正规教育，且将学历和文凭视为唯一选才标准的做法扼杀了女性参与教育活动的积极性。因此，应将正规教育和非正规教育结合，将学历教育和非学历教育结合，建立起一整套科学、客观、可行的学业成绩评价制度，将其作为鉴定通过不同渠道而获得学业成绩的重要依据，旨在激发广大女性参与终身教育活动的热情，并强化她们的终身教育意识和自觉性。

制定科学、切实的评价指标体系，还是建立女性终身教育社会监督机制的重要内容。社会应该积极增强公众对女性教育的监督意识与积极性。公众对女性终身教育工作的监督可涉及各方面的问题，如政府相关的工作进度、力度与质量，女性终身教育经费的使用，设施的建设与使用等。我们还应该发挥新闻舆论强大的监督功能，利用新闻舆论对女性终身教育工作中存在的问题和缺点进行曝光和批评，对其中的积极行为进行倡导和颂扬，能使人们了解工作中的失误和不足，从而采取有力措施进行矫治和改进，以确保女性终身教育工作沿着预定的目标前进。

4. 建立与完善女性终身教育民间组织。民间教育组织在推进女性终身教育过程中具有不可或缺的辐射作用。在一些发达国家，从事终身教育的非营利性民间组织（NPO 或 NGO）已经比较成熟。在国内，民间组织在推进终身教育发展方面也扮演着重要的角色，但还需完善。例如，各级成人教育协会与各行各业的成人教育民间组织，在协助政府有关部门组织和开展成人教育、终身教育活动中发挥着比较重要的作用，它们不仅参与组织和协调活动，而且还独立承担并实施一定的专项活动，如组织成人教育专题研讨会、独立承担课题等。我们还应该多成立如"上海女子教育联盟"之类的专门的女性终身教育民间组织，或者在各类教育协会下面成立女性终身教育分会，充分发挥民间组织在女性终身教育中的活力与能动性。

（三）女性自身层面。女性自身是女性终身教育的主体，是决定教育活动能否成功的内因。女性终身教育的发展最终需要女性自身的不懈努力，下面谈谈女性在终身教育发展中首先应该具备的几点心理因素。

1. 深怀危机感。受几千年以来以男性为中心的传统文化的深刻影响，女性教育的发展一直是步履蹒跚。即使是在今天，广大女性受社会舆论、性别歧视与认同缺失的影响，自身对参与终身教育也持消极态度。但在信息技术与知识经济高速发展的二十一世纪，女性如果还在历史欠债沉重的女性教育中故步自封、消极应付，那么"马太效应"就会进一步恶化性别不平等，严重阻碍女性的发展。正如著名的女权主义学者波伏娃指出："女人在技术与她的能力相适应时是有权力的。在失去利用技术的地位时，便失去了权利。"① 因此，广大女性应该认识到自身的危机。我国在知识经济的孕育过程中，传统产业压缩，产业结构调整向高级化转型发展，而女性因文化素质低，多集中于劳动密集型行业，在裁员中首当其冲。在知识经济时代，不学习、不进取者则成为时代的落伍者；知识贫乏者成为社会转型期就业和生活的贫困者；终身学习者却是知识经济的受益者。广大女性只有深怀危机感，才能化危为机，化压力为动力，化消极被动为积极主动，参与到终身教育活动中来。

2. 充满使命感。世界银行早在1991年的发展报告中就指出："女性教育是经济和社会发展的关键之一。"女性教育如果无法提到接近男子教育水平的程度，由于提高男子的教育水平而取得的社会效益就会被抵消掉。女性不仅是现实的人力资源，而且还是未来人力资源的载体、教育者和创造者，其作为母亲的角色，自身素质的高低，在促进人类可持续发展中产生的正向支配力作用或是逆向的阻碍力作用都不可低估。正像印度女性教育比较先进的喀拉拉邦的首席部长卡鲁纳卡兰所言："教育一个男人，受教育的只是一个人；教育一个女人，受教育的是几代人。"② 没有女性的全面参与，就不可能把知识经济给中国带来的挑战变为发展的机遇。正如马克思所说："没有

---

① ［法］西蒙娜·德·波伏娃：《第二性》，陶铁柱译，中国书籍出版社1998年版，第60页。
② 胡凤英：《妇女资源与可持续发展》，《南京人口管理干部学院学报》1998年第4期。

妇女的酵素，就不可能有伟大的社会变革。"① 因此，女性应该充满使命感，以主人翁的态度积极参与女性终身教育。

3. 坚定信念感。信息技术与知识经济给女性发展提出了挑战，更带来了机遇。它们大大弥补了女性在农业与工业时代与男性竞争的体力弱势，女性可以平等地参与发展，并且在语言、记忆等方面还具有优势，且能通过终身教育进一步提升自己，真正做到"巾帼不让须眉"。因此，女性完全可以树立成才主体意识，坚定"自尊、自信、自立、自强"的信念，积极参与，勇敢进取，满怀信心，全面实现自身价值。②

总之，女性应该放下自身的包袱，轻装上阵，勇敢地迈出坚定的步伐，积极参与终身教育，为自身的发展拓宽康庄大道。

参考文献

1. 中华全国妇女联合会妇女研究所、陕西省妇女联合会研究室：《中国妇女统计资料（1949—1989）》，中国统计出版社 1991 年版。

2. 黄新宪：《中国近现代女子教育》，福建教育出版社 1992 年版。

3. 滕大春：《外国教育通史》，山东教育出版社 1993 年版。

4. 安树芬、耿淑珍：《中国妇女教育资料选编》，中国妇女出版社 1995 年版。

5. 中华全国妇女联合会妇女研究所、国家统计局社会与科技统计司：《中国性别统计资料（1990—1995）》，中国统计出版社 1998 年版。

6. 罗慧兰：《女性学》，中国国际广播出版社 2002 年版。

7. 朱易安、柏桦：《女性与社会性别》，上海教育出版社 2003 年版。

8. 骆晓戈：《女性学》，湖南大学出版社 2004 年版。

9. 史静寰：《走进教材与教学的性别世界》，教育科学出版社 2004 年版。

10. 郑新蓉：《性别与教育》，教育科学出版社 2005 年版。

11. 乔素玲：《教育与女性》，天津古籍出版社 2005 年版。

12. 教育部发展规划司：《中国教育统计年鉴 2012》，人民教育出版社 2013 年版。

13. 胡凤英：《妇女资源与可持续发展》，《南京人口管理干部学院学报》1998 年第 4 期。

14. 徐明祥、李兴洲：《构建我国终身教育体系的难点及对策》，《教育研究》2001 年第 3 期。

15. 周亚玲：《也论知识经济与女性终身教育》，《中华女子学院学报》2001 年第 4 期。

16. 康红芹：《推动终身教育 促进女性发展》，《职教通讯》2001 年第 11 期。

17. 陈雨亭：《性别差异与日常教育实践》，《当代教育科学》2005 年第 8 期。

———————————

① 马克思：《马克思恩格斯全集》第 32 卷，人民出版社 1972 年版，第 571 页。
② 周亚玲：《也论知识经济与女性终身教育》，《中华女子学院学报》2001 年第 4 期。

18. 刘朝晖：《2003 年人教版初中语文教材性别角色分析——基于 1998 年人教版初中语文教材研究结论的比较研究》，《课程·教材·教法》2008 年第 9 期。

19. ［日］富士谷笃子主编：《女性学入门》，张萍译，中国妇女出版社 1986 年版。

20. ［法］保罗·朗格朗：《终身教育导论》，滕星等译，华夏出版社 1988 年版。

21. ［法］西蒙娜·德·波伏娃：《第二性》，陶铁柱译，中国书籍出版社 1998 年版。

22. ［美］彼得·圣吉著：《第五项修炼——学习型组织的艺术与实务》，郭进隆译，上海三联书店 2000 年版。

23. ［美］罗宾·罗森著：《女性与学术研究——起源及影响》，北京大学出版社 2004 年版。

第四章
女性与法律

　　历史上，女性作为男性的附庸，曾经没有独立的法律地位和基本权利。随着社会的发展，女性的权利保障体系逐步得以完善，如今已覆盖到了政治、经济、文化、社会和家庭生活等各个方面。然而，不可忽视的是，在政治、经济和文化走向全球化的今天，女性权益的新、老问题日渐突出，并呈现出多样性、复杂性的特点。例如，家庭暴力行为正损害着女性的身心，包二奶现象正剥夺着女性的自由，性骚扰问题正践踏着女性的尊严。法律是权利的稳定器，女性享有同男子平等的权利是一个国家文明进步的标志。现实生活中存在的各种女性问题要求我们在法律上作出回应，同时也要求女性提高自身的法律素质，学会运用法律武器来抵制各种侵害行为、维护个人的合法权益。对女性权益的保护，应是全人类、全社会共同关注的事业。

第一节　女性权利概述

一、女性权利的历史

　　在人类历史发展的不同时期，或者同一时期的不同国家，女性享有的权利是不尽相同的。在母系氏族公社时，社会生产力十分低下，人口数量是维持生存的关键因素，女性因独占生育功能被奉为"女神"，女性享有突出的地位和权利，相对于男性更受尊敬，这段时期堪称女性的"黄金时代"。随着生产力水平的提高，男性由于体力优势等因素，在经济中逐渐占据主导地位，父系氏族取代了母系氏族，女性地位大为削弱。随着私有制的出现，男子更是逐步成为了社会和家庭的主人，而女性则慢慢丧失了原有的权利和地位。

历史上，男性在法律上是主体，而女性则为标的物。按照康德的话，女人是手段，男人是目的。尤其是在父权制的西方法律中，女性被具体化为生产、生育和性能力。所以，尽管女性进行了长期反抗和变革努力，法律仍是关于对妇女的界定、据为己有和剥削的、为了男性利益的立法。例如，在中世纪西欧的教会法中，家庭关系方面实行家长制，丈夫享有特权，妻子处于从属地位，她没有行为能力，未经丈夫同意不能支配财产和订立契约。① 在中国传统社会中，"男尊女卑"也一直是确立男女权利关系的"主基调"，女性没有独立的人格，成为男性的附庸，地位十分卑微。

首先，女性没有政治权利。"女不言外"，"事在馈酒食之间而已"。② 女性如果参与社会事务，则是"抛头露面"，为礼教所不容。女性涉足政治领域的现象更被贬为"妇人干政"，被视为"国耻"。官僚体制设置中没有女性的位置，即使是"一国之母"的皇后，也只能管理皇帝的家——后宫。虽然历史中也出现了女性执政的现象，如武则天称帝、吕后把持朝政等，但这仍没有改变男权社会的本质，一方面，这些女性参与政治没有得到社会礼教的认同，缺乏"正当性"；另一方面她们管理的社会仍然是男权社会，除她们之外的女性仍然是卑贱的。

其次，"男尊女卑"同样反映在女性的经济权利上。无论是始于夏商的遗产"嫡长子继承"制，还是唐朝《户婚律》中的"诸子均分"制，都没有赋予女性继承权。有财力的家庭会在女儿出嫁时给予一些嫁妆，但这只是父兄的赐予，不是女性的法定权利。到宋朝时，女性地位有了相对的提高。如根据宋朝法律，守志寡妇是亡夫遗产第一顺序继承人（妾不能直接继承），允许未嫁女在"诸子均分"之外享受部分财产继承权。绝户的未嫁女与已婚女都享有遗产继承权。明律则明确规定了女儿的继承权：直系卑亲属对被继承人享有继承权，其中亲生子为第一顺序继承人，拟制血亲嗣子为第二顺序继承人，亲生女儿为第三顺序继承人。夫妻在财产关系中也极不平等，联合制是封建社会最主要的夫妻财产制度。根据联合财产制，妻子在家庭中没有独立的财产权，她们甚至不能管理自己出嫁时带来的嫁妆，丈夫占有、使用、管理妻子的财产，而妻子只有在离异时请求返还其财产的权利。

再者，古代社会中，受教育是男性的特权。无论是王公贵族里的小姐，还是平民百姓家的女儿，都不能像男性一样学习。"女子无才便是德"被当

---

① 由嵘、胡大展主编：《外国法制史》，北京大学出版社1991年版，第103页。
② 张晋藩著：《中国法律的传统与近代转型》，法律出版社1997年版，第122页。

作不灭箴言。女性最多只能学"柴米油盐"等几十个字，以备处理日常家庭生活所需。古代社会也出现了一些针对女性的书，如《女书》、《列女传》等，这些书也是宣扬"男尊女卑"、"三从四德"、"三纲五常"等压迫女性的封建教条。像李清照这样出生在开明家庭、得到较好教育的例子实在少之又少。

最后，婚姻家庭是古代女性的最重要领域，但在这里她们也逃不脱被压迫的命运。包办婚姻、买卖婚姻、童养媳、妻妾制充斥于中国古代历史。女性没有独立的地位，未嫁时要遵从父亲，出嫁后要遵从丈夫，丈夫死后要遵从儿子。"夫为妻纲"、"妻事夫"被当作"天下之常道"。形成于夏商时期的一夫一妻多妾制持续了整个封建社会。女性没有权利决定自己的婚姻，婚姻缔结要遵循"父母之命、媒妁之言"，否则即是非礼非法的"淫奔"。男性享有婚姻解除的特权。如"七去"就规定女性如果有七种特定情形之一，丈夫或公婆就可以休弃妻子，即"不顺父母去、无子去、淫去、妒去、恶疾去、多言去、盗窃去"。与"七去"相对应是"三不去"，即女性若有三种特定理由之一，夫家就不能离异休弃，即"有所娶而无所归，不去；与更三年丧，不去；前贫贱后富贵，不去"。① "三不去"对于任意去妻作了一些限制，这虽然在一定程度上保护了女性的婚姻家庭权利，但它更主要是出于维护宗法伦理的需要。封建社会后期，出现了一些赋予女性结束婚姻主动权的法律，如《宋刑统》规定："夫外出三年不归，六年不通问，准妻改嫁或离婚。"但"一女不事二夫"、"从一而终"等封建礼教，以及封建统治者对"贞节牌坊"等制度的大肆推行，致使这些法律在现实生活中难以实施。

由此可见，由于历史上自父系氏族以来，女性就一直处于从属地位，这使得她们获得社会资源和享有同等待遇的机会都是有阻碍的，因此有必要对其进行特殊保护，为其提供反歧视的保护性措施。②

二、女性权利的现状

毛泽东同志曾经说过："全国妇女起来之日，就是中国革命胜利之时。"他还形象地把妇女比喻为"半边天"。新中国建立后，党和国家十分重视维护妇女的合法权益，重视发挥妇女的作用。几十年来，国家立法、司法、行政机关采取了各种措施，保证女性各方面的权利。然而，由于历史的原因以及女性身体生理结构的特殊性，女性权利的维护和保障目前还存在一系列问题和障碍，主要体现在以下几个方面。

---

① 张晋藩著：《中国法律的传统与近代转型》，法律出版社1997年版，第325页。
② 周乐诗主编：《女性学教程》，时事出版社2005版，第280页。

1. 女性就业人数增加，就业结构合理化，但就业中仍然存在歧视女性的现象，女职工的特殊劳动保护落实不到位。截至 2004 年底，全国城乡女性就业人数达 3.37 亿人，占全部从业人员的 44.8%。女企业家群体迅速成长，女企业家约占中国企业家总数的 20%。女性在第一产业和第二产业比重继续呈下降趋势，在技术、知识密集度高的行业中女性比重明显增加，女性就业结构趋于合理。据了解，在计算机、通讯、环保、航空、工程设计、金融、房地产开发、律师等行业，从业女性人数是 20 年前的 5~10 倍。在 16 个国民经济行业中，有 10 个行业的女职工所占比重较高。从行业分布看，女性在社会服务、教育、文化、卫生等领域工作的比例超过男性，在金融保险、科学研究和综合技术服务等和党政机关、社会团体工作的比例接近男性。但是，就业与再就业中仍然存在歧视女性的现象，男女同工同酬还未完全实现，女职工的特殊劳动保护落实不到位，女性工作职位和晋升机会也处于较为不利的位置，男女两性的收入差距呈现扩大趋势。

2. 女性的受教育状况大为改善，但扫除女性文盲仍然为扫盲工作的重点。女性的学校教育状况发展迅速。在政府和各社会团体的共同努力下，2004 年适龄女童的入学率达 98.93%，与男童入学率基本持平。2004 年，我国普通高校在校女大学生、女硕士、女博士的比例分别达到 45.7%、44.2% 和 31.4%。以往数学、电子工程、机械工程等女生较少涉及的专业，近年来女生数量明显增加，理工科院校中女生的比例有所提高。与此同时，越来越多的女性参加了职业教育和培训。女性接受职业教育的主要渠道是中高等职业学校教育、普通教育中的职业教育渗透、短期职业培训。教育部门也为女性提供了接受职业学历教育的平等机会。为了帮助妇女接受适宜的职业教育，各地相继建立了 1600 多所女子中等职业学校和 3 所女子职业大学，开设了 60 多个适合妇女就业的专业。妇联组织也建立了自己的培训网络。此外，针对女性的扫盲行动也颇有成效，女性文盲率大幅度下降。中华人民共和国成立初期，每 10 个中国妇女中有 9 个是文盲。妇联组织积极配合教育部门开展扫盲工作。在全社会共同努力下，妇女文盲率大幅度下降。1990—2002 年，全国共有 5040 万人脱盲，其中 62% 是妇女。不过，2002 年中国仍有 5500 万妇女文盲，约占现有文盲总数的 70%。教育部门将继续把扫除女性文盲作为扫盲工作的重点。

3. 自主婚姻成为婚姻的主流，夫权思想在一定范围内仍然影响深远，导致了许多家庭问题的出现。两性平等的民主型家庭成为家庭尤其是城市家庭的主流。据统计，婚姻自主决定或父母决定本人认同的比例均高达 99%，单纯由父母决定或其他情况的比例不足 1%。许多女性因为对婚姻质量不满意而主动提出离婚。女性在婚姻家庭中的地位有很大提高。独立的经济地位，使妇女赢得了对家庭重大事务的管理决策权。据统计，由夫妻共同决定家庭重大事务的家庭占58%以上，并且呈不断上升的趋势。

然而，夫权思想在一定范围内影响深远，导致了许多家庭问题的出现。首先，家庭暴力问题十分严重。女性是家庭暴力的主要受害者。据统计，我国每年约有40万个家庭解体，其中25%祸起于家庭暴力。家庭暴力不仅发生在农村或城市里文化层次较低的人群中，城市里较高文化层次的人群在家庭暴力中所占比例近年来有上升的趋势。其次，有配偶者与他人同居的现象屡见不鲜。在封建思想残余的驱使下，一些男性已有配偶却仍与他人保持非法同居关系，享受变相的"妻妾制"，这不仅违背了夫妻间的忠实义务，而且是对男女平等原则的严重践踏，使女性身心受到极大摧残。再次，不少家庭中仍是男性把持家庭财政大权，女性不能平等地支配家庭财产，她们无法掌握男方的收入状况。一旦夫妻感情不佳、婚姻破裂，分割财产时，女性就处于极为不利的境地。最后，农村女性的财产权利易遭侵害。在人多地少、经济条件较好的农村或以耕作为主的贫困地区，出嫁或离婚的农村妇女的土地承包权往往被剥夺，夫家不分配土地，而娘家的土地又被收回；且在分配土地征收或征用补偿费时存在歧视女性的现象，女性只能少分甚至不能分到补偿费。

三、女性权利的法律保护体系

（一）女性权利的国际保护体系

权利是法律的内容，法律是实现权利的保障，为了保证女性在这方面享有与男性平等的权利，有关国际组织制定了一系列保障性别平等的公约。

1. 《男女工人同工同酬公约》。该公约于1951年6月29日在日内瓦举行的第三十四届国际劳工组织大会上通过。公约提议，男女工人同工同酬的原则可以通过国家法律或法规、依法制定或认可的决定工资的办法以及雇工与工人之间的集体协议予以适用。我国于1990年9月7日加入该公约。

2. 《妇女政治公约》。该公约于1952年12月20日联大第640号决议通过。公约制定的目的是实现《联合国宪章》及《世界人权宣言》的有关规定，使男女皆能居于平等地位以享有并行使政治权利。

3. 《消除对妇女一切形式歧视公约》。该公约于1979年12月28日在第34届联合国大会上通过，要求各缔约国采取一切适当的措施，包括制定法律，消除任何个人、组织或企业对妇女的歧视。我国于1980年9月29日批准加入该公约。

4. 《消除对妇女暴力行为宣言》。该宣言于1993年12月20日联大第48/104号决议通过，宣言认为针对妇女的家庭暴力是对妇女人权和基本自由的侵犯，是文化传统上男女关系不平等的结果。

（二）女性权利的国内保护体系

我国《宪法》第48条规定："中华人民共和国妇女在政治的、经济的、文化的、社会的和家庭的生活等各方面享有同男子平等的权利。国家保护妇女的权利和利益，实行男女同工同酬，培养和选拔妇女干部。"这从根本法的高度确认了男女在各方面平等的权利。

1992年颁布、2005年修改的《中华人民共和国妇女权益保障法》分别从政治、文化、劳动、财产、人身等各方面作了全方位的具体规定。此外，我国《刑法》、《婚姻法》、《继承法》、《劳动法》、《农村土地承包法》、《母婴保健法》等十余部基本法分别从各专门法的角度规定女性的权益。如今我国已经形成了以宪法为基础，以《妇女权益保障法》为主体，包括各国际公约、各单行法律法规在内的妇女权益法律保障体系。女性所享有的权利主要体现在以下几个方面。

1. 女性的政治权利。女性的政治权利是女性公民作为国家政治主体而依法享有的参加国家政治生活的权利和自由。国家保障妇女享有与男子平等的政治权利。女性政治权利是女性公民基本权利的重要组成部分，也是衡量社会文明进步状况的重要标志。女性参与政治生活是女性具有与男性平等的人格和尊严、享有平等权利和地位的表现。我国女性公民的政治权利主要包括参政议政权、选举权与被选举权、政治自由权、监督权及获得赔偿权等内容。

2. 女性的文化教育权利。女性的文化教育权利是指女性公民根据宪法规定，在教育和文化领域享有的权利和自由。宪法将"男女平等"确立为一项基本原则，但这只是法律字面上的平等，法律平等不能等同于事实平等。要将法律平等转为事实平等，关键在于女性本身，在于女性文化素质的提高。因此，"国家保障妇女享有与男子平等的文化教育权利"。女性公民在文化教育方面的权利主要有适龄女童接受义务教育的权利、女性文盲接受扫盲的权利、成年女性接受继续教育的权利、科学文化活动自由权等内容。

3. 女性的劳动权利。女性的劳动权利是指有劳动能力的女性公民有从事劳动并取得相应报酬的权利。劳动权利是女性的基本权利之一。我国现行宪法第42条第1款规定："中华人民共和国公民有劳动的权利和义务。"赋予女性与男性平等的劳动权利，不仅可以充分发挥女性在建设社会主义事业中的"半边天"的作用，还有利于女性取得独立于男性的经济地位。"国家保障妇女享有与男子平等的劳动权利和社会保障权利。"我国女性公民享有的劳动权利主要有就业权、取得劳动报酬权、休息休假的权利、获得劳动保护的权利、接受职业技能培训的权利、享有社会保障的权利等内容。

4. 女性的财产权利。女性的财产权利是指女性依法享有的以财产利益为内容的权利。财产权利是公民实现其他基本权利的物质保障。女性在财产方面享有与男性平等的权利。女性的财产权利涉及两方面：一方面是在社会上女性平等获得经济资源的权利；另一方面是在家庭中女性独立支配收入的权利。女性的财产权利主要包括物权、债权、知识产权等内容。

5. 女性的人身权利。女性的人身权利是法律赋予女性所享有的、与其人身不可分离而无直接财产内容的、以其人格与身份为内容的权利。女性拥有独立的人格，不再是男性的附庸，"国家保障妇女享有与男子平等的人身权利"。女性的人身权利的主要内容有人身自由权、生命健康权、姓名权、肖像权、名誉权、荣誉权、隐私权、刑事程序中女性人身权利获得特别保护的权利等。

6. 女性的婚姻家庭权利。女性的婚姻家庭权利是指女方当事人在婚姻家庭领域中享有的权利。主要包括婚姻自主权，配偶权，生育权，获得扶养、抚养或赡养的权利，监护权，婚姻家庭财产权的共有权，禁止实施家庭暴力、遗弃或虐待的权利，离婚时女性获得的特别保护权、探望权等。

第二节　女性维权热点问题探讨

一、防治家庭暴力

（一）典型案例简介

原告汤某和被告陈某于 1999 年登记结婚，虽然婚后初期感情不错，但不久陈某便开始变得暴躁，常常因为猜疑汤某有外遇，并为家庭琐事而大打出手。汤某屡次报警求救，但公安人员对陈某进行教育也无济于事。陈某的多次"重拳"击碎了汤某与其共同生活的信心。2003 年 9 月，汤某向法院提起离婚诉讼，后经调解，在陈某作出不再对汤某实施家庭暴力的保证后，双方言归于好。此后陈某依旧恶习不改，2004 年 4 月的一天，陈某又因怀疑汤某有外遇而对其大打出手，致使汤某的正常视力急剧下降至 0.2。为此，汤某再次起诉离婚，以深受家庭暴力之害为由，要求陈某赔偿其精神损失人民币 50000 元。

浙江省湖州市南浔区人民法院审理认为，陈某常常对汤某实施暴力，致使夫妻感情逐渐破裂，陈某的殴打行为已构成家庭暴力，依照婚姻法有关家庭暴力的规定，陈某应当赔偿汤某精神损失。法院根据损害后果、被告承受能力等因素综合考虑，判决陈某赔偿人民币 3000 元。

（二）家庭暴力的含义

家庭暴力是家庭冲突日益激化的结果，被喻为"悄悄的犯罪"，往往发生在婚姻家庭关系严重恶化之时。家庭暴力在全世界范围内都普遍存在，美国研究家庭暴力的先驱 M. A. 斯特劳斯指出：今天欧美国家，存在一种奇怪的规范，它使结婚证书变成了一张准许殴打的契约。在我国也不例外，从1993 年一项大城市家庭关系调查中发现，在婚姻冲突中，丈夫对妻子动武的比例分别为北京 9. 32%，上海 8. 54%，成都 9. 36%，南京 17. 19%，广州6. 71%，兰州 13. 21%，哈尔滨 15. 22%。① 1996 年，一项针对四个地区婚姻家庭关系问卷调查反映，在 3205 对夫妻中，42. 1% 和 17. 9% 的城市丈夫、60. 2% 和 21. 9% 的农村丈夫承认，在夫妻冲突中会谩骂、殴打妻子。② 北京红枫电话咨询中心于 2004 年 3 月 8 日开通反家暴热线，同时对受暴者提供面询、小组治疗和家庭结构治疗。该中心到当年 6 月底就接到来电 206 个，接待面询 10 人。从来电者的地域分布来看，北京占 70. 9%；从性别分布来看，女性占 93. 5%；从年龄分布来看，21～30 岁之间的占 31%，31～45 岁的占 49. 4%；从文化程度分布来看，高中以上文化程度占 71%；从职业分布来看，在职的占 60%；从受暴时间分布来看，最长达 32 年，最短 1 年有余。③

关于家庭暴力的含义，目前国际上并未形成一个统一的概念。根据联合国《消除对妇女暴力宣言》的规定，家庭暴力是指任何在性暴力基础上导致的或可能导致的对身体、性或心理伤害或者给妇女造成痛苦的暴力行为，包括威胁、强迫或者任意剥夺妇女的自由，不管这些暴力是发生在家庭内的殴打、性虐待和女孩虐待，还是与嫁妆有关的暴力、婚内强奸、女性生殖器阉割以及其他危及女性身体的传统习俗，以及非配偶间的暴力行为和与剥削有关的暴力行为。我国最高人民法院《关于适用〈中华人民共和国婚姻法〉若干问题解释（一）》（2001 年 12 月 27 日起施行）第 1 条对家庭暴力的定义则是"家庭暴力是行为人以殴打、捆绑、残害、强行限制人身自由或者其他手段，给家庭成员造成一定程度伤害后果的行为"。

家庭暴力可能发生在夫妻之间、父母与子女之间以及其他家庭成员之间。家庭暴力主要表现为四种形式：一是身体暴力，包括对身体的攻击行为，如殴打、推搡、打耳光、脚踢、使用工具攻击等；二是语言暴力，包括以语言威胁恐吓、恶意诽谤、辱骂、使用伤害自尊的言语，从而引起他人情

---

① 沈崇麟、杨善华：《当代中国城市家庭研究》，中国社会科学出版社 1995 年版。
② 徐安琪：《世纪之交中国人的爱情与婚姻》，中国社会科学出版社 1997 年版。
③ 侯志明：《家暴受虐者与施虐者心态扫描》，《中国法学会反家暴网络通讯》2004 年第 5 期。

绪难受的行为；三是性暴力，包括故意攻击性器官，强迫发生性行为、性接触等；四是精神冷暴力，这主要是对对方表现得冷淡、轻视、放任、疏远和漠不关心，将语言交流降到最低限度，停止或敷衍性生活以及懒于做一切家庭工作等。家庭暴力具有隐蔽性、持续性等特点，给受害者的身心造成了极大的损害。

（三）家庭暴力的成因分析

家庭暴力是一个复杂的社会现象，是由社会历史的、现实的多种因素和个人因素共同作用的结果。家庭暴力产生的原因是多重的。

1. 传统观念的影响。中国的封建统治长达几千年，"男尊女卑"的夫权、父权思想在人们的意识中大有市场。在一些家庭中，男性自以为是家庭的"支撑"，掌握了"生杀予夺"的大权，一遇争执动辄棍棒相加；女性则把丈夫当作依赖的家庭"支柱"，面对丈夫的暴力行为不敢反抗，强化了其受害人的角色。传统的家庭一体化观念也严重影响着家庭暴力的防范与治理。家庭一体化观念从强调家庭的利益出发，认为在家庭发生的事情都是家庭的内部问题，应在家庭内部解决，非家庭成员无权干涉。一方面，受暴者与施暴者都认为家丑不可外扬，从而对外隐瞒真相，封锁消息，拒绝外界对家庭暴力的干预；另一方面，主管机构工作人员信奉"清官难断家务事"，认为夫妻之间是"船头打架船尾和"。在接受家庭暴力投诉时，要么不予处理，要么仅作说情讲理的劝解，并不把这种家庭纠纷看作违法行为。这无疑助长了施暴者的气焰，在一定程度上纵容了家庭暴力的发生。

2. 经济收入不平衡。由于照顾家庭的需要、女性的就业歧视等原因，不少女性没有参与社会劳动，在家中做全职太太。她们没有劳动收入，在经济上依赖于丈夫。而经济不独立与遭遇的家庭暴力有很大关系。经济上的主导地位可能让男性滋生一种"优越感"，要求妻子或其他家庭成员绝对服从其意志，否则就恶语伤人、大打出手。经济不独立的女性受到伤害后，可能出于现实生存等各种考虑，不愿主动采取维权措施，保持沉默。

3. 教育普及的程度低。教育普及程度低、法律宣传不到位会导致法制观念淡化。一项针对农村地区的调查的结果表明，综合素质低的家庭更容易出现家庭暴力现象。教育程度的提高既可以降低女性成为家庭暴力被动方的可能性，也可以降低男性成为家庭暴力施加者的可能性。教育程度的提高会加强当事人对男女平等等主流文化的认同，增加解决家庭纠纷的理性途径。在文化道德素质低、缺乏法律常识的当事人的眼中，武力可能是最简单、快捷的解决家庭纠纷之道，教育程度低的受暴者则缺乏必要的权利意识，不知道如何运用法律武器保护自己。

4. 法律法规不健全，实际操作性差。我国没有针对家庭暴力的专门立法，关于家庭暴力的惩治只散见于各种单行法律中。《刑法》、《治安管理处罚法》、《妇女权益保障法》都有禁止用暴力虐待、残害妇女的条文，但它们针对的是社会暴力，家庭暴力与社会暴力之间有本质的差别，处理家庭暴力时不便直接套用这些条文。《婚姻法》明确规定"禁止家庭暴力"，家庭暴力是离婚的法定理由，无过错方可据此要求损害赔偿。在前文所提及的案例中，法院便据此确认了施暴方的损害赔偿责任。然而，条文本身还是过于抽象，缺乏配套的具体操作条文，以致家庭暴力构成要件、暴力行为可能产生的各种责任等关键问题都不是很明确。如根据最高人民法院的有关司法解释，"家庭暴力是行为人以殴打、捆绑、残害、强行限制人身自由或者其他手段，给家庭成员造成一定伤害后果的行为"。什么才是"一定伤害后果"？对"一定伤害后果"在具体司法实践中有没有统一的确定标准？没有造成"一定伤害后果"的暴力行为会受到法律制裁吗？而且家庭暴力通常发生在家庭内部，很少有目击证人，受害人由于法律知识有限，自身难以收集足够的证据，单凭受害人陈述又不能作为定案依据，给法院认定家庭暴力行为带来困难，证据不足导致很多家庭暴力案件不了了之。

（四）家庭暴力的法律对策

如上所述，家庭暴力是多种因素作用的结果，要根除家庭暴力这一社会恶疾，必须同时采取各种社会措施。其中，法律手段是不可替代的，用法律武器防止家庭暴力应当从以下几个方面着手。

1. 加大法律宣传力度，明确受害者的维权途径，消除家庭暴力的存在土壤。知法是守法的前提。要在全国尤其是广大农村地区加大反家庭暴力法制宣传的力度，把维护妇女有关权益的法律法规纳入普法内容中，让广大公民普遍树立强烈的法律观念，意识到家庭暴力是一种侵犯人权、危害社会的违法行为，实施这种行为的人依法应承担相应的法律责任。其责任主要涉及以下几个方面。

其一，民事责任。根据新《婚姻法》的规定，家庭暴力是法定离婚理由之一，而且受害者可以要求家庭暴力实施者承担损害赔偿的民事责任。因为对配偶实施家庭暴力，侵害的客体不单纯是配偶权，同时侵害的还有健康权或者身体权。造成伤害的，侵害的是健康权；没有造成伤害的，侵害的是身体权。[①] 本节内容一开始提及的案例便是一起由家庭暴力引起的离婚及精神损害赔偿纠纷案。此外，在夫妻关系存续期间发生家庭暴力行为，夫妻间的损害赔偿也是可以通过各种途径来实现的，虽然在现实生活中主张配偶承担

---

① 杨立新：《人身权法论》，人民法院出版社2002年版，第796页。

民事责任的情况较为少见，但不能否认这一主张的合法性和可行性。①

其二，行政法律责任。根据治安管理处罚条例的规定，对实施家庭暴力尚未构成犯罪的可处以 15 日以下拘留、200 元以下罚款或者警告。

其三，刑事责任。严重的家庭暴力会构成刑法中暴力干涉婚姻自由罪、虐待罪、故意伤害罪、故意杀人罪、侮辱罪等。其中，家庭暴力实施者对共同生活的家庭成员经常以打骂、捆绑、冻饿、强迫超体力劳动、限制自由等方式，从肉体、精神上摧残、折磨，情节恶劣的，构成虐待罪，应处 2 年以下有期徒刑、拘役或者管制。如果引起被害人重伤、死亡的，处 2 年以上 7 年以下有期徒刑。家庭暴力实施者使用暴力公然贬低其他家庭成员人格，破坏其名誉，情节严重的，构成侮辱罪，应处 3 年以下有期徒刑、管制或剥夺政治权利。家庭暴力实施者故意非法损害他人身体健康的，构成故意伤害罪，如果致人重伤造成严重残疾或致人死亡的，按照刑法最高可判处死刑。此外，根据法律法规，家庭暴力实施者以暴力手段干涉家庭成员结婚和离婚自由的，同样触犯《刑法》，构成暴力干涉婚姻自由罪。

2. 完善法律法规，为强化对家庭暴力的法律干预提供更充分的依据。立法不完善、严重的技术缺陷、过于抽象和不好操作是现行关于家庭暴力的法律的通病。为防止家庭暴力提供充分且强有力的法律依据，我们需要在两方面做出努力。一是要完善实体立法，细化禁止和惩治家庭暴力的法律条款。明确家庭暴力的具体构成要件及认定方法，明晰各相关部门的职责分工，在司法实践中发展针对家庭暴力的专门证据规则，保证在制止和惩治家庭暴力时有法可依。二是要加快反家庭暴力专门立法的研究，在条件成熟时制定专门的反家庭暴力法律。在这一点上，全国各地都在努力，如湖南省人大常委会在 2000 年 3 月通过了《关于预防和制止家庭暴力行为的决议》，这是中国第一部反家庭暴力的地方性法规。截至 2004 年底，全国共有 22 个省（自治区、直辖市）制定了有关条例、意见或办法。

3. 在全国各地设立家庭暴力救助中心，为家庭暴力受害者提供保护和法律援助。一方面，政府性质或非政府性质的家庭暴力救助中心可以为广大的家庭暴力受害者提供一个挡风遮雨的"港湾"。受暴者暂时回避可以避免矛盾升级，减少暴力的概率，防止暴力持续发生。另一方面，家庭暴力救助中心还可以为受害者提供法律援助，救助中心工作人员可以与受害者一同商议，找出合适的解决方法，减少受害者的无助感。在 1995 年北京世界妇女大会的影响下，许多大中城市出现了为受害女性提供庇护的民间组织。

---

① 马原主编：《新婚姻案例评析》，人民法院出版社 2002 年版，第 92 页。

二、遏制"包二奶"

(一) 典型案例简介

近年来,广州因非法同居引发的官司增多,甚至发生恶性刑事案件。一名叫阿傅的女子数年前从郁南来到广州一间酒家打工,认识了到这里吃饭的亚培。亚培隐瞒自己的婚姻事实,向阿傅展开了热烈追求,不久阿傅生下儿子阿希,孩子出生证父亲一栏写着亚培的名字,当阿希七岁的时候,亚培因心脏病突发死亡,留下八十万元遗产。阿傅充当阿希的代理人,将亚培的法定继承人母亲、妻子及四名婚生子女告上法庭,称阿希有权继承遗产,要求被告返还给阿希十万元,还出示了写有亚培是阿希父亲的证明档案和阿傅与亚培的合影。广州市白云区法院认为,阿傅提供的全部是间接证据,原告要求继承遗产,必须证明他与死者间存在血缘关系。但是,由于亚培已经死亡,无法做亲子鉴定。阿傅的诉讼请求被驳回。

同居不受法律保护,致使一些当事人缺乏安全感,容易产生心理不平衡、猜忌,甚至因爱成恨演绎出暴力事件。36岁的张素四年前从湖南湘潭来广州打工,后经人介绍认识了做生意的同乡冯先生,两人很快如胶似漆并同居。但不久,两人开始为感情和经济问题经常争吵甚至打架,张素怀恨在心,乘冯熟睡之机,将事先准备好的一杯硫酸朝他头上、身上泼去,致使冯面部、身体多处烧伤,左眼失明,经法医鉴定属重伤。受害人至今已花去了50000多元。张素因犯故意伤害罪被判有期徒刑四年,同时被判赔偿冯先生医疗费用130000万元。

(二)"包二奶"的含义

"包二奶"一词起源于我国20世纪90年代的东南沿海地区,并渐渐由地方俗语演变成为使用广泛的社会用语。"包二奶"一般是指有配偶的男性提供金钱等物质利益供养法定配偶之外的异性,并长期与其保持非法同居关系的行为。"包二奶"主要表现为以下四种形式:(1)提供住房、汽车、生活费用等在外养"二奶",称之为"金屋藏娇";(2)养暗娼,即所谓的"从良";(3)以秘书、保姆等名义,长期保持性关系;(4)公开妻妾共居。

《婚姻法》中没有出现"包二奶"一词,它不是一个法律概念。《婚姻法》上的相关确切用语是"重婚"和"有配偶者与他人同居"。根据《刑法》的规定,"有配偶而重婚的,或者明知他人有配偶而与之结婚的"为重婚罪。最高人民法院于1994年国务院《婚姻登记管理条例》颁布施行后做出的司法解释明确规定了"有配偶的人与他人以夫妻名义同居生活的,或者明知他人有配偶而与之以夫妻名义同居生活的,仍应按重婚罪定罪处罚"。据此,有配偶者犯重婚罪可能有两种形式:一是与他人再次结婚;二是与他人以夫妻名义同居生活。根据《最高人民法院关于适用〈中华人民共和国婚姻法〉若干问题的解释（一）》，"有配偶者与他人同居"是指"有配偶者与婚外异性，不以夫妻名义，持续、稳定地共同居住"。构成"有配偶者与他人同居"情形必须具备5个条件：（1）对象是婚外异性；（2）不以夫妻名义；（3）时间上持续；（4）状态上稳定；（5）共同居住。

（三）包二奶行为的社会危害性

全国妇联公布的《婚姻法》修订大型民意调查报告显示，目前8.2%的中国公民（约1亿人）有过婚外性行为，2.4%的中国男性（约300万）有"包二奶"的行为，而且这些数据正呈上升的趋势。广东省妇联1996—1998年接受"包二奶"的投诉分别为219宗、235宗和348宗。深圳市妇联1996—1999年有关"包二奶"的投诉共365宗，其中1996年69宗，1997年96宗，1998年200宗。近年来，"包二奶"现象的数量、地域范围、社会危害都日益增加，且由地下转为地上，渐渐公开化。

"包二奶"行为的社会危害性主要表现在以下几方面：其一，破坏我国一夫一妻婚姻家庭制度。其二，违背传统伦理道德规范，败坏社会风气。其三，侵害了妇女的人身自由权，影响家庭稳定，导致大量家庭破裂、解体。其四，引发大量刑事案件和治安案件，影响社会稳定。近年来，因"包二奶"、养情妇而引发情杀、仇杀的犯罪案件明显增多。其五，出现许多非婚生子女，严重冲击计划生育政策。"包二奶"者中，有部分人为传宗接代，除了与妻子生儿育女，还与"二奶"甚至"三奶"生育子女，出现许多非婚生子女。其六，败坏了党风，促使某些党员干部走向腐败。

（四）"包二奶"行为的法律对策

"包二奶"表现形式多样，情况十分复杂，有的情况下构成重婚，有的情况则只是非法同居。区别的关键在于"包二奶"者与"二奶"是否以夫妻名义同居。重婚要求双方是以夫妻名义同居，一定要有外在表象特征，如以夫妻名义申报户口、购买住房、举行婚礼等。"包二奶"者与"二奶"是以夫妻名义同居生活的，其行为则构成重婚。重婚可能产生两种法律后果，一方面重婚行为违反了《刑法》，"包二奶"者与"二奶"可能承担刑事责任；另一方面重婚是法院判决离婚的法定情形，无过错方可以据此提出损害赔偿请求。若"包二奶"者与"二奶"不是以夫妻名义同居生活，"包二奶"则只构成"有配偶者与他人同居"，不需承担刑事责任，只产生民事责任。"有配偶者与他人同居"是法院判决离婚的法定情形，无过错方可据此要求损害赔偿。因此，防止、打击"包二奶"需要各部门法的共同作用。

首先是刑事法律的作用。《刑法》第258条规定："有配偶而重婚的，或者明知他人有配偶而与之结婚的，处二年以下有期徒刑或者拘役。"重婚不仅侵害了公民合法的婚姻家庭关系，它还损害了国家利益。重婚违反了国家法定的一夫一妻制，并对国家计划生育政策造成了严重威胁。因此，有必要以刑罚这种国家最严厉的强制手段对重婚予以制裁。而根据《刑法》及相关司法解释，构成重婚必须满足以下条件之一：（1）有配偶者与他人登记结婚，或者明知他人有配偶而与之登记结婚；（2）有配偶者与他人以夫妻名义同居生活，或者明知他人有配偶而与之以夫妻名义同居生活。而事实上，几乎没有"包二奶"者与"二奶"会再次办理登记手续，"包二奶"者与"二奶"通常对外也不以夫妻名义相称，多借用老板与秘书、兄妹、雇主与保姆等名义，因此，能按照《刑法》重婚罪定罪量刑的"包二奶"行为少之又少。上海市高级人民法院反映，近年来处理重婚案件仅几例，《刑法》规定的重婚罪形同虚设。从司法程序上，依据刑法重婚是公诉案件，但在司法实践中，相关国家机关对重婚案件并不重视，重婚案件主要靠被害人的自诉呈上法院。有些学者呼吁修改《刑法》，扩大重婚罪的范畴。全国妇联也建议对我国《刑法》规定的重婚罪作出司法解释，放宽重婚标准，规定以下行为视为重婚：有配偶的人与他人领取结婚证的；有配偶的人与他人举行结婚仪式的；有配偶的人与他人虽未举行结婚仪式，但以夫妻相称，在固定住所共同生活的；有配偶的人与他人虽未以夫妻相称，但有稳定的同居关系，在固定住所共同生活6个月以上的。

其次是民事法律的作用。民事法律中对"包二奶"的规制主要集中在《婚姻法》上。《婚姻法》的总则条文宣告"禁止重婚"，重婚是无效的婚姻。"重婚或有配偶者与他人同居"是法院判决离婚的法定事由；"重婚或有配偶者与他人同居"导致离婚时，无过错方在离婚时有权请求损害赔偿。此外，《婚姻法》第4条规定："夫妻应当互相忠实，互相尊重；家庭成员间应当敬老爱幼，互相帮助，维护平等、和睦、文明的婚姻家庭关系。"这些规定在一定程度上震慑、约束了"包二奶"的现象，为"包二奶"的受害者提供一些安抚、救济。但《婚姻法》一共只有51条，条文过于抽象。如第4条只是一个宣言性的条款，在司法实践中无法直接适用。对"重婚"、"有配偶者与他人同居"这些关键术语，《婚姻法》都没有规定准确的定义，我们只能依赖最高人民法院的司法解释。但司法解释同样不完善，如司法解释将"有配偶者与他人同居"界定为"有配偶者与婚外异性，不以夫妻名义，持续、稳定地共同居住"。但什么情形才算"持续、稳定地共同居住"？"持续、稳定"是以时间长短还是以地域或者别的标准衡量？这些问题都值得进一步探讨。

此外，有配偶的男性以金钱等物质利益，短期供养从事娼妓业的女性并与其非法同居，则为"包养暗娼"，这种行为也属于"包二奶"。对于包养人和暗娼，可以依照《治安管理处罚条例》中关于处罚卖淫嫖娼行为的有关规定进行处罚。

三、反击性骚扰

（一）典型案例简介

2003年5月某日，谢某到某调查事务所应聘工作，该所负责人金某同意录用，并要求其次日上班。次日下午6时许，金某在办公室触摸谢某身体隐私部位并强行亲吻。后谢某被金某辞退，金某多次打电话对谢进行语言骚扰，谢某在某都市报记者的帮助下，对金某的骚扰电话进行了录音。谢某认为，金某的性骚扰行为严重影响了自己的生活和工作，使自己的身心遭受严重伤害，为此请求法院判令金某公开赔礼道歉并赔偿精神抚慰金5000元。经当庭质证，法院认定上述事实，以金某的行为严重侵犯了谢某的人格尊严，使谢某的身心遭受极大伤害，判决金某向谢某赔礼道歉，并赔偿相应的精神损害抚慰金。

在最近几年中，性骚扰案件是我国民事审判中的一个热点，据不完全统计，到2003年年底，法院已经受理了7件相关的案件，其中5件败诉，2件胜诉。本案是最为典型的一件原告胜诉的案件。

（二）性骚扰的界定

性骚扰是各国法律都面临的一个实际问题。性骚扰一词源自美国，由1974年美国著名的女性主义学者凯瑟琳·麦克金依提出。我国2005年在修正《妇女权益保障法》时，增加了"禁止对妇女实施性骚扰。受害妇女有权向单位和有关机关投诉"，"对妇女实施性骚扰或者家庭暴力，构成违反治安管理行为的，受害人可以提请公安机关对违法行为人依法给予行政处罚，也可以依法向人民法院提起民事诉讼"等内容，这是我国立法中首次出现性骚扰一词。

究竟什么是性骚扰？现行立法中并没有给出明确的定义。凯瑟琳·麦克金依认为："性骚扰最概括的定义是指出于权力不平等关系下强加的讨厌的性要求，其中包括言语的性暗示或戏弄，不断送秋波或做媚眼，强行接吻，用使雇工失去工作的威胁做后盾提下流的要求并强迫发生性关系。"①国际劳工组织专家委员会采纳的性骚扰定义是"非本人意愿的性关注"，包括侮辱、评论、玩笑、暗示等以及对人衣着打扮、体形、年龄和家庭状况的不适当的品评等；有损人尊严的故意讨好或家长式伤害人尊严的态度，无论伴随威胁

---

① 李银河：《洛伊斯的故事——一个改变美国性骚扰立法的里程碑案件·序》，参见［美］拉拉·宾厄姆、劳拉·利迪·甘斯勒著：《洛伊斯的故事——一个改变美国性骚扰立法的里程碑案件》，纪建文译，法律出版社2004年版。

与否；与性相关联的淫荡的表情或者姿势；无必要的身体接触，例如：抚摸、爱抚、拧捏或者伤害等。而根据《英汉妇女与法律词汇释义》规定，"性骚扰是性歧视的一种形式，通过性行为滥用权力，在工作场所和其他公共场所欺凌、威胁、恐吓、控制、压抑或腐蚀其他人。这种性行为包括语言、身体接触以及暴露性器官"。性骚扰往往会造成生理、心理和感情上的伤害。香港《公务员性骚扰投诉指引》指出，如果对一名女性提出不受欢迎的性需要或获取性方面好处的要求，或对女性做出其不欢迎的、涉及"性"的行径，并预期对方会感到冒犯、侮辱或惊吓，就是对该女性的性骚扰。

综合上述定义，性骚扰一般表现为三种方式：（1）口头性骚扰，这包括使用下流语言进行挑逗，讲述个人性经历或色情文艺；（2）行为性骚扰，这包括故意碰撞或触摸异性敏感部位，诱导或强迫异性看黄色录像带或刊物、照片等；（3）环境性骚扰，这包括在工作环境设计淫秽图片、广告等。

一项针对北京市民的调查表明，女性是性骚扰的主要受害者。接受调查的女性中曾经遭遇过性骚扰的人高达71%。来自网上的调查数据表明，在日常生活中有超过六成的人遭遇过性骚扰，其中，经常受到性骚扰的人近三成。中国社会科学研究院社会学所副研究员唐灿曾就性骚扰问题对广东、北京等地的"外来妹"进行过调查，结果显示，在珠江三角洲，至少三分之一的"外来妹"遭受过性骚扰，而在北京，这个比例高达60%以上。全国妇联婚姻与家庭研究所调查发现，性骚扰受害者77%为22～25岁的未婚女青年，大多数从事文职或技术工作。除了在工作环境中所发生的具有特定目标的性骚扰之外，还有许多其他目标不明确甚至是对陌生人所施加的盲目而随机的性骚扰，如公共汽车、地铁、火车、卧铺式长途客车、飞机、轮船、电梯等场所。此外，过去被认为是净土的校园也成为性骚扰的一个"重灾区"，学生成为遭受性骚扰的重点人群之一。

（三）性骚扰侵犯的权利

性骚扰究竟侵犯了受害人的什么权利？目前主要有以下几种观点：（1）身体权侵害说；（2）名誉权侵害说；（3）人格尊严侵害说；（4）贞操权侵害说。

"身体权侵害说"认为性骚扰行为侵害了相对方的身体权。身体权是指公民维护其身体完整并支配其肢体、器官和其他组织的人格权，公民的身体不受任何人的随意破坏。性骚扰多数是对被侵害人的身体隐私部分或者性感部位进行触摸，破坏了身体的形式完整性，构成了对身体权的侵害。但是有的性骚扰并不接触被侵害人的身体，如语言挑逗以及环境性骚扰，这些形式的性骚扰将无法认定为侵害身体权的性骚扰。而且即使行为性骚扰是以侵害身体权的形式出现，但是实质上它侵害的是被侵害人的性利益，这与单纯侵害身体权的行为有很大的区别。因此，"身体权侵害说"受到了许多批评。

"名誉权侵害说"认为性骚扰行为侵害了相对方的名誉权。名誉权是指公民对自己在社会生活中获得的社会评价享有的不可侵犯的权利。发生在公共场合的性骚扰可能会导致被侵害人的社会评价降低，而发生在非公共场合的性骚扰虽然并不直接影响被侵害人的社会评价，但如果被侵害人没能提出充分的证据证明性骚扰行为，她们可能会遭到种种不利的社会猜疑与评价，如被猜测为诬陷好人、栽赃陷害、敲诈钱财、色情引诱等，这些猜测会致使受害人名誉受到贬损。实际上，名誉是对一个特定的民事主体的综合客观的社会评价。诽谤、侮辱等将有损他人名誉的言词对第三人公布的行为才是侵害名誉权的行为。而性骚扰通常十分隐蔽，不会在第三人面前进行，因而，"名誉权侵害说"的呼声并不是很高。

　　"人格尊严侵害说"则认为性骚扰侵害的客体是人的一般人格尊严。人格尊严是指公民基于自己所处的社会环境、地位、声望、工作环境、家庭关系等各种客观条件，而对自己或他人的人格价值或社会价值主客观评价和尊重。加害人实施性骚扰行为，并没有真正将受害人当成"受尊重的人"来对待，导致受害人的人格或社会价值的评价降低和贬损，这是对受害人人格尊严和做人资格的严重践踏。但也有的学者认为，性骚扰行为侵害了人格尊严，这是不言而喻的，但是，在有具体的法律规定来界定一个侵权行为的时候，不应当引用一般的人格尊严之抽象的法律规定作为其法律基础，认为性骚扰侵害的是公民的精神自由，所造成的损害主要是精神损害，如导致受害人精神痛苦、情绪紧张等。但严重的精神损害可能导致受害人的精神疾病，并随之而来发生医疗费等财产损失。①

　　"贞操权侵害说"则提出了"贞操权"的概念。我国立法上没有"贞操权"一词，根据学理上的解释，贞操权是指以公民就保持其性纯洁良好品行所体现的人格利益为内容的具体人格权。贞操权的实体利益体现为保持自己性器官不被他人非法接触、猥亵，也包括性生活的纯洁性。精神上的利益表现为人以自己性纯洁为内容的精神满足感并获取社会的相应评价。性骚扰行为违背受害人的意愿，构成对公民性纯洁破坏，如性器官遭受恶意侵犯，被猥亵、强吻等。与此相似的是"性自主权侵害说"，这种观点提出的是"性自主权"的概念，即自然人自主支配自己性利益的具体人格权。每个自然人都享有性利益，只要到达一定的年龄，他们就有权自主支配自己的性利益，任何人不得干预或侵害。"贞操权侵害说"和"性自主权侵害说"这两种观点虽然提出的是不同的两个概念，但它们都主张在人格尊严等一般人格权中独立出专门的具体人格权，作为认定性骚扰的客体要件。

　　① 张新宝：《侵权责任法原理》，中国人民大学出版社 2005 年版，第 204 页。

上述各种观点都是学术界内的"争鸣"，目前国内立法上并未对此作出明确界定。

（四）实施性骚扰的行为人应承担的法律责任

法律责任分为民事责任、行政责任与刑事责任三种形式。单纯地说实施性骚扰的行为人应承担哪一种责任并不妥当，因为性骚扰行为本身的情节也有轻重之分，给被骚扰者造成的影响也有大小之别。法律责任的设置必须要做到"行为与责任相适应"，司法实践中也应当根据具体性骚扰行为的情节等因素来确定骚扰者应承担责任的形式。对哪些行为要追究刑事责任、哪些行为要追究行政责任、哪些行为只需追究民事责任，应当作出明晰、科学的区分，在此基础上使三种责任形式构成一个整体，使它们相互衔接、互为补充。当性骚扰行为满足了《刑法》所规定的犯罪要件，需要追究刑事责任时，可以直接用刑法规定的罪行来指称这些性骚扰行为，如"强奸行为"、"猥亵妇女的行为"；当性骚扰行为达到违反行政法（如《治安管理处罚法》）的程度时，也可以根据具体的行政规定予以称呼，如"侮辱妇女或其他流氓活动"等。而被骚扰人针对性骚扰行为寻求民事权益救济，要求骚扰者承担民事责任时，这种性骚扰行为应当被看作一种特定的侵权行为，可以直接称之为"性骚扰行为"。

（五）性骚扰案中举证责任的分配

举证责任又称证明责任，是指当作为裁判基础的法律要件事实在诉讼中处于真伪不明的状态时，一方当事人因此而承担的诉讼上的不利后果。法院在裁判案件争议时，首先确定作为裁判基础的事实关系是否存在，然后才能适用相应的法律做出裁判。但在有的情形下，当事人所主张的事实由于没有证据或证据不足以致真伪不明时，法院也必须做出不利于一方当事人的裁决。因此，证明责任就是要证明案件事实的真伪，以使一方当事人承担不利的后果或风险。在某些诉讼中，如何分配举证责任决定着案件的裁判结果。目前我国民事诉讼中证明责任分配的一般原则是"谁主张，谁举证"，即谁主张相应的事实，谁就应当对该事实加以证明。因此，在侵权诉讼案件中，主张损害赔偿的权利人一般应当证明侵权行为符合"四个要件"，即行为具有违法性、行为人有主观过错、存在损害事实以及违法行为与损害事实间存在因果关系。实际上，在某些特殊案件中，如果按"谁主张，谁举证"原则分配证明责任，可能存在不合理的情形。为了弥补一般原则的不足之处，立法上针对一些特殊的案件采取了"举证责任倒置"方法，将一般原则情况下原本由此方承担的证明责任，改由彼方当事人承担。举证责任倒置的适用是十分严格的，必须遵照法律的特别规定，法官不能在诉讼中任意将证明责任加以倒置。由于到目前为止，法律并没有规定性骚扰侵权案件适用举证责任倒置，因而原告（被骚扰者）要证明侵权行为成立，必须要有以下证据：第一，骚扰者实施了与性有关的骚扰行为；第二，骚扰者有主观过错；第三，这种骚扰行为产生了损害结果；第四，骚扰行为与损害结果之间有因果关系。

由于性骚扰多发生在两个人独处的场所，其封闭性基本排除了人证的可能性，而言语和身体接触一般不会留下证据。因此，对第一个待证对象即"骚扰行为"的证明成了"老大难"问题。有的学者提出，针对这一待证对象，应当采用"举证责任倒置"，由被控侵权者证明自己没有实施骚扰行为。但这显然是不现实的，因为在一个封闭的场所，要被控侵权者证明自己没有对他人实施骚扰行为同样十分困难，而且人格权是一个相当抽象、主观的权利，认定是否存在侵权行为时可能要考虑受害者的主观感受，将举证责任倒置给被控侵权者并不合适。第三个待证对象"损害结果"也是一个证明难点。性骚扰行为产生的损害主要是精神损害。物质损害比较客观，针对它的证据容易收集，损害大小也容易确定。精神损害是无形的，精神损害的程度又如何证明呢？要合理解答这个问题，在理论上和实践中都还有很长的路要走。不过，尽管性骚扰案件存在举证的难度，受害人面对性骚扰行为并不要害怕，要勇于反抗、及时举报，想办法让骚扰者留下蛛丝马迹，以备为以后维护自己的合法权益创造证据条件。例如，根据《最高人民法院关于民事证据的若干规定》，用随身带的小型录音录像设备暗录取得的证据是可以作为定案依据的，因为使用该方法并没有侵犯他人的合法权益，也没有违反法律禁止性的规定。

第三节　女性犯罪问题探究

一、典型案例简介

罗××，女，23 岁，广西北海人，2003 年上半年到北京外国语大学成教院培训二部本科班英语专业进修，其同寝室的室友李某以前曾是某一外语学校的英语老师，两人的关系曾经非常要好，成绩也都不错，但由于某些小的生活习惯不同，两人的关系由友好走向敌对，整天钩心斗角。2004 年 7 月 9 日早晨，两人在寝室卫生间发生口角，进而大打出手，结果罗一时激愤，用本来削水果的水果刀将李某刺死，连刺 17 刀，其中 3 刀为致命伤。2004 年 11 月 30 日，北京一中院以故意伤害罪判处罗×× 死刑，剥夺政治权利终身，赔偿李某死亡赔偿金等费用共计 25 万余元。

目前随着社会的发展，女性犯罪已经成为我国犯罪现象中的一个重要组成部分，而且也已经成为犯罪的一种独立的类型。女性犯罪率的上升、手段的残忍、带来的各种各样的社会问题直接冲击着社会链条的各个环节。因此，探讨女性犯罪的原因，预防和控制女性犯罪有着深远而重大的意义。

二、女性犯罪的原因

（一）女性犯罪的心理原因

1. 依附心理强而自我保护能力差。依附心理是女性固有的心理，女性生来性格内向、性情温和，体力和认识能力又不如男性，导致其在社会中不能很好地适应各种要求，因而就出现了在家靠父母、婚后靠丈夫儿子、工作靠男性领导和同事的现象，并常常受周围人的暗示，服从于权威，缺乏主见和掌握自我命运的能力。这样强烈的依附心理，势必会造成女性在社会人际关系和市场竞争中处于被动不利的状态，而且越是处于被动不利的状态，某些女性的依附心理就越强。加上进入社会后，社会经验不丰富，是非判断能力差，对事物的认识水平还不能由现象上升到本质，因而女性很容易依附上道德品行不端的人，误入贼船，不能自拔，进而很容易受他人指使，被他人教唆，最终走上犯罪的道路。

2. 情感丰富但情绪不稳定。女性的高级神经兴奋程度较强，抑制较弱，因而女性的情感非常丰富，遇到事情很容易动感情，情感也往往复杂多变，情绪变化迅速，波动幅度大，很小的事情常常会引起轩然大波。女性的心情常常如"六月的天，孩子的脸"，女性比男性更会吵架，更会由于感情激动而冲动犯罪。另外，女性的意志力通常也受情绪的影响：有了好的情绪，则意志坚定，不甘落后；一旦心情不好，情绪低落，意志也就不坚强，工作学习无信心，产生自暴自弃的悲观心理，从而报复他人，报复社会，引起犯罪。

3. 虚荣心、嫉妒心强。爱慕虚荣，相互攀比一向是女性突出的心理特征，或者也可以说是中国传统文化的烙印在女性身上的体现。一些女性在自己对物质方面的要求超过其自身合理收入的范围时，或者是当自己不能用合理的方式来解决自己对物质的欲望时，往往就采用一些不正当的手段去获取，常常带有贪婪的色彩，例如盗窃、诈骗、贪污等，而且行为手段表现为多次进行。同时，女性的虚荣心也会导致女性走向另一个极端，当女性的虚荣心得不到满足的时候，偏偏又碰到了一些在各方面条件都比自己优秀的人，就会导致自己的虚荣心受挫，免不了背后编排一些飞短流长来诋毁别人，甚至因此产生仇恨，寻找机会报复，而且报复手段残忍，报复对象多为身边生活、名声比自己好的人。因此，嫉妒心强是女性本身性格上的弱点，也是引起女性犯罪的导火索之一。

（二）女性犯罪的社会环境原因

1. 家庭、学校教育欠缺。家庭是个人最重要的社会化机构之一，是每个人最早接受教育的环境。良好的家庭环境可以促使人健康成长，抵制犯罪心理的产生和发展，反之则会导致犯罪的产生，女性犯罪也不例外。例如，由于一些家庭存在道德教育的盲区，导致很多女性犯罪人道德准则低下，分不清是非善恶，享乐主义、拜金主义以及利己主义的思想表现突出。而家庭不和睦、不完整、经济条件差以及父母的不良言行也对青少年女性犯罪起着直接的影响。除了家庭教育外，学校的教育也不容忽视，目前女性犯罪人大都是法盲，法律观念薄弱，思想单纯，甚至有的青少年女性在犯罪后还不知道自己已经犯了罪，反而认为自己所作所为是合情合理的。对于学生中存在的不懂法、不畏法现象，学校在法制宣传教育方面有着不可推卸的责任。此外，学校的校风校纪以及教育方式的好坏对学生的影响也很大，很多青少年女性就是厌学逃学、流浪社会从而染上社会的不良习气而走上犯罪道路的。相比之下，学校的教育欠缺比家庭教育的欠缺更容易导致犯罪心理的产生以及犯罪行为的发生。

2. 社会上交友不慎。对于刚进入社会的青少年女性来说，由于认识水平不够高，缺乏对于事物的判断能力和自我保护能力，多结交异性朋友和社会上的朋友往往是其生理上和心理上的迫切需要，加上受"多一个朋友，多一条出路"的思想的影响，很多青少年女性往往因为择友不慎，误入歧途。出现问题后，有的青少年女性比较任性，相信自己的第一感觉，不听取家长老师的劝告，继续结交社会上的不良青年，从而近墨者黑，使自己在这种社会的不良文化中越陷越深，堕落而不能自拔，以至最终犯罪而无药可救。等待她的只有手铐、脚镣和铁窗禁锢的流泪后悔，甚至是刑场上枪声响后垂死挣扎的痛苦悲哀。

3. 各类媒体不良文化的传播。随着社会的飞速发展，各类媒体的发展也相当迅速，给人们提供了方便，但其带来的负面影响也是巨大的。目前，很多社会媒体都存在色情、暴力凶杀、恐怖等类型的垃圾文化，而青少年正处于成长发育阶段，好奇心强，尤其是青少年女性，多具有依附心理，容易服从权威，进而很容易受到社会上各类传媒的暗示和影响，去想象、去模仿、设计犯罪，最终在危害社会的同时也自作自受，自食苦果。

三、女性犯罪的预防与控制

（一）研究新的教育机制，提高女性的思想、文化和道德素质，增强法制观念

第一，提高女性的自尊、自爱、自立、自强的品质，提高其社会的承受力。很多女性受几千年来传统文化的影响，认为男性天生就是干大事的，女

性天生就是受保护的。碍于这种思想，女性大都不敢站出来找寻生命中应有的平等和公正，不但甘于自己的权利被剥夺，而且有的女性还主动放弃了很多权利，因而与男性之间形成了一种地位的悬殊和身份的差距。另外，由于女性固有的依附心理强的特点，对待事物不能很好地辨别是非真假，办事总不相信自己的能力，依赖性过强，一旦事情办不好，便会自暴自弃或者盲目冲动。有时为了达到目的甚至不惜牺牲一切代价，包括金钱和肉体，这充分体现出女性犯罪的根源是不自尊、不自爱、不自立和不自强，所以在预防和控制女性犯罪的时候，解决这个问题是工作得以进一步开展的前提。

第二，通过教育使女性建立正确的人生观、价值观、感情观和法治观。错误的人生观、价值观、感情观和法治观极容易导致人犯罪，而有的女性认识水平不高，因而在这些方面的免疫力也不高，很容易受其影响而失足堕落。每个人的人生观、价值观、感情观和法治观都是从小建立的，因此，我们必须将主要的教育工作放在对青少年女性的教育上。首先，要建议学校在教师素质和职业道德水平上加大培训力度，培养师生之间良好的沟通。其次，要多方面观察学校的不良文化和习气，一旦发现应立即给予纠正，防患未然。再次，要关注青少年女学生在校的言行举止。因为往往犯罪都是由不良的行为习惯引起的，青少年女性自我保护能力差，一旦养成不良的习惯便会违反校规，进而触犯法律，最终堕落而不能自拔。最后，建议学校多举办法治讲座，尤其是针对初中生的专题讲座，以强化学生的法律意识。

（二）解决各种矛盾，多方面创造条件预防和减少犯罪

第一，建立良好的家庭关系，妥善处理好家庭的内部矛盾。首先，要协调好家庭内部的夫妻关系。相对稳定和睦的婚姻关系是社会和家庭关系稳定和谐发展的必要条件，婚姻家庭的矛盾与不幸终究会带来社会的不幸和不安。其次，要实施良好的家庭教育，做子女的模范榜样。教育子女要选择有益子女身心健康的方法，不可娇养溺爱，也不可过分严厉，无论在思想道德上还是行为作风上都要处处以身作则，给子女一个良好的学习和生活的家庭环境，从而达到预防青少年犯罪的效果。

第二，形成良好的社会环境，妥善处理社会的外部矛盾。首先，建议政府要大力配合做好女性的"维权工作"，尊重妇女，制止轻视、歧视女性的现象发生，消除重男轻女的思想，在大力提倡男女平等的同时赋予女性应有的权利，使其能够更好地发挥"半边天"的作用。其次，在社会经济发展的同时，要多搞娱乐活动，鼓励女性多参加，使女性对团体活动产生兴趣，从而丰富她们的业余生活，使其感悟到社会的美好，主动地去抵制社会不良风气，对社会的不良文化产生厌恶感。再次，做好女性的就业安置工作，尤其是要关注待业在家未安排的青年女性和下岗的中年女性。例如，在加强社区

管理的时候，可以为女性提供物业、卫生和日常秩序管理方面的工作，以最终达到安居乐业，减少犯罪的目的。最后，建议开展女性问题的讨论会，定期进行女性问题的社会调查，使女性拥有发言权，能够及时提出问题和建议，同时使问题能够及时得到解决。

（三）加强对女性犯罪人的矫治工作，预防再次犯罪的发生

第一，对女性犯罪人进行思想的教育，使其感到悔悟。很多女性由于社会经验不丰富，法治观念淡薄而触犯法律，在犯罪后常常还不知身犯何罪，也就谈不上认罪服法了。因此，我们在打击犯罪的同时，也要注重对犯罪人进行思想意识和观念上的改造，普及法律知识，以法律来规范犯罪人的行为。此外，由于感情丰富一向是女性的特点，在对女性犯罪人的矫治上，我们不妨动之以情，以情感来感化女性犯罪人，使其在心灵上产生共鸣。这种方法，可以缩短其与社会的距离，使其感情意志的控制力由弱转变为强，自卑依附心理得以消除，自信、自立的健康心理得以发展，最终使其反社会心理、得过且过和甘于落后的心理、享乐拜金主义心理以及其他犯罪心理得以良性转化，从而预防了犯罪行为的再次发生。

第二，建立良好的学习和交流环境，做好帮教工作和再就业的安置工作。犯罪预防是一个系统，需要从系统中各个方面来着手，矫治已犯罪的女性，我们也要从各个方面来进行。首先，建立良好的学习和交流环境。犯罪从某种意义上来讲就是犯了一个相当严重的错误，既然犯了错误，我们就要学习，就要纠正，当然在学习纠正的过程中又离不开交流，因而犯罪分子在学习交流时，我们就必须为其提供良好的环境，这样有助于犯罪分子的改造。其次，要做好帮教工作，帮教工作有助于有违法和轻微犯罪行为的人及时悔悟，以免更严重的犯罪行为的发生，而且还可以达到长期帮教，长期预防的效果，这样既增强了犯罪分子的法律意识，提高了犯罪分子的思想觉悟，而且还减轻了公安司法机关的负担。最后，对于刑满释放的犯罪分子要做好再就业的安置工作，不能因为曾经犯罪而失去继续生活的权利。为其安置工作，使其安居乐业，重新做人，从而可以预防再次犯罪的发生。

第三，坚持"打防结合，预防为主"的战略方针政策。党的十五大指出，加强社会治安综合治理，要"打防结合，预防为主"，最终创造良好的社会治安环境。我们在对待犯罪人和犯罪现象时，也要施行"打防结合，预防为主"的方针。首先，我们要加强犯罪打击力度，提高破案率，严惩犯罪分子，尤其是再犯罪和多犯罪的人，更要严厉、从重地打击。对于女性犯罪人，我们也绝对不能手软，往往让其尝一次苦头会更有效地防止再次犯罪和其他犯罪的发生。其次，治标的同时我们也要治本，一味的打击并不能最终解决问题，只能暂时压制住犯罪的发生，从长远利益考虑，我们应该把主要

精力放在预防上，预防就是最好的打击。这样才能从长远意义上解决女性犯罪人再次犯罪的可能性，从而达到社会女性犯罪率降低的宏伟目标。

限于篇幅，"女性与法律"的其他相关议题，如女性就业歧视问题、婚内强奸问题等，在此我们就不再一一展开讨论了。不可否认的是，法律总是倾向于反映现存的权力结构，目前社会的权力结构是以男性为中心的，女性尚处于从属地位，对女性权益的保护尚任重而道远。平等、公正的法律应当是兼容并蓄的，没有任何一个社会群体有合法的特权可以代表其他群体讲话，男性群体代表不了女性群体，不能主宰法律。事实上，人类社会正是在弱者与强者的矛盾运动中不断得到发展的。从某种意义上说，法治就是弱势群体不断追求与强势权力平等的一项事业。中国的法制建设应当进一步关注女性群体，深入地检讨中国妇女权益保护方面存在的不足，尽可能回应其呼声，并通过各种途径补强其权力。同时，我们也希望中国有越来越多的女性步入法律职业，积极地投身于司法实践，以唤起妇女对权利的向往和对自身处境清醒的认识。

参考文献

1. 由嵘、胡大展主编：《外国法制史》，北京大学出版社 1991 年版。

2. 张晋藩：《中国法律的传统与近代转型》，法律出版社 1997 年版。

3. 周乐诗主编：《女性学教程》，时事出版社 2005 年版。

4. 沈崇麟、杨善华：《当代中国城市家庭研究》，中国社会科学出版社 1995 年版。

5. 徐安琪：《世纪之交中国人的爱情与婚姻》，中国社会科学出版社 1997 年版。

6. 侯志明：《家暴受虐者与施虐者心态扫描》，《中国法学会反家暴网络通讯》2004 年第 5 期。

7. 杨立新：《人身权法论》，人民法院出版社 2002 年版。

8. 马原主编：《新婚姻案例评析》，人民法院出版社 2002 年版。

9. 张新宝：《侵权责任法原理》，中国人民大学出版社 2005 年版。

10. 张绍明：《反击性骚扰》，中国检察出版社 2003 年版。

11. 孙晶岩：《大墙红尘——中国女子监狱调查手记》，作家出版社 2002 年版。

12. ［美］瑞克雅·索琳歌尔：《妇女对法律的反抗》，徐平译，广西师范大学出版社 2003 年版。

13. ［美］拉拉·宾厄姆、劳拉·利迪·甘斯勒：《洛伊斯的故事——一个改变美国性骚扰立法的里程碑案件》，纪建文译，法律出版社 2004 年版。

第五章
女性与文学

就本质而言，文学的天空理所当然更多地属于女性。文学是想象力驰骋的天国，女性最善于张开想象的翅膀；文学是情感的领域，女性从来都是情感的富有者；文学是创造的艺术，女性天然地承担着体验着人类生命的创造；文学的自传性、私人性、感受性等特征皆与女性的天性相通，使女性本能地贴近着文学。这就是为什么即使在男权文化占主导的历史中，仍有奥斯丁巅峰、勃朗特峭壁、艾略特山脉、伍尔夫丘陵等①，在文化的裂隙中大量出现。比起其他领域，文学为女性提供了更多发挥创造力的天地。许多世纪以来，女性不仅创造了各种体裁的文学，而且也是各种文学门类的主要消费者。大学里的女硕士、女博士，津津乐道于伍尔夫、勃朗特姐妹等经典文本，工厂和服务行业的女工们则流连陶醉于琼瑶、三毛的通俗故事。女性与文学就是这般休戚相关、紧密相连。因此，了解女性文学的发展变化，将有助于认识女性的文学才华与创造伟力，有助于自身文学素养的培育与提高。下面我们将带领大家一起走进中国女性文学的历史、现状及其未来图景，领略其中的悲哀与欣喜、迷人与灿烂。

第一节　女性文学概念及其基本内涵

在许多人心目中，文学作为人类借助语言以艺术审美方式进行的精神活

---

① ［美］伊莱恩·肖瓦尔特：《她们自己的文学：从勃朗特至莱辛的女作家》，普林斯顿大学出版社1997年版，第11－12页。

动，是没有必要从性别的角度加以区分的。最常见的疑问是：既然没有什么"男性文学"，又何必弄出个"女性文学"？

其实，文学作为人类把握世界精神生活的重要方式之一，势必与"性别"有着天然的关联。因为文学的生产者和接受者皆是有性别的人，其在社会实践中的人生经历和精神体验无疑会打上性别的烙印。这种烙印会以各种方式程度不同地渗入创作，对文学文本的内在面貌以及读者的接受和传播产生这样或那样的影响；而文学文本作为人类文化一种重要的存在方式，在它所负载的极为丰富的信息中，也自会或隐或显地传达出人们在性别生存方面的体验和感受。此外，不同时代，不同国家、民族、阶层的文学女性，在漫长的人类文化史上谱写出异彩纷呈的艺术篇章，以多姿的语言表达汇成了主流文学传统之外的文学"潜流"，在人类审美之旅中留下了可贵的足迹和生命的心音。从古希腊抒情诗人萨福的诗作到中国最早的诗歌总集《诗经》中出自无名女作者之手的篇章；从日本紫式部的《源氏物语》、清少讷言的《枕草子》；从19世纪英国女作家简·奥斯丁、乔治·艾略特以及勃朗特姐妹等人的创作，到中国开始向现代社会转型之时出现的"五四"女作家群，等等。

那么，什么是女性文学呢？"女性文学"这一概念，最初出现于"五四"新文化运动中。20世纪80年代之后，再次浮出历史地表，时至今日，已然成为一个广为人知的概念。但如何理解与界定这一概念，学界却颇多歧义：或认为只要是女性写的就是女性文学，或认为是女性所写的表现女性生活体现了女性风格的文学，或认为是出自女性之手表现了女性意识的文学。应该说，"女性文学"这一概念的出现及广为流行，标志着女性文学事实上的形成及被社会所认可的程度，而对"女性文学"这一概念理解上的歧义，则表明对女性文学的认识是一个不断深化与明确的过程。

女性文学的主要概念有"女性文学"、"女性主义文学"以及"女性写作"，这里主要结合中国文学的实际对其加以阐释和说明。

1. 女性文学。

女性文学这个概念有广义与狭义之分。广义的女性文学包含了历史上及现实中女性文学的所有的类型与形态，狭义的女性文学是指"五四"之后以现代人文精神为其价值内核的女性文学。

"五四"之前，在中国传统社会占主导地位的话语中，并不存在一个超越社会人伦关系的"女性"概念。凡指称女人的词语，都对应着在具体的家庭人伦关系中的女人，如：次于"儿子"的"女儿"，次于"丈夫"的"妻子"，次于"父"的"母"等。女人只有根据自己在社会、亲属关系中规定的角色规范立身行事，才能为社会性别文化所认可。"女性"这个词是在五四新文化运动中出现的。它的生成，标志着女性以独立的人的身份在社会的位置上出现。如果我们将这一概念置于"五四""人的觉醒"的这一大的历史背景中加以考察，更可以凸显出其作为女性的"人"的觉醒之意义。"五四"之后，一批觉醒的女作家创作出一大批不同于以往的文学作品，如陈衡哲、苏雪林、冰心、庐隐、凌叔华等人的创作。这些作品与"五四"时代"人的文学"的精神是相互一致的。或者说，它们就是五四时代"人的文学"一个有机的组成部分，标志着狭义的具有现代性品质的女性文学现象的出现与形成。其思想资源是现代人文精神，其话语属于思想文化的话语体系。也就是说，"女性"这一概念的质的规定性是女人性别意识的自觉，是女人的主体性。所以，并非凡女作家所写的就是女性文学。从这个意义上说，"五四"以前以秋瑾创作为代表的、表现了鲜明的妇女解放要求的作品，可以视为我国女性文学的萌芽或前驱，而那些虽然出自现当代女作家之手，却从根本上受控于传统男性中心意识的作品，在严格意义上，并不属于女性文学。①

2. 女性主义文学。

女性主义文学在中国形成并发展于 20 世纪 80 年代中期之后。它的重要思想资源是从这以后陆续译介过来的西方女性主义文学理论。在当代中国，"女性主义文学"在思想内涵上与"女性文学"大体同构，但其文化姿态常显得更为激进一些。

女性主义文学话语有着明显的西方话语背景。但就其创作和批评的实际情况来看，中国内地的女性主义文学更多倾向于吸取弗吉尼亚·伍尔芙《一间自己的屋子》、西蒙·波伏娃《第二性》以及贝蒂·弗里丹《女性的奥秘》等女性主义理论代表作中的女性人文主义思想。

3. 女性写作。

女性写作是一个具有西方背景的概念，它源自法国女性主义作家与学者埃莱娜·西苏的著名论文《美杜莎的笑声》。20 世纪 90 年代中期之后，"女性写作"这一概念在我国被广泛使用，但其内涵大大突破了西苏所说"女性写作"这一概念的内涵与外延，而基本上等同于广义的女性文学。

西苏提出，既然历史与文化对女性的钳制是与对她身体与欲望的钳制相联系的，那么，女性要获得解放，首先就要回归女性自身的身心体验。因此，女性可以而且应该通过自己的身体表达思想，因为她没有属于自己的语言，唯有身体可以凭依。但是，在用自己的身体表达思想时，必须是忠实于

---

① 乔以钢：《女性文学教程》，河北教育出版社 2007 年版，前言。

自己的女性视角、女性立场，必须忠实于女性的真实感受。在这个过程中，不能有男性中心的价值观、审美观潜在地发挥着作用，更不能成为被男性观赏、窥视、玩弄、界定的对象和客体。

20世纪90年代中期之后，在我国文坛，"女性写作"与"女性文学"这两个概念常被相互换用，只不过前者更明确强调了写作活动中所具有的女性主体性。

第二节　古代女性的文学创作

由于封建社会的精神重压，古代女性的才华被窒息，她们从事文学活动的权利被剥夺，即使参与了创作，她们的作品或遭销毁，或遭贬斥，或遭弃置，有作品流传至今的也仅仅是其中的少数，而湮没无闻者无以数计。因而，我们只能从现存的女性作品及相关文献史料中了解古代女性创作的基本面貌。

一、古代女性创作的历史脉络

西周—春秋时期：《诗经》。

古代女性从事文学创作的历史，源远流长。远古神话中已留有女性创作的痕迹，但流传至今且比较可信的文学作品当从《诗经》说起。不少研究者认为，《诗经》中有相当一部分篇章出自女性之手，能确知其名的如申女《行露》、卫庄姜傅母《硕人》、卫宣夫人《柏舟》、许穆夫人《载驰》等。在文学史上，她们大体可算是中国古代最早的女诗人了。谢无量在《中国妇女文学史》中说："周时民间采诗，兼用老年之男女任之。其诗亦必男女均采，故《诗经》中宜多妇人之词。"谢晋青《诗经之女性的研究》亦指出："十五国风存诗一百六十篇，其中有关妇女问题者八十五篇。"由于历史久远，女性创作的确切篇目现在难以说清，但在我国文学史上第一部诗歌总集《诗经》中女性创作占有一定的比例，这一事实是定而无疑的。

汉魏六朝时期：宫廷女子和仕宦家庭的闺阁女诗人最为知名。

此时期以辞赋和五言诗的兴盛为标志，先后迎来了历史上文学蓬勃发展和文学自觉的局面。在这一时代背景下，创作中崭露头角的女性大为增多，其中以宫廷女子和仕宦家庭的闺阁女诗人最为知名。前者包括嫔妃、公主，如戚夫人、班婕妤、甄皇后、王昭君等；后者包括官宦妻妾及子女，如卓文君（司马相如妻）、蔡琰（蔡邕女）、谢道韫（谢安侄女）等。还有不少与兄长并称的才媛，如班昭（班固妹）、左芬（左思妹）以及鲍令晖（鲍照妹）等。她们追随文学发展的步伐，同男性文人一道挥毫写诗、泼墨作赋，将内心的情感倾注于笔端。代表这一时期女性创作的最高成就并在文学史留下浓重一笔的，是蔡琰的《悲愤诗》。其诗不仅在细节描写、心理刻画等方面表现出高超的艺术水准，而且在内容叙写上与当时的社会现实紧密结合，具有强烈的时代感及深广的历史内涵。

唐宋时期：宫廷女诗人；歌妓、女冠诗人。

唐宋分别是诗和词的国度。从宫廷至民间，赋诗、填词蔚为风气，作者不可胜数。女性而有才名者为数颇多。其身份上至皇后嫔妃、女官宦妇，下至市井钗裙、娼妓道姑，各个阶层均有女性参与创作。

唐代开放的社会风气、尚情重文的文化氛围，造就了许多优秀的女诗人，其中身份最独特、创作成就最突出的有两个阶层：一是宫廷女诗人，著名者如徐惠、鲍君徽等。她们参与宫中议事或唱和，作品水准毫不逊于当时的男作家。二是歌妓、女冠诗人，著名者如薛涛、李冶、鱼玄机等人。由于市民娱乐文化的兴盛，唐代出现了许多擅长诗词的妓女和女冠诗人，特殊的社会身份及相对浪漫、自由的生活方式，使其创作有着更为丰富的题材和情韵空间，其才情诗艺也在众多女性中脱颖而出。她们的创作，为女性的文学活动更添凄艳色彩。

宋代，不仅有众多的女诗人出现（《全宋诗》中录有女诗人200余位），而且，由于词这一新兴的文学样式最为当时文人瞩目，大量女性也积极参与到词的创作中。据不完全统计，《全宋词》收入女词人约90人，词300余首。其中除李清照文名甚高外，还有一些女词人颇有影响，如朱淑真、魏夫人等。在中国古代文学史上，宋代女作家李清照是为数极少的能够以其卓越成就与男性名流作家并放光辉的女性。前人称赞她"不徒俯视巾帼，直欲压倒须眉"（李调元《雨村词话》）。在一个女性长期遭受压抑的社会，李清照的创作如同巨石板下绽开的花朵，劲健绚丽，有着动人的魅力，夺目的光彩。李清照工诗文，通音律，尤擅长于词。她的创作以渡江为界，分为前后两个时期。前期除部分诗歌涉及时政外，词作多为闺中生活的记录，主要表现的是伤春悲秋、离别相思之情，由于构思新巧，用语精妙，博得名家赏识。南渡以后，山河破碎的现实，个人生活的不幸，给其创作带来深刻变化。词作一改早年的清丽明快，充满凄凉悲苦之音，主要抒发伤时念旧和怀乡悼亡情感，其中侧映着国家灾难和社会动乱的影子，成为时代苦难和个人不幸命运的艺术概括。李清照诗、词、文均有成就，而以词创作最为突出。作为宋代婉约词的代表性作家之一，她的词作在文学史上占有重要地位。

元明清时期：女性创作群体出现；叙事性文学发展。

本时期超越传统的"闺音"写作，最能体现出时代特色之处在于女性创作群体的出现。从晚明开始，不少名媛才女从闺内吟咏走向闺外结社，至清代形成风气。

1. 成立诗社。著名诗社如清代的蕉园诗社、清溪吟社、惜阴社、湘吟社等。蕉园诗社是清代著名的女子诗社之一，主要活跃在杭州特别是西溪一带，并对女子诗词发展起到了积极的作用。

2. 出现了以家族为单位的妇女创作现象，史称"一门联吟"，典型者如明代（江苏）吴江叶家、（安徽）桐城方家、（江苏）会稽商家等。在这些家庭中，母女或婆媳均习诗文，在日常生活中吟咏唱和，尽显才情风雅。时至清代，江南地区经济文化发展，女性受教育程度有所提高。

3. 一些思想开明的男性文人（如袁枚、陈文述等）先后开办女学，一时闺阁女子纷纷投拜，进而形成了"随园女弟子"、"碧城女弟子"等女性创作群体，文学活动空间相应拓展。明清时期，女性开始直接参与编选、出版各类女性诗文总集、选集、别集，并自著诗话、诗评，丰富了女性写作的样式，也扩大了在全社会的影响。

这一时期，叙事性文学体裁在女作家笔下有了较大的发展。

叙事类的文学品种杂剧和抒情类文学体裁散曲同时兴盛于元。当时女性尤其是妓女作散曲者很多，但没有专门从事杂剧的作家。直到明末叶小纨作《鸳鸯梦》，始有女性之作出现。清代散曲的创作仍盛行不衰，出现了颇有成就的女散曲家吴藻。而弹词文学更是清代女子的专擅，她们笔下涌现了许多优秀作品，在民间广为流传，如陈端生与梁德绳的《再生缘》以及邱心如的《笔生花》等。她们不仅独喜创作韵文的弹词，而且篇幅不厌冗长，内容不嫌复杂，如《笔生花》长至一百数十万字，《玉钏缘》、《再生缘》、《再造天》等更是一续再续。

清代末年，出现了女作家秋瑾。秋瑾今存诗词160余首，政治性杂文12篇，弹词1篇，歌6首以及联句、短句若干。有《秋瑾集》（上海古籍出版社1991年版）及多种选注本行于世。

秋瑾早年也曾有闺中女子那一副脆弱柔肠和春愁秋悲的抑郁情怀，一些诗篇诉说的是婚姻怨情和内心苦愁。19世纪末20世纪初，资产阶级民主革命蓬勃兴起，她在新思潮的鼓荡下，只身留学日本，其后便以不惜牺牲的壮志精神积极投身民族解放和民主主义事业。她的悲愁亦跳出个人的情感生活天地，与国家前途、天下兴亡联系在一起。此时的秋瑾写下了大量激越的爱国篇章。例如："拼将十万头颅血，须把乾坤力挽回"（《黄海舟中日人索句并见日俄战争地图》），"粉身碎骨寻常事，但愿牺牲保国家"（《失题》），等等。而她诗中经常出现的"刀"、"剑"这两种物象，则集中体现着作者的不屈意志和斗争精神。其中慷慨悲壮、脍炙人口的名篇《剑歌》、《宝刀歌》、《红毛刀歌》、《宝剑歌》等，生动映现了鉴湖女侠英姿飒爽的形象和风采。

秋瑾在诗歌创作中，更是一再发出追求男女平权的强音："休言女子非英物，夜夜龙泉壁上鸣。"（《鹧鸪天》）"吾辈爱自由，勉励自由一杯酒。男女平权天赋就，岂甘居牛后？愿奋然自拔，一洗从前羞耻垢。"（《勉女权歌》）秋瑾创作中浓重的社会情怀，她的女性人格意识的觉醒与觉醒了的女性的情感，为妇女文学传统的重建提供了良好的开端。尽管秋瑾的创作就其艺术形式和语言特色而言，与新文学尚有明显距离，但是她所取得的成就，在古代女性创作与现代女性文学之间架起了一座无形的桥梁。沿着这条路走下去，在新的时代契机出现时，便产生了新一代的女性创作——"五四"女性文学。

从上可见，中国女性的文学创作活动在历史上从未间断过。她们的创作汇入传统文化发展的大潮，在中华文明发展史上为女性情感、女性心灵留下了弥足珍贵的记录。

二、古代女性文学创作的基本特点

正是由于现实生活对妇女的压迫及其渗透于社会意识和妇女教育之中的伦理性、宗法性的严格规范以及女性作者自身命运的制约，传统女性的文学创作在男性本位的文化圈内呈现出如下特点：

首先，就传统女子的创作动机和写作目的而言，较之男性更少功利意味而较多地富于自遣自娱色彩——"总向红笺写自随"。

在封建社会中，男性文人受中国文化传统影响，常怀着以天下国事为己任之心，有意识地在文学创作中言志载道，直接间接地对社会生活的各个方面作出反应。这之中自然不乏宣泄意味，他们的长歌短吟也常是情之所至、兴之所生，发自肺腑。但不可否认的是，在正统文化圈内，文人的创作常有相当强的功利性。他们或渴望一登龙门身价百倍平步青云，或希望借文学创作广为结交博采声誉，发挥文学的美刺功能，有助于国家社稷。（文以载道）因此，文学创作的功利心理旺盛滋长，千年不衰。

相比之下，妇女创作的功利心理则要淡薄得多。社会剥夺了她们参与国事及各种社会活动的权利，以诗文叩响仕途之门只是男子才可以拥有的向往，于是女子的舞文弄墨自然较少实用色彩和向外部世界扩张、进取的意味，大多时候主要是面向自己的内心世界求得一种精神上的平衡与安慰，因而其创作自我遣怀的成分较浓。她们的作品完成后，常是藏于闺中，其交流对象通常只限于家人、闺友或个别有所接触的文士，这种状况至明清以后才有所改变。正如薛涛在《寄旧诗与元微之》中的表白："长教碧玉深藏处，总向红笺写自随。"因而从总体上说，与传统社会里的文士相比，妇女创作较少功利色彩。这种创作心态对她们作品的面貌产生了一定的影响。

其次，与封闭狭小的生活环境和备受压抑的生活状态密切相关，古代女作者的思维主要朝向自身，呈内敛状态，多抒发怨女幽情，写闺怨、宫怨、悼亡、思归等。

传统社会中的生活现实在很大程度上否定了妇女像男子那样在社会上扮演多重角色的可能性，她们被定位于家庭，束缚在一定的伦理关系中，思维很自然地随之家庭化、伦理化，远离时代社会，而以婚姻、恋情以及家庭中人际关系的波折变动等为圆心。其思维、情感表现出很强的封闭性。在这样的思维取向中，私情作为女子创作的核心要素占有重要地位。从名流才女到许多无名氏的创作，无不情致殷切，意态缠绵，女性的细腻、温柔在她们的作品中得到相当充分的表现，多情善感的心理素质围绕"私生活"鲜明地呈示出来。于是，她们的创作出现了跨越时空的相近的主旋律。在这之中，忧郁感伤之情表现得尤为突出。从汉高祖时戚夫人凄婉的《永巷歌》到近代秋瑾早期闺阁生活中的诵愁之作，无不具有鲜明的私情质素、哀情色彩。对男人的思念和期待、幻想和失望，围绕家庭生活特别是婚姻际遇而生的种种悲戚，成为她们创作中最为突出的吟咏对象。

如以下诗句：

良人何处事功名，十载相思不相见。

——程长文《春闺怨》（离妇怨）

却念容华非昔好，画眉犹自待君来。

——常浩《寄远诗》（青楼怨）

一入深宫里，年年不见春。

——天宝宫人《题洛苑梧叶上》（宫怨）

夫戍边关妾在吴，西风吹妾妾忧夫。

——陈玉兰《寄夫》）（思归）

吹箫人去玉楼空，肠断与谁同倚。一枝折得，人间天上，没个人堪寄。

——李清照《孤雁儿》（悼亡）

即使是能够以其卓越成就与男性名流作家并放光辉的李清照，前期词作多为闺中生活的记录，主要表现的是伤春悲秋、离别相思之情，后期才主要书写伤时念旧和怀乡悼亡情感。以下词作就可见出这一特点：

寻寻觅觅，冷冷清清，凄凄惨惨戚戚。

——《声声慢》

东篱把酒黄昏后，有暗香盈袖。莫道不消魂，帘卷西风，人比黄花瘦。

——《醉花荫》

物是人非事事休，欲语泪先流。……只恐双溪舴艋舟，载不动许多愁。

——《武陵春》

花自飘零水自流。一种相思，两处闲愁。……此情无计可消除，才下眉头，却上心头。

——《一剪梅》

综上可见，在文体方面，古代女性大都采用的是诗、词等抒情性强、便于表现个人情感的文学样式，而那些再现因素较强的文体则较少为女作家所选用。元明以后，中国古典小说、戏剧空前发展，日臻成熟，而女子一直很少参与这方面的创作，直到清代，方出现了少量成就较高的弹词作品。两千年间，女作者所运用的主要文学体裁是体制较为短小的抒情诗词。这种状况的形成，一方面是因为妇女身居狭小天地视野受阻，缺乏对社会生活的丰富体验，提炼以及驾驭较大规模题材的能力较弱；另一方面，无疑也受到传统女性偏于内敛的思维方式的制约。

再次，古代女作家创作表现出对"以弱为美"的高度认同。

在此背景下，许多文学女性在创作中，受男性中心审美心理的影响，对女性柔弱美可以加以表现。这种柔弱不仅是外在的，而且是心灵的。在历代女作者笔下，抒情主人公绝大多数是以从内到外均呈柔姿弱质的形象出现。

例如，近人毕振达所辑清代妇女作品集《销魂词》，该集共收 95 位女子的 234 首作品，其中涉及人物消极意绪的字和词出现频率极高。举其有代表性者如下："愁" 112 次，"销魂"、"断肠"、"痛"、"伤" 78 次，"泣"、"哭"、"啼"、"喚"、"咽"、"潸潸" 58 次，"瘦"、"病"、"憔悴" 66 次，"萧条"、"寂寞"、"寂"、"寥"、"岑寂" 47 次，"凄切"、"凄清"、"凄凉" 27 次。也就是说，平均大约每两首作品中即含一"愁"字，每三首即有一"断肠"之类的词，每四首即出现一个"啼"、"哭"之类的字。整部作品集中出现与消极情绪有关的词汇总数达 1600 多个（次）。与作品中女子形象心灵与体态的柔弱相适应，更与现实生活中被压迫的处境相关联，女作者在情感表现方式上很自然地倾向于蕴藉委婉、压抑低回。她们多以细腻温润之笔写忧郁哀伤之情，回环吞吐，自怜自抑。

第三节　现当代文学史编撰中的女性缺席

与正宗的中国文学史著中，仅以蔡琰、李清照孤独的文学辉煌隐喻着两千年整个女性团体悲哀、惨痛的历史空白相比，中国现当代文学史中确实出现过一批女性作家的身影：冰心、庐隐、冯沅君、丁玲、萧红、杨沫、茹志鹃等。这是否意味着正宗的中国现当代文学史书写已经突破了"阴茎之笔在处女膜之纸上书写"① 的模式，突破了将女性"异化为文化之内的人工制品"②，从而将她们从文化创造中驱逐出去的男性传统，女性作为真实的主体已堂而皇之地存在于文学史天地呢？

打开几部曾作为新中国成立后高校教科书的较权威版本的中国现当代文学史：王瑶的《中国新文学史稿》（以下简称《史稿》），刘绶松的《中国新文学史初稿》（以下简称《初稿》），唐弢主编的《中国现代文学史》（以下简称"唐弢本"），林志浩主编的《中国现代文学史》（以下简称"林志浩本"），黄修己的《中国现代文学简史》（以下简称《简史》），以及《中国当代文学史初稿》（以下简称《当代文学史》），王庆生主编的《中国当代文学》（1984，以下简称"王庆生本"），张钟、洪子诚等编写的《当代中国文学概观》（以下简称《概观》），女性创造的空白之页、女性缺席之情形随处可见，这种系统的集体的缺席几乎构成了几十年现当代文学史编撰的一个盲区。在现当代文学史编写日益革新、完善的今天，审视、反思编写中女性缺席的基本形态、局限及其原因，应该是富于现实意义和长远意义的。

— 一 —

女性缺席意即女性的虚位与空缺，这不由让人联想起伊萨克·迪尼森在她的短篇小说《空白之页》中记载的那个数代流传、充满着隐喻机锋的故事。③ 在葡萄牙某地一个修道院里，染上王后处女之血的床单被装裱、被镶

---

① ［法］苏姗·格巴：《"空白之页"与女性创造力问题》，见张京媛主编：《当代女性主义文学批评》，北京大学出版社1992年版，第165页。

② ［法］苏姗·格巴：《"空白之页"与女性创造力问题》，见张京媛主编：《当代女性主义文学批评》，北京大学出版社1992年版，第165页。

③ ［美］苏姗·格巴：《"空白之页"与女性创造力问题》，见张京媛主编：《当代女性主义文学批评》，北京大学出版社1992年版，第161页。

上框，并标上所属王后之名，被当作作品、艺术品，在一个长长的陈列室里展览，以向前来顶礼膜拜的参观者证实一个个王后（女性）对至高无上的君王的忠实无贰。但在这一长列由历代王后（女性）身体创造出来的作品中，最让朝圣者感兴趣的是一条未标上所属王后之名的空白床单。在这里，我们看到了双重的事实及其双重的隐喻：其一，王后没有处女之血的空白床单的无名象征不按传统期许"出牌"的作品只能在主流文化中永远保持沉默与消失的状态；其二，众多王后用自己的血在雪白床单上涂抹，以便提供社会之需的纯洁象征女性创作的作品以表达符合社会期许的自己的才华。这双重的事实与隐喻似乎可以作为中国现当代文学史中女性缺席之两种形态的象征，即如空白床单般的显形缺席和类似于印有处女之血迹床单的隐形缺席。

　　显形缺席指疏离主流文化的女性作家作品明显缺失的情形，它是女性缺席的个别的特殊形态的呈示，具体表现为两种状况。第一，女性作家的缺失。天才奇女张爱玲作为一个一直处于时代主流文化边缘位置上的女作家的典型代表，她的文本保有了一份较为完整的真正属于自己的女性体验和女性话语，记述下一份女性自己从过去的历史延伸至今的无穷故事，描绘了介于封建文化和资本主义文化之间的中国城市生活的一种独特生态，"使心理分析小说达到了一个小小的高峰"①。她的创作无疑具有难以取代的文学史意义。然而，她的以女性为本位的"独立"话语的书写却被栽上了"离民族救亡之经，叛大众文化之道"的恶名，被排斥于主流文化之外，张爱玲的名字在以上提及的数部现代文学史（除 1984 年出版的《简史》外）中均不见踪迹，致使这位才华横溢的女作家在新中国成立 30 多年来在国内的大学校园、国内的读者中鲜为人知。如此缺失的女作家还有凌叔华、林徽因、苏青等。这不能不说是以往中国现代文学史编撰中的重大缺陷。第二，女性作品的残缺。被纳入中国现代文学史的女作家，留给后世的文学面貌常常是残缺不全的，人们读到的往往是她们文学创作的片断。有着长达半个多世纪的文学活动，"本身就是一部生动的现代史"，"无疑也是大家"的丁玲，其重要创作在各种版本的文学史中残缺不全的情形异常触目。② 新时期通用的高校教材"唐弢本"、"林志浩本"、《简史》论及丁玲创作时，只字未提《我在霞村的时候》、《在医院中》等小说，使丁玲延安时期那么一点关于女性体验的声音为之喑哑，给人以其完全臣服于主流话语、女性文本消失的不完整印象。对于创造出介于小说、散文及诗之间新型小说样式的萧红，她那堪称

---

① 严家炎：《中国现代小说流派史》，广东高等教育出版社 1989 年版，第 167 页。
② 张炯、王淑秧：《朴素·真诚·美——丁玲创作论·前言》，人民文学出版社 1988 年版。

"中国诗化小说精品"① 的《呼兰河传》在《史稿》、《初稿》中均不见身影。萧红似乎没有同属于东北作家群的萧军哥哥幸运，以上提到的各家现代文学史（除《初稿》外），对于萧军作品，都以位于萧红之前的位置给予了更完整的介绍，萧红总是屈居第二被加以评述，比较萧红的艺术成就，其作品的缺失与次位的排列，不能不使人感到文化和历史的偏爱与不公。文学史中女性的明显缺失与那修道院中新娘床单的空白有着几近相同的内涵：昭示出主流文化父权意识的专制性质，隐喻着处于边缘位置的女性作者被创伤、被迫缄默的悲惨处境及其潜在的创造的活跃形态。

隐形缺席指女性名存实亡的意义的缺席，即女性主义批评话语的缺席，是文学史中普遍的、常规性形态。尽管主流文学史中也多多少少排列了一些女作家的名字，但她们有如染有处女血床单的艺术品，虽被署名，呈现的却只是国王（男性）通过对新娘（女性）的进入而显露的他对她"书写"的状况，女性在此已沦为有名无实的"空洞的能指"。恰如法国女权主义文学批评家指出的那样，女性若想正常"进入这种为男性把握为男性服务的话语体系"，只有"借用他的口吻、承袭他的概念、站在他的立场，用他规定的符号系统所认可的方式发言，即作为男性的同性进入话语"。② 也就是说，只有成为"空洞的能指"的女性才可能厕身于、存在于一部已然成文的文学史。这实际上也道出了正宗现当代文学史编撰者们选择、评介女作家作品时无意形成的一种价值尺度、一种审美标准、一种客观现实。这种价值尺度渗透于、作用于以上各家文学史中，构成了女性隐形缺席的两种状况：一是合乎主流文化、男性传统期许的女性作家作品可以获得入史资格；二是能按主流文化、男权成规与想象解读的女性作家作品亦可入史。

第一种情况，我们可以现当代两位著名女作家冰心、杨沫的创作作为个案进行剖析。冰心作为现代文学史上最受青睐的女作家，其文本是否提供了女性的真相呢？我们不妨对其创作主题及形式作一番性别的考察。从主题方面看，母亲是冰心创作的一贯的基本的主题，《超人》、《悟》等小说均写到母爱的感化伟力，因为"有了母亲，世上便随处种下了爱的种子"。"万物的母亲彼此互爱着；万物的子女彼此互爱着；同情互助之中，这载着众生的大地，便不住地纡徐前进。"小诗《春水》、《繁星》中也浸透了母爱的呼唤："母亲啊！……心中的风雨来了，我只有躲到你的怀里。"但冰心笔下的母亲形象几乎从不涉及两性关系，不涉及独特性的母亲体验，是理想中的苦

---

① 钱理群、温儒敏、吴福辉：《中国现代文学三十年》（修订本），北京大学出版社1998年版，第310页。

② ［美］乔纳森·卡勒：《作为妇女的阅读》，见张京媛主编：《当代女性主义文学批评》，北京大学出版社1992年版，第50页。

难、宽容、慈祥的"母亲"观念的外化，少有个性，多给人以模糊飘缈感，母爱也显得抽象笼统。因此，母亲形象及衍化出的爱的哲学并不具有真正女性性别的色彩，而是作为五四时期子一代反对父权文化、张扬人道主义旋律的一种和声。从形式方面看，冰心小说、散文的叙事者（有时连同主人公）大多为男性，从低吟"斯人独憔悴"的青年到一夜之间悟出人生大爱的悟者，从《别后》中那个孤独寂寞的小男孩到《关于女人》中公然自诩的男性叙事者。冰心很少以女性视点去表现男女两性及其关系，这也许是很值得思索的一种集体无意识。当然，采用男性视点可能提供一个新的审美角度，但这些男性叙事者既作为社会标准的化身，就不能不采用一整套男性的思维方式、叙事方式，他永远也表达不出女性眼中的自我。由是观之，冰心的创作，无论主题还是形式，都表现出对男性传统的靠拢和认同，是一种符合主流文化期待的中性话语。正是在这一基点上，正宗文学史欣然接纳了这位温和的反封建女士，肯定其"宣扬爱的哲学"，"含有反封建的意义"。① 杨沫是被载入当代文学史"十七年"时期为数不多的女性作家之一，其代表作《青春之歌》的主人公也是女性。那么，这一女性是否具有独立的性别意义呢？小说讲述了一个曾被一代读者津津乐道的多角恋爱故事，一个女主人公林道静通过对爱情对象的选择而实现从小资产阶级知识分子到无产阶级革命战士转变的故事。当林道静坚定地选择卢嘉川、江华而背离余永泽时，她的革命化便如此富于象征意味地完成了。不管杨沫是否意识到，这种对爱情选择方式的设置、这种归属的安排实际上寄寓了深刻的文化隐喻：林道静对不同男性的皈依而实现的革命转变不过是中国女性依赖男性进入历史模式的又一次书写，就如革命样板戏《白毛女》、《红色娘子军》中喜儿靠着大春、吴清华傍着常青而实现的男性对女性"由鬼变成人"的拯救。这种归属关系，这种依赖模式蕴含着性别压抑和性别歧视，是千百年来男权话语对女性命运的一种诠释。所以，林道静在此并不具有女性性别的独立意义，而只是"20 世纪 30 年代革命知识分子"② 的代名词。无怪乎在新时期高校通用的《当代文学史》中关于林道静形象近两千字的评介中，除赫赫然有几个"她"字外，几乎看不出性别。冰心、杨沫亲和主导意识形态，切合传统期许的书写在现当代女作家庐隐、沅君、丁玲、茹志鹃、刘真等笔下都一再出现。两千年来的历史无意识，某些群体的政治无意识，水过无痕般地渗透进、沉淀入现当代女作家的内心与文本，使她们一己的或女性独有的经验，几乎淹没在母爱、爱情、人生意义、情感与理智、灵与肉的冲突等浮泛而中

① 黄修己：《中国现代文学简史》，中国青年出版社 1984 年版，第 83 页。
② 王庆生主编：《中国当代文学》(2)，上海文艺出版社 1984 年版，第 92 页。

性的时代语汇之海，失去了其独特和性别，陷入一种以他人话语表现一己经验的写作窘境。正如女性批评家肖姗娜·费尔曼所揭示的那样："作为一个女人，就足够可以讲女性的话吗？""作为女人说话"，不是由"某些生理条件"而是由"文化决定的"。①"文化"了的作品才可能进入文学史家们编撰的视野。

　　隐形缺席的第二种情况，我们抽取以上文学史中对丁玲《莎菲女士的日记》、萧红《生死场》的解读进行说明。文学史中对莎菲形象的评价一般都采用茅盾《女作家丁玲》一文中的观点。最早的《史稿》对茅盾语作了如下引用："她的莎菲女士是心灵上负着时代苦闷的创伤的青年女性的叛逆的绝叫者。莎菲女士是一位个人主义者，旧礼教的叛逆者……是五四以后解放的青年女子在性爱上的矛盾心理的代表者。"之后的《初稿》、"林志浩本"引用时都略去了性爱矛盾心理的内容，唯"唐弢本"在肯定莎菲"是一个'五四'浪潮中冲出封建家庭的叛逆女性"之后，认为"她将'个性解放'的要求和自己的全部生活目的混同起来……这种没落的资产阶级人生观，使莎菲堕入自我毁灭的绝境"。这些评价都是按既定的主流文化、权力话语在解读莎菲：或者肯定其反封建的叛逆、个性解放的大胆，或指出其资产阶级人生观的没落；即使提到其为女子性爱上矛盾心理的代表者，也缺乏实质意义的性别指认，莎菲只是在主流文化容许的范围内被部分地解读或误读。实际上，《莎菲女士的日记》所展示的迥异于传统的女性视角、所表现的女性性欲的自然合理性、女性性爱体验的独特甜蜜性乃是幽深的女性隐秘世界的真诚袒露，是丁玲带给新文坛以及中国女性文学的一股早春的晨风。只可惜这些丰富的女性语义全然消失于文学史视域之外。对于萧红的《生死场》，文学史的权威解读均来自胡风和鲁迅。鲁迅为《生死场》所作的序言中的文字"北方人民的对于生的坚强，对于死的挣扎"，更是成为以上各家文学史对《生死场》的经典诠释。现代文学史的编撰者们也许根本未曾考虑到，除按国家民族话语的标准解读萧红作品外，《生死场》表现的也许还有女性的身体经验，特别是与农村妇女生活密切相关的两种体验——生育以及由疾病、虐待和自残导致的死亡。读懂了这些，才可以理解《生死场》这一抗日题材小说何以要包罗如此繁多的乡村妇女生活细节，何以要如此不厌其烦地展示血淋淋的自我毁灭式的妇女生育、死亡的独特世界。

二

　　以上所述的女性缺席形态，给现当代文学史编撰带来的损失可谓惊心触

---

　　① ［美］乔纳林·卡勒：《作为妇女的阅读》，见张京媛主编：《当代女性主义文学批评》，北京大学出版社 1992 年版，第 50 页。

目。它不仅造成了一批才华卓著的女性作家作品的缺失，也造成了女性文本丰富语义的丧失，它使人们无法得知女性作家作品乃至整个现当代文学史的真实的完整的面貌。

这种令人痛惜的缺席形成的原因主要有以下三个方面。其一，政治化偏向。新中国成立以来相当长一段时间的现当代文学史编写和研究与现实政治的关系极为密切。尤其从 50 年代中期起，一个接一个的政治运动、一场又一场的文艺大批判直接制约了文学各方面的发展，其中也包括现当代文学史编撰和研究的发展。有的编著者自觉或不自觉地以政治运动、文艺批判的结论等作为选择、评价女作家作品的标准，致使部分女性作家作品被扫地出门。如文学史对旅美作家张爱玲的遗忘，又如"反右"扩大化后丁玲作品在文学史上缺失的命运。其二，男权话语的因袭。父权制下的一切正统文化都是男性的文化，因而现当代文学史编撰中体现的是男性对女性的书写意识，这一方面表现为按男性价值尺度决定对女性作家作品的取舍与解读，从而导致女性作品某种程度的误读，前面提及的对丁玲、萧红作品的解读就是明证；另一方面，它使主流话语成为主宰女性文本的经典批评，使女性文本的解说模式化。像鲁迅对《生死场》的评述几十年一贯制地被沿用，在一定意义上限制了对女性作品解读的深入。其三，教科书模式的束缚。现当代文学史编写和研究，是在现当代文学史教学的基础上发展起来的。王瑶、刘绶松等人撰写的现代文学史都是讲稿的衍变。作为教科书，它自然要求在统一大纲的指导下对教程体例、性质、作家作品的编排等具体问题作出相应规定。这固然便利了教学，但同时又导引出现代文学史编写的单一性、封闭性、模式化，它使得某些有价值和意义的女性作品因不符合大纲标准而被拒绝于文学史之外。这种种原因，不能不引起文学史家们深思。

值得欣慰的是，80 年代中期以来，现当代文学史编撰面貌日渐改观。一些具有开放、先锋意识的文学史家将目光投向了一向遭到忽视的女性作家群体。首先是杨义的《中国现代小说史》开风气之先，对五四女作家群、久违的张爱玲等作了具有一定女性意味的精彩的评析，之后钱理群等的《现代文学三十年》辟专节介绍张爱玲和苏青，再后来谢冕主编的《百年文学总系》中《1993 世纪末的喧哗》（张志忠著）一书以"半边风景：女性文学的散点扫描"为题对 20 世纪 90 年代女性文学景观作了较全面的评介。此后出版的多家文学史都对女性写作给予了不同程度的关注，其中 1999 年出版的《中国当代文学史》（洪子诚著）、《中国当代文学史教程》（陈思和主编）、《共和国文学五十年》（杨匡汉、孟繁华主编）、《中国当代文学》（王庆生主编）都设有专门章节介绍、评析新中国女性文学。这一切都预示着女性终将冲破现当代文学史编撰的盲区，浮出地表，昂然地真实地站立于一部部开放的、科学的中国现当代文学史。

　　以上探讨基于女性的立场，尽管我们在准确评价或审视文学史时不能单纯依据性别的尺度，政治、经济、历史、文化、哲学、美学等意识都是不能丢弃的重要原则，但现当代文学史编撰中女性缺席的盲区确实存在，这无疑是应该受到颠覆的文化的不公正。这种颠覆不在于对既定文学史的全盘否定和重构，而在于以男性不能企及的女性经验补充传统文学史书写的局限，在多元中寻求对世界、对历史、对人类自身的更完善，更接近真理的认识，这便是现当代文学史编撰走出女性缺席盲区的重要意义所在，也是本文写作的意义所在。

第四节　新时期女性文学的演进及其走向

　　20 世纪七八十年代之交，中国文学迎来了前所未有的新时期，当代女作家们以令人瞩目的空前的创作实绩，冲破了长期压抑的无名状态，"浮出历史地表"，并加入了世界女性姐妹追求自身解放的大合唱，使中国女性文学之命题真正具有了全球性视野和"史"的地位与意义。

一

　　女性文学在新时期的中国大陆崛起有着多重的背景和原因。

　　其一，经济、文化转型的多元化时代为女性文学提供了多元的生长空间。新时期改革开放、市场经济大潮对文学的一个重大贡献在于打破了主流话语的一统天下，促成了文学中主流话语、精英话语、大众话语三足鼎立、"共享空间"的确认。这种多元并置的格局动摇了男性文化一直占据的主导话语地位，导致了他们"从中心到边缘"的撤离。这对千百年来习惯于中心位置的男性主体无疑是一次"历史性"的失败，是难以承受的生命之重。而对于女作家而言，由于她们历来处于社会或话语的边缘，"位移"带给她们的"失落感"远不如男性精英强烈。相反，经济转型带来的意识松动、多元语境削弱了男性精英文化清规戒律的"导引"，女作家们获得了空前自由地抒发自我和营造世界的机会与可能。对于多元话语空间的恩惠，女作家们感触良深。1994 年，林白的叙写女性躯体、女性欲望的小说《一个人的战争》面世后，尽管惊起了内地文坛的一场辩论与动荡，作者本人遭受过种种非议和诘难，书的出版发行也历经挫折和艰难，但作者及作品毕竟没有像以往那样，招致主流话语的封杀。历经一年多的辩论之后，即便在多数权威男性批评家那里，林白以及小说《一个人的战争》都已成为一个有典型意义的女性主义范本，无怪乎林白不无感激地表示："只有 90 年代的多元化，才会有我的生长空间。"①

其二，西方女性主义思想和本土的"新女性"文化与文学为女性文学贡献了思想理论资源。新时期西方女性主义思潮的引进、传播意义重大，功不可没。它不断给女作家以理论与创作的启迪，成为我国女性主义文学崛起的深度理论根源。80 年代以来，西方女性主义作为一种新现象、新思潮，通过先知先觉者的译介引进中国，并逐渐向人文、社会科学的各个领域渗透。1981 年，朱虹在为《美国女作家作品选》所写的序中率先介绍了美国妇女现状及女性主义思潮。1983 年，她在《美国女作家短篇小说选》的前言中全面介绍了西方妇女文学及美国的女权运动、女性主义思想和妇女研究现状，介绍了弗吉尼亚·伍尔夫的《一间自己的屋子》、西蒙·波伏瓦的《第二性》、凯特·米利特的《性政治》等早期的女性主义经典。这些简略的介绍仿佛打开了一扇窗户，让一向耳目闭塞的中国读者见识了女性主义理论这朵异域奇葩。20 世纪 80 年代中期以后，译介出现高潮。先是《外国文学》、《上海文论》开辟专栏重点评介西方女性主义理论与创作，而后，《文学评论》、《外国文学评论》、《文艺理论批评》等权威性刊物及普通刊物纷纷推出此方面论文。接下来，西蒙·波伏瓦的《第二性》、贝蒂·弗里丹的《女性的奥秘》、伍尔芙的《一间自己的屋子》和格里尔的《女太监》等专著，玛丽·伊格尔顿编选的《女权主义文学理论》、张京媛主编的《当代女性主义文学批评》等论文集，先后由国内各家出版社出版；西尔维亚·普拉斯、安·塞斯顿、玛格丽特·阿特伍德以及阿赫玛托娃等欧美女作家创作也纷纷在中国面世。大量的西方女性主义思潮的译介不仅为女性文学提供了理论的武器和创作的参照，而且营造出一种呼唤女性文学、为女性文学摇旗呐喊的赫赫声势，催促着女性文学的勃兴。20 世纪 90 年代，在西方女性主义"躯体写作"理论导引下兴起的女性躯体写作热潮，可看作以上阐释的形象说明。

另一方面，世纪之初，尤其是五四以来的"新女性"文化和文学为女性文学提供了本土的思想资源。20 世纪伊始，作为中国现代女性文化先驱的女革命家、女诗人秋瑾以一首《勉女权歌》（吾辈爱自由，勉励自由一杯酒。男女平权天赋就，岂甘居中后！愿奋然自拔，一洗作同侪，恢复江山劳素手。旧习最堪羞，女子竟同牛马偶。曙光新放文明候，独立占头筹。愿奴隶

---

① 张永恒：《"女性主义"文学再度引起争议》，《中华读书报》，2000 年 4 月 2 日。

根除，智识学问历练就。责任上肩头，国民女杰期无负）表达了广大受压迫妇女争自由、求解放的共同心声，并且以身示范，为妇女做出了实际斗争的榜样。其后，五四新文化运动的春雷惊醒了睡梦中的现代知识女性。冰心、庐隐、丁玲、萧红、凌华、白薇等女性意识初步觉醒的女作家纷纷站在时代的前沿，以手中之笔书写着女性解放的进行曲。这其中既有母爱亲情的赞美、平等性爱的呼唤，又有对父权专制的愤懑、对封建礼教的反叛。这些透露着女性意识的写作母题历经七八十年的历史轮回延续至今、常写不衰，成为启发一代代女性作家创作的宝贵文化资源。

其三，女作家女性意识的觉醒、成熟，为女性文学兴盛准备了良好的主观条件。我国女作家女性意识的全面觉醒经历了近一个世纪的曲折而艰难的过程。"五四"时期女性意识的最初觉醒是伴随着民主革命意识的觉醒而来的，表达的是与被压迫阶级男子同样的反叛封建伦理道德、反抗阶级压迫、追求人的权利的相同要求。这种反叛和觉醒的方式与西方妇女孤军作战、因各种社会压力而发生的女性自我意识的普遍觉醒有着极大的区别，它没有脱尽男性的印迹，不具备女性性别的独立意义。因此，女性的创作相当程度地表现为对以鲁迅、郭沫若、茅盾等男性作家为代表的新文学的模仿，其书写的主题，如性爱自由的追求、"娜拉出走"后的困惑和困境等，与男性文学所写并无根本的不同。新中国成立后的女作家确实获得了前所未有的大解放，有史以来第一次有了与男性一样的政治经济权利，获得了与男性"平等"的社会地位，但这种大而化之的男女平等，主要不是女性独力奋争、意识觉醒的结果，而是社会主义制度所赐予的。它一方面是对几千年的性别歧视史的一次深刻的颠覆和改写，但另一方面又否认了女性作为一个有着独特的性别特点的群体存在的必要。正如女性主义批评家刘慧英所言："1949 年以后我国始终在政治和经济上保障妇女的权益，给全体人民灌输'妇女能顶半边天'，这同样也不标志着妇女的自我觉醒和整个社会意识的提高已达到一个理想的水平了。实际上我们看到，在这种表面的权益和地位的可靠保障中非但男性意识和观念没能杜绝，妇女的自我意识也趋于涣散和退化。问题的严重程度在某些方面远远超过了目前西方所面临的困惑。"① 作家也同样如此。"十七年"文学中女性书写中反复出现的泯灭性别的"女英雄模式"，可说是女作家性别意识退化的明显例证。有批评家一针见血地指出："'十七年'小说中的女英雄形象，无论是革命历史题材小说中的女战士，还是参与社会主义革命与建设的新人，她们的思想和行为原则都是：要想救出自己，

---

① 刘慧英：《走出男权传统的樊篱——文学中男权意识的批判》，三联书店 1995 年版，第 14 页。

只有从救出大家做起，献身于所谓社会的或集体的斗争……可以说，'十七年'的新女性的'新'就在于妇女必须像男性一样在公众生活中找到作为劳动者的自我实现的位置，她们走出家门之后，已不再如'莎菲'们那样茫然和孤独，献身于社会主义的远大目标在等着她们。"① 写作女性及其文本中的性别意识就这样淹没于以革命名义出现的主流话语之中。

直至新时期，国家政治的转机使新的一轮女性精神解放获得了契机。在人的解放的思想启蒙下，女性几近泯灭的自我意识开始复苏。不少女作家在文本中表现出对男权文化观念的强烈反抗和女性独立人格的积极追求，并以爱情为重要主题，代表当代女性发出了对情爱文明和女性特质的呼唤。她们明确表示：女人，不是月亮，不要借别人的光炫耀自己；女性的幸福不能依靠别人的恩赐，要靠自己的艰苦努力去争取，而这种解放不仅仅是政治经济地位的获得，还包括女性自我价值的全面实现。这些满怀激情的表达昭示着女作家女性意识的成熟和自觉，这种具有清醒、自觉女性意识和良好文学素养的创作主体，无疑是女性文学崛起兴盛的至关重要的内因。

上述三方面主客观因素的交互作用，使女性文学终于成功地破土而出，并迅速成为新时期文学中的一道光彩独异的亮丽风景。

二

女性主义批评家伊莱恩·肖尔沃特根据文学亚文化的共性，将妇女创作分为三大阶段。第一阶段是女人气阶段，指 1840—1880 年伊丽莎白·盖斯凯尔和乔治·艾略特等人的创作。这是一个较长期的模仿主导传统，是其艺术标准及关于社会作用的观点内在化的阶段。第二阶段是女权主义阶段，指 1880—1920 年伊丽莎白·罗宾斯和奥丽夫·史克林娜等作家的写作。这是一个反对主导标准和价值，倡导少数派的权利、价值，要求自主权的时期。第三阶段是女性主义阶段，指 1920 年以后的妇女写作。这是一个自我发现，从对反对派的依赖中挣脱出来走向自身、取得身份的时期。中国女性文学的演进替伊莱恩·肖尔沃特女士的分析补充了一个新的例证，不过这一例证显现了某些中国特色，即中国女性文学的发展显现出后两个阶段的并行不悖。从较大历史范围看，我们可以将整个古典时期（至五四以前）视为模仿主导传统的时期，而将此后直到今天这段历史视为有起伏和逐渐深化的反对过程。这一"反对过程"又包括五四至 20 世纪三四十年代的萌芽和预演期，新中国成立之后十七年间的蛰伏期，"文革"十年的间断期和新时期以来的复苏、发展与成熟期。具体就我们界定的女性文学而言，它从 80 年代到 90

① 陈顺馨：《中国当代文学的叙事与性别》，北京大学出版社 1995 年版，第 82－83 页。

年代末，经历了三个发展阶段。

首先，我们有必要提到20世纪70年代末的女性写作，它作为女性文学凸现的前奏仍有其不容忽视的意义。之所以将之命名为前奏，主要因为那时的女性写作有女性风格，却没有明确的女性意识。即使像张洁的《爱，是不能忘记的》、戴厚英的《人啊，人》这样不同程度地描写到两性关系的作品，表达的也只是人的解放潮流中包含的对女性尊严及其情感的呼唤。前者既遮蔽了它，同时又兼容了它。这种写作与男性写作的根本目标是一致的，只能算是"伤痕文学"的组成部分。80年代初，张洁的小说《方舟》成为中国女性文学的真正起点，标志着女性文学发展进入第一个阶段。这是一个女性意识形成、女性价值发现的时期，带有自发的、本能的、抗议性特征。《方舟》通过一个"寡妇俱乐部"里三个女主角的故事向我们讲述了一个长期被男权社会遮蔽的事实："做一个女人，真难！"不过，这篇小说的女性意识与其说是自觉的，不如说是本能的、生命的，它的社会指涉和理想主义的感伤，一定程度上超过了自觉女性立场的观照，但值得肯定的是，张洁等人毕竟已发出了"为了女人，干杯"的呼喊。这种女性意识的形成，女性写作的自觉，已驱使写作女性游离宏大叙事的男性话语场地。

80年代中期，女性文学向前推进到第二阶段，即女性话语摸索建构阶段，残雪、翟永明、王安忆是这一阶段写作的重要代表。残雪小说一反男性写作的线性历史时间，深入梦幻潜意识空间展开叙述，从《山上的小屋》到《黄泥街》，一方面展现出"被男性的宇宙所包围"（西蒙·波伏瓦语）的女性世界的真实处境，另一方面又以充分的个人化、心灵化和反逻辑化叙事及其话语方式解构了依附于父权制巨型话语之下的温情脉脉的女性叙事，开拓了女性话语的新角度。翟永明的诗歌则从女性躯体提取女性话语。她的组诗《女人》、《静安庄》、《死亡的图案》等均围绕女性身体的生命阶段展开，通过身体的发育、变化回应与阐述外部世界，对东方男权神话进行解构。翟永明等人创造了一个敞开女性躯体和灵魂的"黑夜"世界，充满女性独特感觉与幻觉的意象，带着神话原型和寓言的气息，在黑暗的闪光中舞蹈。王安忆的小说"三恋"（《小城之恋》、《荒山之恋》、《锦绣谷之恋》）以压缩的形式较早地表现了妇女经验中一向被遮蔽的欲望体验，弥补了张洁小说取消欲望的局限，它通过对生命现象中诸多未名状态的讲述、两性关系中情欲纠缠的深入描写、女性特征的感觉与想象，表现了对社会全景式男性写作特征的主动疏离，对女性欲望话语的建构。

90年代，女性文学步入风光无限的第三阶段，这是真正的个人化女性话语阶段，也是女性文学的成熟阶段。这时候，以往自发的书写、前卫诗人和作家的自我认知与探索，已经发展为绝非个别人孤独尝试的，至少与90年代中国其他文学现象平分秋色的一种文学潮流。女性立场的讲述成了一批女作家共同的写作姿态，覆盖了小说、诗歌、散文等各种文类，甚至造就了自己的批评家。越来越多的女作家从自觉的性别立场出发，把私人经验、幽闭场景带入到公共文化空间，通过女性经验的自我解读和情色问题的大胆表述，破解男性神话，建构自己的主体和认知体系。这一时期的主旋律是女性自我身份的呼声：题材上是对躯体感觉、私人经验和情色话语的关注；讲述方式上是自传体与自白式写作的风行；主题上是对性别权力关系的执迷。其中最具影响和代表性的作家有小说家林白、陈染、徐小斌、王安忆、张洁；诗人翟永明、伊蕾；散文家叶梦、斯妤等。①

中国女性文学至今已走过了 20 来年非常不易的道路，从摆脱男权话语的引力场，到摸索建构女性话语，再到个人化女性话语的建立，其艰险曲折、苦辣辛酸，可想而知，其发展之迅速、成绩之斐然，有目共睹。今天，中国女性文学已经告别了对她们呵护有加、情意深厚的 20 世纪的新时期，进入到经济、文化走向全球化的 21 世纪。在新的世纪里，如何维护女性话语自由，更从容和深入地展开女性写作，建构全球语境下的富有本土特色的女性文学，是女性文学发展面临的问题。

三

21 世纪人类进入前所未有的互联网时代，这种以知识为基础、以网络为手段的新经济在挑战传统文学的同时，却给我国年轻的女性文学带来了春风与甘露、福音与生机。这一方面是因为新经济时代为女性文学提供了空前多元、平等的话语空间。经济转型带来的意识松动、多元语境削弱了男性精英文化清规戒律的"导引"，历来处于社会或话语边缘的女作家们获得了从未有过的自由地抒发自我和营造世界的机会与可能。同时，超越了地域、种族、性别等界限，"失去""规定的一切秩序"② 的网络文学世界有史以来第一次为女性提供了与男性真正平等的写作权利。另一方面，以脑力劳动为主导的信息经济必将引发女作家生产力的一次彻底解放。女作家可能从繁重、琐屑的职业、家务劳动中解脱，可以有权利更加自主地选择自己的生存方式。她们不必以柔软的身躯与男性在体力上一争高低，也不必局囿于家庭的一隅为男性作嫁，只需智慧的大脑、灵巧的手指就可在键盘上与男性并驾齐驱。此外，更值得重视的原因还在于知识经济时代现实的符码幻象与女性思维的本质特征不期而合，女性创作如鱼得水。在新经济时代，现代化的大众

---

① 王光明：《女性文学：告别 1995——中国第三阶段的女性主义文学》，《文艺争鸣》1996 年第 1 期。

② 林希：《始为网民》，《文学报》，2000 年 2 月 17 日。

传媒对人们生活的一切领域进行着全方位渗透，模塑着现代人的生活方式。著名哲学家卡西尔曾断言现代人并非生活在单纯的物理世界中，而是处在"符号世界"、意义世界之中的，是透过文化的三棱镜观照客观自然的。换言之，人们面对的不再是本真的客观现实，而是由大众媒体构筑的符码幻象。这些符码幻象有一个令人惊异的共同特征是女性化。现代媒体以无所不在的女性符号、女性的身体语言、女性的审美幻象制造着当代女性绚丽多姿的美和如梦似水的柔情。这些美妙的现实符码幻象与传统农业社会、工业社会的符号有着天壤之别。在以往的父权制时代，符号生产、文化秩序都是按男性审美机制和需要生产的，是一种强权支配下的合目的性的符号生产，是充分理性化的。而信息传媒时代的符码幻象，这些是按女性的思维方式和需求来生产的。在大多数情况下，它们只是一堆无直接政治与伦理意义的表象符号，亦真亦幻、亦实亦虚，不像传统父权制符号那样对现实/幻想、真实/虚构作严格的理性区分。这样一种符码化的现实幻象，与女性思维的形象性、幻想性的感性化特征有着某种天然的吻合。女性写作乐于做白日梦，乐于沉浸在对自身存在现实读解的幻想形式中。对她们而言，幻想的真实也许比面对的现实更真实。这种幻想式燃烧般的写作姿态是最无拘无束、最尽情尽兴，最能发挥女性创造力的。正是上述的种种机遇，女性文学将有可能超越既往作艰难的"飞翔"①，逐步抵达自由自在的飞翔境界。这种阅尽人间春色的恣意翱翔将展现出互联网时代我国女性文学如下的亮丽景观。

其一，女性主义文本与大众女性文本的分立交融。

20世纪90年代，我国女性文学开始有了独立的意义和自己的声音。这是真正的个人化女性话语时期，创造了许多以个人生存体验表达妇女集体生存体验的纯女性主义文本。如林白书写女性身体忧郁的《一个人的战争》，陈染展示女性内心生活与外在生存景状断裂的《私人生活》，海男描绘女性幻想的《女人传》，徐小斌叙写女巫咒语、宗教迷境的《敦煌遗梦》，翟永明演绎"黑夜意识"的诗歌，叶梦创造的系列散文，等等。这类包括躯体写作、准自传体写作在内的个人化纯女性主义文本在新经济时代仍将占据一方市场，因为在没有经历西方女权运动，今后相当长时间也难产生实践意义的女权运动的中国，其对女性本体的深层解读、对女性精神的终极关怀，仍具有启蒙女性灵魂的重要意义。

另一方面，90年代日新月异的大众女性文本（非严格意义上的女性主义文本）将日渐占领更大的市场份额。因为知识经济社会是消费型社会，人

---

① 最早将女性写作与飞翔联系起来的发明者是法国女权主义者埃莱娜·西苏，她在《美杜莎的笑声》中用飞翔的双重语义"鸟和抢劫者"来形容女性写作。

们以消费、消遣、消闲为荣，文化更是被纳入消费逻辑的轨道，形成汹涌澎湃的消费文化大潮。对于快节奏生活中的现代人来说，在商海中鏖战厮杀、在冰冷的机器旁木偶般劳作之余，最需要的是松弛一下绷紧的神经，抚慰一下疲惫的身心，而不是钻进高雅文学的象牙塔里作劳心费神的形而上的思考。于是，大众女性文本的世俗、轻松、明快的消闲性受到青睐和追捧，而直接受西方女性主义理论、创作启迪的一些女性主义文本，其由神话原型、文化符码、操作智慧构成的玄奥幽深、不同凡俗，非一般文化层次、文学修养者能轻易读解，唯智者深入咀嚼，方能品出个中三昧。这自然招致了许多人对其的疏离和冷落，对富休闲意味的大众女性文本的趋近和热情。更何况大众女性文本摹写的多是普通民众的日常生活，读者似曾相识、感觉亲切、易于认同。只需看看池莉表达对都市女性生存现世关怀的小说及同名电视连续剧《来来往往》、《生活秀》的热销，就很能说明问题。此外，接受群体对大众女性文本趋之若鹜所显现的巨大图书市场与丰厚商业利润，也导引一部分女作家向读者和市场妥协，转向大众女性文本的写作。创作者与接受者的循环互动，也将日益扩展大众女性文本市场。

当然，两种女性文本不应当是相互隔绝、相互漠视的。它们之间既存在着矛盾、冲突，存在着相互排斥的一面，又有相互哺育、相互支持甚至相互交融的可能，况且这种分立交融已经在某些女性写作中初见端倪。

其二，都市特征与本土气质的强化。

评论家曾将迄今为止的女性文学状态形象地描述为"只在都市的天空盘旋"①。这一评价相当明确地道出了我国女性文学的都市化特征，女性文学与都市千丝万缕、不可割舍的紧密联系。"女人是天然属于城市的"②，女性主义就是城市化的产物，女性文学完完全全实实在在地是依托于城市文明发展起来的，对此，历史事实已经予以证明。20 世纪前期女性创作的异峰突起，即是最初的近代化城市文明在中国萌芽的结果，只消看看现代文学史上三位最具女性意识的作家丁玲、萧红和张爱玲，无一例外的都是在中国当时最接近于近代气息的大都市——上海找到自己的位置，就很能说明问题。世纪末女性文学的勃兴，恰逢中国全面驶入城市化轨道之时，也绝非什么巧合，而是城市文明发展，陈染、林白、徐小斌等一大批独立、以写作为职业的城市女作家诞生的合乎逻辑的结果。

随着现代化的加速，我国城市化的进程将快速推进，据经济学家王建预测：到 2010 年，中国"按照基本上完成工业化的要求，城市化率至少要从

---

① 荒林：《世纪之交的中国女性文学》，《文艺争鸣》1997 年第 1 期。
② 王安忆语，见谭湘、丹娅、戴锦华、荒林：《城市与女人——中国当代女性文学四人谈》，《当代人》1998 年第 2 期。

目前的水平提高到60%"①。这意味着，大片大片的农田将被一座座新兴的城市所取代，世世代代耕地的农民也将成为新型的城市人。城市不再是特权阶级的城堡，而是鲜活的自由的平民化的生活空间，是中国最生动、最普遍的现实。加之一代代新生的女性作家十之八九生长于城市，所以，未来的文坛，女性文学的都市化倾向将进一步强化，都市女性文学的主导位置将愈益巩固，长盛不衰。

另外，在文化全球化指挥棒下旋转的未来女性文学在强化都市特征的同时，将愈加重视其文本的本土气质。因为当今女性创作在表现与西方文学趋同时，已显现出对本土经验弱视的局限。譬如操持与西方女性文学相似的语词、意象和方法，在伍尔夫、波伏瓦等的身后亦步亦趋。这使得某些女性文本带有生硬挪借与随风飘散的性质，不那么贴近充满焦虑和混乱的中国大地，缺乏独特的本土性徽记。长此下去，可能导致中国文化特质变得模糊乃至丧失。这种危险性已被一些敏锐的女作家觉察，她们一方面指出女性文学仅盘旋于都市"称不上真正的飞翔"②；另一方面，也开始将目光转向了乡村和民间，如王安忆的《富萍》、林白的《妇女闲聊录》、孙惠芬的《歇马山庄的两个女人》都描述了女性的底层之声。以上所指的不仅是一般的题材问题，而是对女性文学非本土化倾向的一种深层忧虑。实际上，经济的一体化并不能使全球文化成为铁板一块，由于历史、现实的原因，不同民族的文化差异难以抹去。而"文化的歧异多端是一项极其重要的人类资源。一旦去除了文化的差异，出现了一个一致的世界文化……就可能会剥夺人类一切智慧和理想的源泉，以及充满分歧与选择的各种可能性"③。因此，未来的有着开阔的国际主义胸襟、开放的民族意识，对全球化与本土化的互动互补有着深刻理解的女作家，在从事女性写作时，将全面超越从西方"拿来"的层次，更多地关注本土经验和中国语境下的话语资源，关注中国都市、乡村女性生命经验、生存方式的特异性，创造出能"送去"世界的蕴含中华民族本土气质的女性文学，让"环球共此凉热"。

其三，传统写作方式与现代传媒的携手联姻。

关于未来时代的文学，先知者们正做着各种各样的大胆预言：书籍面对画面的挑战与冲击将"一步步溃退，甚至有可能成为历史的'陈迹'"，"画

---

① 王建：《美日区域经济模式的启示与中国"都市圈"发展战略的构想》，《战略与管理》1997年第2期。

② 荒林：《世纪之交的中国女性文学》，《文艺争鸣》1997年第1期。

③ 北晨编译：《当代文化人类学概要》，浙江人民出版社1986年版，第283页。

面世界"将"历史性崛起",① "图书市场将由'读图时代'进入'读网时代'"②。这似乎也是在勾勒女性文学的新前景。

的确，及至互联网时代，文化的载体和传播将发生一次大跨度的飞跃。先前以文字、印刷为媒介的传播方式将为电脑和网络的多媒体传播取代，枯燥的文字和冰冷的逻辑变成了鲜活的、融声音、文字、形象、色彩于一体的画面世界。鼠标就仿佛流传千年的阿拉丁神灯，轻轻手指一按，五彩缤纷的信息、声光色影的世界就翩然而至。正如宗白华所言："物质以其感觉的诗意的光辉向着整个的人微笑。"③ 在此种情况下，读者将日益倾向超文本、超文字的多媒体阅读，倾向参与二度创作的交互式阅读，将越来越多地逃离文字的围城而进入形象的天地。有关专家指出："知识只有被译为信息量才能进入新的渠道，成为可操作的。因此我们可以预料，一切构成知识的东西，如果不能这样转译，就会遭到遗弃。"④ 就文学而言，这即是说，若不服从全球新型文化游戏规则，将文字转译为可进入新渠道的信息，就可能被判出局。换言之，在信息传媒时代，若想占领更大精神领地，在文学的王国里领先一步，就必须考虑和尊重大众的欣赏取向，就应该认识和运用大众传媒。

基于女性内在的生命本能，女性的表现方式是天然的感性化的，在感受的细微、视听的灵敏、思维的具象等方面，要远远优越于男性；而且她们对绘画、音乐等艺术常常表现出无师自通的天性。像乔治·桑的母亲索菲·维克多娃，没做过视唱练习却能准确地唱歌，没掌握绘画原理却能作画。这些天生的禀赋使得女作家可能更快捷地认同多媒体，更主动地与现代传媒携手言欢，并由此催生女性写作的新特质——影像化。这从海男由优雅的文字与毕加索精美的插图合成的凸凹文本《女人传》，从王安忆的配有几十幅新旧上海图像的散文集《寻找上海》，从池莉、张欣等小说频频点击银屏，从安妮宝贝等风头正健的网络写作中都可得到证明。当然，这不仅要求女作家有高超的语言表达能力，还要具备熟练地设计声音、图画、色彩和影像的能力，如此方能使作品图文并茂、形声兼备、声情并茂。相信女性传统写作方式与现代传媒的联姻，能创造出崭新的女性文学景观，推动人类在文学创作上的飞翔。

其四，从女性写作走向"双性和谐"写作。

20 世纪 90 年代以来，女性写作呈现为两大景观：一种是以"私人化"

---

① 周安华：《论当代"画面世界"的历史性崛起》，《文艺争鸣》1999 年第 6 期。
② 马桦：《网络文学风云再起》，《文艺报》，2000 年 3 月 14 日。
③ 宗白华：《美学散步》，上海人民出版社 1998 年版，第 21 页。
④ 秦言：《知识经济时代》，天津人民出版社 1998 年版，第 7 页。

写作和躯体写作为特色的"性别写作"，注重突现独异的女性意识、女性生命体验；另一种是以人为本基础上的"超性别写作"，主张重视男女的差异性，在显现女性"性别"的同时关注人的普遍问题，表达人的共同感情，寻找人的可能出路。这两种写作，无论激愤还是平和，无论标新立异还是凡俗寻常，无论"私人化"还是大众化，都不同程度地挑战、颠覆着男权中心文化，召唤着女性本真的形象、自身的权利、实质性的男女平等。可以说，对新的人类前景，和谐的两性关系的期待一直是存在于女性写作中的潜文本，只是由于男权中心的异常强大，男权文化网络的无孔不入、无所不在，男女平等、双性和谐的写作理想像遥远迷离的伊甸园，一时无力成为现实。

"双性和谐"作为一种写作理想，意味着一种更高境界的超越性别的角色认同，即两性精神和心理上的文化认同。在这种写作中，男女不可克服的生理差异不再是权力压迫的借口，而是各自的优势；两性之间不再满布暗礁险滩、纠缠厮杀、两败俱伤，而是充满着宽容、和谐的情调和氛围，双方在文化完善互补中共存，从而将人类生存的境界推向更完美和更高级的层次。这一写作理想如今已得到相当一部分现代学者的关注和认可，但其实现有赖于物质和精神的基础。而新经济时代则可能为这些基础的建立凿开坚冰，打开通道。从物质层面考察，高度开放的信息社会必将带来生活方式的自由选择，女性可以不结婚、婚后不生育或计划生育。在美国，女性婚后不生育比例已达 25% 左右，预计我国都市也将逐步向这一比例靠近。另外，以往的计划生育政策也见成效。在城市，从概率的角度看，已有 50% 的家庭不再有男性后裔，在某些允许生二胎的农村，也有 25% 的可能不生男孩。这对于传统的"不孝有三，无后为大"的父权制家庭观不啻是一种毁灭性的打击，对男权文化秩序更是全盘性拆解。男性主导地位逐渐削弱的家庭、社会新格局，提供了男女平等、双性和谐的物质根基。从精神层面分析，达到双性和谐写作理想的主要思想阻力来自中国传统观念。但随着高科技的发达，中国大学生中女生的比例逐年攀升。女性的高学历、高智能一方面将冲决"女性劣于男性"的传统罗网，另一方面将加深女性对两性完善人格的理解，逐步消除男性中心、女性弱势的地位，缩小男女两性人格特征上的差异，创造更具积极潜能的人类范型，这无疑为双性和谐铺就了文化的土壤。因此，女性写作可能跳出"性别"的局面，在更高层次上实现与男性话语的接轨，抵达"双性和谐"写作的理想境界。

以上对网络时代女性文学面临的机遇与发展趋向作了一种前瞻性的描述和论证。预言未来是困难的，但这又是负有创造历史天职的人类不可回避的工作，期望本节的写作能带给文学，尤其是女性文学些许有益的启示。

参考文献

1. 张京媛主编：《当代女性主义文学批评》，北京大学出版社 1992 年版。

2. 孟悦、戴锦华：《浮出历史地表》，河南人民出版社 1989 年版。

3. 林树明：《女性主义文学批评在中国》，贵州人民出版社 1995 年版。

4. 张岩冰：《女权主义文论》，山东教育出版社 1998 年版。

5. 刘慧英：《走出男权传统的樊篱——文学中男权意识批判》，三联书店 1995 年版。

6. 陈顺馨：《中国当代文学的叙事与性别》，北京大学出版社 1995 年版。

7. 王绯：《睁着眼睛的梦》，作家出版社 1995 年版。

8. 戴锦华：《涉渡之舟——新时期中国女性写作与女性文化》，陕西人民教育出版社 2002 年版。

9. 秦言：《知识经济时代》，高等教育出版社 1998 年版。

10. 林丹娅：《当代中国女性文学史论》，厦门大学出版社 1995 年版。

11. 徐坤：《双调夜行船——九十年代女性写作》，山西教育出版社 1999 年版。

12. 任一鸣：《抗争与超越——中国女性文学与美学衍论》，九州出版社 2004 年版。

13. 叶舒宪主编：《性别诗学》，社会科学文献出版社 1999 年版。

14. 乔以钢、林丹娅主编：《女性文学教程》，河北教育出版社 2007 年版。

15. ［法］西蒙·波伏瓦著：《第二性》，桑竹影等译，湖南文艺出版社 1986 年版。

16. ［英］玛丽·伊格尔顿编：《女权主义文学理论》，胡敏等译，湖南文艺出版社 1989 年版。

第六章
女性与传媒

　　大众传媒包括报纸、杂志、图书、电影、广播、电视与网络等各种媒介形态。作为一种日常伴随式的文化实践，媒介与社会的关联变得日益密切且复杂。当今，大众传媒已深入人类生活的各个领域。20 世纪 60 年代以来，女性主义运动的不断深入发展促进了全球范围内女性性别意识的觉醒，女性主义视角在各个领域的渗透，开拓了人们的思路，促使人们从女性这一迥异于传统的角度来审视一些习以为常的社会现象，这其中就包括对传媒现象的思考。

　　女性与传媒是新闻传播学领域一个值得研究的课题，其研究目的在于揭示女性与传媒的深层关系，改进传媒对女性的报道，促进女性的社会发展。女性与传媒的研究是女性主义不断发展，并向多学科、多领域渗透的结果，也是现代文明广为传播，传媒话语权由精英群体掌握逐渐转向大众化的结果。这一研究就是要从女性问题出发，以女性主义理论的核心观点"社会性别"为依据，审视传媒文化，探究传媒在妇女发展中的地位及其重要性，从传媒与女性相关的现象中，挖掘女性传媒文化的规律与本质。

　　具体而言，女性与传媒研究的主要内容有三个：一是女性作为传媒传播者，即传媒中的女性主体研究；二是女性作为传播内容，即传媒中的女性形象研究；三是女性作为传播接受者，即传媒中的女性受众研究。

第一节　传媒与女性主体

一、传媒中的女性从业人员

1987 年，联合国教科文组织在发布的调查报告中指出："在每一个国家中，女性在男性的媒体世界里都是绝对少数。"① 也就是说，在当今的传媒系统中，男性占绝对主导地位。

这种主导地位，使女性在传媒中的地位受到挤压，主要体现在如下三个方面：

第一，在从事传媒业的工作人员中，男性占主流。根据 1995 年《中国女新闻工作者现状与发展调查报告》表明，在广播、电视行业中，男性新闻工作者占 62.7%，女性新闻工作者占 37.3%；在报业，男性新闻工作者占 72.5%，女性新闻工作者占 27.5%；在通讯社里，男性新闻工作者占 70.8%，女性新闻工作者占 29.2%。从这一组数据，我们可以明显看出，男性在传媒中占绝对优势。这些以男性为主的传媒从业人员在报道新闻，尤其是报道女性新闻时，不可避免地会以男性为中心的价值体系去观察和判断事物，进而在报道中出现性别理解的差异，影响报道的客观真实性。

第二，在报道范围上，传媒中男女从业人员的分工有较大差异。其中，男性主要活跃于经济、政治、军事与科技等硬新闻领域，女性则以报道社会、文教与娱乐等软新闻为主，根据《关于〈中国女新闻工作者现状和发展〉的调查报告》发布的数据，男性从事经济报道的为 52.5%，从事政治方面报道的为 39.7%，从事体育方面报道的为 13.26%。男性新闻工作者在经济、政治与军事等中心地带处于优势，掌控着话语权，使女性话语在中心地带受到压制，被排挤到家庭、美容与娱乐等边缘地带。这样一来，女性的声音无法在公共领域得以传播，使得女性的生活只能局限于狭小的私人领域。

第三，从领导层看，男性占主导地位。据《中国女新闻工作者现状与发展调查报告》的数据显示，在 11000 名拥有高级新闻专业职称的人员中，女

---

① 杨珍：《"被看的女人"——媒介传播中女性形象的符号学批判》，《太原师范学院学报》，2004 年第 1 期。

新闻工作者占 17.12%；在 34000 名拥有中级职称的人员中，女性占 28.1%。在决策层中，女性的比例远低于男性，女性新闻工作者进入高级决策层的占 4.4%，进入中级决策层的占 9.6%，未进入任何决策层的占 86%。① 另一个调查也得出了大致相似的结论，1995 年由中国记协和中国社科院新闻研究所合作开展的《中国女新闻工作者现状与发展》的调查显示，在现有的决策层中，女性只占 8.5%，而男性占到 91.5%；在中层一级领导干部中，女性占 17.6%，男性占 82.4%。调查还发现，男女新闻工作者都认为，"在女性进入新闻机构决策层的问题上存在着不平等"。不只是在中国，全世界范围内都存在着新闻领域男女不平等的现象。据联合国提供的一份资料表明，尽管在新闻界工作的妇女人数增多了，但管理层仍基本由男性主宰。在对 4 个地区 30 个国家的 200 家新闻单位的调查中，他们发现，只有 7 家单位的领导是女性。② 我们把这一情形称作"玻璃天花板"现象，女性在很大程度上只是一个摆设和点缀。这导致女性不能就某种新闻现象开展决策报道，无法表达自己的独立主张。

导致传媒中性别歧视的原因有很多，主要表现为：其一，在传统父权社会，女性受话语权缺失的惯性因袭，自觉或不自觉地陷入"沉默的螺旋"困境；其二，女性的自我意识薄弱，加之男性在生理特征上的优势，使得女性对男性具有较强的依附性；其三，女性天然的依赖心理使她们丧失了许多表现自我的机会。总之，在传媒中，男性占据主导地位，这种情形使整个传媒业依据男性的标准来确定媒介的主旨和风格，服务于男权中心这一话语体系。

根据 1999 年 7 月中国互联网络信息中心发布的《中国 Internet 发展状况统计报告》，我国上网用户人数为 400 万，而女性只占其中的 15%。这一情况表明，21 世纪前我国女性掌握现代信息技术的能力尚不理想。而缺乏这种能力，不懂得现代信息社会的新型交往方式、信息获得方式，女性的视野将会日益狭窄，其声音将会日渐衰弱，以致游离于现代社会网络之外，乃至最终被淘汰。但从 2013 年中国互联网络信息中心最新发布的《中国互联网络发展状况统计报告》来看，中国网民的男女性别比为 55.6∶44.4（如图 6 - 1 所示），与 2012 年的情况基本一致。由此可见，随着科技的进步和女性对自我认知的提高，现代女性逐步适应新型社交方式，并启用网络等新媒体维护自身的话语权，避免陷入男性视野的樊篱。

近年来，女性进入新闻院校学习的人数日益增多，有人称之为"性别转

① 凌菁：《从话语角度透视女性报道》，《当代传播》2002 年第 4 期。
② 谢湘：《3 月 8 日：妇女制作新闻!?》，《新闻记者》2000 年第 4 期。

向"。女性传媒从业人员无论在数量上还是在表现上都蔚为壮观，比如，上海女性新闻工作者人数已达 2000 多人，占新闻从业人员的三分之一以上。随着各传播院系和新闻专业中女生一年多过一年，传媒女性队伍还有日益扩大的趋势。① 更引人注目的是，在公共关系和广告界，女性数量高涨，以至于出现了"粉领"、"紫领"这样的称谓，这一趋势说明女性开始较多地进入媒体制作的某些领域。

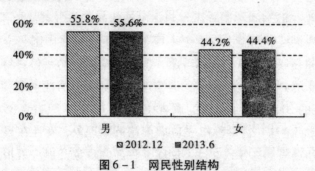

图 6-1　网民性别结构

（数据来源：CNNIC 中国互联网络发展状况统计报告）

　　在现代传媒中，女性的身影逐渐增多，除了才能外，其中一个重要因素就是女性利用自身独特的性格魅力，较之男性，能够更好地驾驭传媒工作。因为女性具有很强的亲和力，善于与他人进行情感交流，这在竞争激烈的时代，无疑会给竞争双方带来一种清新怡人的感觉。相对于男性来说，女性更适合于从事主持工作，女性特有的微笑、善解人意的亲和力使电视上的女明星迅速崛起，电视的家庭氛围，使女主持人有了更为广阔的表现空间。打开电视，我们不难发现，女主持人的数量远远超过男主持人，从中央电视台到各地方台，众多的女主持人在当代社会形成了一道独特的风景，特别是综艺节目的勃兴，使女主持人的魅力展示无余。由此，女性传媒者开始参与新闻报道，成为美化荧屏的得力助手，其报道的主体身份逐渐被分离，报道角色也从传媒主体异化为男性欣赏的视觉对象。

　　另外，女性的优势在军事报道中也得以体现。特别是在中东地区的战争报道中，女性新闻工作者的性别成了她们的一大优势。像在阿富汗这样极端保守的伊斯兰国家，根据传统，男性难以接近当地妇女，媒介了解那些永远蒙着面纱的妇女的唯一途径就是通过女记者。女记者们用自己的热忱、耐性和勇气，不畏艰险地深入战场第一线，采集大量真实可靠的信息，把整个战争场面活生生地呈现给广大受众。由于性别上的差异，男女记者对战争的看法和处理方式也不尽相同。从报道视角来看，女记者更为关注的是在战争中

　　① 唐宁：《昂首走向新天地——上海"女性记者与传媒中的女性"研讨会综述》，《新闻记者》2003 年第 12 期。

饱受折磨的生命，注重以人文关怀的视角、细腻亲切的个人风格，报道战争的无情与血腥，阐释战争对平民的伤害与人性良知的闪现。经由女性的视角，我们看到了战争对广大平民的摧残，尤其是对妇女、儿童的摧折，通过她们的报道，我们能深切感受到战争的反人性和残酷性。这样一来，使广大民众对战争有了更深刻、更全面与更清醒的认识。

以凤凰卫视为例，2003 年的伊拉克战争报道中，凤凰卫视众多女记者的出色表现成为一道靓丽的风景。闾丘露薇、隗静、沈玫绮、莫乃倩、罗晓莹从战争一开始就分抵各处战争要地，进行现场采访和报道，她们或以沉着冷静的口吻报道战争决策，或以同情怜悯的情感体验报道战争的反人性和反文明。闾丘露薇更是在战争爆发的第五天，就冒着生命危险深入巴格达，成为战争打响后第一批进入巴格达的华语媒体记者。伊拉克战争报道"促使人们对中国女性记者重新认识，也使女记者在新闻行业中的角色定位有了质的飞跃"。①

但以上事实并不能完全论证"女性从业者在媒体中的地位提高了"，显然，女性从业者人数的增加并不能够充分证明媒体业内的性别歧视已自然减少。从组织理论的观点来看，供职于某个机构的个体会被该机构社会化并自觉接受其价值文化。媒介机构中的女性仍受制于以男性为中心的主流话语机制，即无法摆脱组织机构的性别话语趋向。因而，受组织、结构及专业分工等社会因素的制约，女性媒体从业者要么从事行政工作，要么在那些被认为属于家庭责任所延伸的领域内工作。按照传播内容来划分，媒体报道的新闻长期存在"硬新闻"与"软新闻"的分野，女性多参与"软新闻"的报道工作，如教育、消费、儿童、娱乐与休闲等以家庭为中心的新闻报道。事实上，以男性为中心的"硬新闻"领域往往被视为权威的媒体精神与文化内涵。这种颇为极端、偏执的"男女性别二元对立"折射出女性在新闻报道领域中的局限与束缚。所以，媒介组织内的性别歧视非但没有消失，反而是以一种更为隐蔽的方式在继续运作。

从整体上看，相对男性从业者，女性无论是工作地位还是社会定位，都处于不平等的态势。媒介制作领域内女性从业者的增多并不意味着女性权力的增加或影响的扩大，有调查显示，"占主导地位的仍是男性的声音，女新闻工作者的声音只占 36%"。② 女性报道方式与视角的演变，究其根源，后现代社会的消费主义特征发挥了关键作用。受市场的影响，女性逐渐向商业化靠拢，并加入了这场时代的盛会。作为被看者与点缀品，女性成为消费市

① 林林，张玉川：《女性报道者的角色嬗变——从凤凰卫视伊拉克报道谈起》，《新闻与传播研究》2003 年第 6 期。

② 张艳红：《女性主义视野下的媒介批评》，知识产权出版社 2010 年版，第 198 页。

场中一道令人炫目的风景。当然，这仅是一个逻辑层面的推断，女性传媒工作者数量的扩增，能否助力矫正大众传媒领域的性别歧视现象，还有待观察。

二、女性自己的传媒

传媒记载历史，也推动着社会的进步和发展。在近现代中国妇女解放和追求平等权利的进程中，女性传媒，尤其是女性报刊，创下了不可磨灭的历史功绩。女性传播者拥有较高的社会性别意识，她们引领女性传媒，"以女性议题为内容，以服务各阶层女性、传播先进女性观念和性别文化，引导正确的性别舆论环境为宗旨"①。中国最早的妇女报刊是《女学报》，1898 年 7 月 24 日《女学报》（旬刊）在上海西门外文元坊创刊，它是中国女学会的机关报，又是女学堂的校刊，也是中国第一份由女子主办，面向女性的报纸。据《女学报》第 2 期报道，该报的 18 位主笔全部是女性。而在清末女报中，除去校刊与日报，历时最久、册数最多、内容最丰富者，当属《女子世界》。《女子世界》的编者自觉立身于时代前沿，振聋发聩地提出"女子世界"的构想，如金一在《〈女子世界〉发刊词》中明言："谓二十世纪中国之世界，女子之世界，亦何不可？"丁初我在《女子世界颂词》中说："吾爱今世界，吾尤爱尤惜今二十世纪如花如锦之女子世界。"②

辛亥革命时期出现了妇女报刊的第一次发展高潮。据不完全统计，从 20 世纪初到 1912 年，全国各地的妇女报刊有 40 多种。

五四时期，伴随着新文化运动的激荡和马克思主义的思想传播，有关妇女解放的问题日益受到社会关注，妇女解放思潮迎来了空前活跃的局面。妇女报刊无论是内容还是形式都有了较大变革。1915—1920 年间创刊的妇女刊物就有 33 种，除此之外，一些非妇女报刊也辟有妇女专刊、专栏或专号，探讨妇女婚姻、教育与就业等问题，介绍新思想、新学说，注重有关妇女问题的社会调查，使这一时期妇女报刊的发展呈现异常活跃的局面。

中国共产党成立后，自觉把妇女解放作为己任，妇女报刊步入新的发展阶段。1921 年 12 月 10 日，以上海女界联合会名义出版的《妇女声》在中国共产党的直接推动下创刊，借以指导无产阶级妇女运动，这是中国共产党领导创办的第一份妇女刊物。

抗日时期，为呼应广泛动员妇女参加抗战的政治需要，代表各党派妇女及妇女团体的刊物，包括妇女期刊和报纸上的副刊的分布地域空前广泛。无

---

① 李琦：《传媒与性别——女性媒介的传播社会学阐释》，湖南师范大学出版社 2008 年版，第 64 页。

② 夏晓虹：《晚清女性与近代中国》，北京大学出版社 2004 年版，第 75-77 页。

论是前线还是后方，无论大城市、中小城镇抑或农村，无论国统区还是抗日根据地或"孤岛"上海，都出版妇女刊物。据不完全统计，抗战八年创办的妇女报刊有 130 余种。

1949 年 3 月 24 日至 4 月 3 日，中国妇女第一次代表大会在北平召开。7 月 20 日，《新中国妇女》月刊与读者见面。它根据当前妇女工作的重心，以"帮助读者学习如何运用马列主义毛泽东思想分析中国当代妇女运动的理论和实践，从社会科学、自然科学、文艺创作等各方面来研究妇女问题和妇女运动，帮助读者正确、全面地认识新中国妇女解放的途径，并循着这条大道前进，同时也将更进一步帮助各地读者了解妇女生活和妇女工作情况，交流妇女工作经验，供给妇女工作材料，指导妇女运动的发展。为此，《新中国妇女》月刊，将是一个以妇女问题为中心的综合刊物"[1]。

随着时代的进步，女性对社会生活的各个领域都有着自己特殊的需求，女性媒介因此应运而生。它以女性的视角去观察事物，反映女性独有的生活经验和情感体验，展示女性的风采，女性媒介成为构建和传播女性文化的一个重要场域。目前，我国女性媒介种类繁多，它满足了不同年龄、职业、文化层次的女性的诉求，为她们提供了多样的话语空间。

就女性时尚类杂志而言，其分类尤为明显，其根据女性受众兴趣和爱好的差别，对媒介市场进行细分，走差异化生存之路。从年龄段上，这些时尚杂志将女性划分为花季少女、25 岁以下、25 岁到 30 岁，如属少女杂志的有《青春一族》、《微微少女服饰》与《希望》等，25 岁到 30 岁的则有《妈咪宝贝》；从角色上，则分为学生、职业女性、家庭主妇与孕妇等，职业女性杂志有《职业女性》，家庭主妇则有《好管家》、《好主妇》等。从内容上来分，有时装、化妆、健美与家居等，如《世界服装之苑》、《中国化妆品》与《健美女性》等。个人在需求、态度、价值观、智力以及其他个人因素方面所形成的差异，需要媒介提供一个成熟的舆论环境，以便消除媒介在产制过程中所形成的性别偏见。在大众文化甚嚣尘上的当下，女性媒介的适时出现，为我国不同层次的女性群体提供了一定的话语场所。

近年来，电视已成为传统媒体中最受民众欢迎的大众媒介。当今世界以美国为代表的许多国家都开设有专门的女性频道。我国的女性电视也不甘落后，据统计，"我国各省市级电视台播出的与女性相关的电视节目有 92 个，专业女性频道开办了 8 个"[2]。其中最有影响的电视节目当属 1995 年央视创办的《半边天》。经过数次改版，《半边天》已由介绍妇女日常生活常识、

---

① 宋素红：《简论中国妇女报刊的产生与发展（1898—1949）》，《郑州大学学报》2003 年第 5 期。

② 傅宁：《女性电视节目的历史、现状和建议》，《中国广播电视学刊》2007 年第 7 期。

妇女维权等内容，发展到用女性视角关注女性自身发展这一层面上，例如，关注商场女厕所的设置、女性整容热等话题。1999年，原长沙有线电视一套创办首家以女性命名的专业频道——长沙女性频道，该频道标举"用女人的眼光看世界，用世界的眼光看女人"。随后，苏州女性频道成立，山东卫视《女性新概念》栏目等如雨后春笋般纷纷出现在大众的视野。不可否认，女性频道和女性栏目在倡导两性平等、关注女性生活以及激发女性意识等方面具有一定的推动作用。但现在，各省市的女性节目多是以服饰、美容与情感等为主打内容的时尚类节目，有统计分析发现，"时尚类节目的数量远远多于其他类型，现在我国共有此类节目24个，占女性节目总数的27%。第二位的是情感谈话类节目，共17个，占据着25.4%"①。时尚类女性节目的风行正表明，现代女性媒介深受消费主义文化的影响，当前的女性节目并未冲破传统文化的牢笼，人们依旧习惯从男权文化视角来审视女性。

在我国的大众传媒领域中，作为交流和影响范围较广的公共信息平台，高速发展的互联网，在追求性别平等、妇女解放、促进妇女全面发展等方面发挥着巨大潜能。这其中，尤以女性网站见长，它从以往被男性所掌控的网络空间中横空出世，扩大了女性的生活范围，使女性的自我表达和社会交往更加自由，从而增加了女性在社会中的可见度，在网络世界形成了一股强大的力量。目前，根据女性网站传播主题和内容的不同，我国的女性网站主要可分为三大类：官方女性网站，如中国妇女网；公益性民间女性网站，如女声网、女权在线等；商业女性网站（其中包括专业女性网站及部分网站中的女性频道），如瑞丽女性、新浪女性等。

在这些女性媒介中，报道内容基本上以女性为主，因此女性出现的频率、被引用的频率和被拍摄的频率远远高于其他媒介，女性成为媒介关注的焦点。更重要的是，女性不再是以男性附属品的形象出现，报道的内容也不再局限于婚姻、家庭、美容与娱乐等方面。女性媒介不仅报道女性在私人领域中的妻子、母亲等角色的形象，还报道女性在公共领域中的各种社会角色的形象，展现了女性社会、家庭与个人的三维立体人生，解构了其他媒介中"贤妻良母"的社会性别话语，重建女性话语空间与话语秩序。

女性媒介从建构女性主体性这一关键点入手，传播女性话语，解构男权话语体系。在女性自己专有的传媒中，报道主体以女性为主。在从事女性传媒业的工作人员中，女性占主流，无论是编辑还是记者，都以女性为主，这解构并颠覆了以往传媒业中以男性为报道主体的传统，确认了女性在女性媒介中的主体地位，让她们拥有了媒介定位、选题与报道风格等一系列的自主

---

① 傅宁：《女性电视节目的历史、现状和建议》，《中国广播电视学刊》2007年第7期。

权，女性以自己的价值体系去观察和理解事物，确认媒介的主旨和风格，服务于女性，使一度被压抑的女性话语得以释放并言说。

但是，就目前来看，女性专有传媒还是太少，我们考察一下当前占主导地位的电视媒介就可见一斑。有调查表明，在32个省、区、直辖市以上的电视台中，仅有7家电视台有专门的妇女节目，约占节目总数的22%。此外，妇女节目的播出数量也比较少。据估算，7个台每周播出妇女节目470分钟，约8个小时，仅占这7个台周播出总时数（约441小时）的1.8%。大部分妇女节目未能占据晚间的黄金时间段，节目难以产生社会影响。① 并且，在一些女性专有的传媒中，无论是网络、电视还是杂志，对女性不自觉的歧视依然存在，有学者表示，在分众媒体时代，女性网站的基本内容主要是对日常生活的展示，这当中涵盖的是女性日常生活的衣食住行，鲜少跳出美容、时尚、情爱等的束缚。② 因此，有了女性自己的传媒，并不意味着女性就成为了该传媒的主体。在互联网这一新型媒体中，女性网站所提供的内容显然不足以满足女性对其事业、身心健康和多元化信息的现实需求。

在女性电视节目中，这一刻板印象依旧未能得到较好的改善。以长沙女性频道的主打节目《活色生香每一天》为例，节目中的表演者都有一个统一的名字——"电视宝贝"，她们是电视节目的新闻采访人。原本，"电视宝贝"应以一种审视的方式介入社会，是电视节目的主动者，但她们在采访别人的同时，却恰恰被采访的人审视，被广大受众审视。其意义的生成不在于她的采访是否到位，而是她们的脸蛋是否漂亮、衣着是否时尚。正如学者提出的："作为主体的肖蓉、黄羽舒、柳露和张赛男等二十余人便统统成了一个个苍白的阿拉伯数字，成了一个个空洞的符号，她们每天'活色生香'，为男性、为消费社会、为以男人视角观看她们的同性受众提供一种走秀式的采访。"③

在全国百余家号称针对女性的期刊中，我们甚至很难找到一个专业且资深的女性理财栏目，丰富多彩的社会生活究竟有多少进入了性别期刊的视野？有学者一针见血地指出其中的弊端："目前有些性别期刊将精力过多地放在制造性别偶像的工作上，比如将男性'精英化'，或将女性'模特化'，应该说，性别期刊的'造梦'工作，其重点在激发两性读者内在的优越感和奋斗的勇气，但是造梦造得过于空远而单调，势必会让读者在比照中产生压

---

① 罗敏：《大众传媒中的女性失位现象思考》，《中国科技信息》2005年第5期。

② 肖燕芳，罗映纯：《崛起与没落——女性网站的生存真相》，《出版发行研究》2012年第7期。

③ 聂茂：《消费主义旗帜下女性符号的他者化——长沙女性频道主打节目之精神学分析》，《求索》2005年第2期。

抑感，甚至产生对刊物的疏离。"①

通过对我国女性媒介的简单回顾，我们发现，这间接性地表明了一种世界性的性别传播趋势：媒介产业依旧由男性支配。"无论在何种社会背景下，社会性别不可避免地、始终如一地与人类情境相关联"②。在这个庞大的传媒体系中，男性操控核心话语权，不管是在传媒组织的高层抑或在薪酬待遇等方面，女性始终无法与男性抗衡。媒介生产的组织环境、女性从业的角色局限等将女性阻隔在女性媒介的决策管理层之外。我国根深蒂固的男权思想，无论在男性传者还是女性传者身上，都打上了深刻的烙印，在一定程度上已内化为一种集体无意识。

三、女性与传媒新技术

随着传媒技术的不断革新，尤其是计算机与互联网的高速发展，使得女性不得不投入到新技术的竞争中，以避免自己丧失技术话语权，进而导致传媒话语权被剥夺。

据瑞典互联网市场研究机构 Pingdom 发布的数据显示，2012 年全球互联网用户数高达 24 亿，其中亚洲互联网用户数 11 亿。③ 截至 2013 年 3 月，《中国视听新媒体发展报告（2013）》指出，全国共有 608 家机构获批开展互联网视听节目服务，19 家省级以上广电播出机构获批开办网络广播电视台，22 家地市级广电播出机构获批共同建设运营城市联合网络电视台（CUTV）。④ 随着计算机和互联网的迅速普及，越来越多的记者告别纸、笔和打字机，运用计算机和互联网开展新闻报道，改变了传统的单向传播方式。毋庸置疑，女性从业人员面临新媒体的巨大挑战，一定要在新技术领域抢占先机，方能掌握一定的话语权。

长久以来，传媒被视为由男性单一话语构建，以男性权益为中心的结构体系，女性被置于边缘，甚至缺席。在这样的背景下，传媒权力掌控在男性手中，传媒中的男性话语以居高临下的姿态，陈述着男性中心文化视角及审美倾向。女性从业人员对传媒技术的掌握程度，牵涉到女性在传媒行业的权力和话语表达。女性传媒从业人员必须跨越历史和现实的障碍，掌握新技术，在新世纪里才能有所作为。若女性掌握了计算机和互联网等新技术，这

---

① 陈宁：《性别期刊的突围之剑——论性别意识的建立对性别期刊的发展及研究的意义》，《出版发行研究》2005 年第 6 期。

② ［荷］凡·祖伦：《女性主义媒介研究》，曹晋、曹茂译，广西师范大学出版社 2007 年版，第 85 页。

③ http://tech.sina.com.cn/i/2013-01-17/15487987679.shtml.

④ http://news.sina.com.cn/m/2013-06-17/162127421553.shtml.

将为女性的媒介言说带来不可估量的地位优势，实现质的改变与飞跃。

首先，是女性的国际化。借助互联网，女性能更自由地进入国际社会，扩大思想、知识和生活的范围，视野不再局限于家庭与社区等狭小的区域。通过环球交流，女性对国际社会的认同、对多元文化的理解，将成为她们思考问题的新基点。同时，信息传播的双向互动，是网络传播的本质特征和社会意义的集中所在，在网络互动中，信息的传者不再享有信息特权，与受众一道成为真正意义上的平等交流伙伴。网络用户不仅可以平等地发布信息，还可以平等地开展讨论与辩论。这为女性进入主流话语空间提供了技术上的支持，网络促进了女性的现代化，给女性提供了自由发展的机会。互联网技术本身鼓励女性成为积极的主体，并为女性提供了信息制作、信息发布的社会功能，为女性成为真正的、富有创造精神的主体奠定了坚实的基础。

其次，网络的普及有助于女性获得平等的社会地位。信息化、网络化带来的办公地点与时间的灵活性为女性解放提供了一定的便利条件。从未来发展的大趋势看，在网络时代，地点与时间将不再成为人们联系与沟通的障碍，一台电脑、一根网线就能将个人与世界紧密相连。另一方面，信息生产已成为人们重要的生产方式，网络时代使得在何处办公并不重要，弹性工作制在未来有可能成为普遍的工作方式，这将使妇女更多地参与社会活动并能兼顾家庭，同时也为男性更多地承担家庭责任创造机会，也为女性在传媒中大显身手提供了外在条件。

再次，利用网络，女性可以更深入地参与传播活动。网络帮助妇女打开了一扇门，使其可以较自由地进入传统的男性传播领域。在互联网信息时代，人们之间的交流通常是通过网络来传递信息，女性在体力上的劣势可以在一定程度上得以弥补。再加上女性网状思维的特性，女性更能在极其纷繁复杂而又瞬息万变的信息流中遴选出有效信息。如此看来，女性在未来信息社会中的优势将愈发明显。

如果说，最初进入网络空间的女性大多是科研人员、教师、白领与知识分子等强势群体的话，那么，随着互联网技术复杂性的降低、国家网络建设的普及性提高，将会有更多女性获得相应的使用权。当越来越多的女性更好地了解互联网并使之为自己服务时，网络化时代才会真正到来。网络化社会将是一个崭新的世界，而两性关系的重新建构也是其中重要的组成部分。①

但一个不容回避的事实是，网络作为新型工具与技术仍掌握在男性手中。我们所生存的现实社会仍然是一个由男性及男性观念主宰的社会，这一现实反映在女性与网络技术的关系上，则表现为女性仍然是"使用者"而非

---

① 王小波：《网络化与社会性别结构》，《天津社会科学》2005 年第 1 期。

"控制者"。网络自产生以来，就被视为与女性无关的事物，男性被认为是网络理所当然的领导者。在网络技术开发的最初阶段，女性研究者的身影极为罕见。这当然与网络研究的最初背景——军事安全——有关，这一背景使得在网络诞生之初，女性便作为"使用者"而非"创造者"或"控制者"与之发生联系。即便到了今天，计算机研究与开发领域中的女性也大多是辅助人员，而非决策者或创意者，在此等境况下，无法想象网络会对女性做出怎样的评价与定位。

互联网属于高科技产物，在一定程度上需要从业者付出巨大的体力和智力，由此导致网络传播者中男性远多于女性，而传播者的社会性别意识会直接作用于网络传播过程，通过传播内容与方式传递给受众。性别比例明显失衡，势必影响网络中的性别环境，进而影响传播对现实性别观念的认知，网络上女性形象的塑造和女性栏目、女性网站的设置和创立即是女性传播者社会性别意识的体现。据调查，女性传播者认为首要因素是"因为自己的性别，更关心女性命运"（74.8%），而男性传播者认为首要因素是"女性主题是软性题材，会有卖点"（30.5%）。① 关注女性题材的传播者，主要是部分媒体女性专栏的工作者、与妇联关系密切的"条线记者"及在传媒兼职的妇女问题专家，她们具有较强烈的社会性别观念取向。这其中，一些传播者往往片面地认为，只要传播中出现女性形象就是注重女性报道，却不知其根本在于呈现女性的什么角色和怎样进行报道。

从这个层面来说，女性要加强网络知识和技术的学习，充分利用网络维护自身权益。特别是对女新闻工作者而言，使用网络可以大大减少工作量，使之与世界同步前进。目前，在女性使用网络数量增加的同时，也催生了女性网络的建立，如"女性研究数据库"及"女性及信息技术中心"等。

但同时，我们也应注意到，网络的控制者仍然是男性，女性在其中仍扮演着弱者的形象。使用计算机和互联网并非体力活，男女应该没有差异，而在现实中，男性的计算机使用率比女性要高，卜卫引用一位女记者的解释说，这主要是观念问题，也是经验问题。这位记者说："我们可以回忆一下，在每个家庭，电视机、录像机买回家，是谁在调试？灯泡坏了，是谁去换？可以说，多数是家里的男性。所以男性对操作技术有丰富经验，因而也具有这方面的自信。女性的经验就少，所以女性比男性害怕技术。"② 显然，计算机使用及一切技术上的事情，男女差异不在能力而在经验和兴趣。从这里可以看出，女性传媒从业人员要想在新技术中脱颖而出，必须努力克服传统思想障碍，唯有如此，方能在传媒竞争中，与男性并驾齐驱。

---

① 沈美华：《传媒工作者社会性别观念和行为取向及对策的战略思考》，《妇女研究论丛》2002 年第 3 期。

② 卜卫：《媒介与性别》，江苏人民出版社 2001 年版，第 157 页。

第二节　传媒与女性形象

波德里亚曾问："身体是女性的吗？"① 男女的社会性别差异是后天社会文化所赋予、培养的结果，对男女性别的刻板印象来源于社会性别，主要包括对男女两性的性格、形象、智力、社会分工与家庭角色等方面的定型化。大众传媒自觉和不自觉地对男女两性进行角色定型化描述，观众因被反复灌输这种描述进而对两性的社会性别形成偏见。比如，在电视上男性多具有理性、智慧、坚强与勇敢等特征，而女性则多为温柔、迷人、性感、情绪化与依赖男性的角色。大众传媒中这种两性的刻板印象，主要是通过将女性符号化、物品化和性对象化来达成的。

一、女性被符号化

大众传媒的意识形态威力，在于它不仅能控制人的思想，而且能渗入人的心理结构，改变人的思维方式和价值观念，使人彻底失去内心的独立与自由，从而自愿地接受这种控制和操纵。也正是在这一过程中，渗透于文化各领域的意识形态帮助各种机构塑造社会个体的社会性别意识，并再生产传统的性别分工，利用隐性或显性的性别成见重塑女性的主体性。"女性作为文化符号，只是由男性命名创造，按男性经验去规范，且既能满足男性欲望，又有消其恐惧的空洞能指"②，经由媒介的隐性建构，使女性自愿接受妻子、母亲的性别角色，甘愿处于社会分工中的从属地位。大众传媒将女性符号化，使女性接受传媒为她们设立的社会角色，接受那些与其社会利益不相一致的观念，进而完成对现有男女不平等的父权制社会权力结构的复制乃至再生产，这也从侧面再次体现了"男性话语对女性一厢情愿的想象和叙述以及男权话语对女性形象的侵犯和强暴"。③

我们以传媒赞美母亲的现象为例，对女性被符号化加以阐释。在许多关

---

① ［法］让·波德里亚：《消费社会》，刘成富、全志钢译，南京大学出版社2004年版，第149页。

② 荒林、王红旗：《中国女性文化 No.1》，中国文联出版社2000年版，第16页。

③ 李琦：《传媒与性别——女性媒介的传播社会学阐释》，湖南师范大学出版社2008年版，第230页。

于女性杰出者的报道中，这些女性常常既是社会的强者，又是慈祥的母亲。传媒往往会从如下角度来进行报道，以突出这些女性在工作、家庭生活中的两难：或以欣赏的口吻报道她们如何挤出时间来照顾家庭，是一位为人称道的贤妻良母，或以无奈的语气渲染她们因未尽到妻母职责而产生的无限愧疚和深深自责。在这里，女性已被符号化，她作为母亲，只能在照顾好家庭的前提下，才能开展自身的工作，这是社会规定的，服从它，就是"贤妻良母"，违背它，就有"愧疚和自责"。这显然是站在男性本位立场上，让男性自身对异性的心理需求压倒女性的主体性。在传媒中出现这种情况，无论是赞美母亲抑或否定母亲，都是应当予以批判和解构的。

赞美母亲，本是人类一种合理的心理特征，但它也必须有限度。这个限度就是，对母亲的颂歌必须与理解母亲作为一个人的生命逻辑相结合，必须以尊重母亲作为一个人的主体性价值为前提。如果说，男性是站在理解女性生命逻辑、尊重女性主体性乃至激发女性主体性的立场上，那么，无论赞美还是批判，都是无可厚非的。"否则，这一种颂歌就可能变成仅仅以母性界定母亲的生命价值，剥夺母亲作为一个人的生命丰富性。男权文化中的母亲颂歌，就是以母性遮蔽、剥夺女性其他丰富多样的生命需求，从而使得女性沦为一个没有主体性价值的，仅仅是为满足男性恋母心理需求而存在的工具"①。女性被符号化之后，个中潜藏的女性歧视常常不被发觉，这更需要我们在传媒活动中保持一定的警醒。

有学者对《东方时空》2002 年 6 月 20 日至 2002 年 9 月 21 日的三个子栏目作分析，发现《百姓故事》栏目中女性成为报道主角的占 26.6%，高于占 21.3% 的《东方之子》和只占 18% 的《时空连线》，但这个梯度并不让人乐观，因为它暗示着对男女两性的陈规角色定型。女性多以远离权力、权威和知识的平民身份出现在《百姓故事》当中。尤其能反映节目制作者陈旧观念的是，被拍摄的 29 位女性有 11 位定位于家庭，节目标题就是《奶奶》、《姥姥》与《大姐》等，她们讲述的多为家长里短的故事。《时空连线》的嘉宾都是男性官员或专家，他们对社会热点及新闻事件发表权威性分析，阐述产生原因、发展趋势以及如何采取相应对策。女性常常既不在新闻内，也不在新闻外，大大少于男性参与"连线"的机会。②

更为重要的是，我们只要注意观察，就会发现，《东方时空》隐含了更深层次的女性观，即使在《东方之子》对一些女名人的采访中，家庭状况也成为必需考量的问题之一，如问做不做家务、给不给丈夫烧小菜、下辈子还

① 唐英：《女权主义视野下的媒介研究》，《西南民族大学学报》2005 年第 6 期。
② 寿沅君：《从〈东方时空〉看主流媒介的性别平等意识》，《妇女研究论丛》2003 年第 5 期。

做不做女人，等等。此外，化妆、发型与服饰等个人生活问题也总是被记者一一询问。如果这些提问只是一两个记者所为，那也不足为奇，但这样的提问在媒体上被一而再、再而三地予以复制，就值得深刻反思了。进入《东方之子》的女性都在事业上有所成就，也都有自己内心的压力与矛盾，但这并非一定与家庭有关，她们面临的挑战是多种多样的。主持人总是运用传统的性别眼光来看待问题，提一些似曾相识的老问题，将女性定型化。

纵览当下的大众媒介，我们发现，女性被符号化、定型化的情形随处可见。

以影视剧为例，从新中国成立初期到新时期以前，我国影视剧中最常出现的女性形象多为母亲、缺乏性别整体性的"非女性"或女战士、女英雄。她们扮演着与男性同样的社会角色，承担着与男性同样的社会义务，其女性意识被完全遮蔽。如1990年底，中国第一部大型室内剧《渴望》中的刘慧芳集温柔、贤惠、包容与忍让等优秀品质于一身，有学者认为，这个"父权文化建构的自我意识缺失的道德符号"完全符合男权意识形态对女性的社会需求①。又如谍战剧《潜伏》中的女英雄左蓝，其虽被冠以"英雄"的光荣称号，但在剧中的戏份和角色地位明显不如同剧男英雄显赫。在父权社会，女英雄的结局大多遵循统一范式——死亡，"女英雄"的英勇牺牲，"表面上是为了使其英雄称号更加名副其实，实则是男权话语的一种延续"②，女性仍旧走不出被符号化的命运窠臼。从另一个角度看，这些被扭曲的女性形象实质上是男性占主导地位社会的产物，这削弱了女性应有的社会价值，再现了男尊女卑的陈腐观念。这些影视剧往往通过刻画女性的自私、狭隘、落后、不通情理来衬托男性的高风亮节，通过负面的女性形象来宣扬封建伦理道德和男权中心思想。

在网络世界里，女性形象符号化更是一种常态。由于网络多媒体的传播特性，图片在网络中运用得更为普遍。打开网页，铺天盖地的都是女性图片，从房产到手机，从食品到游戏，从化妆品到计算机，从银行卡到畅销书，都热衷采用女性作为广告形象。甚至，网页上作为点缀和调节版面的图片也以女性作为最佳选择，且大多以性感妖娆、透明半裸的形象示人。此外，还有许多媒体争相炒作强调女性特征的节目，教女人如何保养、烹饪，如何相夫教子，而对略为严肃的社会现象与时政议题，则鲜见女性的态度与观点。生活服务类节目貌似没有任何性别歧视，且在一定程度上可以普及生

①　李琦：《影像与传播——1990年代以来中国电视剧文化研究》，岳麓书社2011年版，第33页。

②　李琦：《影像与传播——1990年代以来中国电视剧文化研究》，岳麓书社2011年版，第190页。

活常识、提高生活水平，但它们同时也传达了这样的观念：女人所做的就是这些日常琐事。研究者对广告中的女性形象分析表明，广告中的女性职业角色有 51.6% 为家庭妇女，而男性职业角色中，科教文卫及领导管理者占 47%。广告中女性出现的地点 51.5% 是在家庭，出现在工作场所的仅占 14.5%，而男性即使出现在家里，也多为娱乐，做家务的只有 5.3%。①

美国学者塔奇曼曾提出"贬抑"的概念，认为媒介报道中女性受到贬低、歪曲或根本不被呈现。媒介对女性形象的这种符号化处理，无形中在社会范围内形成了"女人对社会问题不感兴趣"的片面看法。如此恶性循环，女性形象就定位在诸如红粉佳人、倾诉对象之类装饰性的社会边缘符号，在社会（包括社会中的女性）中强化了对女性的刻板印象。②

在传媒中，女性被符号化以至于形成刻板印象的原因主要有两个：一是大众传媒的制作主导权被男性所控制，他们固有的价值观念与文化取向带来对女性的成见；二是商品逻辑和市场压力的屈从，女性易成为卖点，成为促销的手段，导致传统女性刻板形象的大量复制与强化。

一个显而易见的事实是，大众传媒对女性形象的符号化处理危害极大。大众传媒利用社会中的优势意识形态来构建性别意义和性别模式，这种对规范、角色与等级的制约，常常会内化为受众的期望。美国特拉华大学传播学教授辛格·诺瑞丽（Nancy Signorielli）的一份调查研究报告显示，媒体对性别身份的影响在于，媒体提供了压倒性的信息表明，女性更关注约会和罗曼史，而男性更关注职业。在电视剧中，男性处于工作状态的比例为 41%，而女性为 28%；在电影中，男性达到 60%，女性则为 35%。③ 新中国成立以来，"男主外、女主内"的传统家庭伦理规范被逐渐破除，家庭结构已发生很大变化，而如今的传媒不断传播女性从属和依附的思想意识，助长男性的优越感，这必将误导青少年一代的价值观与人生观。

二、女性被物品化

诚如美国学者劳拉·穆尔维所言，"我们无法在男性的苍穹下另觅天空"。如今，大量传媒将女性物品化，传媒运用各种方式大肆炮制美女形象，将女性当作商品予以"售卖"。据相关调查统计，全国发行量较大的面向青年的杂志，几乎每期都采用美女为封面的有 20 多种，占 2/3 以上。④

---

① 刘伯红、卜卫：《试析我国电视广告中的男女角色定型》，《妇女研究论丛》1997 年第 2 期。
② 杨珍：《"被看的女人"——媒介传播中女性形象的符号学批判》，《太原师范学院学报》2004 年第 1 期。
③ 罗敏：《大众传媒中的女性失位现象思考》，《中国科技信息》2005 年第 5 期。
④ 黄杨：《媒介中的女青年形象简析》，《妇女研究论丛》1996 年第 2 期。

大众传媒通过变形、媚态与定格等手段，将女性形象演变成一种物化的形象。所谓变形，一方面是指女性身体的某些部位被放大，被肢解，另一方面是指在价值评判上扭曲女性的人格。媚态则是指女性形象总是给人以讨好、取悦他人的感觉。定格、格式化则是指媒体中女性被局限于固定的活动空间，如家庭、美容院和购物场所，且被受众模仿、复制和延续。总之，"大众媒介总是习惯利用受众最熟悉的价值与前提，即社会中的男性优势意识形态来建构性别的意义和模式，赋予女性年轻、漂亮、狭隘、享乐等角色定型的社会标签，遮蔽并篡改女性生活经验和情感体验的全貌"。①

女性被物品化，最具代表性的传播文本是广告。英国学者约翰·伯格在《观看之道》一书中针对广告中的女性，提出"被看的女人"的观点："男人看女人，女人看着她们自己被看，这不仅决定了男人和女人之间的关系，而且决定了女人和她们自己的关系。"② 这里的"看"与"被看"表明男女两性的潜在关系，"被看"是女人的命运，"看"的动作属于男人。即使是女人看女人，也是用男人的眼光去看。女性形象的建构自始至终受到男权文化惯习的制约，体现极大的抚慰男性、安抚女性的社会功能。在流行的"注意力"经济之下，为吸引大众眼球而展示的"女性魅力"是父权制和商业性的合谋，在一定程度上迎合了社会的"窥淫欲"，轻视乃至忽视了女性的主体意识。

现如今，不管在何种性质的传媒中，广告对女性的物化现象比比皆是。绝大多数的女性用品（化妆品、减肥产品等）广告都存在一个显在的或隐在的男性主体，一双男性的眼睛，而广告中的女性就是为了取悦这个主体或这双眼睛而频抛媚眼，搔首弄姿。女性永远是"被看"的对象，成为男性审美的客体。近年来，丰乳化妆品日益火爆，大肆"掠夺"着女性的腰包。据报载，仅广州1998年丰乳市场的销售额就达数亿元之多。③ 美国学者曾指出，"从来没有如此之多的行业，通过让我们相信自己长得不够标致而盈利。整个工业都利用描绘'美丽'妇女的狡猾广告，利用我们对自己不够尽善尽美所怀有的不安全感和恐惧，向我们兜售产品，从而得以维持"④。学者卜卫对《女友》杂志1990年到1996年共7个年度的所有广告进行统计，发现含有性别歧视的广告就占11.8%，而这些广告大都是丰乳用品广告。⑤ 如《女

① 李琦：《传媒与性别——女性媒介的传播社会学阐释》，湖南师范大学出版社2008年版，第229页。

② 陈阳：《性别与传播》，《国际新闻界》2001年第1期。

③ 张旭："丰乳"背后的思考》，《中国健康月刊》1999年第11期。

④ ［美］波士顿妇女健康写作集体：《美国妇女自我保健经典——我们的身体，我们自己》，知识出版社1998年版，第5页。

⑤ 卜卫：《媒介与性别》，江苏人民出版社2001年版，第219-220页。

友》1996年第3期的一则彩色广告说："挺不起胸，怎能抬得起头？"卜卫指出，"没有丰满的乳房就没有'自信'或'抬不起头'的意涵是将乳房的形态当作决定女性价值的唯一因素，因此这类广告被视为歧视"①。丰乳健美本无错，但广告作为一种承载文化信息的媒体，具有广泛的传播途径，理应具备一定的思想性和社会性。丰乳用品广告潜藏着浓厚的性别歧视，主要体现在它将丰乳与女性"成熟"（同时也意味着性感）、"智慧"、"自信"和"魅力"等价值相联系并等同。广告媒介遵循传统的文化陈规，打着消费主义的幌子，擅用女性身体，偷运集体无意识的性别歧视，导致消费者对广告中隐含的性别歧视的默许。

概括说来，传媒广告对女性形象的物品化主要表现在以下三个方面：

第一，将女性刻画成超现实的完美化身，使女性永远沦为被看的对象，成为男性审美的客体存在。"美丽是她的唯一属性。她没有皱纹、疤痕和瑕疵。的确，她连毛孔都没有。她苗条，通常很高，又有一双长腿，而且年轻。无论产品和观众是谁，所有广告中的美女都遵循这一标准"②。这种肤浅、表面化和程式化的标准成为广告塑造女性形象惯用的模式，将女性搁置在"被看"、被观赏的位置，否定女性作为美的主体的存在，剥夺了女性对自身角色认识的权力和生存的价值判断，进一步固化乃至强化了性别陈规。

第二，广告中的女性形象作为一种"被看"的视觉符号，是由男性操纵和运作的，是按照男性经验来规范和阐释的。也就是说，它始终体现的是男性的视角和需求，满足的是男性的观看欲望。传媒中女性优美的曲线、裸露的胴体给人以极其强烈的视觉诱惑，满足了男性的心理期待。于是，"我们都有意无意地、不由自主地注意女人的形体，打量她的眼睛、口唇、胸部、臀部、腿部的大小及形状，揣测她皮肤、头发、肌肉的质地，评判她的身体各处的苗条程度。在这种近于宗教仪式化的体形分析过程中，女人是一个客体：在他人眼中和她自己眼中，她都是一个被动的评价对象，而不是主体"③。

第三，女性的美丽容颜与性别特征在广告中也成为一种商品，其终极价值就是为了吸引受众对广告的"眼球注意力"。消费主义对传媒文化的侵蚀，使女性形象大规模进入商业交换活动，女性泛情与滥情的刻板形象被一再重复，进而演变为某种常规武器或敛财诱饵。广告精心设计一个"温柔的陷阱"，首先让女性形象升格为美的化身，为其贴上"合理"的标签以进一步

---

① 卜卫：《媒介与性别》，江苏人民出版社2001年版，第220页。

② 廖云：《广告性别歧视的批判分析》，《湖北民族学院学报》2004年第6期。

③ ［美］波利·杨－艾森卓：《性别与欲望——不受诅咒的潘多拉》，杨广学译，中国社会科学出版社2003年版，第105页。

诱惑受众，再用裸露的女体包装商品，增加商品的附加价值，让男性受众觉得十分好看，在视觉上得到充分享受，然后产生一种心理快感，并希望这种快感在时间上得以延续，最后，他就极有可能觉得这件商品值得购买，因为在购买商品的同时，把女性形象同时也购买下来了。在这里，女性显然已被附加上商品的性格，成为物化的商品，这不仅是对女性主体价值的贬低，而且投射出男权社会一个隐秘的权力意识——占有。①

广告对女性的性别歧视，从表象上看，是广告将女性符号化、商品化，而深层次思考，则是男权意识对女性长期奴化的结果。即使在追求男女平等的现代社会，广告中的女性形象大多仍是依照男性的价值取舍和欲望需求来表现的，它在体现社会文化中男权意识延续的同时，还滋长了男权至上的文化心理和传统观念，使女性的生存空间受到钳制与挤压，使女性的生存状态受到压抑。

大众传媒从满足男性感官需要出发，界定女性美，并利用这种"美"来吸引消费者，也影响众多女性。在电视广告中，女性形象在某种意义上，是通过作为主体的男性目光凝视而凸显出来的，女性成为被凝视的客体。传媒广告对女性物品化的处理，导致对女性评价的失范，造成的负面效应尤为显著，其消极影响主要体现为以下四点：

第一，导致被观赏性成为评价女性的标准，外在美成为衡量女性价值的砝码。女性的内在创造力、丰厚内涵与潜在才能等优秀品质被一一略去，只剩下由男权文化所决定的外表价值，这实质上是对女性人格和主体意识的彻底否定。

第二，导致审美标准的模式化与单一化。在传媒广告单一模式的评价标尺下，受商业化和男权文化束缚的女性刻板形象俯拾即是，给女性的现实生存和社会发展带来极大的消极影响。

第三，导致依顺和被动成为女性所崇尚的美德。电视广告大力宣扬温柔顺从与少女纯情。"温柔"当然是对男性的温柔，"纯情"则期待女性人生阅历、社会交往等方面的单纯与无知，无非是更易于男性对女性的操控。

第四，虚幻的"女性美"标准误导女性消费。媒介广告依靠传播女性的外在美，形塑着女性的性别角色。从生理角度看，"美"和"年轻"仅是一个短暂的过程，为了维护这种短暂的女性魅力，女性不得不借助外力来延长年轻姣好的容颜，于是，化妆、美容、丰乳与塑形之风盛行。女性开始按照一个所谓的公认的印象来塑造自我，无形中，商家的需要变成女性自我的需要，商家的标准成为女性的自觉追求。媒介对女性美的刻板界定让女性偏离

①　廖云：《广告性别歧视的批判分析》，《湖北民族学院学报》2004 年第 6 期。

了女性美的真正含义。①

女性在广告中的大量出现，说明女性不是被视为一种审美对象，而是被当成一种消费对象，正如学者李陀指出的："其最深处的动力并不是对'真、善、美'之类的追求，而是在以男权中心为原则的社会生活中男女不平等的结果。这种不平等不仅仅表现于社会体制层面上的男女之间压迫和被压迫的关系，而且在'美学'和'艺术表现'层面上，表现为'谁看'和'谁被看'、'谁欣赏'和'谁被欣赏'，以及谁的欲望被满足，而谁的欲望又被抹杀——这是更深层的一种压迫关系，但是往往被男权意识形态有意无意地搅浑水，使人很难察觉。"② 李陀的分析验证了当下传媒广告发展的现状，隐藏在各种社会活动、商业活动和精神活动中的广告话语包含着具有重要政治意义的"男性霸权"文化，时刻透露出男权社会的价值体系和思维模式，试图把男权社会对两性性别差异的界定和以男性为中心的意识形态传达给受众。

马克思曾在《1844 年经济学哲学手稿》中说过："拿妇女当作淫乐的牺牲品和婢女来对待，这表现了人在对待自身方面的无限的退化。"我们的社会要向更高的层次发展，就不能不正视这种"退化"。因为，社会的现代化和人的现代化是相互作用、互为因果、双向反馈的两个过程。通常，社会学把具有男女平等观念视为现代人的重要发展指标之一。而男女平等首先是一种观念上的平等，人格与尊严的平等，然后才是法律事实上的权利与权益的平等。广告虽非意识形态工具，但因其日益扩大的社会影响力正在对社会意识形态发出强烈的冲击波，所以，广告应从观念上正确地告诉人们：女人是什么。

当我们批判现代传媒对女性形象的物品化时，并不是要推行某种所谓的"女粹主义"，我们只是希冀获得一种以女性为出发点的观照方式，摒弃男权观念中将女性形象简化为"物品"的一维思想，最终旨归在于唤起整个社会对女性的关注，营造多元的传播空间与传播视角。

三、女性被性对象化

如今，大众传媒不断强化女性的危机意识，激化女性对自己身体的焦虑感。其流行的做法就是对女性加以肢解，将女性身体切分成各个不同的部位，每一部位都有变得粗糙、老化与起皱的危险，而与之伴随的是找不到爱情、失去男性关注的悲惨命运，所以女性被号召快快行动起来，用各种化妆

---

① 吴廷俊、郑玥：《电视广告中女性刻板印象解析》，《当代传播》2004 年第 5 期。
② 李陀：《"开心果女郎"——漫谈跨国资本与广告制作》，《读书》1995 年第 2 期。

品、美容品来武装自己的身体。女性主义批评家 Watkins 认为，正是男性那或隐或显的审视目光，使女性永远"处在美貌竞赛的巨大压力下——也就是以男人的观点从外在判断、批评她们的身体，而否定她们身体内在的感觉"。在这种审视的目光下，几乎每一个女人都惶惶不安地认为自己身体的这个或那个部位有缺陷。广告中美艳绝伦的女性咄咄逼人，她们无休无止地传达着同一个信息：我们才是男人所爱。结果，生活中的女性"永远在和模特儿的幽灵竞争"，永远在为镜中平凡的自我形象而苦恼。① 因为，她们害怕失去男人的注意力。

在广告中，女性成了男性眼中的性感尤物，这应验了"把爱欲和美的主题对象化到女性身上，构想成主管爱和美的女神，这绝不只是个别文化中的个别现象，而是一种相当普遍的人类现象。大凡发展到父权制文明早期阶段的民族国家，都在不同程度上具有产生类似观念与信仰的现实条件"②。因为，广告中的女性身体"反映了男性主体身份的成熟和女性客体地位的确认"③。男性作为具有主动性的主体，对女性有着欣赏的资格和权利，这种权利往往会导致两性的不平等。某手机的广告词是："她聪慧动人，她清新如水；芳名：智能星；三围：109 mm，45 mm，21 mm；身材：小巧玲珑；身价：1980 元。"在这里，女性完全被视为美丽动人的有价之物。将女性与手机等同起来，即女人＝物，这显然是对女性人格的轻视。2007 年年初，湖南经视播出了一则槟榔广告，"广告中三名身形各异的男子挤眉弄眼地睥睨着一个个走近的妙龄女郎，镜头将风情曼妙的女子丰满的胸部、诱人的臀部、修长的大腿等女性性征突出部位刻意打了特写"，紧接着推出广告词"胖哥糊涂味槟榔，诱惑，冲动，挡不住"④。这则广告运用夸张的叙事手法，不断强化对女性性别特征的刻画，如果说，上一则手机广告对女性性征采用了隐喻化的处理，那这则槟榔广告对女性性征的展现则更为直白、大胆。如此赤裸裸的性别展示，无非就是利用女性"性感尤物"的光环，吸引广大受众对广告商品的青睐。

透过一个个充斥着亮丽女性的广告，你总能感觉到男性的存在，是男性用批评的目光在审视着这些女性，男性的眼光、男性的需要决定着她们对自身美丽的自信程度，决定着她们对商品的选择，也决定着她们对自身价值的判断。当铺天盖地的广告将她们描述成为男性而美、为男性竞争的性对象

① 王春梅：《被肢解的女性——广告中的女性形象解读》，《江西社会科学》2005 年第 4 期。
② 叶舒宪：《高唐神女与维纳斯》，中国社会科学出版社 1997 年版，第 312 页。
③ 李小江：《女性审美意识探微》，河南人民出版社 1989 年版，第 47 页。
④ 李琦：《传媒与性别——女性媒介的传播社会学阐释》，湖南师范大学出版社 2008 年版，第 250 页。

时，她们得到的信息是：青春美貌对女性是第一位的，女性的首要任务是装扮美丽、防止衰老，得到男性赏识的目光。正如女性主义学者李小江所说："从来的社会中，女人总是'被看'的。"①"'被看'的过程是一个表象化和客体化的过程，抽空了美的生动内涵和人的个性色彩，潜移默化地在每一个女人心里造成了旨在迎合大众趣味（主要仍然是男性审美趣味）的审美情结"，所以，"女人走不出'被看'的困境，也无法最终走出美的阴影"②。的确，要改变这种现象，女性首先必须清楚地认识到广告中的性别歧视，并有意识地加以抵制，而不是盲目追随媒介中的女性形象，这样，女性才能走出男性的目光，走出"被看"的困境，避免丧失自我。

在消费文化中，大众传媒对女性的身体部位反复修改与组合，形成不断重复的主题，"比如：青春、美貌、活力、健康、运动、自由、浪漫、异域风情、奢华、快乐、趣味。然而，不论种种意象允诺什么，消费文化要求身在其中的接收者能够清醒、活力四射、精明冷静、以最佳状态去生活——生活不给那些根深蒂固的、习以为常的、或单调乏味的一切留有一席之地"③。有一品牌内衣的广告词可谓家喻户晓："做女人挺好"。在这里，"挺"不是副词，而是动词，是昂首挺胸的"挺"。这一句简洁的双关语将女性置于被男性欣赏、注目的地位，男性和女性的关系被视为主、客不平等的性别关系。

对化妆品广告的分析显示，在这些广告中，女性的完整形象常常被一双眼睛、一条美腿与一张红唇所取代，女性成功的标志在于男性的欣赏与追逐。这些广告把女性置于男性审视的目光之下，引导女性为男性而美，夸大外表美的重要性，强化女性对自己身体的恐慌，将性魅力作为女性追求的终极目标。其最终结果是使女性成为被肢解、被切割的形象，影响她们在心理上、精神上真正确立独立人格和自主意识。

现在有人认为，"广告＝商品＋女人"，而在其中，女人的身体成为最主要的言说对象。许多广告着意强调和凸显经过商品包装的女人婀娜的身段、光滑的肌肤、丰满的胸脯和迷人的大腿，竭力凸显女人性诱惑的魅力，严重忽视了女性的主体地位及其自身成长的需要。在某著名广告中，一个长发女郎坐在沙发上，"啪"地甩出一条修长的秀腿，旁边一位西装革履的男士立刻眼睛发直，意味深长的广告语适时推出"浪莎丝袜，不止是诱惑"。有一则啤酒广告是这样的，手持一杯啤酒的男子看着迎面走来的妙龄女郎，对身

① 李小江：《解读女人》，江苏人民出版社1999年版，第114页。
② 李小江：《解读女人》，江苏人民出版社1999年版，第101-102页。
③ ［英］迈克·费瑟斯通：《消费文化中的身体》，见汪民安、陈永国：《后身体：文化、权力和生命政治学》，吉林人民出版社2003年版，第328页。

边的两名男伴说："清新清爽，感觉不错吧？"男子玩狎的神色和语气使人在啤酒和女性之间产生了联想与替换，达到了隐喻的效果。此广告的喻体是啤酒，本体是女性，即通过啤酒来暗指女性，在短短十几秒内，把本应具有主体意识的人，转化为"物"，转化为"商品"，成为供男性消遣、把玩与品尝的对象。通过广告的叙事修辞，在女性与商品之间建立一种隐喻关系，大众传媒同样建构了当代中国女性的消费意识形态。男性话语就是这样将男人变为主体，将女性置换为客体，女性的精神内涵和人格尊严被粗暴地剥夺。然而遗憾的是，这类广告对女性的歧视尚未引起人们足够的警觉。

女性形象一直是影视作品中一道颇具特色的风景线。全世界99%的影视作品与女性有关，但是几乎大部分女性形象都被圈定在男性视野之中。正如美国女权主义理论家劳拉·穆尔维所言，男性主体是电影文本的观者，而女性则是被观看的客体，女性需要接受来自男导演、男主角以及男观众等三重意义上的看。需要解释的是，因女观众的审美经验基本上已长期被男性社会所驯化，并主动地向男权投靠和认同，因此女观众已失去她们自觉的女性意识，从而雄变为"男性观众"。正是在这种"被看"的女性形象的表现过程中，电影复制了父权制社会中男女不平等的权力结构。为实现影片的商业诉求，新中国男性导演如张艺谋、陈凯歌与冯小刚等执导的电影无一例外都利用、消费了女性的外表特征，影片对女性的描述多为：常身着吊带低胸的晚礼服，精致迷人的妆容、奢侈时尚的首饰佩戴、银一般光泽的颈和臂都毫无疑义地袒露在男性导演、男主角和男性观众以及审美倾向男性化了的女性观众面前。在时尚的表象下，女性的性感化呈现并没有为女性群体走入主流话语空间提供实质上的帮助，反而，长项链、圆手镯、钻石戒指与绳形耳环等，这些变异了的手铐和铁链缠绕在女主人公身体的各个关键部位，象征着男性依旧牢牢把控其男性霸权的中心位置。

一个国家观念更新的最后"死角"往往是对妇女的审视观。正如马克思所说："社会的进步可以用女性的社会地位来精确地衡量"①。1995年第四次世界妇女大会《行动纲领》指出，"大众传媒有很大潜力推进妇女的地位和男女平等，它们可以用打破常规的多样且均衡的方式勾画妇女与男子的形象"。因此，新闻工作者应提高社会性别意识，加强对妇女发展、妇女问题的宣传，力避对妇女形象的贬抑和侮辱性描绘，以增进全体公民对妇女人格与尊严、权利与地位的认识，奋力改变现代社会对女性的歧视和偏见。

---

① 《马克思恩格斯选集》第四卷，中共中央马克思恩格斯列宁斯大林著作编译局编译，人民出版社1995年版，第586页。

第三节　传媒与女性受众

据统计，经过调整与改进，我国现有 300 多家电视台，电视频道也由几十个增加到不同级别（国家级、省级、地市级等）的几千个，通过无线、卫星和有线等多种渠道不间断地播出各种电视节目。到 1999 年，我国有线电视网络总长达 300 万千米，用户达 7000 多万户，卫星与有线电视合计覆盖率在我国大城市已达 90%。截至 1998 年底，我国电视人口覆盖率为89.01%，电视受众总数超过 11 亿，构成世界上数量最庞大的收视群体。[1]在网络受众方面，据中国互联网络信息中心 2004 年 7 月第 14 次调查，我国网民中男性占 59.3%，女性占 40.7%。[2] 2015 年 2 月，由中国互联网络信息中心发布的第 35 次《中国互联网络发展状况统计报告》显示，截至 2014 年12 月，我国网民规模已达 6.49 亿，互联网提高率为 47.9%。

随着网络新技术的腾飞，受众的自主选择性日益增强。在高度市场化的环境中，为了适应新技术的发展，传媒的普及范围迅速扩增，传媒节目也不断丰富与改善，受众将是今后影响传媒生存与发展的决定性因素。传媒发展水平从卖方市场向买方市场转化，受众对传媒的消费能力从被动接受向积极主动抉择转化，传媒的运作机制从计划配置向市场自主调节转换，这三个因素促成我国传媒策略的调整——从传者中心时代向受众中心时代过渡。然而，在新的社会语境下，传媒与受众之间有着何种"使用与满足"的需求呢？有学者总结出传媒受众的需求层次：信息需求、交往需求、道德教育需求、文化知识需求、舆论启导需求与娱乐需求等。[3] 作为反抗性别歧视与性别压迫的源头，女性受众也被烙上了深刻的时代印记。

一、女性受众对传媒的接受

中国出版科学研究所设计的"2001 年杂志市场调查"报告显示，女性比男性更爱阅读杂志。女性读者每月阅读两种以上杂志的相对比例要高于男性读者中的同样比例。每月阅读一种杂志的女性占 49.4%，每月阅读两种杂志的占 31.5%，每月阅读三种及以上杂志的女性占 19.1%。调查结果显示，

---

① 周鸿铎、夏陈安：《电视频道经营实务》，经济管理出版社 2005 年版，第 11–12 页。
② 顾冬梅：《网络传播：性别仍未平等》，《传媒观察》2005 年第 2 期。
③ 程世寿、胡继明：《新闻社会学概论》，新华出版社 1997 年版，第 114 页。

女性读者最爱阅读生活服务、文学艺术、文化娱乐、少儿读物、卡通漫画和学习指导类的杂志。①

　　传媒的受众策略，不仅体现在传媒作为一个整体与受众之间的关系，而且也体现在不同形态的媒介之间受众格局的变化。除了杂志外，还有电视、报纸、广播、网络……对于许多女性来说，传媒已成为生活中不可或缺的一部分，并在潜移默化地影响和改变着她们的观念。中国妇女杂志社和华坤女性调查中心曾以"女性阅读习惯和倾向"为主题，对北京地区的女性读者开展问卷调查。这次调查结果显示，52.67%的女性认为传媒是自己生活中"不可缺少的一部分"，36.63%的女性认为"较为重要"，认为"可有可无"的仅占7.49%，而表示"完全不需要"的只有0.8%。调查结果还表明，女性每天花在传媒上的时间，79.46%的人平均在1小时以上，其中"1小时至2小时"的最多，占30.48%，"2小时至3小时"的占20.59%，"3小时以上"的占28.39%，还有17.38%的人每天花在传媒上的时间为"30分钟至1小时"；而"30分钟以下"的仅占2.39%。结果显示，"大多数女性承认传媒是女性生活中的亲密伙伴，并且在对传媒的选择上有自己的倾向，不喜欢格调低下的作品，偏好阅读积极向上的内容，希望传媒帮助女性提高能力，等等。这表明了女性对传媒有着自己的要求"。

　　另外，调查显示，81.96%的女性认为"大众传媒存在对女性的偏见"，认为"不存在偏见"的仅占9.02%。在调查中，28.12%的人表示，希望传媒能"帮助女性提高竞争能力和生存技能"，18.3%的人希望传媒能以"平等的眼光看待女性"，17.51%的人希望"帮助女性进一步树立自强自立精神"，15.12%的人希望"增加为女性服务类的信息、报道"，还有15.12%的人希望能"多为女性的权益呼吁"②。调查说明，女性受众已成为一个不容忽视的社会群体，她们对传媒的需求应当为社会所重视，后者应采取积极有力的措施，以保证女性受众的合法权益。

　　显然，女性受众在接受大众传媒时，呈现出自己独有的特征。

　　从收视行为来看，女性比男性更依赖电视。女人喜欢看电视剧，喜欢在一个假定的虚拟故事里找寻自己的影子。在看电视娱乐节目时，青年女性中有40.2%的人是"以看电视为主，兼做其他事"，有32.2%的人选择了"放下其他事，专心看电视"，从中，我们可以看出青年女性对电视娱乐节目的关注程度。电视娱乐节目，尤其是电视剧成为女性情感的释放地，她们会在电视中寻找和自己身份与命运相似的女性，也会对与自己人生经历有关的话

---

① 卖字来为生：《女性阅读习惯调查报告》，《今传媒》2005年第3期。
② 卖字来为生：《女性阅读习惯调查报告》，《今传媒》2005年第3期。

题投入特别的关注。

对参与电视娱乐节目，青年女性也表现出极大的热情。关于是否愿意参加博彩竞猜栏目，选择率最高的是"很想亲自参加"，占47.3%，其次是"希望家人参加"，占22.6%，对电视娱乐节目的改进，32.3%的人"希望提供更多的参与机会"，21.7%的人"希望增加家庭参与的娱乐游戏"。可见，青年女性已不甘心只作为娱乐节目的旁观者，她们更希望参与节目互动，体验一种前所未有的狂欢状态。①

从收视目的来看，青年女性收看电视娱乐节目的主要目的是放松、娱乐（占72.6%），她们很乐于接受来自电视传媒的时尚讯息，以从中得到启发与借鉴。比如对当前女主持人的着装，38.4%的人认为，女主持人的着装很时尚，成为她们在生活中模仿的榜样。② 而在消费影响方面，女性更加注重休闲消费，健身、美容等成为青年女性的首选。

对于女性而言，时尚杂志往往成为她们尤其是都市女性的生活百科全书。经由时尚杂志，女性既可查阅时尚资讯，了解最新服饰动态；又可参考爱情指南，从中获得情感支持；同时，还能获得美容知识和休闲购物信息，可以帮助她们充实日常生活。当女性读者接触时尚杂志后，便会被它从头到脚、从里到外的体贴和细心所吸引，产生高度的依赖和信任，女性读者会不由自主地模仿时尚杂志为她们所塑造的现代女性形象，视"杂志女郎"的一举一动为自己的行为规范与实践准则。

当然，女性对时尚杂志的这种态度是有利有弊的。有学者提醒说："时尚杂志一方面通过美容知识讲座使女性读者发现自身的美丽，唤醒她们的性别意识；但另一方面，却又使她们陷入技术操作和男性视野的藩篱之中而浑然不知"③。在消费主义文化的作用下，时尚杂志所形塑的女性形象多以性感、撩人为突出特征，与现实女性的发展方向相悖离。正如学者指出的："在现代化科技的推波助澜下，女人的身体已经成为一门专门的知识，不再为女人所控制，而只有美容健身专家及妇科医生才拥有这方面的知识。在这个知识逐渐专业化、科技化的时代，女人的身体虽然成为一门女人无法控制的科学，但女人却须经历各式各样的自虐仪式，装饰自己，成为待价而沽的后现代的白雪公主"④。

事实上，时尚杂志多在女性的身体美与外形美方面加以引导，这不仅取

---

① 崔亚娟：《女性的狂欢世纪——电视娱乐节目对女性的意义》，《当代电影》2001年第3期。
② 闫凯蕾：《潮流与风向标——青年女性的收视模式及其变异》，《当代电影》2001年第3期。
③ 郭培筠：《大众传媒中的女性形象》，《内蒙古工业大学学报》2003年第1期。
④ 张淑丽：《解构与建构：女性杂志、女权杂志、女权主义与大众文化研究》，《中外文学》1994年第2期。

悦了男性，而且在无形中使女性自身也以吸引男性为美。但女性借助漂亮时装、化妆用品所呈现出的自信和美，所理解的女性魅力，都是通过男性视角而获得的。可见，男权意识依然渗透在现代女性的思想意识当中。从这一点来看，时尚杂志所展露的是将女性物化、性化与商品化的倾向，它所塑造的时尚女性也远非真正觉醒的当代女性。

总而言之，无论是从收视行为还是收视目的来看，我国女性受众日趋多样化，尤其是在改革开放之后，女性受众的解码体验与社会性别意识日渐体现出不同于西方国家女性受众的中国特色。"面对大众传媒提供的通俗文本，不论其男权策略是温婉地藏匿其中，还是武断地大摇大摆，我国大多数女性受众懒得识别或是清醒地屈服、无奈地接受"[1]，其根源在于，中国传统文化对男性霸权的惯性纵容。此外，不同的女性受众对中国大众媒介中女性形象（女主持人或封面女郎等）美貌化的现象，持有不同态度。出于利润动机而采取的"美女吸引受众眼球"的传播策略高度契合当下的社会现实。有学者认为，美女形象背后依旧隐藏着"商业文化诉求及男性霸权的潜意识回笼"[2]，这也在一定程度上折射了西方女性主义受众理论与中国社会文化语境的契合程度。

二、传媒对女性受众的影响

美国报人瓦克尔曾说："新闻的第一个字是'女人'。"这句话的深层内涵是，关于女性的新闻拥有显著的新闻价值；女性受众是关注新闻媒体的主要群体。因此，电视媒体在报道社会新闻，诠释女性题材时必须考虑女性受众的视听需求。近年来，我国媒体对女性的关注度日益提高。1995年，中央电视台推出建台历史上第一个女性电视专栏《半边天》。1999年，长沙电视台推出"女性频道"，首开以一个频道全面展示女性生活的先河。这一切，对女性而言，都是好的开端。

就电视发展的总体而言，目前国内电视媒体表现女性题材的节目较之以往有了较为明显的增长。不过，女性节目的数量质量与女性的视听需求之间的差距还比较悬殊，女性节目与受众需求之间仍存在供不应求的失衡现象。从现有女性节目的内容和形式来看，部分女性节目尽是浅薄低俗的娱乐搞笑和倡导消费的"时尚秀"，内容单调乏味，一些节目甚至出现某种倾向性的偏差，使女性受众深感困惑与不满。有学者指出，"大量的媒介产品，尤其

---

① 张艳红：《女性主义视野下的媒介批评》，知识产权出版社2010年版，第154页。
② 张艳红《女性主义视野下的媒介批评》，知识产权出版社2010年版，第154页。

是流行文化，并不是真实的，而是集体的梦想、幻想和恐惧"①。当前的大众传媒并不能为受众带来实质性的收益，其传播行为满足的只是受众的娱乐消遣。有学者曾以《今日女报》为个案，探究读者为何会对一份女性报纸情有独钟，其研究结果表明，读者的使用动机按比例大小依序为"娱乐消遣"、"资讯汇集"和"社交互动"，其中，读者追求"娱乐消遣"的动机最强烈，占选项总数的44.2%。② 只是，此媒介产品赋予女性受众的仅是来自表层的情感抚慰与心理满足，并不能为宣扬性别平等观念，促进女性主体解放带来有效的改变。

大众传媒出现这种局面，有着多种因素的影响。其一，"大众传播的公众性意味着大众传播倾向于迎合大众心理，包括暗合他们落后的性别意识。同时，大众传播是社会在社会成员中扩展主流文化的重要途径与方式，难免要表现主流文化由传统积淀而来的性别歧视"。其二，"大众传播媒介的运作在普遍地商业化，对利润的追求日益蒙蔽推进文明的信念，激发一切可以被激发的需要，把一切可以商业化的东西商品化，实现一切可能实现的销售，包括向更有购买力的男性促销，激发大众容易被激发的性的需求，把女性对象化、商品化"。其三，"大众传播的信息源是社会组织，尤其是在大众传播的早期发展中，这类组织往往是与国家权力有着紧密联系的社会核心组织，女性一直只能在其边缘发出自己的声音，或者寻找男性代言人"③。在这种社会语境下，大众传媒往往会牺牲女性的利益，造成女性主体的失语甚至缺席，以获取自身的利益最大化。

从表层来看，传媒中女性主体的缺失是受众中女性缺席的直接原因之一。现在，无论是女性传媒从业人员还是传媒女性管理者，女性的比例都远低于男性，这极大地制约了女性视角的彰显和传播。例如，"由于受到男性的控制，女性很少出现在例行性新闻报道中，据首都记者协会妇女传媒监测网调查，1996年3月，首都八家全国性大报要闻版共发表报道2923条，其中涉及女性的仅占11.19%，而涉及女性问题的比例更低"④。显然，主流媒体对女性新闻报道的有意淡漠乃至无视，使女性受众接受的信息产生严重的偏离。

从深层来看，中国传统文化中，"男尊女卑"的观念在父权社会的各种

① ［荷］凡·祖伦：《女性主义媒介研究》，曹晋、曹茂译，广西师范大学出版社2007年版，第201页。

② 李琦：《传媒与性别——女性媒介的传播社会学阐释》，湖南师范大学出版社2008年版，第285－286页。

③ 朱晶：《女性受众对传媒的接受与影响》，《编辑之友》2010年第3期。

④ 黄蓉芳：《我国新闻受众中的女性缺席》，《新闻与传播研究》2000年第3期。

典章制度中予以牢固的确立更是造成传媒中女性缺位的重要原因。中国文化在构造阶级等级的初始，就已确立"男尊女卑"的性别秩序，这种不平等的性别秩序一直延续至今。"中国的女性没有历经过大规模的女权运动，她们是随着中国革命的胜利在法律和制度层面上被'赐予'了与男性平等的权利，而实际上，中国女性在女权意识、群体观念和主体精神等层面上依旧势弱，而这显然影响着她们对大众传播的解读体验与反应方式"，"女性自身尚且如此，更别提整个社会对女性地位长期形成的一种刻板成见：女性是弱势群体。长期的历史文化对女性的歧视形成了一种集体无意识，这种集体无意识通过传媒表达出来，又通过受众所接受并再次积淀下来，从而，女性被歧视的命运就周而复始地在传媒中被制造着、传播着、接受着"①。

在大众娱乐时代，女性受众对情感、娱乐与时尚等的现实诉求本无可厚非，大众媒介关注受众的多方需求，产制并提供相应信息以满足她们的"使用与满足"，也顺应时代的潮流发展。但女性传播机构不同于其他类型的大众媒介，它还必须担负一定的社会使命，其专业主义追求、主观社会理想还必须宣扬性别平等，启蒙女性意识。因而，在当代大众传媒中，如何找到被男权媒介所遮蔽的女性的言说方式，从书写无性别体验到展示五彩缤纷的女性意识体验，不仅是女性主义研究者面临的学术问题，更是关乎社会生态平衡的一道难题。要想彻底地解放女性自身，必须以女性视角直面大众传媒，用女性的敏锐力来解读传播文本，用女性自己的眼光来审视传媒，于女性受众自身而言，她们也应使用正确的符码系统，对大众媒介传递的信息予以准确解码。唯有如此，方能缔造一个两性和谐的传媒世界。

参考文献

1. 李小江：《女性审美意识探微》，河南人民出版社 1989 年版。

2. 程世寿、胡继明：《新闻社会学概论》，新华出版社 1997 年版。

3. 叶舒宪：《高唐神女与维纳斯》，中国社会科学出版社 1997 年版。

4. 李小江：《解读女人》，江苏人民出版社 1999 年版。

5. 荒林、王红旗：《中国女性文化 No.1》，中国文联出版社 2000 年版。

6. 卜卫：《媒介与性别》，江苏人民出版社 2001 年版。

7. 秦瑜明：《电视传播概论》，北京广播学院出版社 2002 年版。

8. 杜芳琴、王向贤：《妇女与社会性别研究在中国（1987—2003）》，天津人民出版社 2003 年版。

9. 汪民安、陈永国：《后身体：文化、权力和生命政治学》，吉林人民出版社 2003 年版。

---

① 朱晶：《女性受众对传媒的接受与影响》，《编辑之友》2010 年第 3 期。

10. 夏晓虹：《晚清女性与近代中国》，北京大学出版社 2004 年版。

11. 周鸿铎、夏陈安：《电视频道经营实务》，经济管理出版社 2005 年版。

12. 李琦：《传媒与性别——女性媒介的传播社会学阐释》，湖南师范大学出版社 2008 年版。

13. 张艳红：《女性主义视野下的媒介批评》，知识产权出版社 2010 年版。

14. 李琦：《影像与传播——1990 年代以来中国电视剧文化研究》，岳麓书社 2011 年版。

15. ［美］波利·杨－艾森卓：《性别与欲望——不受诅咒的潘多拉》，杨广学译，中国社会科学出版社 2003 年版。

16. ［法］让·波德里亚：《消费社会》，刘成富、全志钢译，南京大学出版社 2004 年版。

17. ［荷］凡·祖伦：《女性主义媒介研究》，曹晋、曹茂译，广西师范大学出版社 2007 年版。

第七章
女性与科学

20世纪以来，随着社会的进步和教育的普及，女性的地位在全世界范围内日益提高。在以男性为主导的科学领域，女性的参与程度也有了很大改善，她们在科技领域的地位愈来愈重要，同时，女性在参与科学的过程中也呈现出与男性不同的个性特征。女性与科学的议题正引起越来越多的人讨论。

第一节　女性从事科学的历史与现状

在原始社会，科学还处在萌芽阶段。如在选择石料、打制和使用石器中，蕴含有力学、矿物学和地质学知识的萌芽；而农牧业发展的需要则促成了物候学、天文学和数学知识的早期积累。① 这一时期的女性主要是在进行这些生产活动时，参与了科学。进入奴隶社会和封建社会后，女性对科学的参与依然与日常劳动相关。如宋末元初的黄道婆是有名的棉纺织家，她创造了新式纺车，改良了从黎族人那里学来的织造技术，使纺织效率提高很多，有力地推动了我国棉纺织业的发展。清朝时期，有少数女性开始进行专门的科学研究，出现了女性研究天文、数学的科学著作。据记载，王贞仪写有《地圆论》和《月食论》，另外，她还著有多篇天文学著作。王贞仪在数学研究中也颇有成就，她是以梅文鼎、梅珏成为骨干的安徽数学学派的主要成

---

① 王玉仓：《科学技术史》，中国人民大学出版社2004年版，第10页。

员之一。她注意吸取包括梅文鼎在内的中西算法之长，不受旧方法旧思想的束缚。在数学方面她著有《历算简存》五卷、《筹算易知》、《重订筹算证讹》和《西洋筹算增删》等。除此之外，王贞仪还是清代有名的医学家。她从小留心向行医的父亲学习医学，不但精通医理，且能切脉处方。不过，在古代，像王贞仪这样著有专门科学著作的女性还是凤毛麟角。长期以来，由于性别分工和性别偏见的存在，女性在科学领域远未获得平等参与和发展的机会，科学一直是以男性为主导的领域。

19世纪末，伴随着教育对女性的逐渐开放，女性开始广泛接触科学，早期西方女性科学家正是成长于大学对女性开放的年代。这其中最杰出的代表要数居里夫人。1903年，居里夫人提交了她关于放射能的研究论文，这篇论文被认为是有史以来博士候选人所作出的最伟大的贡献。同年，居里夫人获得了诺贝尔物理学奖。1910年，居里夫人又成功地分离出金属镭，并在第二年获得了诺贝尔化学奖。

进入20世纪，女权主义运动开始向传统社会分工挑战，女性要求享有人的完整权利，包括改变工作领域中的男女不平等关系。在这一历史进程中，社会对女性的限制逐渐缓和，女性开始进入属于男性的传统领域，科学界的女性数量逐渐递增，越来越多的女性在科学领域崭露头角，并取得了令人瞩目的成就。如1906年出生在哥廷根的物理学家玛丽亚·戈佩特·迈耶，她从小受到科学家父亲的影响，后来她考入格丁根大学学习数学，到大学三年级时，她改学物理，成了当时著名物理学家玻恩的学生。1963年，玛丽亚因为关于核粒子壳层结构方面的研究，与詹森分享了诺贝尔物理学奖。另外，居里夫人的女儿伊雷娜·约里奥·居里由于从小就受到母亲的影响，她对科学也产生了极大的兴趣。1914年她以优异的成绩考入巴黎大学理学院，1925年她获得巴黎大学的博士学位。1934年，她与丈夫一起发现了人工放射性物质，并在1935年与丈夫分享了诺贝尔化学奖。1947年，格蒂·特里萨·科里与丈夫因为发现肝糖原的催化转变过程获得诺贝尔生理学和医学奖。多萝西·克劳福特·霍奇金因为研究青霉素和维生素B12等分子结构取得成功，在1964年获得诺贝尔化学奖。这些女性都堪称科学家中的佼佼者，她们对人类科学的发展起到了不可替代的重要作用。

与西方女性科学家一样，中国最早的一批女科学家的出现与她们被允许接受高等教育具有密切关系。她们中的大多数都接受了现代大学教育，其中很多还有留学经历。在最早的留学人员中，男性占据了绝大多数。据梅贻琦、程其保统计：1895—1905年留美学生共73人，女生仅4人，占5.19%，男女人数悬殊；1906—1912年，每年留美人数都在60人以上，而其中女生一般每年不多过7人，最少时仅1人，总共才31人，占总数5.61%。民国初年，社会风气初步开明，女性接受教育的呼声日益高涨。1913—1927 年，每年留美女性少则十几人，多则有几十人，最多为 1927 年的 50 人，累计 441 人，占总人数 4371 人的 10.09% 。中国早期的一批女科学家就是在这期间诞生的。

生于 1864 年的金韵梅自幼被麦加梯博士夫妇收养为义女。1870 年，17 岁的金韵梅去日本留学，1881 年她又赴美留学，成为当时美国纽约女子医科大学唯一的中国学生，她也是最早去国外大学深造的中国女留学生。金韵梅回国后在天津设立医科学校，之后她出任北洋女医院院长，培养了一批新式医学人才。继金韵梅之后，福州的柯金英于 1884 年在福州教会医院的资助下赴美国留学，1894 年她毕业于费城女子医科大学，回国后她主办福州圣教妇孺医院，之后她又负责福州仓山马可爱医院，行医之外，她还培养了大量西医人才。此外，江西女子康爱德和湖北女子石美玉也在传教士的资助下赴美留学，她俩在密歇根大学学医并以优异成绩毕业。1896 年，两人学成归国，在九江行医，医术高明，闻名遐迩。1920 年，石美玉还在上海创立了一家医院、两个药房、一个护士学校，形成了一个规模宏大的医疗机构。这四位女性是中国最早的一批女留学生，也是中国近代最具代表性的女医学家。

此后，接受现代大学教育的女性日渐增长，从事科学事业的女性也越来越多，其中不少杰出女性也多具备国外深造的经历。像科学家谢希德、何泽慧、蒋丽金、尹文英都毕业于国内著名大学，之后又去美国麻省理工学院、美国明尼苏达大学等学府留学。据统计，在我国 56 位女院士中，具有留学经历的女性就有 26 位，她们大多数在国外获得学位，留学国集中在美、苏、英三国（这里的留学经历仅仅统计在国外获得学位的女性院士）。① 一般而言，进入科学领域特别是尖端领域，良好的教育经历、较高层次的学位是基本条件，女性获准接受高等教育无疑为她们进入这一领域提供了最重要的基础。

20 世纪晚期，随着经济全球化、科技全球化进程的加快，女性的受教育程度不断提高，女性参与科学变得愈加普遍。2010 年 6 月 27 日，在第三世界妇女科学组织第四届大会特邀报告会上，全国人大常委会副委员长、全国妇联主席陈至立作了题为《中国妇女与中国科技事业》的报告。报告指出，中国在科技领域推动性别平等和妇女发展方面取得了巨大成绩。一是女性科技人员数量和比例不断提高。从规模上看，女性科技人员总数为 1400 万；从性别结构上看，到 2007 年底，我国女科技人员占科技人员总数的比例已经接近 40%；从年龄结构来看，年轻女科学家的比例呈逐步提高的趋势。二是女性科技人员的素质和能力不断提高。中国各级科技人才的性别结构日益

---

① 杨丽：《中国女性科学家群体状况研究》，中国科学技术大学博士论文 2010 年。

改善，高层优秀女性人才不断增多。2009 年新当选的中国科学院院士中，有 5 名女院士，占新增科学院院士总数的 14.29%，增选者中的女性比例为历年最高。从获奖情况来看，获国家发明奖的女性占获奖总数的 11.9%；获国家科技进步奖的女性占获奖人数的 12.9%。① 这些比例虽然仍较少，但标志着在我国重大的科技项目及奖励中，女科学家已占有一席之地。不少女性已经跨进了高能物理、遗传工程、微电子技术、卫星发射等尖端科学技术领域，如半导体材料科学家林兰英、生物物理学家庄小威、生物学家吴瑛等，她们在各自领域取得了骄人业绩，为科学的发展作出了杰出贡献。②

第二节　女科学家成功探秘

一、知识分子家庭的熏陶

如果说强烈的科学兴趣、良好的科学品质是男女科学家的共同特点，那么女科学家还有一些不为男性具备的特殊性。在对国内外优秀的女性科学者的调查研究中，可以发现一个突出现象，那就是这些女性大多出身在知识分子家庭，她们的父母都比较重视她们的教育。据统计，在获得诺贝尔奖的女科学家家中，出身知识分子家庭的约占 70%。（见表 7 – 1）

表 7 – 1　获诺贝尔奖女科学家出身家庭情况

国家　姓名	获奖年份	所获奖项	家庭出身
［波兰］［法］玛丽·居里	1903 1911	诺贝尔物理学奖 诺贝尔化学奖	大学教师家庭
［法］伊雷娜·约里奥·居里	1935	诺贝尔化学奖	科学家家庭
［美］格蒂·特里萨·科里	1947	诺贝尔生理学或医学奖	化学家、商人家庭
［美］玛丽娅·戈佩特·迈耶	1963	诺贝尔物理学奖	教授家庭
［英］多萝西·克劳福特·霍奇金	1964	诺贝尔化学奖	外交官家庭
［美］罗莎琳·苏斯曼·雅洛	1977	诺贝尔生理学或医学奖	中下层犹太家庭
［美］芭芭拉·麦克林托克	1983	诺贝尔生理学或医学奖	一般家庭

① 《我国女性从事科技工作现状的研究报告摘录》，人民网，2007 年 3 月 8 日。
② http：//www. cas. cn/zt/hyzt/TWOW4TH/TWOWS4THYW/201006/t20100629_ 2889147. html.

国家　姓名	获奖年份	所获奖项	家庭出身
［意大利］［美］丽塔·莱维·蒙塔尔奇尼	1986	诺贝尔生理学或医学奖	大学教师、画家家庭
［美］格特鲁德·B. 埃利恩	1988	诺贝尔生理学或医学奖	牙医、商人家庭
［德］克里斯汀·纽斯林·沃尔哈德	1995	诺贝尔生理学或医学奖	艺术家家庭
［美］琳达·巴克	2004	诺贝尔生理学或医学奖	未知
［法］弗朗索瓦丝·巴尔·西诺西	2008	诺贝尔生理学或医学奖	未知
［澳大利亚］［美国］伊丽莎白·布莱克本	2009	诺贝尔生理学或医学奖	医学家庭
［美国］罗尔·格雷德	2009	诺贝尔生理学或医学奖	教授家庭
［以色列］阿达·尤纳特	2009	诺贝尔化学奖	贫困犹太家庭
［挪威］梅·布里特·莫泽	2014	诺贝尔生理学或医学奖	未知

我国的女科学家也多出身教育程度较高的家庭。如化学家蒋丽金的父母非常注重女儿的教育，在当时女性受教育并不普遍的情况下，她的父母把她送进了唐山仅有的一所教会学校读高中。蒋丽金 1944 年毕业于辅仁大学化学系，1946 年获该校硕士学位。获 2010 年第六届中国"优秀青年女科学家"称号的曾凡一的父亲曾溢滔是中国工程院院士，母亲黄淑帧则是上海交通大学儿童医院的终身教授。据说曾凡一读小学时就和父母一起吃住在实验室，而且还跟着父母做实验。有一次加错了样品，曾凡一觉得自己闯祸了，没想到父母不仅没有批评她，反而奖励了她，因为从她的失误中，他们发现了一个新的实验方法。这让她很兴奋，她感到很多科学的新发现原来会从偶然的事件中得来。读中学时，曾凡一参与了由父母主持的世界上最大规模的血红蛋白病普查工作。她说："这些工作让我树立了用科学解除病人疾苦的理想，对科学这个神秘而神圣的世界也产生了浓厚的兴趣，并激励我到美国深造以报效祖国。"

二、"联姻效应"的推动

除了拥有良好的家庭教育背景外，这些女科学家后来选择的丈夫普遍都非常支持她们的事业，其中有不少人的丈夫同时也是科学家。研究者将这种现象称作科学界的"联姻效应"。① 在获得诺贝尔奖的女科学家中，绝大多

---

① 林聚任、张岳红：《妇女的科学地位与科学界的"联姻效应"》，《中国海洋大学学报》（社会科学版）2003 年第 3 期。

数的家庭属于知识分子家庭，其中有 5 位都是与她们的丈夫共同获奖。这其中最著名的要属居里夫妇，他们因证实镭的存在在 1903 年获得诺贝尔物理学奖。32 年后，居里夫人的女儿伊雷娜·约里奥·居里和她的丈夫弗雷德里克·约里奥·居里又因对人工放射性的研究而共同获得 1935 年的诺贝尔化学奖。此外，1947 年，卡尔·科里和妻子格蒂·特里萨·科里因发现糖代谢中的酶促反应而被授予诺贝尔生理学或医学奖。2014 年，梅·布里特·莫泽也是和她的丈夫爱德华·莫泽一起获诺贝尔生理学或医学奖。我国女科学家的丈夫也大多为科学家或教授，其中有 12 对夫妇同为院士。如固体力学家李敏华院士的丈夫吴仲华院士是工程热物理学家；冶金与金属材料科学家李依依的丈夫柯伟是中国工程院院士、金属专家；物理学家何泽慧的丈夫是著名的原子核物理学家钱三强，两人被称为"原子世界科学伴侣"；化学家陆婉珍的丈夫闵恩泽被誉为"中国催化剂之父"，他是中国科学院院士、中国工程院院士和第三世界科学院院士；传染病学专家李兰娟的丈夫郑树森也是院士，他是中国著名的肝胆胰外科专家；南开大学教授陈茹玉院士主要从事有机磷化学及农药化学方面的研究，她的丈夫何炳林院士则长期从事高分子化学的研究工作。这些院士夫妻在生活上相互照顾，事业上相互支持，他们在科技领域取得令人瞩目的成就。

国外一项研究还发现，在他们调查的女科学家中，与科学家结婚的女性发表的论文比那些嫁给从事其他工作的男人的女性平均要多 40%。可见，科学家家庭对她们的事业具有积极作用。这里面的原因不难理解。首先，同为科学家的丈夫更能理解她们的工作和生活方式，夫妇志趣相当，即使不在同一专业领域，也能具有相近的价值观念，彼此更容易沟通理解。由于更能理解妻子的工作，身为科学家的丈夫也往往比一般人更支持她们的事业。物理学家吴健雄曾风趣地说："嫁一位科学家丈夫有莫大的好处，夫妻间可以物理为题侃侃相谈。"她的丈夫袁家骝也是一位科学家，他非常理解和支持妻子的工作。为了让妻子能全身心投入研究，他包揽家中各种事务，包括洗衣、吸尘、带孩子甚至下厨。力学家李敏华在她攻读硕士、博士学位期间，已经有了两个孩子。她后来回忆，她之所以能够顺利拿到学位，与丈夫吴仲华帮助照顾孩子和分担家务分不开。其次，两人同为科学家，也有助于形成科学界的社会关系网络。科学研究强调合作和交流，同为科学家的圈子使她们能够接触更多的同行，这对她们的科研工作也有很大帮助。

三、母性因素与感性特质的驱使

除了在家庭教育、婚姻等方面，女科学家有着异于男性的特殊性，女性在科学研究过程中也表现出鲜明的性别特征。首先，通过对全世界范围内的女性科学工作者的研究发现，女性的研究兴趣更多集中在生命科学等相关领域，女性在生物、医学研究领域中的比例要大大高于工程、机械等学科，她们在这些领域获得成功的概率也更高。在16位自然科学专业的女性诺贝尔获得者中，有11位从事的就是生物、医学等相关专业。我国最早留洋的几位女科学家学习的也全部是医学专业。梭仑森在考察女性专业选择人数的比例时推论：女性研究人员可能更注重实验、数据收集、计算、绘图和曲线及阅读相关科技文献等，而男性研究人员则花更多的时间去设计数学模式和计算机程序。① 近年来，尽管其他科学领域中的女性数量也有所增长，但获得杰出成就的女性依然集中在上述相关领域。中国校友会网大学评价课题组首席专家、中南大学蔡言厚教授指出，在1955—2009年当选的中国两院院士中，女院士研究领域主要集中在医药卫生、生命科学和数理化等领域。② 如2009年中国科学院增选的5位女院士中，有2位（庄文颖、侯凡凡）所在学部都为生命科学和医学学部。

女性在上述科学领域内的集中现象与女性天生的特质有关。女性生命中本有的母性因素，使她们更关注人类自身的健康和生命质量，这导致她们在科学领域中也展现出异于男性的价值取向。叶玉如谈到她的科学研究时曾说过一段感人的话："我母亲知道我研究的是神经科学领域，她也知道我对医药研制有着浓厚的兴趣。几年前，她的一个姐姐因患老年痴呆症而去世，这对我们家来说无疑是一个沉痛的打击。这位姨妈无法认出我们其中的任何一个人，母亲深受打击，她问我，还有多久能研制出治愈这些病人的药？进行这样的研究是一条漫长的路，但我相信，最终一定会成功。"正是这种对生命的热爱之情，成了她从事科学研究的重要动力。蔡言厚教授也认为女性擅长观察、富于情感的特质有利于从事医药卫生、生命科学方面的研究，而男性好动的性格、擅长空间想象逻辑推理的特点则有利于从事其他活动范围更大更广的科学领域研究。③

其次，女性的情感、直觉在她们的科学研究中发挥着重要作用。著名的科技史专家萨顿说："无论科学活动的成果会是多么抽象，它本质上是人的活动，是人充满激情的活动。"在历来被认为是理性客观的科学领域，女性科学家利用自身的直觉、情感进入研究活动。这些女科学家往往将自身生命情感投入工作，与材料进行密切交流，而不仅仅是个冷冰冰的旁观者。一些女科学家的成功经历也证实了这一点，其中最为著名的要属芭芭拉·麦克林

① Sandre H：《Whose Seienee，Whose Knowledge》，Cor-nell University Press 1991。转自陈劲、贾丽娜：《中外女科学家成功因素分析》，《科学学研究》2006年12期。

② http：//www.cuaa.net/cur/2009ysdc/.

③ http：//www.cuaa.net/cur/2009ysdc/.

托克。

伊夫林·凯勒在麦克林托克的传记《情有独钟》（赵台安、赵振尧译，生活·读书·新知三联书店1987年版）中谈到，麦克林托克对遗传学的奥秘之所以比她的同事们了解得更透彻更深入，是因为她对独特的事物具有一种非常强烈的感情，她一再告诫我们每一个人必须有时间去看、有耐性去"听材料对你说话"，敞开大门"让材料进来"，但最主要的是一个人必须对生物有特别的感情。"你得对每一棵植物有一种钟情"，"没有两棵植物是完全相同的，它们全然不同。重要的是你必须知道这些不同所在"，她解释说："我从苗期就着眼观察一直不离开它。如果我不是自始至终地观察植物，我就不认为我真正知道了它们的历史。因此我对田里的每一棵植物都了解。我熟悉它们，我把了解它们当作最大的乐趣。"这种"强烈的情感"始终贯穿在麦克林托克的研究中："对麦克林托克来说，'生物'一词是一种名词——它不光是一种植物或动物（'生物的每一组成就像是每一其他部分的生物一样'），而是一种有生命形式的名字、一种反客为主的名字。她毫不夸张地补充说：'每次在草地上散步时，我感到很抱歉，因为我知道小草正冲着我尖叫。'"对生物的钟情，使她不仅渴望去掌握"世界所揭示的道理"，也渴望着从本质上通过推理去看这个世界。凯勒写道，从文字和图形两方面，她"对生物的钟情"都扩展了她的想象力，与此同时，那种钟情也使她形成了观察世界和理解世界的独特方式。麦克林托克的例子不仅证实了科学方法的多样性，而且表明女性特有的直觉和情感在科学研究中的特殊作用。中国台湾中央研究院数理科学组第一位女所长、原子与分子研究所所长周美吟也指出，女性在理论科学领域常缺乏自信，但其实有思维和直觉能力强、有毅力等优点，这都有利女性从事相关研究。她建议女性不要自我设限。

第三节　女性从事科学的现实困境

一、女性在科学领域的弱势处境

众多女科学家的杰出表现，证明女性具有与男性一样的科学能力，然而值得注意的是，女性在科学领域的整体情况还远远不能与男性相比，在这一以男性为主导的领域仍然存在着鲜明的性别差异。一个显著的事实是，无论中外，在科学领域的塔尖，男女科学家数量悬殊。其中虽不乏居里夫人这样两度获诺贝尔奖的传奇人物，但从1901年诺贝尔奖首次颁发到2014年止，在自然科学领域，只有 16 位（居里夫人被计入 1 次）女性获此殊荣。1999年的统计数据也显示，美国国家科学院女性占总人数的 6.2%，日本学士院女性比例为 0.8%，英国皇家学会为 3.6%，瑞典皇家科学院为 5.5%，土耳其科学院为 14.6%，荷兰艺术与科学院仅占 0.4%。这些数据至今也未获得很大提高。

女性科学者的弱势状况在我国科学领域中也极为普遍。至 2010 年，我国女性科技工作者的数量已达 1400 多万，比例接近整个科技人员的 40%。然而，在如此庞大的女性科技人员群体中，高层次的女科学家却极其稀少。在 1955—2009 年当选的两院院士中，女院士共有 98 人，占总数的 5.06%。另外，女性在国家重点科技计划中的核心层比例也很低。据统计，"863"计划包括 6 个领域的专家委员会主任和 19 个主题专家组组长，其中没有一个女性成员。"973"计划所选聘的 175 名首席科学家中，女性只有 8 人，占4.6%；在中国科学院"百人计划"840 名入选者中，女性 42 人，占 5%；在前 7 届中国科协青年科技奖获奖的 691 人中，女性 47 位，占 7.3%。

在高校、科研机构中，女性的职称也相对偏低。有研究者通过对 1984—2009 年我国 1000 多所普通高校女教师在 5 类职称（正高、副高、中级、初级、无职称）各自所占百分比的统计，结果发现正高职称中女性比例仍偏低。值得一提的是，女教授的比例在不同专业差别很大，如在语言文化类专业的比例远远高于数学和自然科学类专业，在工程类专业所占的比例则更低。比如在我国 37 所 985 工程大学中，女性导师的比例（截至 2006 年聘任博导和硕导）仅在 14% 到 30% 之间。[1] 瑞典高等学府中女性比例也呈金字塔形状，教授这一级女性仅占 17%，而这 17% 的女教授比例还是瑞典政府经过 10 多年努力才达到的。[2]

科技界的性别分层现象还表现在男女科技人员在地位、成果、权力及影响等多个方面的差异。无论中外，科学界的组织领导职位绝大多数仍是男性。中国科学院和德国马普学会都很少女性担任研究所所长，比利时根特大学的 11 位院长也都是男性。女性的科研成果的数量及影响也难以与男性相比。国外有研究表明，女性科学家的科研成果数量仅是同年龄组男性科学家的一半到三分之二，其成果也较少被引用。而且，随着年龄的增长，男女科学家发表成果的差别越来越大。有论者认为，在成果及其影响方面，男女科技人员之间的上述差异反过来又会进一步影响到女科技人员对科研资金、资源和奖励的获得，从而更加处于不利的地位，形成所谓的"马太效应"。[3]

---

[1] http://edu.people.com.cn/GB/15756685.html.

[2] http://news.xinhuanet.com/mrdx/2008-03/09/content_7751498.htm.

[3] 林聚任：《论科学家研究成果的性别分化》，《开放时代》2003 年第 3 期。

另外，女性在各类科研奖项中获奖比例也较低。据统计，我国获得自然科学奖的女性占该获奖人数的 4.8%；在中国科协青年科技奖前 7 届获奖的 691 人中，女性有 47 位，占 7.3%。① 总的来说，女性在科学领域的地位明显低于男性，在通往科学界金字塔高层的路途中，女性所占比重也越来越低。

对于上述女性在科学领域的弱势现象，目前研究界有几种流行的解释观点：首先是生物决定论。这种观点认为男女在生理结构、智力特征上存在先天差异，这造成了男女在科研能力方面的差别。例如美国的社会生物学家威尔逊认为男女在基因方面的差异决定了两性在行为上的不同表现。女性的生理特征带来了女性气质，而女性气质又与科学研究相冲突。他认为社会并未设置阻碍女性进入科学界的障碍。不过，"先天不足论"数年来争议颇大，但直到今天还有不少人持此种立场。哈佛前校长劳伦斯·H. 萨默斯在一次学术会议上就提到女性之所以在理工科领域落后于男性，是由于基因的差异而非社会因素。萨默斯的这些言论掀起了轩然大波，他后来不得不为此公开道歉，但他事后接受《波士顿环球报》记者采访时仍坚持了自己的观点。而另外一些研究者则认为科学史上女性科学家弱势的根本原因在于科学的"父权制"。女性在科学研究领域的成就整体上不如男性，主要是科学本身和人的生理结构之外的社会造成的。科学领域中性别不平等是社会结构中性别不平等的一种体现。他们同时反对生物决定论，批判科学中的男性中心主义偏见。在我们看来，尽管随着社会的进步和女权运动的深入，男女基本实现了法律上的平等，阻止女性进入科学领域的正式障碍已经被消除，但传统文化、大众传媒、传统教育以及科学领域中很多非正式的障碍依然存在，它们从多方面制约着女性科学家的发展，这也许是造成女性在科学领域中弱势表现更为重要的原因。在这里，我们主要选取两个重要的方面来分析女性在科学领域中面临的阻碍性因素：一是文化传统中的性别观念，二是科学领域中的性别歧视。

二、传统性别观念对女性参与科学的排斥

越来越多的研究表明，传统文化中根深蒂固的性别观念对女性参与科学有着隐蔽而深刻的影响，这包括传统文化对女性角色的定位、传统的职业分工与制度结构等各种因素。在我国数千年的封建历史中，女性一直处于附属地位，诸如"三从四德"、"女子无才便是德"的观念使女性在很长一段时间都缺乏独立的人格和地位。尽管今天这种现象已经得到很大改变，但传统

---

① 赵兰香、李乐旋：《女性主观偏好对我国科技界性别分层的影响》，《科学学研究》2008 年第 6 期。

性别观念仍在某种程度制约着女性在科学领域的发展。比如，传统观念认为女性气质偏于感性，缺乏抽象分析能力，而科学则需要理性的、抽象的、客观的思维方式。这种观念导致孩子从接受知识和教育开始，就面临着关于男女性别角色的差异性认识，父母和老师通常不自觉地把这种认识强加给他们。比如给女孩买布娃娃，给男孩则买汽车模型；男孩的物理、数学的成绩比女孩重要；女孩对天气、彩虹、月食与人的关系更有兴趣；男孩则对这些现象形成的原因和过程感兴趣。在这种传统观念的引导下，女性从小就难以激发起对科学研究的欲望和自信心。有论者就指出，这种传统的角色定位一直会延伸到整个科学领域中，导致人们对男女科学家的同样行为产生不同的评价标准。比如，男科学家被认为敢做敢为，女科学家顶多是具有进取心；男科学家注意细节，女科学家则被认为是吹毛求疵；男科学家发脾气是因为沉湎于工作，女科学家则是不讲理的母夜叉；男科学家能坚持到底，女科学家不知道在何处打住；男科学家能做出明智的判断，女科学家则带有偏见；男科学家敢于说出自己的想法，女科学家则固执己见；男科学家小心谨慎，女科学家则过于保守秘密。如果科学家作为管理者，那么男科学家是个坚定的上司，女科学家则会难于合作；男性表现的是权威，女性表现的是专横；男科学家情绪低落时别人会小心走过他的办公室，女科学家情绪波动则非常正常，因为她正来例假。①

　　更重要的是，自从人类进入父系社会后，"男主外，女主内"就主导着男女在家庭中的角色定位。尽管当今家务劳动已不是女性的专利，女性同样在参与各种职业，但家庭的各项事务仍是大多数女性的首要任务。女性在家庭中往往要承担比男性更多的责任和义务，比如家务、养育小孩、照顾老人以及全力支持丈夫的事业。女性繁重的家庭事务使她们难以全身心地投入科学领域中，而从事科学工作则需要投入大量精力，特别是科学家们往往在年轻的时候就需要努力学习和工作，因为这个时候他们的创造力最旺盛，而此时恰恰是女性生育的最佳年龄，很多女性可能为了家庭短暂甚至永久地放弃自己的科学事业。相应的是，不少成功的女性科学家结婚和生育的年龄都较晚，而与男科学家联姻的女性也往往容易出成果。正是如此，女性想要在科学领域获得成功，必然要承受比男性更大的压力。很多从事科学工作的女性往往面临着身兼多重角色的冲突和平衡。

　　今天的大众传媒也在有意无意地深化着这一传统的性别角色定位，其间仍充斥着对女性传统形象的赞美和引导，这种赞美和引导强化了社会对女性的价值期待。人们往往认为女性在事业上的成功必然以牺牲家庭为代价，而

① 李敏：《成功女性科学家因素研究》，西南交通大学硕士论文2008年。

不会家务、不考虑丈夫和家庭的需要、专心工作的女性通常被认为不是好女人。在大众媒介的影响下，一些科研女性还常常被贴上男性化的标签。这也使得一些女性自觉或不自觉地迎合大众对性别角色的期待，她们不愿或不敢表现出自己的科研能力。

传统的女性角色定位无疑也影响到女性对自身的认识，导致女性在参与科学的自觉性与主动性方面不如男性。赵兰香的课题组通过调查研究发现，从事科技工作对于众多的科技女性而言，是作为一种职业选择而不是事业追求。科技工作最吸引女性的特征是"工作稳定"，"找到更好的工作机会"是女性报考研究生的最重要目标，另外女科技人员希望调换工作的首要原因是"获得更高收入"。报告认为这些调查结果可以部分解释为什么女性研究生的比例呈现快速增长，为什么科技队伍中女性的比例超过了1/3。从事科技工作对大部分女性来说，看中的是其工作的外在表现形式，即"稳定性"和"经济性"方面，科技工作者所应具有的最重要的本质特征，如对工作本身的兴趣爱好和不懈的求索和创新精神正在被淡化。关于"希望个人事业达到什么程度可以满意"的问题，在对年龄分组后进行调查的结果显示，随着年龄由小到大，对事业的追求重点分别是"希望能成为本领域的著名人物"、"业务骨干"到"完成本职工作"，呈现出随年龄增长，在事业追求上呈下滑趋势的现象。① 中国女性科学工作者的成就动机明显低于男性，而且随着年龄的增长，男性的成就动机呈稳定的上升趋势，这无疑也造成了男女在科研领域中的差距。

三、科学领域内的性别歧视

如果说传统文化对女性参与科学有着潜在的不利影响，那么她们进入科学领域后遭受的性别歧视则要严重得多，这不仅使她们难以进入这个充满男性气质的领域，而且即使进入也难以获得公平的机会和待遇。

实际上，直到20世纪20年代，很多女性虽然能够进入大学接受教育，却不能在高校或科研部门获得职位，能对女性予以平等对待的机构则更少。一些杰出的女科学家如居里夫人、迈耶夫人都是工作了多年却没有职位，而另一位诺贝尔奖获得者科里夫人直到她获奖时还没有得到教授职位。与她们相比，其他女性在科学领域遭受的性别歧视就更严重。如今，尽管大多高等学校和科研机构不再排斥女性，但女性进入科研领域的门槛却依然相对困难。一个普遍的事实是，女科技工作者在应聘工作时，往往不如男性受欢迎，在两者水平相当的情况下，很多应聘单位会优先选择男性，有的单位甚

---

① http://www.cas.cn/xw/cmsm/200703/t20070309_2696520.shtml.

至明文规定只招男性。可以说，女科技工作者就业难的现象，是她们在整个职业生涯中受歧视的一种表现。

与女性进入科学领域的高门槛相比，女性在科学领域要取得一定的地位和资源更加困难。由于性别歧视，女性的科学成果往往不如男性受重视。麦克林托克的科学经历就是一个最好的例证。在进行著名的基因转位研究时，无人能理解她的研究。与她相比，1961年提出了乳糖操纵子模型的法国科学家雅各布和莫诺，在1965年就因此获得了诺贝尔奖。直到20世纪70年代中后期，麦克林托克的研究才开始被重视，最终在1983年获得诺贝尔奖，此时她已是81岁高龄。作为女性科学工作者，麦克林托克的经历在科学界极为普遍。任教于安特卫普大学的学者，同时兼任比利时妇女研究协调会主席的梅尔教授也指出，在博士研究时期男女人数比例相当，但随后在进入大学及科研机构中，女性就渐渐面临不平等待遇，同样发表论文，男性博士研究人员会比女性博士研究人员更容易得到师长的鼓励。他认为这是一种普遍存在的男权文化作祟。在同等条件下，女性的职务晋升速度也要普遍慢于男性，她们在职务晋升上所花费的时间和精力都要比男性多，在某些自然科学学科领域尤显突出。

另外，当女性科学家和男性科学家合作时，女性所做出的成就往往被忽略掉。有人形象地将此描述为"男性科学家被认为是合作组织中的大脑，而女性只不过是胳膊"。这种充满男权意味的科学评价体制对女性极为不利，以致出现了很多不公正现象。女科学家迈特纳与哈恩共同研究项目，两人投入的研究力量相当，但在荣誉分配方面却显得极不公平。1918年他们发现了放射性元素镤，但德国化学家协会把费歇尔奖只发给了哈恩，给迈特纳的仅仅是一个哈恩奖章的复制品。美籍物理学家吴健雄与李政道和杨振宁一起推翻了宇宙守恒定律，但她没能与李、杨同获诺贝尔奖，对此李政道等一些科学家等认为，吴健雄在哥伦比亚大学没有受到公正的待遇。这种对女性在科学领域的贡献的忽视，是整个科学领域男权气质的体现。

欧莱雅中国、联合国教科文组织中国委员会共同设立的"中国青年女科学家奖"得主吕植教授和侯亚梅教授在接受采访时就坦言："这个奖如果不是专门设给女性的话，可能不会轮到我。"欧莱雅方面负责人兰珍珍也特别提到："国际上这个奖是专门颁发给女性的，这并不是歧视男性，而是觉得女性在科研上要获得成功，她们付出的代价和承受的压力更巨大。"[1] 的确，从职称评定到科学荣誉的获得，女性科学工作者面临的困难和压力远远大于男性，尽管大多数女性并不认为在科学领域存在性别差异，她们做出了与男

---

[1]　http://eladies.sina.com.cn/beauty1/2006/0308/1705233095.html.

性同样的甚至更好的成绩，但这个以男性为主导的世界却总在有意无意地贬低她们的价值和地位，科学领域内部对女性的不公平已经成为女性在科学道路上前进的阻碍，与此相关的是，她们在工资待遇、资源分配等方面也明显弱于男性。

从文化传统中的男权思想、教育中女性的弱势地位，再到科学领域内的性别歧视，女性自走上科学道路就面临着太多的困难，这必然阻止她们在科学领域获得与男性同等的成就。有人将之称作是阻碍女性职业升迁的层层"玻璃天花板"或"硅天花板"，甚至可能形成恶性循环：如从"社会性别制度（社会性别规范/文化/分工）—教育资源占有（男多女少）—职业地位（男高女低）—经济/社会资源占有（男多女少）—婚姻结构模式（男外女内）—教育/社会/经济资源再取得（男多女少）—社会性别制度"。[①] 可以说，尽管现代女性参与科学的境遇已经有了很大的改善，但还远远未能拥有一个与男性平等的平台。

第四节　促进女性科学事业的举措

女性在进入科学领域时遭遇的不平等待遇，使我们有理由相信她们有更多的潜力尚未发掘。目前，已有越来越多的人开始重视女性的科学地位，并着力研究如何为女性科技人才的成长与发展创造更好的环境，使其在科学领域能够发挥最大的作用，而提高女性的科学地位对于科学自身的发展也同样重要。正是如此，女性不仅应该享有与男性平等的自主选择和参与科学活动的权利，也需在科学领域内享有与男性平等的机会和待遇。对此，我们主要从以下几个方面进行探讨：一是树立平等的性别观念；二是对于女性从事科学工作，加大社会鼓励和政策支持的力度；三是消除科研领域内的性别歧视，推动女性对科学事业的参与和在科学领域中的发展。

一、树立平等的性别观念

如果说传统性别观念对女性参与科学有着潜在而深刻的不利影响，那么树立平等的性别观念对于促进女性从事科学事业就极为重要。首先要以理性的眼光重新审视和反思科学领域中的性别观念，同时在整个社会上彻底破除

---

① 李敏：《成功女性科学家因素研究》，西南交通大学硕士论文 2008 年。

以男性为中心的价值取向，营造男女平等的氛围，鼓励女性走出家庭融入社会，努力挖掘女性的潜能，充分发挥她们在科学研究中的作用，真正实现男女在科学领域中的平等。

第一，从大多数成功女性科学家的经历中，我们发现最早的家庭教育对她们走上科学道路具有重要意义，因此，从小适当培养女性的科学兴趣而不是因为性别而压抑这种意识，对于女性将来从事科学事业极为重要。除了一些科学家家庭本身具有浓厚的科学氛围，孩子容易受到科学的"感染"外，还需要全社会进一步普及男女在科学领域内平等的观念。父母、老师应放弃女孩不适合理工学科的陈旧观念，鼓励对科学有兴趣的女孩走上科学研究之路。

第二，改变传统文化和大众文化对女科学家形象的刻板描述。在今天的大众文化中，女科学家形象并不常见，大众接触的科学家多为男性，女科学家群体对于公众还显得极为神秘，甚至有被"妖魔化"的倾向。因此，社会各界应努力为女科学家"正名"，比如，可以宣传女性科学家事迹，引导公众公平合理地看待女性与科学的关系，改变对女性进行科学工作的潜意识歧视。在此基础上，还要呼吁社会公众对女性科研人员予以更多的理解和支持，使女性科研人员更加自信、自强和自立。

第三，逐步改变"男主外女主内"的传统观念，从观念上消除男强女弱的性别意识。与男性相比，女性担负着更多的家庭责任，但现行的政策与法规并没有针对女性的特点而有所倾斜与照顾。因此，有研究者提出，应通过政策减轻女性科学人才的家庭负担，完善相关的优待政策，如提供带薪假期，实行弹性工作制，给予生活补贴以至提供家政服务，等等。此外，还应宣传男女均衡承担家务的思想，目前一些西方国家开始制定政策鼓励男性参与家务劳动，如日本已实施父母双亲休假制度；瑞典规定父母都可享受产假，其中父亲必须休假一个月等。这些政策无疑都值得我们借鉴。

第四，改变传统教育中的性别差异观念。比如广泛普及正规教育中的性别平等意识，改变既有的对男女思维模式的传统认知；在高等院校设置性别平等教育课程，或妇女发展课程；提高妇女的科学教育水平，促进女性科技人才的培养；在学校教育中应该鼓励女性参与数学、物理等自然科学的学习，提高妇女的科学技术应用能力。

二、提供明确的政策支持

除了在全社会中树立平等的性别观念外，针对女性科学工作者制定具体的政策方针，是鼓励和支持更多女性参与科学事业的重要保障。目前不少国家政府都已经采取了一些专门的政策措施支持女性从事科学事业，并取得了较好的效果。总的看来，这些措施主要包括以下几种方式：

一是政府或社会机构直接对女性从事科学工作提供优惠的倾向性政策。如美国国家科学基金会（NSF）设有科技平等委员会（CEOSE），特别强调支持女性、其他少数群体和缺乏代言人的集团参与到科技事业中。1996 年德国的《高等学校特殊纲领》中也明确指出，提升高等学校和科研机构女性的比例，鼓励获得博士学位的女性争取晋升名牌大学的教授。韩国在 2002 年还拨款 350 万美元用于帮助女科技工作者接受培训，设立专门项目，帮助女中学生正确认识科技，使有潜能的女学生可能选择科学事业。上述措施对于鼓励和支持女性的科学事业发挥了积极作用，不过由于这种方式带有明显的性别倾向，因此也受到一些质疑。

二是针对女性特殊的生理和社会需求，制定相关的优惠政策。比如由于怀孕、生育等因素，许多女性不得不有一段时间中断职业，这种中断往往对女性继续从事科研工作造成不利影响。针对这一现象，许多国家和机构都采取一定措施为女性的生育提供便利和支持，帮助她们减轻由于生育和哺乳对科研工作带来的影响。如瑞士国家自然科学基金（SNSF）设立的玛丽·海姆项目就明确规定，资助对象是由于家庭责任或配偶迁徙而中断或延迟了自身职业发展的女性。此外，有的国家还采取了为生育后女性申请和承担研究课题放宽限制的措施，比如德国研究基金会允许休产假的女性延长 3 个月的课题津贴。由于这些优惠政策是基于女性特殊的生理和社会需求，它们在政策制定和实施中被人们接受和认可的程度较高。

三是在科技领域规定女性参与的最低比例，以提高女性参与科技的比例、保障项目评审中的性别平等、提高女性获得基金资助的比例。如近年来，欧盟在科技方面加大了研究与开发的投入，其中特别强调和重视妇女在科学和研究中的作用和地位，提出要在研究和决策中赋予女性地位，并设立"在执行与管理研究计划的所有层面上实现 40% 的女性参与率"的具体目标。① 芬兰、挪威、冰岛、韩国等规定公共委员会（包括研究理事会）中女性比例不低于 40%；瑞士研究理事会决定，2011 年其女性成员的比例需要达到 25%（2008 年为 21%）。韩国则明确要求科学委员会要有 30% 的女性。我国国家自然科学基金委在 2010 年的评审工作中也首次明确提出"同等条件下女性优先"的政策，该政策大大提高了当年女性科研人员的资助率，产生了良好的效果。需要指出的是，为了体现性别公平，不至于让这些政策导致对男性的反歧视，这些政策多采用任意性别不得低于某一比例这样的措辞。

---

① http：//www.stdaily.com/oldweb/gb/2007lh/2007－03/08/content_ 642273.htm.

四是对采取促进女性发展的措施的机构予以奖励和鼓励。比如德国北莱茵－威斯特法伦州内两所大学参与了联邦政府和州政府联合委员会的教育计划，在该计划中，学院任命女性教授将获得 30000 欧元（约合 42200 美元）的奖金。改变女性科技人员所处的制度环境和工作环境，也可以有效地提高她们的职业竞争力。[①]

三、消除科学领域内的性别歧视

由于长期以来男性在科学领域占据绝对主导地位，从而导致科学领域存在各种忽视女性科学者的不公平现象。因此，消除科学领域内的性别歧视，落实公平、合理的科学评价机制，对于促进女性在科学领域的发展也极为重要。

首先，女性科学工作者在入学时，尤其是在工作应聘时经常遭受性别歧视。一般情况下，女性在接受完高等教育后从事科学研究工作，而这时候的女性通常在年龄上已经到了婚育年龄，社会上不少单位因为这个原因不愿为她们提供岗位。对此现象，除了加大宣传男女平等的基本政策外，还应有相关部门对用人单位的招聘工作进行监管，以改变女性科学人员在入学和工作中面临的不平等现象。

其次，相比男性，科技界存在的隐形性别歧视可能会造成女性展示个人才能的机会减少，因此为促进女性科研人员的成长与发展，可以设立专门的女性科学研究基金和女性特别培训基金，以鼓励和支持女性科研人员的成长。自 1998 年，为了鼓励更多的女性投身科学事业，提高科学女性的地位，联合国教科文组织制定了"为投身于科学的女性"的项目计划，由某化妆品集团公司与联合国教科文组织签署协议，共同设立了"世界杰出女科学家成就奖"、"世界青年女科学家奖学金"。1998 年至今，全球范围内已有 2000 多名女性获此殊荣，其中两位"世界杰出女科学家成就奖"得主后来赢得了诺贝尔奖。这是当今世界上唯一一个在全球范围内奖励女性科学家的项目。

再次，建立女性科技交流平台，加强女性科技工作者自身的合作。目前全世界已经成立了一些专门的女性科学组织，如成立于 1989 年的第三世界妇女科学组织，该组织后来更名为发展中国家女科学家组织，现有会员 3000 多名，来自全世界 100 多个国家和地区，其目的在于改变妇女在科技领域的弱势地位，推动女性参与科技，加强女性在科技发展中的积极作用。2007 年，第三世界妇女科学组织大会在北京召开，会议就中国妇女与科学、女性与科学的关系，如何吸引女性进入科学领域，影响女科技工作者的成功因素

---

① 马缨：《促进女性科技人员发展的意义及相关措施》，《中国科技论坛》2011 年第 11 期。

等热点问题展开讨论。① 此外，2011 年 10 月，中国台湾也成立了"台湾女科技人学会"，并专门设立助学金，希望鼓励身为少数的女性参与科技领域，提升专业发展。

"世界需要科学，科学需要女性。"如今在全球化和市场化的背景下，科技创新速度加快，科技领域的竞争加剧，女性从事科学工作将面临更为复杂的环境，但正如 1977 年诺贝尔生理学或医学奖得主耶洛所说："我们不可能期待在短期的未来，所有有追求的女性都将获得平等的机会。但是如果女性开始向这个目标努力，我们必须相信自己，否则其他人不会相信我们。我们必须把我们的渴望与我们获得成功的能力、勇气与决心结合起来，我们必须懂得，使那些后来的女性的道路宽松一些是我们每个人的责任。如果我们去解决困扰我们的许多问题，这个世界就不会承受人类一半智力的损失。"

参考文献

1. 吴小英：《科学、文化与性别——女性主义的诠释》，中国社会科学出版社 2000 年版。

2. 莫国香：《女性科学家成功的幸福密码：南京市 29 名杰出科技女教授访谈录》，南京大学出版社 2011 年版。

3. 沈雨梧：《清代女科学家》，浙江教育出版社 2011 年版。

4. 沈雨梧：《中国古代女科学家》，浙江大学出版社 2014 年版。

5. 黄海东：《中国杰出女性系列：中国女科学家》，新世界出版社 2014 年版。

6. ［美］伊夫林·凯勒：《情有独钟》，赵台安、赵振尧译，生活·读书·新知三联书店 1987 年版。

7. ［美］芭芭拉·高史密斯：《偏执的天才：女人，科学家，居里夫人》，方祖芳译，时报文化出版社 2006 年版。

8. ［美］芮妮·斯盖尔顿《预测地球的未来：气象学家冯又嫦》，张振成译，科学普及出版社 2009 年版。

9. ［美］黛博拉·艾米尔·帕克斯：《生物力学家米米·寇尔：活的机器》，于国君译，科学普及出版社 2009 年版。

10. ［美］劳伦娜·霍萍：《太空石：行星地质学家阿德瑞娜·奥坎普》，于国君译，科学普及出版社 2009 年版。

11. ［美］瑞妮·艾伯索勒：《大猩猩山：野生动物学家艾米·维德尔》，于国君译，科学普及出版社 2009 年版。

---

① http：//www.cas.cn/zt/hyzt/TWOW4TH/TWOWS4THYW/201006/t20100629_ 2889147. html.

第八章
女性与审美

　　女性与审美的关系，是一个令人欲说还休的话题。如果说美学学科分为基础美学和应用美学两大类，那么，基础美学是关于美与美感的一般规律的研究，应用美学则是美学在各门学科中的实际体现，研究的是人类物质与精神两个方面的审美活动。从女性主义审美视角来看，女性美作为应用美学的形态之一，既是一个重要的审美对象，又是作为人在现实审美活动中的实践主体，具有外在形式和内在本质的双重属性，即世上没有离开了审美主体意义上的纯粹女性美。譬如说《废都》中被庄之蝶把玩的四大"美女"，只是显现出男权意识形态的女性美，美被大打折扣，原因在于她们是一个个没有女性审美主体灵魂浸润的，如同僵尸一样的打上了传统畸形文化观念的女性美，将女性性别有意无意地物质化了①；与此相反，残雪笔下的母亲、女儿们，拆卸传统女性文化审美惯例，一反温柔俏丽的传统女性美的形态，却又是呈现了审美主体性别平等文化建设意义的鲜活的美，使看似"丑"的女性美渗透着"完形文化"②的底气，即"化丑为美"，反把女性的突围表演视为同男性一样的"人"出场，甚至还升华为女性主义审美的理性认知。当然，如此反差的审美观照和理念，正是社会性别审美意识自然演化的结果。

　　"即使女性尚未完全获得解放，但她们仍在许多领域建立起新的社会秩序和规范，不要多久，她们终将取代由男性主导的旧秩序、价值观和权

---

　　① 当然，小说作者以此传达出世纪末知识分子在市场经济的逼迫下的种种不适应，以致沦丧颓废的悲剧文化隐喻，那又另当别论。

　　② 指代没有任何性别歧视的，男女双性都各为对方的审美主体、彼此共存共荣的文化形态——真实地体现人类性别文化建构中的"差异中的平等与和谐"理想文化样态。具体论述可参见万莲姣：《全球化视域里的中国性别诗学研究》，暨南大学博士学位论文 2007 年。

力。"① 这是曾以《大趋势》一书风靡全球的约翰·奈比斯特们的另一著名预言。如果说，尽管在这里，"取代"一词还可斟酌一番，但它至少表明，女性对人类社会秩序和规范的文化影响正与日俱增，女性同样要对人类历史发展的良性走向和社会秩序负责，这一趋势肯定是真切的，"女人正在改变世界"的"许多领域"，进行时态的"仍在"与将来时态的"终将"是相辅相成的。审美领域的发展情形也莫不如此。女性不应该再像以往那样，只是蜷缩在男性文化传统的卵翼下，时而心安理得地、时而又心有不甘地拱手相让原本属于自己的作为"自由而全面发展的人"意义上的个体与集群义务和责任；应该避免只是成为搅动各类"圣战"的挑拨离间的"尤物"，充任矛盾百出的性别象征物。

第一节　女性美与性别审美意识

在 20 世纪中国，有三个将错就错但由此伴生的文化意义却是影响深远的外来翻译词："女权主义"、"美学"、"现代"。它们本来的含义应该分别是：文化变革意味更平和的女性主义，词性动态的审美行为，时间长度更大的近、现当代。撇开其他两个"舶来"概念不说，仅从 AESTHETICS "审美"一词来看，"审美"面对的正是人的美感经验、审美意识。一个原本动态的词语由于翻译的缘故，固化成了干枯的学究式的静态词，因而被可怕地抽空了这一词语原本丰沛的生命力，使人看不到历史时间线性状态和空间多维折射下的审美意识的流变，岂不遗憾？其实，马克思在《1844 年经济学哲学手稿》中阐发美与美感的本质时就已谈到，美是人的本质力量的对象化："动物只是按照它所属的那个物种的尺度和需要来进行创造，而人则懂得按照任何物种的尺度来进行生产，并且随时随地都能用内在固有的尺度来衡量对象；所以，人也按照美的规律来塑造。"② 于是，人也"按照美的规律来塑造"的实践意义，真实地映照着人类绵延不息的文化进取心。

就女性与审美关系这一敏感问题而言，以人们司空见惯的经验来说，女性俨然是个不言自明的审美对象，在历来如此的中西方文化惯例中，女性总是容易被物质化、客体化的。一方面，众多艺术家们所留下的无以数计的女

---

① ［美］约翰·奈比斯特、帕特里夏·艾柏登：《女性大趋势》，新华出版社 1993 年版，第 4 页。

② ［德］马克思：《1844 年经济学—哲学手稿》，人民出版社 1979 年版第 50～51 页。

性美轶事①，极尽渲染之能事，已经陈列在历史时空的长廊中，反衬出女性美的物质化、客体化进程；另一方面，当下的"女性美"，由于人们的性别审美意识观念演化，又正以前所未有的格局改写、冲击人们的传统文化审美观。人类"按照美的规律来塑造"，必然召唤着一种新型"女性美"的"样态"的出现——无论审美主体性别如何，都是基于马克思主义唯物史观的"自由而全面发展的人"的实践活动。在21世纪中国现阶段，则是以能够体现自我承担使命和集群社会责任的公民②美为表征。

也就是说，女性美因性别审美意识的历史变迁而变化。马克思说："自由自觉的活动恰恰就是人的类的特性。"③ 还说："人的本质……是一切社会关系的总和。"④ 而历史不过是追求着自己目的的人的活动。因此，脱离人这一实践主体，静止地研究女性美，是不可取的。美总是具体的历史的，随着社会实践的发展而发展，永恒的绝对的美，根本不可能存在。正是这种马克思主义美学精髓，提醒大家：作为自由自觉的创造活动所体现的美，一向要求它具有合目的性与合规律性的统一，并使人能在其所创造的对象中直观自身。由此可见，女性美既是人的创造对象本身，又是人的创造主体，随社会的性别审美意识的制度化变迁而打上时代印记。遗憾的是，人类在这一历史进程中，由于女性文化出现了世界性的陷落而导致了女性审美主体的缺位，并且人类发现这一历史进化中的残损、跛足的情形，还只是近两百年甚至更近的事，是随世界性的妇女解放运动而来的。

在女性"历史性的失败"格局中，女性的"人"地位被剥落毋庸讳言。当然，社会性别制度关于"女性美"的变脸进程，确系父权社会自由自觉的实践活动所创造的形象直观。如在中国，从仰韶文化到龙山文化时期，性别文化关系的转型过程，就是人类自动选择的审美的历程。女性美的历史也正是这样一种性别社会制度化的产物，它无条件地自动融入了一种历史现实存在的结构：社会性别内在固有、外在显赫的等级差序，男尊、女贱。今天来看，对这种不可逆转的历史面目所承载的合目的性与合规律性，我们唯寄予可理解的"历史"同情，因为那绝不是人们自以为是地加以全盘否定所能了事的。正如大量的考古学事实证明，男性的主体地位的形成原因之一："靠

① 具体情形请参见关鸿：《诱惑与冲突——关于艺术与女性的随想》，上海人民出版社1988年版。

② "公民"与专制传统意义上的子民、臣民概念相对，意指能够自我承担的，追求自由而全面发展的个人或集群，很符合马克思主义关于人类社会理想蓝图中的人的形象设计要求。"公民"身份体现的文化建制是以双性（泛指自然性别的一般情形，特殊的性别个例不在考虑之列）构成为逻辑前提的。

③ ［德］马克思、恩格斯：《马克思恩格斯选集》第1卷，人民出版社1972年版，第50页。

④ ［德］马克思、恩格斯：《马克思恩格斯选集》第1卷，人民出版社1972年版，第18页。

着手中的大斧沾满鲜血而来。甲骨文的研究可为印证，'王'字最初的形态，是由'斧'字演化而来。"由这种基于自然生理上力量的悬殊导致"女性"在社会性别建制中的溃败情形可知，历史让女性承担了神不知、鬼不觉的宿命，双性之间发生了一种静悄悄的文化权力角逐、位移和默认过程，直至在漫长的历史中，女性彻底缄口无声。这也正是直叫今天的女性主义者仍大跌眼镜之处。如：

有一位丑相妇女叫嫫姆，尘封在经典中的记载是：貌甚丑而最贤。嫫姆貌恶而德充。这里，如何"贤"和"德"？怎么样的"贤"和"德"，在今天看来虽是大可推敲的，但曾经在人类一节不算短的历史长河中，那却是女性美不可置疑的标准和铁律。因为，为了维护长治久安的合法性，女性是明显被动的男权意识形态的塑造物，但这也正是男权政治悄然改变俗世人心的大事。"普天之下，莫非王土"，年年岁岁，岁岁年年，日积月累，仅男性一维的性别审美意识，有意无意间撒播在父权意识形态历史的罗网，早已大肆造就一串串从来未被质疑的物化"女性美"的审美图景。

如，原始神话和传说中的黄帝、炎帝、后羿、共工、尧、舜、鲧、禹等，不但是备受顶礼膜拜的男性祖先，而且还是远古社会顶天立地的"男子汉"，而能"抟黄土以作人"，"炼五色石以补苍天"的女娲，则下"嫁"为伏羲的妻子。

远古传说不必说，即算信息时代的当下，中国内地影视剧性别审美意识陈腐之气仍依稀可见。如电视连续剧《倾城绝恋》，美璃的悲剧全因皇帝恩宠札穆朗、强令庆王靖轩牺牲爱情顾全大局而起：①生生拆散庆王与美璃的爱，②靖轩不爱素莹却不得不娶她因而连累到素莹的婚姻幸福，③赐允珏世子名号使她倚名娇宠，等等。庆王一家的种种不幸莫不与皇帝的所作所为相因，而可笑的是，美璃屈死后皇帝非但无丝毫内疚反而倚权追谥她，复其与靖轩的平妻地位，被庆王一家谢主隆恩，这是神马逻辑嘛！皇命难违，靖轩以国事大局为重，硬娶札穆朗的女儿素莹做大福晋，美璃屈成侧福晋，这在等级森森的专制吃人礼教文化下，悲剧种子陈陈相因，皇帝的圣旨一意孤行，实为始源祸根。皇权从国家层面延伸到臣民的私域生活，方方面面，盘根错节，靖美凄情，令人扼腕！为何21世纪的《倾城绝恋》叙事，仍容易将观众的注意力导向偏离皇帝男权文化赐婚这一主线呢，而将美璃的悲苦直指敬贵妃、素莹母女、婆婆等女界同性？这与一般国人素来所受教化只反贪官、不反皇帝理出一辙。从性别审美角度而言，即使是现代人所编的历史情爱剧，也得剥离表层皮毛细细地看，观众千万别被死去活来的爱情故事牵着鼻子，而嗅不出专权（含性别专制）的腐烂味儿。

历史就是这样，让男权审美意识形态不动声色地把女神代言的权威性剥夺了。更有甚者，一旦意识到只有两性交配才能繁衍后代时，女性的"巫"文化地位的光晕也在消失，女性竟被自然而然地看成只是男性借以撒播自己的后代之种的一块新的沃野而已——就像他们在田间，春种秋收，能够产生不无征服的快感——被对象化的"女性美"，即女性生育优势的丧失，便使女性沦丧为不过是男性发泄和满足情绪需要的，一种由其自由自觉实践活动所创造的审美对象，顺带造就出历史上已经司空见惯的，仅以男性作为审美主体的"女性美"，渗透了男性审美主体形形色色的喜怒哀乐①。一句话，男尊女卑，阳刚阴柔，俨然是天经地义。然而，"就实质言，阴阳乾坤和谐论是虚假和虚伪的夸张，实际上是处处抑阴扶阳，并以此作为法律政策的基础和伦理规范的根据。掌握文化意义生产和解释权力的历代儒者所做的工作，其目的绩效就在于此"②。如《千金方》等"文化财富"古董，曾理直气壮地宣扬过诸如"采阴补阳"之类的歪理邪说，成为流布在民间的养生秘诀。在今天仍阴魂不散，2005年9月，湖南都市频道有一则新闻曾报道，一位60多岁的男人之所以猥亵多名女童，直接目的竟是借此长生不老。与荒唐的逻辑伴生的是如此荒唐的历史现实化的行径。

马克思主义唯物史观强调，历史不过是追求自己目的的人的活动而已，也就是说，人的活动是有意识有目的的，是打上了价值追求和价值创造印记的活动，因此同理，美之为美，原本没有一劳永逸的标准，美的本质就是审美行为的本身，但由于人类历史发展中，男性审美主体价值追求和价值创造中存在前述的"敌意"，女性美也就因男性性别审美意识一边倒的"尚力"倾向，而终于倾斜了。"站立历史的基础的那块岩床，是经过了难以想象的漫长岁月进化而来的原始人类和人类的先天固有特征和本性，而历史的基础，是性别，包括在这个基础之上的对性别的误解和隐喻。"③ 隐喻是社会环境把其观点导入科学和普通人思维方式中的手段之一。隐喻像一种奇妙的装置，作家们缺了它就茫然无措。具体表现在性别文化领域，主隐喻是这些概念：男人气质——意味着优越、力量和霸权，女人气质——等于低劣、软弱和屈从。这从夏末的"色荒"与"女祸"不难证之："虽经先秦文人、政客、术士改造、渲染，不一定与真相全符，但对于女色的实用功利态度和'美女'的命运处境则是真实的——她们沦为权贵男子淫纵猎色的对象，作为战败男人讲和、化干戈为玉帛的贡献；作为阴谋家可资利用的'色弹'并

① 李运抟：《美貌的女人与俗套的艺术——对当代小说女性形象塑造的一个批判》，《文艺争鸣》1989年第5期。
② 赵宇共：《史前时期的社会性别：多学科的历史考察》，杜芳琴、王政：《中国历史中的妇女与性别》，天津人民出版社2004年版，第160页。
③ ［美］罗伯特·麦克艾文：《夏娃的种子——重读两性对抗的历史》，上海人民出版社2005年版，第13页。

在功成之后被放逐遗弃……这就是文明伊始，女人在政治风云中充当的角色和遭受的际遇。"① 其中对性别的文化隐喻以经典的形式确定下来，如同西方基督教文化对圣母玛丽亚的价值规范，中国史诗经典也一直称颂着"周室三母"——太姜、太任、太姒。与之相对的则是夏娃、妲己们的"邪淫"，以及世间女人们自身内化的经典规训，然后再反馈到她们的日常性别审美意识中。这一过程在时间线状的历史中，显然是不可逆的，而且从人类发展历史进程的规律而言，今人也并无价值高下追究的必要，但是指出这点则是文明进化的发展趋势。当历史进化不是以"力"为唯一价值取向时，女性在性别文化新建制中的分量便不再是无足轻重的附件了。

因此，不难发现，评估女人容貌的标准，自古至今都以"美丽"二字独霸天下，男性审美主体价值评判原则，历千年而不变。这何尝不是一种对女性的不公平？不是一种诉诸身体政治与性别统治的文化隐喻？翻开中国那些陈腐的旧书，说到美人，一律是鼻子如何嘴怎么样，还用"眉如远山，眼如碧波"之类的与自然界相对等的词，明目张胆地将女性自然对象化。女人的生存权利长期以来受着非人化的恶意挤压，以致经营五官的美成为女性毕生的事业。"男人爱潇洒，女人爱漂亮"，其余音至今绕梁不绝。湖南经视台"故事会"曾有一期节目讲述过一则关于女人整形美容的故事，两个女人原是同窗，但生得一美一丑，又都爱上了一位男士。竞争的结果自然是美貌的女子先赢得恋爱权。但多年之后，那位面相差一点的女子经过整容，又以美女面目改姓换名，神秘地出现了，并且很快使那位男士移情别恋，任凭其前女友伤心欲绝。在这种情况下，那位前女友则多方探测，得悉第三者竟是那位旧日同窗，于是便将"第三者"整容真相公之于众，两女子最后都"鸡飞蛋打"，被男士蹬了，还反目成仇地分别坐在了法院的原、被告席上。一则人间真情戏，在男女情感游戏的角逐之中，女性美成了讽刺意味极强的道具，男性审美主体的自如选择，决定了戏目的高、低潮，同时也导演着女性婚恋人生的起承转合。现实生活是这样定格了性别审美的悲喜戏文，男儿无丑相，只要处于人生需要的高级的精神和事业层次即可。社会性别旧制度的"先天"分工，一开始就显得有些"歪瓜劣枣"，在女性主义出现以前，竟很少受到女性学者或社会文化建制意义上的全方位学术质询。

由于性别审美意识误区导致了人们在日常生活中出现种种关于"女性美"的错位认知，其在艺术中的表现，同样也是有过之而无不及。

人们虽然不能直接看到历史上的美女，但从历史留传下来的文字和艺术

---

① 赵宇共：《史前时期的社会性别：多学科的历史考察》，杜芳琴、王政：《中国历史中的妇女与性别》，天津人民出版社 2004 年版，第 108 页。

作品中仍可以感知和体验她们。岁月的流逝渐渐改变着各个时代的"美女"形象，但是，无论"美女"如何演变，都无一例外地是集注了特定时代男性心目中的"女性美"标准。

中国古代早就有"美人"一词。不过，在两千多年前的先秦时期，美人并不特指漂亮的女人，它也指"有道德的人"，确切地说，"美人"是圣王、贤者、善人。中国最早的诗歌集《诗经》中有"窈窕淑女"一词，原意是文静美好悠闲洁净的女人，但渐渐地，词义因时代发生了变化，"窈窕"后来被解释成"妖冶"，即妖媚而不庄重的意思。"窈窕淑女，君子好逑"，妖媚而不庄重，恰是男人内心的性别审美意识流露。

到了宋代，女性的柔美被推向极致的畸形——竟然把缠足作为一种装饰。这是男人（包括丈夫）对"女性美"的蛮横要求，在对女性柔美的极力推崇中，我们首先感知的是，男性在社会地位和文化领域里的核心权力地位。女性的柔弱经过夸张的同时，更显示出女性对男性的精神依恋和人身附庸。

由此不难解释，难怪"偷食了伊甸园禁果的人类始祖睁开眼睛，首先发现的就是女性之美"，一部东西方文学艺术史"就是一条女性形象的画廊，一曲女性美的赞歌"。仅以印度诗人泰戈尔赞美女性的诗为例，足见"女性美"参与男权社会中诗人、哲学家的灵魂外寄予商人的物质消费之一斑。

女人啊，你不仅是上帝的杰作，而且也是男人的杰作；这些人永远从他们心里把美赋予你。

诗人以幻想的金线为你织网，画家们给你的形体以永久常新的不朽。

大海献出珍珠，矿山献出金子，夏天的花园献出花朵，来装饰你，遮掩你，使你更加珍贵。

男人心里的欲望，把它的光辉洒遍了你的青春。

你一半是女人，一半是梦。

历史上女性不过是纯粹的审美客体，深具物质意味，其根源何在？面对这种只有在文明发展到一定程度后，才会出现的人类反顾自身的诘问，我们说，历史往则往矣，今天的女性文化审美创造要想重头来过，那已经是不可能的，以男性为中心的社会关于女性的认识和审美，势必只是男性中心的大舞台，这虽然同时也体现出在历史文明发展的进程中，人类审美认知整体框架上的纰漏或残缺不全，但在一定意义上说，这同时也是人类在劳动过程中创造美时，不可避免的审美能力和审美需要的历史化产物。对于已经发生的历史，今人无权苛责，"觉今是而昨非"，无非是一厢情愿的推测。所以，只有当18世纪伴随启蒙运动思潮而来的女性解放运动现身的时候，结束这种残缺审美需要的历史时代，才会如期而至，尽管这对女性来说，是有点姗姗来迟。但与此相伴的则是，以往习焉不察的性别审美意识的跛足情形，势必结束，人类性别文化制度将随性别审美意识的时代变迁，在进入一个动荡颠簸阶段后，出现凤凰涅槃式的新生状态。

总之，有什么样的性别审美意识就有什么样的女性美。历史上女性在艺术中通常被表现为美女。而什么是美女？在男权社会，过去和现在，东方和西方，无论美女标准怎样演变，始终是被"观看"被"赋予"的角色。越是貌美的女性，越可能是危险的、欲望的对象。各种艺术都注重表现女性美。但是不同的社会性别观念，对女性美有着截然不同的表现。一如：

《诗经·邶风·凯风》："父兮生我，母兮鞠我；……母氏劬劳……母氏圣善……母氏劳苦。"

《诗经·小雅·桑柔》："妇有长舌，维厉之阶。乱匪降自天，生自妇人。"

男权性别审美意识怎样定义美女，艺术就怎样表现美女。通常，男性是艺术的创造者和观看者；而女性，是被创造者，被欣赏者。一方面，在文化史册经典中，我们很少看到女性主体的出场。另一方面，在政治、经济及战争领域，女性的参与同样较少或极少。但是，在艺术的世界里，女性却以男权社会的审美道具频频亮相。女性往往是艺术家们创作、描绘和表演的主要对象，甚至时常是男性文人的女性自况物，或是寄托自我生趣的灵感所在。那么，既然如此，在以女性自况的过程中，男性文人的"不遇于时"之类生世哀怨之感，哪怕是再"呼天抢地"，再"黯然神伤"，但在面对女子时，历史却显示，他们仍是优越的，在他们怨怼君权王制的喜怒无常与昏庸无能的表象掩盖下，其所宣示的正是做一正人君子的悲哀，隐藏的逻辑却是女子连做这样的人的资格都没有。当落魄男人居庙堂之上忧其君，处江湖之远忧其民时，相较女性来说，他们还算是有资格的子民、臣民，但将目光扫向只是丈夫们的妻妾时，念及这类处境比自己更堪忧的生命体时，他们又或许稍许有些窃喜，譬如，屈原《楚辞章句·离骚经序》中的"香草、美人"："善鸟香草，以配忠贞；恶禽臭物，以比谗佞；灵修美人，以媲于君；宓妃佚女，以譬贤臣。"当艺术中女性美与文人自况相沿成习，那么，无边的夸饰和崇拜女神便成了一些失意文人的平衡人生的家常便饭。如宋玉《登徒子好色赋》中的"东家之子"，《讽赋》里的"主人之女"，以及《神女赋》中对女性形色的反复揣度：将服饰、明眸、娥眉、朱唇一一铺排，这些都无一不是对日常女性的神化，与此同时，也是文人自我生趣的灵魂外寄。是否可以说，在艺术领域，由于女性的频频亮相，女性与男性就取得了平等的地位，抑或，女性显示出比男性更优越的地位？显然并不是，其实这正是男权意识形态对"物质化的女性"这一社会性别"又打又摸"的文化建制阴谋，以及男性文化实施全方位驾驭的陷阱所在。因为从前面所议论的来看，艺术中隐喻这一"奇妙的装置",事实上反倒成了男权性别审美意识形态利用和掌控女性的工具,成为男性文人帮凶们用来宣讲宏大道理的手段。

既然如此,那么21世纪的我们,该如何遵循"人也按照美的规律"来塑造"女性美"?看来,提倡"性别差异中的平等与和谐"的性别审美意识,形塑现代公民女性美,无疑成了当务之急。

第二节　追求自由而全面发展的公民女性美

由前述可知,历史舞台上粉墨登场的形形色色的美女形象,折射出"女性美"的男权工具性质。这从客观上说,女性美的出现也是两性人生较量进程中顺其自然的结果。科学研究表明,随着人类不断进化,四肢越来越灵活,而头脑也越来越发达,人类可以很容易地捕获到猎物并且学会了使用火,不仅知道如何把食物弄熟,还懂得了使用调料来享受美味佳肴。在丰厚的物质保障下,男性不需要整天疲惫地获得食物,有了一定的休息时间。当闲暇时光多了的时候,加大生殖传播力度或许就成了他们空余时间里重要的工作。然而传播基因毕竟是耗神费力的,在透支的情况下,男性只得安静下来。这个时候,男性的大脑开始更高层次的运转,思想成了其打发时间的好办法。从一定意义上说,思来想去的结果,就是他们渐渐对女性的外形总结出一套规律和细致具体的要求,并且开始思考如何获得更多的优质基因传播渠道,也即如何获得更多的交配对象或者身体健康、外形端正的女性,间接满足自己"种"属的需要。于是,日复一日,男性开始懂得追逐美色,开始赤裸裸地规范"女性美"。当然,与此同时,他们并没忘记考虑如何满足所谓事功上(仕途经济)的欲望。换言之,在"女性美"追求中,人类受生物性意识的支配是不可否认的。与此同时,女性的发展则由于长期的依附生存状态,以及狭窄的生活圈子而相对迟滞。

以女性美而言,海外妇女学学者王政在研究20世纪20年代的一本《中国妇女生活史》时发现,旧式女子羞怯的媚态,是文人们在诗词中特别喜爱描绘的表情。综合前述第一点,不难得知,"女性美"包括的女性神态美也是由男性的喜好决定的,是社会性别审美意识历史发展的结果。可是女人对于"女性美"的标准,也照样跟着稀里糊涂。所谓"美女",成了男性世界宰制社会方方面面的审美标准,对男性确定的标准,女性只有被迫认同的份儿。男权社会下了什么定义,女人们便义无反顾地朝那个目标努力。男权社会构建了什么样的美女标准，女性就竭力将自己按照男性企盼的那样，打扮和修饰自己，媚态十足。反过来，男权社会却又将祸害归罪于符合这种标准的美女，谴责"女人是祸水"。这种两性文化产生的列强逻辑，在文明发展史进程中已是不争的事实，由此日积月累形成的性别审美意识，还已经内化进入世俗社会中男男女女们的灵魂深处，沦肌浃髓。

　　那么如何消除这种性别文化审美的历史偏见呢？女性主义审美的文化革命意义在此自然而然得以呈现。女性主义审美革命（此处"革命"的本义指一种非暴力的变革）之所以能在世界范围内产生影响，恰在于其"从性别冲突（性别政治）的角度重新审视西方美学传统，并在对它进行颠覆性的批判中表达女性主义审美主张"。请看南希·史密斯《只要有一个女人》这首著名的女性主义诗篇：

> 只要有一个女人
> 觉得自己坚强
> 因而讨厌柔弱的伪装
> 定有一个男人
> 意识到自己也有脆弱的地方
> 因而不愿再伪装坚强
>
> 只要有一个女人
> 讨厌扮演幼稚无知的小姑娘
> 定有一个男人
> 想摆脱无所不晓的高期望
>
> 只要有一个女人
> 讨厌情绪化女人的定型
> 定有一个男人
> 可以自由地哭泣和表现柔情
>
> 只要有一个女人
> 觉得自己为儿女所累
> 定有一个男人
> 没有享受为人之父的全部滋味
>
> 只要有一个女人

得不到有意义的工作和平等的薪金
定有一个男人
不得不担起对另一个人的全部责任

只要有一个女人
想弄懂汽车的构造而得不到帮助
定有一个男人
想享受烹饪的乐趣而得不到满足

只要有一个女人
向自身的解放迈进一步
定有一个男人
发现自己也更接近自由之路

　　全诗一共七节，分别从性格结构、知识构成、情感模式、家庭责任、社会职责、智慧潜能、人生价值等方面，对如何实现"双性差异中的平等与和谐"性别文化理想做出了十分独特的表白，使一个能够自我承担义务的，而又不乏社会责任意识的大写的人——女性公民形象，呼之欲出，真真切切地构成了一道辉映男权历史暗角的人生风景线。性别，作为一种可能的审美维度，已然别出心裁地掀开了人类性别文化建制的另一面，只有男性单一方面的审美，那还不是健全的符合人性发展的样态。事实上，一个女人，在人生的舞台上卸下许多并不符合自己心性、智能的，额外附加的一些精神性给定之后，这对于女性自身来说，显然是一种通体畅快的解放；对于双性来说，则是一种离个人的全面发展更接近的身心自由。也就是说，一种奠基于公民女性美的性别文化惯例，无疑是更趋向美的本质的。因为"从人的社会实践的目的来看，一切社会变革都是为了创造一种美好的生活"。"只有当人类在实践中掌握了客观规律（真）并运用于实践，实现了功利目的（善）并成为生动的形象才可能有美，因为这样才能体现人的自由创造。"①公民是社会的个体基石，只有当社会把女性也看成是民族、国家的个体基石时，其对女性的平等、权利、责任、参与竞争、道德和法律、主体性、创造性、合作精神，等等，才都有相应的素质教育和规范需求，真正体现出是在"人"（公民）意义上的自由自觉的审美本质实践。
　　如此一来，相反，以往艺术虚构和想象中的"英雄美女"、"才子佳人"

---

① 杨辛，甘霖：《美学原理新编》，北京大学出版社 1996 年版，第 27 页。

形象，由于对女性美的建构，沦落为非人化的陈腐性别审美意识中，而极可能不具备审美的本质意蕴。仅以以下实例稍加说明：

2001年的《作家》刊有一篇题为《杭州美女地图》的散文。作者用十分激赏的、优美的文字绘制了一张杭州市美女地图，并以广而告之的口吻，极尽渲染之能事，把美女们"尊奉"为杭州市的一个品牌形象。诸多美女，如珠玉般点缀在西湖周边。文章说她们像"龙井茶叶"，像传统的佳肴"东坡肉"，像"很嫩"的"小白菜"。作者还俨然以掮客身份振振有词地宣称，"杭州的城市规模和消费水平也决定了美女的需求量"，因此，他有义务用文字对旅游者加以引导、指点和推介。而且，作者明目张胆地模仿导游图上"不要给动物喂食"，"不要触摸危险动物"，"严禁下水游泳"的警告，在文章中说明了一些与杭州美女打交道的几条游客须知。如此极不尊重女性的奇文一出，竟引来一片叫好声，其广告效应还立马可见，甚至逗得一些人实地去杭州考察美女。

为此，广州中山大学艾晓明教授坚决反对这种美女经济行为。她曾组织中山大学中文系研究生，以美国女性创造的多媒体艺术《真实的女人》作比照，对之进行了严肃的女性主义批判。令人欣慰的是，其实，艾晓明们的作为，正是女性主义审美必然发生的正常反应。在"全球化"日益势不可挡的21世纪，商品广告无处不在。同样也得对世界负责的女性主义审美观，正好在这里凸显了其必要的"全球化"① 警惕，体现人类文化建设的伦理正义。

因为批判商品广告的"商人共和国"唯利是图本质，正是女性主义审美基础性的工作组成部分，前面提及的艾晓明们的作为，是体现公民女性美的途径之一。

一个明显的事实是，目前广告虽然情节和语言越来越具有创意，画面色彩越来越丰富，融入高科技的技术审美成分也愈来愈多，但它毕竟不仅是商

---

① 关于"全球化"，可参考杨伯溆《全球化：起源、发展和影响》一书，人民出版社2002年版。该书指出：无论从哪个角度来讨论和定义全球化，一个不可忽视的事实是经济关系、社会关系和文化传播在时间和空间上的超越，这就意味着国与国之间边界的削弱甚至消失。而萌发全球化的土壤是离散社会和消费文化。站在马克思主义唯物史观来看，女权运动、性解放之类都是全球化历史建构的进程之一。那么，由此笔者以为，如何在积极意义上面对未来全球化社会中"经济公民"、"虚拟人"建立的"商人共和国"，如何有效地介入由全球化导致的世界性社会关系的建立，重构不以私利为原则的意识形态等，便是当今人类社会面临的一个十分突出的挑战和现实难题。因为，"马克思虽然对资本主义在生产力强劲的发展、世界性社会关系的建立和创造复杂的个体等方面持肯定态度，但对于它一切从私利出发来组织这些活动表示强烈谴责。他认为，如果一切生产都从私利为原则，无论是生产力的发展，还是世界社会关系的建立，都只会阻碍民主、平等和自由的历史运动"（第25页）。同时笔者以为恰恰在这里，似可找到女性主义对世界负责的立脚点，动态地建立一种新型的、人性化的性别审美意识：提倡人际（性际）差异中的平等与和谐，避免文化"全球化"的负面意义：变相地以消费女性美为表征，巧妙地形成新一轮的性别审美意识错觉。

品信息的简单传递，其对大众的消费理念乃至文化价值的追求，正起着越来越浓郁的"润物细无声"的作用，并且时常越俎代庖，为大众或强制性地、或改头换面地设定虚幻的"时尚"和"趣味"，在"商人共和国"主动盟誓的"私利原则"的激发下，于不知不觉中形成了种种未免谮妄的"女性美"消费文化价值导向。如调查显示：国内媒体上，女性做广告的比例占有绝对优势：护肤、化妆、洗浴用品的广告似乎无一例外地由女性来做；家居用品、家用电器的广告绝大多数也由女性做主角，甚至手机、领带、西服这类被看作男人世界里的商品，其广告也着意渲染女性对男性似乎是心甘情愿的崇拜、仆服和柔情蜜意。在唯利是图的目标导向下，什么生态环境保护，什么可持续发展，等等，是可以忽略不计的。为什么千百年来一直处于"第二性"的女性在现代商品广告世界中，仍然成为被追踪的物质化、客体化的审美对象？原来这实际上依然满足的是，社会对女性的审美消费需要，同样内含女性的现实生存处境和性别文化状况的某些残损不堪的侧面，以及社会（主要是文化审美）对女性的单一角色期待和价值规范。也就是说，在今天，非公民形象的女性美，仍然有着让"全球化"的负面——资本主义"私利原则"意识形态主宰那原本应由双性支撑、文化互生共荣的审美世界的危险。以下实例清晰表明，倡导公民女性美，中国女性主义审美革命依然任重道远。

在 1995 年世界妇女大会期间，女画家王海燕的作品，展示了当今对人类有着卓越贡献的女性肖像。如世妇会秘书长蒙盖拉夫人、前苏联女宇航员斯特拉日娃、中国核物理学家吴健雄、原人大副委员长雷洁琼、当时的外经贸部部长吴仪等中外杰出女性。肖像显示这些女性自尊自强、充实坚毅、平易高尚的公民人格和性格特征。而另一位男性画家展示的是系列女性肖像，从古装仕女到现代女郎，清一色矫揉造作、迷惘空虚的形象，无不透出病态女性美的文化僵尸气息。女性在这个男性画家的笔下是弱者、是依附者、是"花瓶"和"宠物"，也许更是审美主体潜意识中的尤物吧。两个画展的互文比照，充分反映出当代一些知识男性依然对妾奴女态的眷恋之意，散发出传统男权文化"活化石"的审美趣味。

例如，我们还可以从 18、19 世纪西方一些艺术大师的肖像画中发现同样的现象。大师笔下的女性形象，有的有着色情意味，把女性当做性欣赏对象；有的表现男性对女性的权力支配；有的将女性与自然植物等同视之，衬托"女性代表自然，男性代表文化"的思想。如马奈的著名作品中有一幅《草地上的午餐》——同一画面中，男人衣着华贵，女人一丝不挂。女性体现的是自然属性，是肉身；男性体现的是社会属性，是文明和心智。男性的优越感、支配欲显露无遗。与之形成有趣"互文"的是，20 世纪最能体现中国草根艺术精巧一面的"月份牌"年画，也是让性别单调的"女性美"唱着主角，试图与不同社群的各方诉求相妥协，走一条各方均能讨好的路。

所不同的是，中国文化呈现的含蓄审美技法，使"女性美"更多地渗透了公共视角经验。从清代杨柳青《三美图》，民国蕙农《"广生行"化妆品广告》，1954 年的今农《良母》、张碧梧《养鸭》等，每一种画面都有其相应的时代文化隐喻内涵，暗示着一种历史情结，一种价值倾向以及一系列与之相应的叙事法则。市民趣味、大众民间意愿与主流政治意识形态在纠缠、抗衡中互相妥协。然而从女性主义审美视角看来，这些年画在"各方讨好"中的"女性美"，却是以更深邃的一元性别反映出现的。这些赏心悦目的女子，无论是摩登女郎还是劳动妇女，总是摆脱不了红粉女子的气息，仿佛打上一层人为强加上的性别暧昧成分。虽拥有一定的公共视角经验，但这"公共"仍然一望而知是以男性凝视一元满足为主的，离塑形审美主体意义上的女性公民美，还相去甚远。

艺术中的"女性美"，究竟反映的是"人"还是"物"？这凝聚了不同的社会性别观念。如果艺术品中的"美女"散发出的不是生命的力度，不是内在的气质，而只是所谓妖媚的外表时，"美女"只能是供人观赏、取乐的"宠物"。宠物可以受到极佳的待遇，但是，宠物不是本质意义上的人，不能自主决定自己的命运，女性宠物化承载的只是一元的性别凝视。何况，在全球化时代，"美女经济"的最终受益权，会落入掌控着全球消费社会的"商人共和国"手上，垄断资本主义文化在传统性别审美意识形态的主宰下，犹如百足之虫死而不僵，与已经不是以"体力"为唯一支撑的知识经济时代格格不入。

出现男性性别一元的审美凝视现象，这并不都是艺术家个人的过错。由前述及，是"全球化"社会中传统的性别观念根深蒂固，是市场的需要，不经意地搅和、参与了艺术家们的创作。社会审美需求受时代的政治、经济、传统制约。只有当艺术家们都具有高度警觉和性别审美文化的敏感时，性别歧视才能得到有效的遏制。遗憾的是，我们的艺术家，有的甚至是知名度很高的艺术家，仍然缺少对文化/社会性别的思考和研究，依然沉浸在陈旧的性别观念之中不能自拔，有些则是故意浑然不觉，习惯于本能地拒绝。这里，女性主义审美实践理应从马克思主义唯物史观那儿受到启示，一个理想的人类社会是"每个人都自由而全面发展"的社会，因此，在新的世纪，人们更应提倡"自由而全面发展的人"意义上的现代女性公民美，以切实的行动，反对将女性性别非人化或非公民化的倾向。

连闻名遐迩的伟大作家托尔斯泰也这样说过：女人应该是柔弱的，甚至经常有病，一个完全不会生病的强壮的女人"简直就是野兽"。这种极端化的病态"女性美"见解形象地表明：无论人类文化创造史上的男性大师们如何伟大，但在性别审美意识问题上都或多或少由于毕竟难以感同身受"她性"的苦难，而有"站着说话不腰疼"之嫌。相反，女性主义审美竭力撕开这类女性优美神话中的矫情成分，更看重的是女人的本真"人性"，而不是人为的"神性"。女性主义者意识到，神话和美化固然有极其敬重女性的成分，却有可能在审美表达与接受中失真，忽略了人间日常社会中平凡女子种种具体而琐细的痛苦。女性主义审美对女性公民美的推崇，力图击破男权社会的诸多传统"女性美"神话，这说明真正的"女性美"一向都应该是真实地体现在"人类于生存困境的挣扎"中的情形。而挣扎于生存困境，养就了人自由地探索世界之谜的文化进取心，为了人的"合目的和合规律"的生存，即更美更诗意地栖居，人类尤其需要像域外先哲霍布斯《论公民》所言那样富于人性：如果一个社会组织有序的话，那在资源上的掠夺就是不必要的。在自然状态下，就该每个人自己决定什么是对错。明智之人（即关心他自己生存和福祉的人）应该认识到他的任何信念都不存在着客观的真理，他因而应该选择那些对他来说最有利的观点作为他生活的实践原则。

在自然状态下，由两性组成的社会，原本不应该存在孰优孰劣之争，在双性都能自主地决定自己的生存和福祉，并按正义和权利去行事，去做与各自有利的选择时，那才是合乎人性的，是有序的社会。也就是说，女性自己决定自己的命运，做践履自由、平等、公正、法治等价值观的捍卫者，那就是在促成社会性别文化的良性发展，在行使公民女性应尽的义务。追求公民"女性美"恰是"明智之人"（公民）的选择。正因为意识到权利与义务的有机统一，公民女性美追求，将人类自身再生产的价值提到了史无前例的高度。令人尊敬的母亲，自重的妻子与职场事业辉煌的女性价值无二。每个向往"自由而全面发展的人"都各有自用之用。可持续发展的社会，性别审美意识形态将越来越趋向这一体现了全面人性的潮流。

由此来看，中国的艾晓明教授和她的研究生们的质疑：什么叫美女？谁在定义美女？为什么男性总是把女性置于被看的地位？为什么女性被描述为风物的装饰，或者危险的、欲望的对象？有没有关于"女性美"的不同定义？这种质询行为本身的意义也是深远的，令人敬佩，体现了知识分子在飞速变化的时代，难能可贵的性别文化良心以及女性公民所尽的本分。

另外，强调"自由而全面发展的人"意义上的公民女性美，这也是时代的大势所趋。20世纪80年代以来知识经济的兴起，使全球化成为当今世界发展的一个不可回避的趋势。全球化促进了资本、资源、知识产权、资讯等迅速的跨国界的流动，从理论上来说，这样的社会，失掉了传统社会"体力"、"尚力"唯一性，使性别竞争显得相对次要，即在市场的规则下，劳动者的性别差异相对而言淡化了，每个人的综合素质、专业技能、管理才能等占有越来越重要的分量。就女性发展的宏观前景而言，历史已经进入一个风险与机遇并存的时代。

第三节　打造女性高品质的多维人生美

中国传统文化对"女性美"的规定具有外在性征和内在道德底蕴两个方面，是在服务男权社会道统的大前提下，顺带规范了女性的依附人生。而女性应该如何有尊严地好好生活，并不为文化的经典真心诚意地关注，更不为男性审美主体人性化地观照。相反，为了维护中国社会的血亲宗族关系网络，为了男人的面子，女性身体和心理必须全然仰仗其父兄们，甚至是儿子们。17世纪中叶徐震的《美人谱》，对女人身体的美就已有十分细致的评点，如：一之容，蝤首、杏唇、犀齿、酥乳、远山眉、秋波、芙蓉脸、云鬟、玉笋、葱指、杨柳腰、步步莲、不肥不瘦长短适宜。而这些绝不是对女性美的"美"的反映，而只是将女体物化为被凝视和怜惜的审美对象而已，甚至只是反映社会迷失、文人自爱自怜的喻体象征。"女性美"的审美主体之一——女性自身，自始至终无权、无缘去代表自己。

自20世纪初五四新文化运动中"人的发现"、"女性的发现"之后，直至21世纪的今天，女性审美主体主动现身，女性文化创造的被动局面才渐渐改观，才开阔了一些相对而言精神独立、思想自由的女性人生场域。如，现代文学史上第一位女作家陈衡哲的"造命人生"，娴雅知性的冰心"和谐美爱人生"，艺术生命力绵长、文化政治厚重驳杂的丁玲"女性—公民人生"，等等。又譬如关于女界人生的悉心关切，目前业已细化到了人类历史上前所未有的人性高度。网络上有一则对女性声音的美的说明，即是例证。

一个给人深刻且美好印象的女性，除了其具备一定的才华、品德和风度之外，还应是清晰、有自信心、目的性明确并善于表达，神情自若的女性。如果声调很尖，速度很快，使人听不清楚，会给人以"叽叽喳喳"不成熟之感，故而职业女性务必注意自己说话的声调：①声音深厚，不是薄弱。②声调和声量均要适中，不宜过高或过低，不要太大或太小。③说话清晰，不含糊。④说话有节奏感而不单调。

这种配合着如何开拓女界高品质人生历练的善意劝告，自然对女性文化创造不无裨益，比一味地强调女性应该如何穿衣打扮取媚他人的性别"教导"要真诚得多。这也就是说，至于撇开女性的精神层面，仅仅将女性身体美细化到无以复加的地步，那是该存疑的。一些关于"女性美"的"大一统"式的五官安排，多少显出女性对审美的不自信，或者多少表明男权审美意识形态的不怀好意。其对女性的所谓"人性化"关怀，因为缺少多维度的生命体察，而大打折扣。

大抵在真实生活里的女性，少有全面达到像一些媒介广告所宣传的，那样细致入微的"五官"要求。难道要女人们都去整容？就像湖南经视台策划的一档节目——"天使爱美丽"？爱美之心，人皆有之，但作为一场商业运动，让人们像患上强迫症似的审视自己的自然身体，这就未免叫人怀疑其初衷了，这岂不是使不明真相的人们自愿上了媒介帝国的当？不知不觉中入了鼓噪资本主义文化"全球化"正欢的"商人共和国"的圈套？从定于一尊的"他视"美丽标准，不难解释，难怪《多芬美丽白皮书》亚洲大调查结果公布，仅有4%的中国女性认为自己是美丽的。但在女性主义审美看来，实现"女性美"的真正人性化转换已是大势所趋，由"他视"到"她视"，到"自审"，从"女为悦己者容"，到"女为友容"、"女为己容"，真正的美丽，应该是更加自信地表达公民女性各种各样个性的人生魅力，而不是试图被动地迎合男权文化传统的期望值；公民女性快乐而自信地创造生活，能够自我承担地生活，必然会倍增美丽。

因此，打造高品质的女性多维人生，那么，人们的性别审美意识和实践必会与时俱进。如关于"性感"话题的公开讨论。"性感"一词无论其内含多少暧昧的、居心叵测的传统文化阴影，但无可否认，其在一定意义上正是对"女性美"做一种新时代的阐释。尽管其中，"三陪小姐"、"肉身写作"之类走在了前台，但那只是另一种令人存疑的商业女性文化消费，算不上主动构筑"自由而全面发展的人"意义上的女性美。当女性展示其美能够不再以五官外表为唯一时，这自然是一种时代的进步，它使女人有可能去主动寻求高品质的多维度的人生，在化丑为美的行动中衍生出多样的"女性美"形态①，即可以自动消解传统女性那种足不出户、闺愁思妇的有限人生天地。性感的美要求女性动用一种复合与动态相得益彰的审美尺度，从女性美的消极亮相，走向主动澄明。它所打破的是人间美丑原本无穷尽相的不公平状态，使一个相貌平平的女人还能够通过其他途径，来开掘出"风情万种"的人生美，让世界充满和谐和温馨。这样说，"性感"让女性体验到了一种更为人性和民主的人生境界，它颠覆了外貌美丽的世袭"贵族"专权。因为说

---

① 以往评判女性美多是单一、平面与静态的审美标准，仅由男性审美感知出发，指向一个维度。

白了，爱美是人的天性。具有美貌的女人是幸运的，但是上天并不是把这种幸运赐予了每个女性。在传统错误的性别审美意识牵引下，为了单一的外在视觉美感，于是有的女人拼命地去整容；天生美丽的女人则想要变得更"美"。女界人生似乎仅仅是为外在美貌和以符合男权规训的空头支票——伪"美"、伪"德"而虚掷人生。

今天，人类开始对女性文化的琐细表达表示尊重，对自然性感美倍加首肯，对世界现代文明意义上的人的发现——公民女性美，心向往之，这已无形中大大丰富了女性美的形态；而打造高品质多维人生的"女性美"，恰如汇入人"类"自由自觉审美实践活动"大海"的一支支"涓涓细流"。颠覆男性审美主体想象的单一性别文化代言，女性主义审美革命的划时代、创新历史价值正体现于此。女性也是人的"存在"本体，需要自由平等（自由即责任）的人生，需要公正法治保驾护航的人生。

"楚王好细腰，宫中多饿死"，这是以往一味强调大一统的男性王权外貌美规制所必然导致的愚蠢的女性自残自虐行为。自古以来，女人为美付出了沉重的代价，有多少人冒着毁容及生命的危险，选择、诉求所谓的外貌"美"。而今在商人资本共和国圈套下仍无消停的迹象，据媒体报道，每年都有为数不少的女性的脸被无辜地毁掉了。时尚消费主义引领下的女性，特别讲究身体的形体美。一些女孩子，为了身体的苗条，宁肯只吃一丁点儿东西；为了身体的苗条，自虐狂似的去吸脂。有的为了长高，忍痛动手术把骨头拉长；更有人，不惜一掷千金造出一个"美人"胚子。这些正是"女性美"由于缺失高品质的多维人生相附丽，而必然会发生的不堪情形。有男士说，20岁的女人是足球，你争我抢；30岁的女人是篮球，争抢的人数在减少；40岁的女人是乒乓球，你推我挡；50岁的女人是高尔夫球，滚得越远越好。一些女性也跟着这些说法瞎起哄，而这类黑色幽默式的戏谑之言本身，恰是基于男权文化立场的，其实已经不起推敲。殊不知，女性既为人，那么生来就是美的，这种美潜伏在每一个女人身上，谁用智慧抓住了它，也就拥有了长久的美丽。因为，只要用女性主义审美意识形态解构、重构古今中外的文化经典，那么，不管历史上的哲人、大师们对女界人生及美，评价和定位如何之低，也都无足挂齿的了①。

需特别指出的是，中国哲学之父老子的女性认知相对睿智，他认为女性是大道之美。还说，人法地，地法天，天法道，道法自然。人们繁衍生息的大地就从来不说我自己是美的，但是大地四季轮回，春播秋收，是为美。人

---

① 例如，大哲学家亚里士多德说：女性是残缺不全的性别。叔本华嘲笑女人是长不大的孩子。中国的圣人孔子则说：惟女子与小人难养也。等等。

们头顶的天空，日出日落、月圆月缺，是为美。大道无言，流波将月去，潮水带星来，非人力可以把捉，美哉。风行水上，自然成文，美极了。受此大智慧的启示，其实，人可以永保美丽，并不一定非要用化妆术来外助。任顺大道，处处有美，时时有美，外美内美具备。女性应该创造属于自己的多维人生美，其心之思，要像山泉、像瀑布、像大河、像江湖、像大海，具有深沉的精神层面的美：玄之又玄，众妙之门，既为生命源头之一的女性，同样可以"造命"人生，也享受人生。

　　总之，对女性美的品鉴标准，因人因时因地而异，但在女性主义审美视域中，有共同的价值取向，即女性也是审美主体。其心有多大，审美的舞台也就有多大。挣脱从前男权社会枷锁下的性别审美意识后，女性人生的魅力将是无穷无尽的。她们深信自己并不需要传统文人的《闲情偶记》之类来"尤物化"女人，她们讨厌那些不怀好意的关于女性的头发、眉毛、手指、头、脚丫子之类鸡零狗碎的记载；也不需要资本"全球化"文化进程中的"消费化"女人，将一些有着性别歧视色彩的"女性美"标准定于一尊，并数字化"女性美"后，以全媒形态广而告之而败坏社会时尚的公信力。否则，仅让男性满足畸形心理的"美"，会大有令人作呕之嫌，一如网上一则灌水文字所散发出来的臭气：

　　"就身材而言，咱中国女人远不如西方女人。不过，矬子里拔大个儿来看，山东女人的身材是最好的——个儿高腿长。缺点嘛，是屁股有点儿大。一生完孩子，十有八九就没人样儿了。今天欣喜地发现，西安女人的身材丝毫不输给山东女人嘛！这让我感到奇怪——两地相隔这么远，为什么偏偏是这两个地方的女人身材好，而处在中间的京津、河北、河南等地的女人都是粗腰短腿肥臀呢？"

　　这种把玩"女性"的恶俗文字，丝毫没有两性相悦的美感尊严，倒是充满了狎邪味，当如此品评女人时，品者自身已是"臭不可闻"的了。它全然撇却了在"美丽的人"这一意义上，男人对女人或女人对男人都可以如此相称，两性之间的审美主体是对等的，互为主体。这可以以科学实验分析为证，以下是从网上下载的一则佐证材料：

　　现代科学用大量的实验依据证明，"女人爱美，男人好色"只是保守的性文化，尤其是以男人对女人的占有为核心的性文化对男女性审美需求取向制造出的谬误。在性别美的追求中，男女本来是平等的，是互动的，男人照样爱美，而且是具有性别趋向性的秀美；女人照样好色，而且是伴有性侵犯性质的好色。

　　传统的性别审美观念使"女性美"一味乞灵于男子对女人单一性别美的占有，只承认和教唆男人在情色中的唯美取向，而对女子主动的性美展示，无情地配以伦理道德上的蔑视。但事实上，好色本不是男性的专利。从科学上认知这一点，其意义并不限于强调男女平等。因为，对两性好色心理人为地强加上男女不平等理念，一味纵容男子的好色，这事实上离"美"的本质只会越来越远。人之为人，是因为人总是要从事"自由自觉的审美活动"。中西方历史文明进程中出现的单一性别审美的失重失衡现象，以致徒劳地增加了人的精神上的烦恼、行为上的迷失，为两性之间正常的性别审美表达，炮制了一些令人啼笑皆非的故事。在中国，不乏"饮食男女，人间大欲"、"食色，性也"之类的洞见，揭示了饮食与性感魅力之间的微妙关系。在西方，从早期的基督教禁欲主义到文艺复兴时期以来对人本主义的极力张扬，经由 20 个世纪 80 年代极端标榜"性解放"、"性自由"直至世纪之交才开始了适度的反思。在此过程中，不时出现过犹不及的情形，例如谬误的性别审美意识和社会性别理论，也曾生产和制造出大批荒唐的性感女郎。在资本主义私利意识形态把持一切之时，对性感女性的全方位文化强调，不知不觉中被纳入社会意识形态的建构体系——它告诉男人也"教导"女人：女性性感魅力对女性自身的价值具有非常重要的意义，怎样才是真正富有性感魅力的女人。这种植根于男权中心文化的观念体系，即使是在曾历经了 20 世纪女权主义运动风潮洗礼的西方社会，都是真实的存在。在目前现实中国，则大有亦步亦趋的架势。典型的例子莫过于全媒体对女性煞费苦心地立体化广告包装。为此，对世界负责的女性主义必须有所警惕。

也就是说，西方当下的广告业已经进入广告发展史上的一个黄金时期，从营销规划、市场调查、策划、创意、运作到投放的成套规则和理念，各种大众传媒载体的主动介入，高科技新技术的快速运用，各阶段各环节精细至微的专业化分工……一切都使得今天的广告能够制造一种令人惊叹的错综复杂的美，使那个关于饮食与女性性感关系的古老的圣训，在商业化的广告舞台上演绎着神话，被最大限度地以唯美方式渲染着，实现着"商人共和国"边际利益最大化的梦想。然而，现代广告中展示的"曼妙"美女人生，真的是现实女性高品质的人生吗？显然不是，那种虚张声势的美，由于传统性别审美意识的冥顽不化的陈腐和铜臭、贵族气，早已罩上了一层非真实人生的帷幕，是虚拟的"精致"人生切割，经不起推敲。事实上，日常生活中大多数女性形象，都并不符合男权文化确立的审美标准。目前中国，从来没有如此之多的行业，通过让女性确信自己长得不够标致而盈利。许多行业都利用描绘"美丽"女性的狡猾广告，利用女性对自己不够"尽善尽美"所怀抱的不安全感和恐惧心，向人们热情兜售产品，从而得以商业发迹。目前中国从域外传入的女性隆胸术，束腰、贞节带，和传统中国的裹小脚一样，正危害和摧残着女性健康。它不知不觉中让现实生活中的女性总是对标准化的

"女性美"望尘莫及，进而自惭形秽，认定自己与这样妖冶、风流的女性相比，太不完美、太不幸福了。尽管，现代隆胸和中国古代的束胸，社会用心截然相反，但都是以损害女性自然的外貌特征为代价，以人工手法对女性肉身不断挖掘、修理，让自然赋予我们的躯体不断被修剪成男权称道的形态。更加悲哀的是，中国传统的缠足是以家长强制女性规诫的方式进行的，而当下女人们的隆胸，却完全出于自觉自愿。从某种意义上讲，自觉比强制更为阴险可怕，因为它没有社会法律条文规范加以限制。在所谓尊重人的意愿的前提下，做着违反自然、违反人性的事，也就危害更大，以致"文明"打着"文明"的标签，在突破传统性别意识的同时制造新的"传统"枷锁。

比如说，女性形象已是中外商业广告中不争的主角，然而究其实，活跃在纸质出版物、影视、自媒体中的广告女形象，又大都仍旧是在男权文化主导的权力构架和审美关系中、在有限的社会生活空间里，被进行商业化的塑造和"风月无边地"展示，女性秀色可餐的主体——男性或"商人共和国"才是幕帘背后真正的主角。广告对女性外貌、身材、性格、品质的集中关注，以及对之进行偏执于传统化、片面化、简单化的外在形塑，一方面植根于社会客观存在的传统性别意识形态和性别审美刻板成见，另一方面又以看似艺术唯美的底蕴，反过来强化、重塑传统陈规陋习和性别文化刻板印象。因此，其与女性主义审美常识是相悖的。以女性主义常识来看，女性本应该具有自由思想、独立精神和独立的存在价值，而非男性的附庸……女性生活的意义或生命价值，同男性一样具有多样性，而不只取决于其观赏性价值如何（容貌、身材、年龄、性格）；女性应该成为审美主体并具有创造自身美的自由，而不应该被男权文化或消费文化的畸形"美"的标准所掌控，成为纯粹的审美客体。

看来，从打造高品质的日常多维人生女性美来看，当下的影视、网络、书报杂志等媒介，以及整个文化教育领域，如何坚决消除其经常不经意中出现的男权暗示，摒弃反映了消极陈腐的性别文化的内容，谨防女性形象被商品化，被性别符号化，两性关系被庸俗化，女性的身体价值被变相歪曲，沦为权力的玩偶，任重道远。因为传统男权审美意识形态的文化包装，把美女当成消费的欲望符号，教唆女人不顾一切、争先恐后地误入与美的本质——"自然"相冲突的歧途——俨然成为美女就是女性一生的事业追求。这一方面让女人成为物质消费的机器，成了被赏玩的宠物；另一方面，美女形象总是与食物、家用品、化妆品等类消费品广告相联，又让呆板陈旧的性别文化观念折射下的性别角色分工，反过来更加强化了大众的性别审美刻板印象。商家在操作"美女经济"时已经不时地暴露出病态文化心理：疯狂地比赛美女制造，窥视美女隐私，将美女作为享乐符号，等等。显然，"美女经济"

在制造女性性别歧视方面已经产生了极其不良的影响。如现在已有不少女生不理解"美女经济"的实质，误认为学得好不如长得好，将时间和精力用于化妆打扮；一些中年妇女受到"美女经济"的暗示和牵引，时常感到沮丧，以媒介镜像为参照，以为自己年老色衰，一无是处，以致陷入另一种更隐晦的"美丽""法轮功"。"美女经济"把女人作为商品和符号，取消了女性作为人的审美主体性，在性别文化上很容易误导大众。这与女性主义审美强调女性追求高品质的日常多维人生美，背道而驰。

当然，随着人类文明的不断进步，在女子的生存可以不再一味地依附于男性之后，一个新的性别文化时代大幕将启，即女性已然开始发育着自己的审美思维，有了体现着女性主体需要的审美实践。如，1997年由美国女医生康海姆和另外几个医生一起，发起成立了"真实的女人"工作坊。《真实的女人》是该"工作坊"所展示的一组女性群像雕塑艺术品。女医生们特地在志愿者中挑选了13位年龄从2岁到75岁不等的女性，以她们为裸体模特，进行雕塑。她们有的身体肥胖，有的瘦骨伶仃，有的因乳腺癌失去一只乳房，但是，这些雕塑，并没有让观众体察到她们存有丝毫的自卑、羞愧和绝望神情，相反，她们以独立刚毅的自豪姿态，享受生命点点滴滴的美好。每一尊雕塑还都配有一首优美的诗，努力呈现出每一个女人外在和内在的美：并非人们习见的外表苗条柔顺、整齐划一，而是生命力的蓬勃之美。显然，这种真实的充满生命力量的美，与传统男性心目中构想的美女形象大相径庭。这组雕塑的社会性别文化新建制的意义，不仅突破了以往只把妙龄少女作为美女的传统模式，还突破了只把外貌作为"女性美"的男性专制审美标准，丰富和加深了"女性美"的内容和含义，大大超越了狭隘的以身体外表来衡量女性价值的性别审美观念。和目前一些传媒中千篇一律的，可望而不可及的美女制造相比，美的化身居然就是现实生活中一类为数不少的"真实的女人"。这表明：无论如何，女性在追求高品质生活中的各种尝试，都是人的"自由自觉的创造活动"，是美的，甚至是渗透着全球文化公平正义伦理建设意义的。又譬如在一些艺术作品中，女人开始评判男性的俊美程度，甚至开始猎取男人的美色。如《野蛮女友》的轰动大概有一半原因就是：女人打男人，男人却只能受气这种一反常态的性别文化解构现象；台湾F4是四个英俊小生，之所以能够红遍亚洲，就是因为他们的英俊在很大程度上吸引了众多的女人。当然这种过于激烈的性别审美反拨形态，还大可值得商榷。但无论如何，一些有所性别审美觉悟的艺术作品，对人的观念或多或少产生了冲击力。至于怎样才能不从一个极端走向另一个极端，这关键还在于，在新的社会性别建制中，确立性别文化的高格目标。

物质的繁荣，并不意味观念的进化，女性人生被物化的潜移默化事实，尤其值得新世纪"全球化"时代文化工作者们的警惕并有所行动。一代又一代的艺术家，对"女性与审美"的关系演变，起了推波助澜的作用。他/她们通过各类艺术作品塑造了不少基于"双性和谐"理想中的美女形象。但是，男权审美意识形态并不会轻易地在一些善男信女们心目中消失。一些艺术家尤其是男性艺术家，虽然对女性解放保有支持态度，但在内心深处，也从未放弃过被性别文化历史经典界定过的"女性美"标准。所以，从马克思主义唯物史观出发，对女性而言，努力在日常平凡而琐细的生活中，以自己自由自觉的审美创造活动，追求和打造出女性高品质的日常多维人生美，十分必要。而且，事实更胜于雄辩，新型的社会性别建制，靠的是每位女性实实在在的觉悟和行动，以及对传统性别文化改造有所诚意的社会各阶层力量。

结　语

与时俱进的性别审美意识是形塑公民女性美、打造女性高品质日常多维人生美的理论基础，"自由而全面发展的人"意义上的公民女性美则为性别审美意识的与时俱进，提供了有力的保证。公民女性美和女性日常多维人生美是性别审美意识的全面展开，而性别审美意识的健全发展，显然离不开公民女性美和女性日常多维人生美的实践，是后者审美活动的直接结果。

参考文献

　[1] 关鸿：《诱惑与冲突——关于艺术与女性的随想》，上海人民出版社 1988 年版。

　[2] 赵宇共：《史前时期的社会性别：多学科的历史考察》，杜芳琴、王政：《中国历史中的妇女与性别》，天津人民出版社 2004 年版。

　[3] 高琳：《论女性文学——中外女性文学国际研讨会文选》，中国妇女出版社 1995 年版。

　[4] 文洁华：《美学与性别冲突——女性主义审美革命的中国境遇》，北京大学出版社 2005 年版。

　[5] 沈奕斐：《被建构的女性——当代社会性别理论》，上海人民出版社 2005 年版。

　[6] 杨辛、甘霖：《美学原理新编》，北京大学出版社 1996 年版。

　[7] 杨伯溆：《全球化：起源、发展和影响》，人民出版社 2002 年版。

　[8] [英] 霍布斯：《论公民》，贵州人民出版社 2004 年版。

　[9] [美] 约翰·奈比斯特、帕特里夏·艾柏登：《女性大趋势》，新华出版社 1993 年版。

　[10] [德] 马克思：《1844 年经济学—哲学手稿》，人民出版社 1979 年版。

　[11] [美] 罗伯特·麦克艾文：《夏娃的种子——重读两性对抗的历史》，上海人民出版社 2005 年版。

　[12] [德] 马克思、恩格斯：《马克思恩格斯选集》第 1 卷，人民出版社 1972 年版。

第九章
女性与生态文明

20 世纪 60 年代以后，受解构主义、后殖民主义和生态主义等思想的影响，部分西方女性主义开始扩展思考维度，将批判的矛头指向人类之间的各种压迫形式，以及人类对自然的破坏行为。她们指出，父权等级制度和二元对立的思维模式是各种压迫和破坏的共同根源；而任何危害生命的活动都不仅仅是一个生态学的问题，还是一个女性主义的问题；女性主义者必须是生态女性主义者，只有和谐共生的女性原则才可能是建构未来生态世界的合理原则。女性主义与生态思想的联姻，不仅开阔了女性主义的视野，为生态运动开辟了新的视角和思维领域，还提醒了生态思想家，全球性的生态危机并不能简单空泛地归因于人类中心主义，还有一些更深刻而具体的人类非正义因素有待我们去深掘。

第一节　女性主义生态思想

1866 年，德国生物学家恩斯特·海克尔（Ernst Haeckle）最先提出了"生态学"这一概念，开始以有机论的理论武器履行管理地球生命"大家庭"的神圣职责。20 世纪以来，人类经济进一步繁荣，而与文明相伴的生态灾难也暴露无遗：环境污染、能源紧缺、大气臭氧层损耗严重、生物多样性消失，以及由此带来的人类生活质量下降。人类被推入了紧张、忧郁和恐慌之中，曾经让人们引以为自豪的技术、理性、主体性、能动性受到了现代人的普遍怀疑和批判。在这样的背景下，现代生态伦理学蓬勃发展起来，它对人类中心主义的批判、对生命平等的呼吁、对自然非工具性价值①的肯定、对和谐共处原则的倡导唤起了女性主义者的共鸣。她们以强劲的理论穿透力在女性与自然之间架设了一座桥梁，并锐利地指出：性别问题和生态灾难、种族歧视、帝国主义之间有着深刻的内在联系；父权制自我中心主义的统治与征服逻辑是它们共同的思想根源和文化后盾。

女性主义是一个多元并存的思想体系，很难将她们划分为严格区分的流派。"生态女性主义"是指以生态智慧理解性别压迫并建构女性解放前景的女性主义，它的主要成员有卡伦·J. 沃伦（Karen·J. Warren）、苏珊·格里芬（Susan Griffin）、玛丽·戴利（Mary Daly）和卡洛琳·麦茜特（Karolyn Merchant）、范德娜·席瓦（Vandana Shiva），等等。"生态女性主义"这一术语最先由法国学者弗朗索瓦·德·艾奥博尼（Francoise d'Eaubonne）在1974年出版的《女性主义或死亡》一书中提出。她指出，父权制或男性权力是造成生态问题的根源，女性在生态革命中潜力巨大，呼吁女性主义者发起一场颠覆男性权力的生态革命，目的在于建立男性与女性平等、人与自然平等的新型关系。10年后，卡伦·J. 沃伦详细阐述了生态女性主义的核心假设："（1）对妇女的压迫与对自然的压迫有着重要的联系；（2）理解这些联系的本质对于充分理解妇女和自然所遭受的压迫是十分必要的；（3）女性主义的理论和实践必须包含生态学的视角；（4）生态问题的解决必须包含女性主义的视角。"② 她们打破了以往对社会压迫分析的壁垒和界限，坚信"统治的逻辑既被用来为人类的性别、人种、族群或阶级统治辩护，又被用来为统治自然辩护"③，"生态女性主义要分析的就是这样的两种孪生的统治——统治自然与统治女人，并思考对有色人种、儿童和下层人民的统治"④。可见，生态女性主义痛恨任何形式的歧视、践踏、征服与统治，主张和平共处、和谐对话、共生发展。

现在，让我们来描述女性与自然的存在状态和生态女性主义的具体思想

---

① 美国的霍尔姆斯·罗尔斯顿在《环境伦理学》一书中将自然价值的评价问题列为环境伦理学的中心问题。他强调，自然价值可以划为两大类：一是对人的非工具性价值，即大自然在与人无涉的情况下所呈现的意义和功能，主要指其生命支撑价值（自然是生命的"福地"和乐园）；一是对人的工具性价值，包括了对人的经济、科学、审美、历史、文化、宗教等价值，塑造性格的价值，多样性与同一性价值，以及自然界不同层次生命体自身的具体价值等，一共可以分为14种。（李培超：《伦理拓展主义的颠覆——西方环境伦理思潮研究》，湖南师范大学出版社2004年版，第115－125页）

② ［美］卡伦·J. 沃伦：《女性主义与生态学》，见罗斯玛丽·帕特南·童：《女性主义思潮导论》，艾晓明等译，华中师范大学出版社2002年版，第370页。

③ ［美］KarenJ. Warren（ed.），Ecological Feminism Philosophy，Indiana University Press，1996，p. 24.

④ ［美］KarenJ. Warren（ed.），Ecological Feminism，Routledge，1994，p. 1.

观念，分析女性与自然有着怎样相似的生命状态，这种状态又是怎样被界定为被动的、对象性的存在，而在她们无言的存在中，又有着怎样的希求和向往。

一、存在：女性与自然相似的状态

诚然，一个新生命的形成有男女双性的共同参与，但男性的参与是非常短暂的，只有女性会源源不断地付出，与胎儿血脉相连、呼吸相通，直到孩子通过一道黑暗狭窄的生死之门，才能获得独立的生命。女性也在这一过程中经历着生命中最大的考验和威胁——不知道有多少妇女献身于缔造生命的工程。女性的身体是一个神秘的所在，它孕育生命，也牵手死亡，它常在创造生命的当口遭遇死亡的邀请，也在穿越死亡的疼痛中体验创生的欢愉和幸福。

在更广阔的时空里，这种创生神话和死亡威胁是由大自然完成的。中国的宇宙生成论中，概括了自然和自然运作规律化生万物的思想："道生一，一生二，二生三，三生万物。"（《老子·四十二章》）而在世界早期神话中，人是由神创生的。奇怪的是，古希腊神话里的普罗米修斯、基督教《圣经》里的上帝耶和华和中国的女娲都不约而同地用泥土创造了人类。这些神话暗示了人类与自然，尤其是与土地的生命渊源关系，"大地母亲"的神话原型随之而生。人类曾意识到自我与大地母亲的同一性，并对她顶礼膜拜。一位印度先知曾经告诫他的门徒不要掘地，因为："在耕作时对我们大家的母亲的任何伤害，任何切割或撕裂都是一种罪孽……难道我可以手持利刃，刺入我母亲的胸膛？……难道我可以在她身上乱劈乱砍，使她粉身碎骨？"①

大自然孕育着一切，孕育着财富和生命，也孕育着灾难——猛兽的袭击、地震、火山、海啸、黑暗和与之相伴的死亡。因此，正如对女性的情感一样，人类对自然的态度也是矛盾的。西蒙·德·波伏瓦分析了人与大自然的复杂关系："他生于它，却又死于它；它是他的存在（being）之源，也是他按自己意志所征服的王国……它时而是盟友，时而是敌人，仿佛是涌出生命的黑暗混沌，仿佛是生命本身……"② 自然既是赋予生命的温柔母亲，又是埋葬生命的黑暗墓地。它这种生生不息的生命循环功能正好与女人的生育、吞噬力量相似。在男性的眼光里，女性的身体孕育着生命，也散发着罪恶的气息，诱惑着男性堕入失去主体性的深渊。

---

① ［法］西蒙·德·波伏瓦：《第二性》，陶铁柱译，中国书籍出版社1998年版，第170页。

② ［法］西蒙·德·波伏瓦：《第二性》，陶铁柱译，中国书籍出版社1998年版，第169页。波伏瓦在《第二性·序》中指出，在父权社会中，"人就是指男性"，女性只是"相对于男人的不能自主的人"，是男性的"他者"。

而妇女则没有这种矛盾的感情，她们通过身体的独特体验，包括如月之阴晴圆缺、水之潮起潮落的月经周期，以及怀孕、生育、哺乳时的消耗、痛苦与喜悦交织产生的共生关系，切身理解了自我与自然在生理、生命循环上的同一性。苏珊·格里芬的著作显示了女性与自然有着本体论上的联系——"我们知道自己是由大地构成的，因为我们了解自己。我们就是自然，我们是了解自然的自然。我们是有着自然观的自然"①。而这种同一性就是妇女与自然之间相互理解和心灵交流的先决条件。女性与自然的内在关联不仅存在于生理心理体验中，也存在于漫长的文化象征体系和理论阐述中。卡洛琳·麦茜特分析了欧洲文学中具有典型意味的两类自然和女性形象：第一类是田园诗中平和丰产的自然、宁静仁慈的女性；第二类是莎士比亚《李尔王》中女儿柯黛丽亚的形象。前者"依赖于对自然作为母亲和新娘的男性化理解，即认为其首要功能是安抚、养育和为男人提供平安幸福"，"自然和女性都是从属的、本质上被动的……因此它允许人们对自然加以利用和控制"；后者将坚强与温柔、"激情与秩序、物质与成熟，不设防与力量、女儿与母亲、少女与妻子"融为一体，是自然与社会美结合的化身，带有强烈的乌托邦色彩。② 无论是深情的缅怀，还是激情的乌托邦构想，文学文化中的女性都是男性眼中的理想女性，而不是真实的女性自我。

女性主义者洞见了作为社会生存系统中的组成部分，自然与女性的特征、身份和价值都遭遇到相同的定位：她们缺乏主体性和创造性，是处于被统治被压迫地位的"他者"；其价值仅仅是工具性的，她的意义、重要性完全取决于人（男性）的需要和欲望。在漫长的历史中，自然和女性无言地承受着这一定位，也在积累着悲伤和愤怒。生态危机已经用无数人的生命和健康拉响了长鸣的警报。妇女运动和女性主义批评也从不同的角度展开了与男性的抗争和对话。世界上的女性主义思潮和运动包含着不同的政治态度和立场，在对性别关系的构想方向上甚至截然对立：一种直接秉承以往的思维模式，主张以女性中心取代男性中心；另一种则反对二元对立和一切形式的统治、压迫，主张平等和谐的存在。前者其实是男性中心思想的翻版，是转换性别的强权和暴力扩张，这种思想无法将人类带出仇恨和征服，走入互利互助的和平世界。后者则是包含生态智慧的生态女性主义思想，将爱、尊重与发展共生作为努力的基本原则和终极目标。

我们可以不支持偏激对抗的女性主义，但需要思考她们之所以愤怒对抗

---

① Susan Griffin, Woman and Nature: The Roaring Inside Her, New York: Harper & Row, 1978, p. 226, p. 1.

② ［美］卡洛琳·麦茜特：《自然之死》，吴国盛等译，吉林人民出版社1999年版，第7-11页。

的深层原因。生态女性主义主张多样和谐的发展理想，并不是就忽略或认同了人类历史对女性和自然的定位与规训。相反，她们深刻的分析、锐利的谴责和热情的呼吁应该引起我们的重视。

二、文化：女性与自然命运相通的根源

澳大利亚生态女性主义理论家薇尔·普鲁姆特指出，"生态女性主义应成为一项伟大的文化重估活动"①。谢里·B.奥特纳也认为，要解除妇女与自然的联系是很不容易的，因为实质上所有的文化都认为，女人与自然的联系比男人更密切。而支持这一观念的理由有三个：一是妇女的生理特征决定了她更密切地与"生命物种"联系，养育人类未来的正是妇女的身体；二是妇女的位置更多的是在家庭环境，主要职业是精心培养"动物般的婴儿"缓慢成为社会成员；三是妇女的心智更注重关系、具体性和个别性的思维，可以胜任母职的功能。② 这些特点阻碍了女性社会化的过程，使之更长久地保留着自然性。法国作家埃莱娜·西苏在《新生儿》中这样描述了社会对男女两性的身份定位和评价：

> 主动性／被动性
> 太阳／月亮
> 文化／自然
> 白昼／黑夜
> 父亲／母亲
> 头／心
> 概念的／感觉的
> 逻各斯／情感因素③

可以看出，所有与男性相关的元素都被赋予了积极的、正面的价值，男女两性之间存在着显而易见的不平等关系。素来强调"天人合一"的中国传统政治伦理则以天地、乾坤、阴阳来比附男女，并衍生出一系列具有强烈压迫色彩的性别观念和规范："天尊地卑，乾坤定矣。高卑以陈，贵贱位矣"，"乾道成男，坤道成女"（《周易·系辞下》）。既然是自然之"道"规定了男

---

① ［澳］薇尔·普鲁姆德：《女性主义与对自然的主宰》，马天杰、李丽丽译，重庆出版社2007年版，第9页。

② ［美］Sherry B. Ortner: Is Female to Maleas NatureIsto Culture? From Readings in Ecology and Feminist Theory, by Mac Kinnonand McIntyre, p. 40.

③ 张岩冰：《女权主义文论》，山东教育出版社1998年版，第116页。

女贵贱，那么，作为道所化生的人，还有什么可以怀疑和反抗的呢？这种妇女被"自然化"的惯例使妇女受压迫的事实名正言顺，使那些被动性的性格内化为她们的"自然本性"，从而长时间地处于失语的境遇中。人们用一系列动物名称"母牛、狐狸、小鸡、蟒蛇、母狗、海狸、猫咪"来描述妇女，以显示妇女的动物性、工具性、依赖性和愚蠢。值得一提的是，妇女被"自然化"与自然被"女性化"是相伴随的，二者一同承受并不断强化着父权中心主义的强权统治。

　　自然与女性这种相互阐释却同属于被动地位的根源出自何处？在中国，它的萌芽可以追溯到先秦典籍，在西方则可以回溯到古希腊文化。确实，古希腊对人的主体性给予了充分的尊重，但人类中心主义和二元论以及反生态的思想也扎下了根。普罗塔戈拉宣称："人是万物的尺度：是存在物存在的尺度，也是不存在物不存在的尺度。"① 亚里士多德给万物规定了等级、隶属关系，而人高居于等级金字塔的最顶层："植物的存在就是为了动物的降生，而其他动物又是为了人类而生存。"② 到了文艺复兴时期，培根自信地宣称，人类是世界的中心，是"自然的主人和所有者"，并"已经获得了让自然和她的所有子女成为你的奴隶、为你服务的真理"。③ 文化赋予人统治大自然的权利时，也赋予了他控制与自然相似的女性的特权。暴力和征服的行为、主宰和统治的逻辑适用于自然，也适用于女性。人类中心主义和男性中心主义联盟的文化，将世界万物之间的连续性、差异性全然抹杀，代之以机械的二元对立或敌对关系。例如，自然/文化、人/非人、男/女、心智/肉体、自我/他者，并赋予一方优于另一方的特权，从而建构了约定俗成的统治逻辑。④笛卡尔、休谟、康德、狄德罗等，都用理性和主体性的绳索进一步扼杀自然与女性的独立价值。归结起来，形成这种二元对立和统治逻辑的文化源头有三个：（1）强调理性优于感性、精神高于物质的西方古典哲学思维模式；（2）认为自然是由神创造也由神支配、女性来源于男人的一根肋骨并自然归属于男人的犹太教、基督教传统；（3）现代欧洲科学的机械论，启蒙思想对人之主体性的强调，对科学知识的崇拜和"知识就是权力"（培根语）的霸道逻辑。

　　卡伦·J.沃伦指出，现今社会通行的这套价值观、态度和设想根植于父权等级社会的深厚文化之中，它是由压迫性的父权制概念框架所塑造的，其目的是解释、合理化和维持普遍的支配和屈从关系，尤其是男人对女人的支

---

① 转引自王诺：《欧美生态文学》，北京大学出版社 2003 年版，第 156 页。
② 苗力田主编：《亚里士多德全集》（第 9 卷），中国人民大学出版社 1994 年版，第 17 页。
③ 转引自王诺：《欧美生态文学》，北京大学出版社 2003 年版，第 158 页。
④ 林树明：《多维视野中的女性主义批评》，中国社会科学出版社 2004 年版，第 18 页。

配关系。① 这个概念框架的重要特征是：

（1）等级制度的价值思考，即"上—下"的思维方式，它把更高的价值戚望赋予高居其"上"者而不是屈居其"下"者；（2）价值二元论，即在分离性的二者中，分离的双方被看作对抗性（而不是互补性的）、排他性的（而不是包容性的），这就把更高的价值（地位、戚望）赋予其中一方而不是另一方（举例来说，二元论把更高的价值或地位赋予那些历史是被界定为"精神"、"理性"和"男性"的群体，而不是赋予那些历史是被界定为"身体"、"感性"和"女性"的群体）；（3）统治的逻辑，即理论结构，这个结构使得屈从地位被认为是合理的。②

文化具有将一切不合理因素和制度合理化的强大力量，使昭然若揭的压迫具有无可辩驳的理由。弗洛伊德的精神分析学说提出了"阳具妒羡"情结，完全将女性屈从、自卑、柔弱的被动性人格和悲剧性命运归因于男女两性的生物性差别。他提出，男性是完整的人，而女性是缺乏阳具的被阉割的人，对自己不完整的身体的发现使她自卑畏缩，从而羡慕并崇拜拥有阳具的男性。这种生物决定论是以自然生物性差别为武器，对女性被动性所进行的一次文化定位。对此，美国批评家乔纳森·卡勒批评道，"有关妇女的性和阳具妒羡的理论，实是控制妇女的一种方式"，它"再次确定了男人对自己性别的自豪，使妇女或者成为男子洋洋自得的资本，或者成为他性的对象"。③ 弗洛伊德的理论试图推脱文化的责任，却更进一步地显示了文化强加的对女性的被动性定位。

苏珊·格里芬在《妇女与自然》一书中介绍了文化对女性与自然的认识和界定：物质是被动的、惰性的，而女人是物质，是一个等待装满的容器；地球的面孔——高山、深谷、火山口、海洋、湖泊、河流、峭壁，是由上帝为惩罚人类的那场洪水造成，是人类罪恶的记录，女人更接近地球，女人导致男人腐败；女人是恶魔的代理人；一切罪恶都起源于女人的肉体，并在她体内生存；为了咀嚼创造了牙齿，女人的存在完全是为了"生儿育女"；只有通过理性，一个人才能拒绝成为本性的奴隶，而女人脑容量偏小，是缺乏智能的大自然……

---

① ［美］罗斯玛丽·帕特南·童：《女性主义思潮导论》，艾晓明等译，华中师范大学出版社2002年版，第364页。

② ［美］卡伦·J. 沃伦：《女性主义的力量与承诺》，卡伦·J. 沃伦主编：《生态女性主义哲学》，Indiana University Press，1996，p.20.

③ ［美］乔纳森·卡勒：《论解构》，陆扬译，中国社会科学出版社1998年版，第150页。

格里芬用跳跃的语言罗列了文化对女性和自然的被动性定义，并将科学成就年表和科学导致的"宇宙的发抖"（污染、灾害）插入其中，引发人们对文化、自然和女性命运的深思。事实上，大部分的生态女性主义者并不想刻意割断女性与自然的联系，不想抹杀男女两性的差异。她们承认传统上与妇女联系的特征，如关怀、养育和直觉，既是文化建构的结果，也是妇女实际生理心理体验的产物。自然与妇女的关联本身并不是问题，问题在于，这种关系被文化赋予了低劣、消极的色彩。格里芬指出，西方思想给予文化（男性）优于自然（女性）的特权实属一场灾难。她嘲笑了男性将宇宙一切量化、数字化的恐惧和可悲，批评了二元对立思维模式的浅薄和专横，主张回归自然，回归物质和精神合一的境界。

三、和谐：女性与自然共同的企盼

　　可见，生态女性主义者尊重女性与自然的联系，但她们并不认同文化对妇女和自然的压迫。那么，她们是如何理解性别解放的呢？苏珊·格里芬分析了男权文化对女性的压抑，也注意到了这样一个事实，即在男性将女性限制于家庭之时，也将自己赶入了激烈残酷的生存斗争；在塑造自己以便适应文化对"男子汉"的定义之时，他不得不牺牲自己的某种嗜好和本性。可以看出，在二元对立的文化中，男性也没有得到解放。因此，"解放"并不代表自己所属的群体能够压迫另一个群体，而应该是个体能够充分地实现自我丰富的内在需求，真正的解放应该挣脱一切压迫——对他人也对自己。

　　英内斯特·金指出，承认妇女与自然的联系以及妇女在自然和文化之间的纽带作用为女性主义提供了三个可能的发展方向：一是通过把妇女融进文化与生产领域，从而把妇女与自然联系起来；一是重申妇女与自然的联系，提出女性的天性不仅有别于男性文化，而且优于男性文化；一是真正的生态女性主义方式，即利用二者联系的优势来创造一个能够把直觉的、精神的和理性的认知形式结合为一体，同时包括科学与魔幻的新的文化与政治，从而使我们得以转化自然—文化的区别，创造一个自由的、生态和谐的社会。①和生态学的基本方向一样，她们将和谐作为努力的目标。

　　不同的是，生态主义者主要关注的是人类与自然的关系，而生态女性主义则超越于此，她们也思考人与人之间，尤其是男性与女性之间的关系，从而致力于人际伦理中的性别伦理关系建构。卡伦·J. 沃伦建设性地吸取了阿尔贝特·史怀泽"敬畏生命"和保尔·泰勒"敬重大自然"的环境伦理，

---

　　① Ynestra King: The Ecology of Feminism and the Feminism of Ecology, Healing the Wounds: The Promise of Ecofeminism, Judith Plant, Philadelphia: New Society Publishers, 1989, pp. 22 - 23.

批判并跨越了"人类中心主义"的傲慢和残忍，而支持"生命中心论"所强调的生命平等，从而肯定每一个生命个体的内在价值，肯定生命系统同根同源、相互依存的关系。同时，利奥波德的"大地伦理"、霍尔姆斯·罗尔斯顿的自然价值论，以及受之影响的深刻生态学运动等，在肯定生命平等的基础上引入了系统论观点，强调人与自然之间的"生态网"关系，遵循生物圈内的平等主义、多样性、共生性原则，具有明确的反等级姿态。这些伦理思想都给了生态女性主义者可贵的启发。她们推论出，女性作为生态系统成员之一，享有并维护平等、关爱和尊重的关系，应该不算是大逆不道的奢望。

沃伦等人发现，生态学者确实以宽广的胸怀谴责了自己所属的种群，即人类对自然的不公平待遇，但他们却弱化了这个种群内部的性别歧视和压迫因素，这一盲点削弱了环境保护主义"拯救地球"的能力。只有能够完全摆脱人类中心和男性中心双重曲解的生态女性主义伦理，才能彻底克服歧视自然的偏见，并彻底解救自然和人类自我。这种伦理是：

1. 反自然歧视的，反对"任何在逻辑、价值观或态度上显示人类统治非人类大自然的思想方式和行动方式"；

2. 重视环境联系的，强调人类与非人类自然的关系，而不是侧重人类对非人类自然的权利和责任；

3. 结构上多元主义的，认识到人类自身的差异和人类与非人类之间的差异；

4. 在表述理论时，提倡使用第一人称主动语态的叙述，而不是第三人称被动语态的分析；

5. 包容主义的；

6. 支持这样的观点：女性与男性、自然与文化分裂的"父权制概念框架"是造成自然歧视和性别歧视的根本原因，这两种歧视都是错误的；

7. 关注和欣赏传统的"女性气质"的价值；

8. 乐于对人类作出新的构想：把人类想象为依赖环境的创造者，人类的"本质"正如其是精神的和超俗的一样，她也是物质的和世俗的。①

这些原则主张人类与自然、男性与女性之间保持相互包容、欣赏、尊重

① ［美］卡伦·J. 沃伦：《生态女性主义的力量与承诺》，卡伦·J. 沃伦编：《生态女性主义哲学》，Indiana University Press，1996，p. 178。

的关系，跳出了以往"我—他"对立的思维陷阱，走进了"我—你"对话的开阔空间，从而打破主体与客体、理性与直觉、精神与物质、超俗与世俗之间彼此分离的异化状态，将人类的"本质"导向完整和谐的发展方向。这种态度带有明显的"主体间性"智慧，承认关系中的双方都是具有自身价值、尊严的主体，这可以帮助人类克服自然与文化的分裂，从而使人类对非人类（自然）滋生出全新的体验。正如沃伦所描述的，一个生态女性主义者登山，是作为山的朋友出现的，与山一同交流感受，在山的姿态中见出山的生命，也见出自己的生命、力量与弱点。这种态度完全克服了"征服"和"主宰"的傲慢与自豪，却滋长了爱与博大的温情体验。

总之，生态女性主义在社会关系的处理上遵循整体、多样、和谐共生的生态理念。也正是这些金子般的和谐共生理念，使我们有理由相信——人类终究可以从没有硝烟的"两性战争"中摆脱出来。但是，历史的漫长和文化的根基之深不容我们过于乐观。生态女性主义者爱利·凯·萨勒（Ariel Kay Salleh）锐利地指出，即使在生态伦理学中生态意识最彻底的深刻生态学对传统的反思也是"不完善"的：他们忽略了一个根本性偏见——引发我们目前环境危机的性别歧视和对自然的偏见。她说："对妇女的仇恨本身导致对自然的仇恨，这是支配男人（男性）的行动、因此也是支配西方/父权制文化整体的原则性机制"；"在男人英勇到足以重新发现并真正热爱他们中的女人之前，深刻生态学运动决不会真正发生"。① 在她看来，生态女性主义"比深刻生态学更深"。虽然言语的表述常过于激烈，让大多数人无法认同，但也说明了这样一个问题：摆脱性别对抗和拯救生态自然，都还有一段漫长的路要走。

第二节　女性生存与生态环保运动

语言来自体验。激愤的理论来自对漫长历史女性生存的扫描、回顾，也来自今天女性在"十字架"重压下的艰难喘息。耶稣在十字架上被钉成了拯救者的形象，女性则在父权制的"十字架"上被钉成了工具和罪恶，钉成了生儿育女的"母亲"，注定要用身体的疼痛和衰朽换来新生命的诞生与茁壮；

---

① ［美］爱利·凯·萨勒：《比深刻生态学更深：生态女性注意在联系》，转引自罗斯玛丽·帕特南·童：《女性主义思潮导论》，艾晓明等译，华中师范大学出版社2002年版，第371页。

钉成了外表美丽内心空虚、撒播灾难的"潘多拉"，注定成为男性欲望的对象和审视、审判的客体。男性主体则可以利用她们的工具性，开采她们的财富，驯化她们的野性，并惩罚她们的罪恶。疼痛、艰难与分裂是她们真实而持久的体验。而与女性相似的大自然，作为人类生命的养育者、财富的开采场和死亡的孕育地，也成为人类利用和征服的对象。由于生态女性主义者以关怀与同情的态度体验生活，感受生命体之间的休戚与共，所以，她们能够在每一个被漠视、受迫害的生命个体——包括女性、男性，也包括自然界中被射伤的小鸟、被铲平的绿地、被砍伐的树木身上，感受到皮肤的撕裂、血液的流失和灵魂的灼痛。也由于她们与自然有着本质的联系，从而能够越过文化冠冕堂皇的"发展蓝图"，以切近生活与生存的眼光审视人类的行为。正是关注并尊重体验的真实性和自然性赋予了生态女性主义者勇敢决绝投入生态环保运动的勇气和激情。

一、疼痛与艰难：女性对自我和自然的生存体验

苏珊·格里芬在《自然与女性》一书中回顾了文化对女性的定位，她采用"我们听说"、"据说"的叙述方式，深刻揭示了女性完全处在被定义、被规定的无言境遇中，女性的自我价值、思维和声音完全被剥夺。她将女性描述为乳牛、骡子和马戏团的马，不言自明地阐释了妇女被利用、被驯服的被动盲从地位。乳牛的形象集中体现了女性的工具性价值和没有尊严的处境。感觉迟钝的大乳牛"什么也不思考，只等待别人挤奶，年复一年，生小牛，为公牛配种做好准备。她忠实……轻信、呆滞、乡下气、闲散、鲁笨的头脑昏昏沉沉、恍恍惚惚，像一个懒汉。她展示自己的肉，供世界使用"①。文化还告诉我们，女性是可以任意成形的物质，是接受器；是他们离不了却决不会羡慕的卑微、笨拙而耐心的骡子；是被鞭打却忠实于主人的坐骑——犹如驯服的马。正如矿物盐、煤、金属矿、土壤是他们在大自然中的必需品一样，"我们听说我们为了他的需要而存在，我们是必需品"，"他的需要就是我们的需要"，"他的幸福就是我们的幸福"。② 女性和自然就这样在他们的需要和幸福中一起接受宰割。

古代女性徘徊在男性中心的幽暗历史隧道，接受着各种惨无人道的文化陋习。作为妻子，她除了为夫家生养子嗣、延续血脉之外，还要满足丈夫的欲望，同时又要坚守贞操。古罗马时期，西方贵族女子就开始了束腰，以凸显丰乳肥臀，激发男性的激情。中国封建少女最大的奋斗目标就是缠出一对

① ［美］苏珊·格里芬著：《自然女性》，张敏生等译，湖南人民出版社 1988 年版，第 89 页。
② ［美］苏珊·格里芬著：《自然女性》，张敏生等译，湖南人民出版社 1988 年版，第 134 页。

"金莲"，走路时婀娜多姿，满足男子的视觉美感。据日本学人分析，在解剖学上，缠足的陋习有更为隐晦的意义，"妇女因缠足，为了好好站立行走，两腿及骨盆肌肉经常绷紧，缠足的女人在性交时，其阴部肌肉较紧，予人如同处女的感觉……"① 中西文化在很多方面差别明显，但在确保男性家族血缘遗传纯正，要求妻子对丈夫无条件守贞这个问题上却目标一致。中古世纪的欧洲大陆上流行着一种金属打制的贞操带，男性就用这坚硬的金属锁住女性柔软的阴部，"锁住"女性的贞节。非洲有些地区则一直沿袭着割除女性阴蒂的传统，以抑制女性的性快感，避免她们沉溺于性欲而失去贞操。中国古代女子的束胸和缠足也有防止失贞事端发生的意图。中国封建社会除了在肉体上束缚女性之外，还制定了严明的礼教文化，宣扬"一女不事二夫"，旌表"烈女"、"节妇"，华夏大地上林立的"贞节牌坊"成为中国封建妇女的血泪生活见证。而印度自焚殉夫的传统、欧洲以火刑处死女巫的律令等，都无情践踏着女性的生命和尊严。这些漠视女性生理和心理的酷刑陋习，成为女性最疼痛的生命体验。

格里芬这样描写了女性的生存状况。在漫长的历史中，我们像乳牛一样生育，像骡子一样劳动，像马戏团的小马一样温顺；我们的头脑没有了思考的空间，我们的声音失去了表达权利，我们只能重复他们，"我们听说，我们分娩的痛苦是想象的，患歇斯底里是我们的本性；我们听说，我们分娩的痛苦是自然的，受苦是我们的本性；据说，我们分娩的疼痛是愉快的，这就是我们怎样成为母亲"② 。现代临床医学研究证明，歇斯底里症并不是一种子宫游走在体内导致的妇女病，它是内心难以承受压抑、失望和痛苦而产生的一种精神官能症。妇女更易于患这种病的现实，也正体现了妇女生存状态的艰难。分娩的疼痛是身体要爆裂、要被撕碎的真实的痛感，怎么在他们说来就变成了"想象的"？确实，分娩的痛是与愉快、幸福交织在一起的，但这并不是因为我们本性爱受苦，而是感觉到了创生的力量和神奇。如果说生产婴儿、抚育孩子、服务亲人能够得到尊重与爱，我们的确感到幸福。但如果我们牺牲了在公共领域成就自我的机会，在家庭里用操劳换来的又只是漠然和怨恨，我们的疼痛就会发自心灵。

从18世纪到20世纪60年代，女权主义运动者一直都在争取妇女与男人的平等权利，在致力于将女性塑造成完美的理性的人。美国"全国妇女组织"创始人，第一任主席贝蒂·弗里丹（Betty Friedan）和18世纪的玛丽·沃尔斯通克拉夫特（Mary Wollstonecraft）等人一样，把女人送到了公共领

---

① ［美］蕾伊·唐娜希尔著：《原始的激情：人类情爱史》，李意马译，云南人民出版社1988年版，第101页。

② ［美］苏珊·格里芬著：《自然女性》，张敏生等译，湖南人民出版社1988年版，第94页。

域，却没能召唤男人进入私人家务领域——女人因此进入"双工作日"中。她们试图成为全职的事业型妇女同时又是全能的贤妻良母，她们精疲力竭。是的，女性走上社会公众领域却无法走出传统家庭角色的羁绊，得到的不仅不是解放，反而是更艰难的生存境遇：一方面要在社会上成为与男人平等的人，实现其社会价值；一方面又要做贤妻良母，尽到"女人本分"。不少渴望并致力于实现自我价值和人格独立的妇女由于无法承受这双重的压力而走向人格分裂，"女强人综合征"成为当今事业型女性的特殊病症。

那么，治疗"女强人综合征"的合适药方是什么？放弃爱情以支持工作，还是放弃工作回到家庭？我们可以阅读两个截然对立的例子再来回答这个问题。一个为全职工作放弃婚姻和母亲身份的妇女后悔自己的选择，她最终认识到，可怕的孤独让人难以忍受，而有座房子，有个孩子，即使是一个没有父亲的孩子，都会令人欣慰。另一个做了相反的选择的女人则说：

> 当我不能不向丈夫要钱时，这让我发疯，让我觉得自己像个孩子。我母亲过去总是依靠我父亲，她是那么惧怕生活。现在没有父亲她就无所适从。尽管我的婚姻很幸福，但想到要像我母亲那样依赖人，我觉得很恐怖……当你不需要依靠你丈夫去获得生活里的好东西时，当你能凭自己的能力去获得时，这提高了你的自我价值。我现在十分努力于平等对待我的女儿和儿子。我不希望我的女儿有对生活的恐惧，这种恐惧让我母亲陷入瘫痪，而我也不得不克服它。我希望我女儿有真正的选择。①

无论是单纯的向内、向外，还是内外兼顾，女人都苦不堪言。弗里丹希望女性主义者走向第二阶段，这将要求妇女和男人一起工作，双方都参与公共领域的事务，也共同承担家庭责任。这样，男女两性都可以实现自己的全面价值和人格——妇女不至于陷入繁重的双工作日和不堪的精神压力之中，男人也可以为不再为养家糊口做"拼命三郎"。

而要做到这一点并不容易。据调查，现代大部分男性公民眷恋"贤妻良母"照顾好家中一切，而自己能够放心在社会上打拼的时代。这正好说明，家庭生活中繁琐的劳动需要倾注极大的心血，它对人的压力很大，而人们在惯例上却忽视了这种劳动的价值，这导致女性心理的失衡和焦虑。医学材料显示，男性激素压力高峰值出现在工作中，而女性激素压力高峰值则出现在家庭劳动中。美国内科医生奥斯·戈梅花费 5 年时间对女性病人进行追踪调

---

① ［美］罗斯玛丽·帕特南·童：《女性主义思潮导论》，艾晓明等译，华中师范大学出版社2002 年版，第 35 页。

查，结果发现，家庭压力最严重的妇女首次发作心脏病的几率是家庭压力最小的妇女的 4 倍；在已患冠心病的妇女中，家庭压力最严重者比其他妇女发病或死亡的几率大 300%；极不善于处理家庭纠纷的妇女心脏病的发病率是善于处理家庭纠纷妇女的 8 倍。这些数据无疑应该引起注意，并希望男性能够参与家庭事务，且对女性的家庭劳动给予肯定和尊重，而女性也应该尽量学会调整情绪，积极与家庭成员沟通，让绿色氛围在家庭形成。

从过去蜷缩在家庭的狭小空间到现代积极走入社会的大熔炉，女性一直都在体验着来自身心的疼痛与艰难。对疼痛体验最深的要数历史上的女奴、妓女、慰安妇和现实生活中可能每时每刻都存在着的被强奸者。不少受害女性遗体上被切开的一道道伤口，都在控诉着"约会强奸"的罪恶！经常出现的幼女、少女被奸事件，更是暴露了女性生存境遇的艰危。而媒体大势渲染大众津津乐道色情暴力文化，更是肆无忌惮地强化着女性痛苦的生命体验。生态女性主义者在这种文化的背后看到了自然生态世界被践踏被窥视的悲哀。苏珊·格里芬说，那种用炫目、撩人的文化包装出来的色情作品，正在象征性地发泄着现代人对女性甚至对"女性化了的自然"的仇恨和压迫意念。戴维·麦考利（David Macauley）要我们问自己："是否现在存在着⋯⋯一种地球色情作品？因为这个被个性化了的地球，这个柏拉图以'生命之母'或'我们的养育者'的说法提及的行星，它不仅实际上被强暴——由露天开采、乱砍滥伐和放射性的废料而遭受损害；而且它也越来越多地被窥淫癖的媒体传播所折磨⋯⋯"[①]地球也正像受害女性的身体一样，绿色的皮肤被撕破，饱满丰腴的肌肉被犁开，强健的筋骨被放射性元素腐蚀，大气层污染导致她呼吸艰难，血管里流淌的是浑浊的污水，而精神上还要受到文化的强暴。

二、零距离接触：自然环保的主力军

相似的生命节律和文化身份定位，使女性对自然有着一份特殊的亲近。另外，由于妇女承担着繁衍后代、从事人类再生产的神圣使命，相对于男性而言，她们的具体生存空间主要在家庭，劳动形式以操持家务和养育孩子为主，这使她们更能够以关爱孩子的母性，敏锐体察和强烈警惕自然创伤对人类和子孙后代产生的危害。玛丽亚·米斯和范德纳·席瓦强调，由于女人更多地从事维持日常生活的工作，"因此女人比男人更多地关心这些要素：空气、水、土壤和火。为了生育和抚养健康的孩子，为了能给家庭提供有营养

---

① ［美］戴维·麦考利：《论愤怒、动物和自然：访生态女性主义者苏珊·格里芬》，转引自［美］罗斯玛丽·帕特南·童：《女性主义思潮导论》，艾晓明等译，华中师范大学出版社 2002 年版，第 382 页。

的食品、足够的衣物和坚固的住所，女人需要肥沃的土壤、茂盛的植物、新鲜的水源和洁净的空气"①，女人更容易产生环保意识。

而妇女在家庭生活中的地位也确实为倡导环保意识提供了可能。首先，妇女在家庭生产劳动中扮演着重要角色。亚非拉的第三世界国家，大量的农村男性为了挣钱而涌向城市，妇女是家庭食品、燃料、饲料和饮水的主要提供者，是粮食的主要生产者。当今世界的生态退化和资源耗尽现象使她们争取生存的斗争日益艰难，而艰难生存中对生态的破坏又加剧了社会贫困和生态恶化。例如，非洲森林的毁坏使非洲妇女必须长途跋涉去取柴薪和饮用水，或者变本加厉地利用可耕地、草地、森林和水资源，甚至毁坏稀有林木以取薪，烧毁热带雨林来种庄稼，以维持生计。污染、灾害、贫困无情地夺去大量孩子的健康、生命和家园，不少人涌向城市棚户区，妇女生存的压力变得更为沉重，可持续发展遭受到巨大威胁。随着我国城市化过程的推进，大量青壮年男性涌入城镇务工，大量农村留守老人和妇女承担了家庭劳动，70%的家庭种植和养殖业是由妇女承担的。妇女在农业生产过程中是否具有环保意识、开源节流、保护生态环境，对于我国的可持续发展战略实施非常关键。其次，妇女在家庭消费领域中占主导地位。我国家庭70%的消费是通过妇女进行和完成的，而英国妇女则承担家庭购物的87%。妇女能否选择绿色消费，抵制有污染的洗涤用品，重拎菜篮子，崇尚俭朴自然的生活，自觉节水、节电，实行废品回收，以减少对环境的污染等，将直接影响生产结构和环境状况。最后，妇女在家庭教育中具有重要的影响力。父母是孩子的第一任老师，如果母亲能用自己的行为影响孩子，使他们从小培养环保习惯、树立环保理念，就可以增强下一代保护环境、热爱自然的自觉性。可见，女性确实是环境保护方面的决定性力量。

妇女对绿色工程的重要性还表现在对下一代的养育上。选择什么样的食物，对于孩子的健康有很大影响。现在市面上的许多食品，由于一味追求色香味俱全和超长保质期，经过了多重防腐保鲜处理，在食品天然营养静悄悄地流失的同时，一些影响儿童生长发育的成分又被孩子摄取了。而如果糖分、铅质、磷酮、碳酸化合物等摄取过多的话，会导致儿童龋齿、肥胖、骨质钙化不足、厌食、营养不良甚至智力低下等，严重影响下一代的生命质量。除了考虑孩子发育的生理健康以外，还要考虑到心理人格的健康。当今中国，独生子女是家庭的中心，祖辈溺爱、父辈高压都容易导致孩子人格的不健全。母亲在这里须以自己的耐心做好几代人的工作，还孩子一个健康成

①　［美］罗斯玛丽·帕特南·童：《女性主义思潮导论》，艾晓明等译，华中师范大学出版社2002年版，第392－393页。

长的天空。只有子孙后代身心健康，才能维持一个民族的可持续发展。

另外，妇女还可以在许多具体的细节上起到影响家庭内外成员的作用。女性生性浪漫感性，长于直觉，富于联想，心怀恻隐，看到一棵树木、一片草皮，或者一只小鸟的受伤，便撩动情丝，感悟自然、自我和人类生命的脆弱与无辜。这些多思伤感的女性除了是家庭生活的操持者以外，多从教于学校，面对社会的下一代；供职于媒体，具有得天独厚的宣传条件；战斗在服务业，直接参与生活垃圾的制造和处理。这些行业都给我们提供了很好的机会来宣扬、倡导我们的环保理念。譬如，当下大部分女性主义学者，都是学校教师或者人文学者，她们的生态女性视角会提升学术界和高校学生的性别文化意识和生态情怀；而迟子建、毕淑敏等小说家在创作中强烈的生态女性视角推进了小说写作的正态发展。而日常生活中，女性随时都是环保的实践者和指示标，不管是富裕后的消费，还是贫困中的节俭，女性的生活理念和行为都会影响环境生态，影响自我生存、孩子发展和人类命运。

三、激情行动：解救自然就是解救女性就是解救人类

许多生态女性主义文学家、理论家的描绘和阐述表明：将女性（自然）与男性（文化）分离与对立的传统，不仅压抑了女性糟蹋了自然，也扭曲了男性。因此，我们有理由推论：妇女解放与自然解放是一体的，也与男性自身的解放密切关联。生态女性主义者用自己的声音和行动，包括文学创作、政界立法、理论倡导、媒体呼吁，或者是日常言行、生产建设等不同的方面，对人类发出了愤怒的指责和热情的呼喊，积极推动着环保事业的发展。

1962 年，美国生物学家、环境文学家蕾切尔·卡森（Rachel Carson）出版了第一部生态文学作品《寂静的春天》。文本描述了一个曾经和谐、充满生机的小镇现今变得一片沉寂，"到处是死神的幽灵"。她指出，"不是魔法，也不是敌人的活动使这个受损害的世界的生命无法复生，而是人们自己使自己受害"。卡森用诗化的语言呈报了杀虫剂对人类、自然和生态系统的破坏，揭示出隐藏在控制自然背后的毁灭性灾难，并号召人类与自然的和谐共生关系，树立了现代"生态写作"的样板，开启了自觉创作生态文学的新时代。她一遍又一遍地呼吁："我们现在已经来到一个岔路口，究竟是选择另一条艰难的拯救之路，还是继续加速度地在这条看起来平坦的超级公路上奔跑，直到灾难性的尽头？陶醉于自己巨大能力的人类，看来正在毁灭自己和世界的实验道路上越走越远……你们这一代必须与自然和谐相处……你们将勇敢而严肃地承担起你们对自然的重大责任。"① 卡森，这个弱小但不甘

---

① 王诺：《欧美生态文学》，北京大学出版社 2003 年版，第 132 – 133 页。

于寂静的女人，用自己的声音惊醒了整个世界，"《寂静的春天》的出版应该恰当地被看成是现代环境运动的肇始"①，拉开了绿色环保运动的帷幕。她为此获得了美国总统自由勋章。英国女作家多莉丝·莱辛和加拿大女作家阿特伍德等人也积极加入了反乌托邦的警世生态写作行列。前者于 1999 年创作的《玛拉和丹恩》被评论家称为"一部儿童的《奥德修纪》"，写兄妹俩为了一个梦想——水、树和美丽的大自然而历尽磨难，但他们终于没能找到心中的伊甸园，更大的灾难还在降临……流露出对和谐生态环境的深深怀念。2003 年，正值 SARS 病毒肆虐全球之际，阿特伍德的小说《羚羊与秧鸡》出版了，它用一系列震撼性的画面和人类灭绝的灾难警示人类：科学的发展是否已经超出了限度走向了疯狂？而她的另一个作品《浮现》则深刻地揭示了男性对待、摧残妇女和人类对待、摧残自然之间的联系，将解救自然与解救女性、解救人类联系起来，堪称生态女性主义的经典文本。同样是表现和关注自然与人的关系，生态文学一反传统文学的人类本体定位，以及对人与自然和谐关系的赞美，强化对人类思想文化、科学技术、生活方式和社会发展模式的反思，暴露了人类对地球和所有生命的造成的深重伤害，并将人类如何消除生态危机，保证生态和人类持续存在的问题推入读者视野。

生态文学对人们产生了巨大的心灵震撼，生态女性批评和理论倡导同样具有振聋发聩的效果。罗斯玛丽·R. 鲁斯（Rosemary Radford Ruether）的《新女人/新地球：性别歧视观念与人类的解放》（1975）、卡洛琳·麦茜特的《妇女、生态和科学革命》（1980）、范德纳·席瓦的《保持活力：妇女生态和发展》（1988）和卡伦·J. 沃伦的《生态主义的权力与承诺》（1990）等，都从生态伦理的关怀、尊重与和谐原则出发，强调了女性与自然同被作为客体性的对象、资源而被侵占的意识形态关联性，号召女性做生态精神的维护者和环境运动的参与者，携起手来解救女性与自然。由于将人作为生态网上的成员，生态女性主义者还指出种族歧视、殖民主义、帝国主义和性别压迫一样，都是生态网中的有毒物质，是应该被清除的反生态障碍。罗斯玛丽指出，"妇女应该看到，在一个继续以支配关系作为基本关系模式的社会，妇女没有自由可言，生态问题也找不到解决的途径。她们必须把妇女运动与生态运动的种种需求联合起来，想象新的前景：积极改造和重新建构基本的社会经济，重建这个社会基础的价值观念"②。这一论断的基本出发点是反支配、反压迫，对人类的种种非正义活动发出了挑战。米斯还指出，第一世

①　［美］蕾切尔·卡森：《寂静的春天·前言》，吕瑞兰译，吉林人民出版社 1997 年版，第 5 页。

②　［美］Rosemary Radford Ruether, New Woman/New Earth：Sexist Ideologies and Human Libera-tion, New York：Seabury Press, 1975, p. 204.

界白种男人"亲近自然"的意图实际上是寻找殖民对象的行为：他们要的不是融入自家后院的"世俗"自然，而是寻求可以作为"殖民的、落后的、异国情调的、遥远的和危险事物来感知的自然，属于亚洲、非洲、南美洲的自然"①。这些理论都显示了她们毅然向自己所属的意识形态大胆宣战的勇气。但是，由于后工业化的进一步推进，这些发达国家的研究者们自己也越来越远离自然，并深受消费文化的影响，追求优裕的物质生活，这使得她们的生态环保行为越来越集中于概念和思想。

不同的是，第三世界妇女站在生活的底层，除了承受着全球性的生态灾难以外，还要面对发达国家经济入侵带来的林木被伐、水土流失等问题。她们更注重理论与实践的联系。印度生态女性主义者范德纳·席瓦详尽地描述了 20 世纪 70 年代的"契普克"抱树运动。1973 年，当一家木材公司的伐木人准备砍伐曼达尔（Mandal）村附近的森林时，妇女们用血肉之躯紧紧拥抱、护卫着小树（"Chipko"的原意就是"抱"或"粘"）。这次活动持续了 5 个月，妇女们取得了胜利。这些女性决绝反抗的激情来自两个方面：一是她们从家庭现实利益出发的考虑，这种小树可以广泛地运用于编织篱笆栅栏、篮子，做染料、入药、装饰甚至当作食物；二是这种树木象征着北印度人，代表着一个独特的民族。也正是这一行为拯救了数千平方公里敏感而容易遭破坏的流域。席瓦也加入了这种地方性的环保运动。她当时的目标只是保护那些"小山谷"和"小树林"。后来她意识到，事情并非那么简单，这些现象与跨国大公司的所作所为息息相关，拯救本土森林、农场、农庄的生态环保运动并不仅仅是自然环境问题，更是一个触及世界经济与政治的重大问题。

作为农业大国的生态理论家和实践者，席瓦对现代农业问题作了深入而极具前瞻性的分析。20 世纪 60 年代以来，在印度推广的"绿色革命"其实隐藏着巨大的危害："高产"稻种排斥了其他杂粮，造成了粮食的单一化，强化了生物单一性，降低了土地肥力的自我涵养能力；没有了杂粮作物的高茎秆做燃料，增加了能源压力；"高产"品种对充足化肥和水资源的需求，给跨国公司带来了夺取利润的机会，却大大提高了印度农民的生产成本；当地的生态系统开始出现了恶性循环，出现了土壤板结甚至荒漠化、水资源匮乏和生物多样性亏损等现象。科技更新和市场经济给印度带来的不是富裕，而是进一步的自然贫瘠和社会贫困。席瓦因此积极呼吁重回"生态农业"，认为有机农业是最深层的和平运动，"因为它在生态安全的基础层面上，缔

---

① ［英］Maria Mies, White Man's Dilemma: His Search for What He Has Destroyed, from Maria Mies and Vandana Shivaplant, Ecofeminism, London: Zed, 1993, pp. 132 – 133.

造经济、政治和社会安全，使战争、暴力和武装无处藏身"①。她还指出，不成熟的生物技术给人类带来了巨大危险，疯牛病就是一个明显的例子。

席瓦除了著书立说之外，还身体力行地投入到具体的生态保护运动中。她是一个"将妇女和生态置于现代发展进程的中心"的生态女性主义者、卓越的社会活动家、环保倡导者和实践者。她的成绩令世人瞩目，并获得了多项荣誉和奖项，例如 1993 年度获有"选择诺贝尔奖"之称的"适宜生存奖"、1998 年获阿丰索·科明奖、2002 年获美国《时代周刊》颁发的"环境英雄奖"，还曾在《亚洲周刊》评出的"对亚洲最有影响 50 人"中名列第五。

在世界各地，热情护卫生态资源、努力创造绿色生态环境的妇女数不胜数。2004 年诺贝尔和平奖的得主，一位非洲黑人妇女——肯尼亚环境和自然资源部副部长旺加里·马塔伊，从 1977 年就开始发动"绿带运动"，不但缓和了乱砍滥伐造成的水土流失和资源匮乏，还提高了妇女的收入，为下一代的成长改善了条件。马塔伊对媒体说，"环境问题对于和平异常重要，当我们破坏生态环境，造成资源稀缺时，人类就不得不为资源而战。……当我植树时，我就播下了和平的种子。"在中国，生态专家徐凤翔教授被藏族同胞尊为"森林女神"。更不简单的是，一个只上过一年半学的西北农村妇女牛玉琴，用自己的勤劳和毅力，在漠漠黄沙之上筑起了绿色长城，建起了绿色家园，并于 1993 年从泰国诗琳通公主手中接过了联合国粮农组织颁发的"拉奥博士奖"——该奖授予那些在改造人类生态环境方面有突出贡献的人，那一年全世界只有三个人获此奖项。在她进行这项绿色工程期间，她的丈夫因病身亡，但她没有倒下，造福子孙后代的信念支撑着她走向成功。母亲的爱、女人的爱化为行动的激情，燃烧在绿色环保运动中。

近年来，中国妇联在宣传和贯彻环境保护基本国策方面做了很多切实的活动：倡导和组织"低碳家庭·时尚生活"主题活动，大力宣传使用节能灯、抵制白色垃圾等"家庭低碳计划"，倡导低能量、低消耗、低开支、低代价的简约生活方式，启动"家庭节能行动"、"巾帼绿色行动"等有意义的活动。2009 年，环境保护部联合八部委发起"千名青年环境友好使者行动"，充分发挥这些行动者的带头作用，并利用现代化网络设施和覆盖城乡的"妇女之家"平台，积极推动环保行动走进社区、走进农村、走进家庭。2011 年，西安世界园艺博览会携手蒙牛集团开展了"生态行动 助力中国"的主题公益活动，充分借助媒体和娱乐宣传效应，推进生态、健康、消费一体的生活理念。这项活动自开展以来，一直坚持着这种行为导向，对消费社

---

① Vadana Shiva, God Bless the World, 2001, http：//www. mofga. org.

会产生了某些有利的引导。生活中的点点滴滴就是人类的生态环保工程，"妇女·环境·家庭"的宣传活动、"环保妈妈志愿日"活动、中央电视台的"环保时刻"栏目、妇女环境网络的开通等，都吸引了更多的妇女和男性积极加入到环保运动中。绿色环保运动的全面铺开，将进一步引起全社会对绿色生态世界的浪漫构想和积极建设。

第三节　女性解放与绿色世界构想

什么是绿色生态世界？生态伦理学告诉我们，生态整体性概念和尊重生命的态度是绿色世界的第一个条件。赫勒指出，真正的生态社会不仅是免除了有毒物质和生态灾难的社会，同时也是免除了种族歧视、性别压迫、帝国主义等毒害的社会，是一个免除了统治和等级毒害的、伟大而美丽的绿色世界。① 可见，普遍联系、多元共存、环保、和平、可持续发展的世界才是真正的绿色世界。这一论断就包含了这样一个前提：生态世界不支持极端女性主义以女权取代父权、以女性压倒男性的未来社会构想。人们都应该知道，"自然既不单是雄性的，也不单是雌性的，它是包含两性的、复杂的、神秘的和多方面的统一体"②，这是谁也逾越不了的事实，也是世界富有生机的根本原因之一。

通过对前文的阅读，我们知道，生态女性主义的理论倡导、环境文学的诗意呼吁、绿色环保运动的蓬勃发展，都为我们构想绿色世界提供了有力的支撑。现在，我们将分析远古时代的绿色文明和绿色精神传统，并在历史的辙痕里找到有利于生态发展前景的可贵资源。

一、史前绿色社会与历史绿色精神

有一种观点认为，远古历史上确实存在过母系氏族社会，那是人类进入定居的农耕生活以前，是以采集为主的女性劳动占主要地位的时代。那时的婚姻形式是群婚制或偶婚制，后代承继母方的血统、姓氏和财产，女性占社会的中心地位。但这些并不表明母系社会比父系社会更具优势。生态女性主

---

① 何怀宏主编：《生态伦理——精神资源与哲学基础》，河北大学出版社 2002 年版，第 253 页。

② Peter Marshall, Nature's Web: An Exploration of Ecological Thinking, Simon & Schuster Ltd, 1992, p. 412.

义者玛丽·戴利在此基础上继续推论：在母系社会里，妇女可以控制自己的生活，她们与男性也和非人类自然物保持着密切联系，生活过得自由而幸福。因此，她认为，妇女的解放进程应该是使她们从男人"驯化"、"剥夺妇女斗志"的文化世界中解放出来，重建妇女与她们过去那个原初的"野性"、"强壮"的自然世界的联系。① 人们不由得要问，这种论断是不是出于性别中心论的主观假想？若不是，是否可以提供可信的科学和事实依据？而这样的社会是否比父权社会更具绿色成分？考古学家和人类学家将用他们的发现和研究成果来回答这些疑问。

古希腊文化和基督教文化一直被人们当作西方世界的文化源头，他们相信，世界的主宰是唯一的男性神祇——上帝。但当我们站在自然和女性的立场上审问这两种文化时，"人类中心主义"和"男性中心主义"所带来的征服、占有、掠夺、破坏就成为锐利的剑，刺破了其生机勃勃、纯真浪漫和同情博爱的话语神话。而20世纪70年代欧洲考古学上大量欧洲史前史人类文化遗址的出土更有力地证明了：曾经有一种和谐安宁，而且创造了辉煌文明的绿色社会存在过；今天的西方"文明人"只是史前蛮族的后代，正是他们的祖先用暴力征服了欧洲，并将历史转向了今天这个充斥着暴力和压迫的男性中心社会。

我们听到过有关早期和谐和平年代的传说，古希腊诗人赫西奥德讲述的"优秀种族"的故事，《圣经》中造物主还没有规定女性从属于男性之前的那个乐园，中国《道德经》中那个阴（女）还没有被阳（男）所统治的时代，等等，人们都"和平悠然"地与他人与自然相处，女性的智慧受到尊重，人们崇拜象征着生殖、生命、丰裕和大地繁荣的女神。宗教历史学家、考古学家从大量的史前遗迹和绘画作品中得到了这样的信息：旧石器时代的艺术表现了早期宗教的某些形式，在这种宗教里，女性的形象和象征起过一种核心的作用——女性雕像和表现女性的记号都位于挖掘出来的洞室的中心；相反，男性记号都很有代表性地或者占据周围的位置，或者被排列在女性雕像的周围。这种宗教以对赋予一切生命和再生的母亲女神的崇拜为中心。而新石器时代遗址卡塔尔·惠雅克、哈希拉镇和中东远东的其他遗址，甚至也表现出与旧石器时代相一致的女神崇拜。并且这种女神崇拜"以近东和希腊—罗马世界的复合形象"很好地保存在漫长的历史中，甚至犹太基督教的遗产中，《圣经》中园林被毁的朱诺神中，希伯来神秘传统的舍金纳神中，天主教处女玛丽亚，即圣母中。②

---

① Mary Daly：PureLust，Boston：Beacon Press，1984，p. 25.
② ［美］理安·艾斯勒：《圣杯与剑：男女两性的战争》，程志民译，社会科学文献出版社1995年版，第8－10页。

让人惊叹的不仅于此，卡塔尔·惠雅克和哈希拉遗址显示出，在 1500 多年里的漫长时间里，这里没有被战争破坏的迹象①。考古学还证明，在当时，男性统治和家长制都不是规范："两性之间的劳动分工已经成为必要，但两性之间还是平等的。在温恰墓地的 53 座坟墓中，男性坟墓和女性坟墓之间几乎看不出有任何财产方面的差别。就妇女在社会中的作用而言，温恰的证据表明，这是一个平等和明显不是家长制的社会。"② 所有的其他迹象也都表明，在这样的社会里，"一种对于自然女神——万物及和谐的源泉——的热情信仰渗透了全部生活，这种信仰导致了对和平的热爱、对暴政的恐惧和对法律的尊重"③。更加让考古学家目瞪口呆的是，在克里特岛的米诺斯遗迹中，"挖出了许多宏伟的多层宫殿、别墅、农庄、居民区和规划整齐的城市、港口设施、贯穿全岛的公路网、教堂和秩序井然的墓地"④。此外，还发现了象形文字、原始直线、直线 A、直线 B 四种笔迹和大量壁画、雕像、花瓶等艺术品，显示出辉煌的文明残迹。这些文化遗址雄辩地说明，远古女性中心世界的人们不仅生活在一个和谐、和平、两性平等的绿色氛围里，还创造了辉煌的文明。这与当今社会在思想信仰、理想追求和处世方式等诸多方面存在根本性差别，两性关系可以确切地描述为伙伴关系，这时的社会模式是一种伙伴关系模式。

美国社会学家、人类学家理安·艾斯勒（Riane Eisler）在她的著作《圣杯与剑——男女两性的战争》中提出，构成人类文化表面上多样性的基础是两种基本的社会模式，即统治者的模式和伙伴关系模式。前者是一般所说的父权制或者母权制的社会模式，这种社会将人类的两种性别对立起来，强调对立双方地位的高低；后者则基本上是以联系原则而不是以地位原则为基础的，这种模式承认男女两性之间的差别，但差别不等于劣等或优等。⑤不同社会模式中对于权力的看法完全不同：主要适应统治关系的社会里，统治者的权力以剑作为标志，权力用以征服、压迫他者以谋求自我发展；主要适应伙伴关系的社会里，支配社会的权力以圣杯为标志，权力用以促进协同发展，而不是压迫别人。圣杯在古代欧洲是女性生殖器的象征，它创造和孕育着生命，因此也尊重关爱生命；而剑则是男性生殖器的象征，也是暴力、杀戮和抢劫的象征，它毁灭和夺去我们的生命。艾斯勒指出，在历史发展的交叉口

①　[英] J. 梅拉特：《卡塔尔·惠雅克》，纽约：麦格劳－希尔出版社 1967 年版，第 53 页。

②　[美] M. 吉姆巴塔斯：《欧洲的早期文明》（《印欧研究论文集 131》），洛杉矶：加利福尼亚大学出版社 1980 年版，第 17 页。

③　[希腊] 尼古拉斯·普拉东：《克里特》，日内瓦：内格尔出版社 1966 年版，第 148 页。

④　[希腊] 尼古拉斯·普拉东：《克里特》，日内瓦：内格尔出版社 1966 年版，第 15 页。

⑤　[美] 理安·艾斯勒：《圣杯与剑：男女两性的战争》，社会科学文献出版社 1995 年版，第 6 页。

上，印欧地区的游牧部落——库尔干人、闪米特人和雅利安人对西方的母系社会发动了多次大规模武力征战，最终以剑取代了圣杯。从此，尊重生命、讲究和平的绿色天空改变了颜色。

人类生存在地球，生命来自和谐。尽管利剑击碎了和平，社会总体秩序已经由统治关系代替了伙伴间平等亲密的合作关系，但这并不排斥尊重生命、整体和谐的精神会顽强地扎根，并在新的历史转折点上重新勃发绿色生机。古希腊养育了人类中心主义，但残存的史前生态智慧还在指引着后人。毕达哥拉斯指出，"只要人还在残酷地毁灭低等生命，他就决不会懂得健康与和平。只要人类还大规模地屠杀动物，他们就会相互屠杀。他播种了谋杀和痛苦的种子，就一定不能收获欢乐和爱"①。赫拉克利特还提出了"万物是一"的宇宙观，蕴含着生态智慧的基本观念——整体性原则。无独有偶，中国传统文化强调天人合一，"万物负阴而抱阳，冲气以为和"（《老子》）。这种天道宇宙观不仅强调"一"，还突出了"和"，即和谐。道家学派主张的返璞归真与西方的犬儒学派也有思想共鸣。古罗马时期的西塞罗还强调尊重一切生命，因为"动物和人一样，都应当具有生命的尊严，不应被辱没"②。18世纪以来，西方的生态思想进一步发展，"伟大的生命链"、"生命网"成为十分常见的术语，人们充分认识到，只有尊重生命链上的每一环，爱护生命网上的每一个节点，才能维护自然整体的和谐发展。20世纪的生态伦理学创立了严明的伦理体系，强调生态系统的整体性、自然的内在价值性，倡导依存共生、生命平等与多元并存的交往原则。更重要的是，它走出了理论研究的象牙塔，与生态环保运动结合起来，对推进环境资源的保护和再生产生了积极的影响。

二、女性解放与绿色生态世界构想

在西方，女性谋求自我解放的历史已经有近3个世纪，寻求平等、发展女性完整人格一直是最基本的解放主题。而所有的女性主义者几乎都认识到了现行的文化体系，尤其是鉴于二元对立的一系列规定是女性解放最大的绊脚石。

存在主义女性主义者西蒙·德·波伏瓦（Simone de Beauvior）深刻分析了妇女在社会文化中的"他者"属性。她认为，妇女作为第二性地位的根源，在于两个方面——妇女的生理特征和社会强加给她的养育责任。激进自由派女性主义者更为激愤，明确反对女性的生物性母职。安·奥克利（Ann

---

① Peter Marshall: Nature's Web: An Exploration of Ecological Thinking, Simon & SchusterLtd, p. 70.

② 转引自王诺：《生态文学研究》，北京大学出版社2003年版，第26页。

Oakley）指出，生物性母职是文化的建构，是一个带有压迫目的的神话，它基于三重信仰："凡女人都需要做母亲，凡母亲都需要自己的子女，凡子女都需要自己的母亲。"① 而事实上，这三个假设无一成立：第一，社会性母亲和亲生母亲一样能干有效，领养的孩子同样具有适应能力；第二，孩子对亲生母亲的需要并非超过对亲生父亲的需要，孩子只是需要能够与之沟通又能给自己提供帮助的成年人；第三，一对一的养育孩子并不比集体社会化的"多重保育"更好。例如，在以色列"吉布兹"集体农庄长大的孩子同样是快乐、聪明、感情成熟、适应性强的孩子。② 更为激烈的舒拉米斯·费尔斯通（Shulamith Firestong）还预言，现代技术带来的新前景可以把人类从生育责任的沉重负担下解脱出来，妇女再也不会心甘情愿、含辛茹苦地生养孩子了。玛吉·皮尔希的科幻小说《时间边缘的女人》构想了一个男女共同参与生育的乌托邦世界马塔坡依塞特，婴儿从"孵化器"里出生，而后由三个母亲（有男有女）抚养成人。这样，生育责任就不再是女性的专职，女性也就有更多的时间和机会发展自己完整的人格。

米利特和贝蒂·弗里丹等人则支持双性同体的文化建构。弗里丹概括了所谓的"贝塔思考和行为风格"（beta styles of thinking and acting）和"阿尔法的思想和行为风格"（alpha styles of thinking and acting）。前者指文化上的女性气质，强调"流动性、灵活性和人际关系上的敏感性"；后者即文化上的男性气质，侧重于"以工具、技术的理性为基础的等级制的、独断专行的、严格而任务明确的领导行为"。20世纪60年代，弗里丹对女性说，降低你的女性气质、贝塔倾向，最大限度地发挥你的男性气质、阿尔法倾向；80年代对女性的忠告则是，拥抱你的女性气质、贝塔风格。③但弗里丹也一直支持双性合一，她在1993年发表的《年龄的喷泉》一书则明确指出，最幸福最有活力的老年男女是双性同体的人。激进自由派女性主义者凯特·米利特（Kate Millett）认为，把有价值的男性气质与有价值的女性气质结合在双性同体的个人素质里，这才是有价值的理想模式。④

这些解放的策略其实都没能走出男性气质优于女性气质的文化误区。心系自然生态的戴利主张摆脱男性文化建构的女性气质和"美德"，表现出贬

---

① ［美］安·奥克利：《妇女的工作：家庭主妇，过去和现在》，New York：PantheonBooks，1974，第186页。

② ［美］罗斯玛丽·帕特南·童：《女性主义思潮导论》，艾晓明等译，华中师范大学出版社2002年版，第114页。

③ ［美］罗斯玛丽·帕特南·童：《女性主义思潮导论》，艾晓明等译，华中师范大学出版社2002年版，第37页。

④ ［美］Kate Millett：Sexual Politics，New York：Doubleday，1970，p.87. 激进女性主义者乔琳·J.，舒拉米斯·费尔斯通等人也支持双性同体的发展理论。

低男性气质的倾向。她指出，妇女有充分的创造能力，与大自然交往密切；男性却从事破坏性的活动和限制性的思考，他们因为无法创造生命、无法与自然结盟而恼羞成怒，不仅寻求控制和毁灭妇女，而且力求控制和毁灭自然；女性文化是健康与生命的文化，而男性文化是疾病与死亡的文化。她指出：

> 恋尸癖的阿波罗神男性交配的产物当然是技术的"后代"，它污染了天空和大气。恋尸癖的激情就是毁灭生命的激情……他们热情认同的事物，对地球未来是致命的。这些事物包括：核反应堆和它们产生的毒害、原子弹储存库、破坏臭氧层的悬浮喷雾推进燃料……各种致癌的食物添加剂、精炼食糖、各种损害大脑的污染物质……这是无处不在的恶兆。①

她还将男性主持的西方妇科学与女性的妇科/生态学进行对比，并得出这样的结论：前者是关于生殖器官的、肢解的科学，把整体切割成部分；后者是"发现、发展我们自己的那种生命/爱的关系的复杂网络"，"是关于妇女的生活、爱、创造我们自己的自我、我们的宇宙"的科学。② 通过以上的对比，她尖锐批判了男性文化的破坏性因素，揭示了自然宇宙面临的毁灭性危机。她认为，只有注重万物联系性的妇女才是自然得救的希望。

当然，生态女性主义者挑战现存秩序、文化和生活常态的思想引起了来自诸多方向的质疑和批评，也由于其纷呈的观点和主张引起了内部的论争和局部上的分歧。发达国家的中产阶级白人妇女更强调理论思想的革命性，有色人种和第三世界妇女则更关注现实的问题。但不管她们是在后家花园悠闲地享受阳光，是在为自己的基金会积极募捐，还是在关怀土地沙化、臭氧层受损，或是在心疼灾难中嗷嗷待哺的幼童，有一点是必须肯定的，即她们都渴望并呼吁爱、和平、联系与共存。生态女性主义者的观点也许会有一定的局限性，但她们倡导的女性原则和大地信仰，却为我们尽可能广泛地消除压迫，走向和谐提供了可供借鉴的智慧。

精神生态女性主义者提倡一种以大地为基础的精神信仰。斯塔霍克（Starhawk）指出，这一信仰有三个核心概念：内在性、互相关联和同情的生活方式。内在性强调，万物都有价值，每一个有意识的存在都有发自内部的力量，精神信仰是行动兴奋剂，激励我们去与潮流抗争，使整个受到毒害和

① ［美］Mary Daly：Gyn/Ecology，Boston：Beacon Press，1978，pp. 63 – 64.
② ［美］Mary Daly：Gyn/Ecology，Boston：Beacon Press，1978，pp. 10 – 11.

破坏的地球得以痊愈。她强调人与自然的互相联系和同一性，不仅是在身体上而且在精神上，人与自然都是一体的，"我们人类的能力，包括忠诚与爱、愤怒与幽默、贪婪、直觉、智力和同情。这些能力正如蜥蜴和红杉树林一样，都是属于大自然的一部分"①。与人类结盟反对自然，或者与自然结盟反对人类，都会给世界带来灾难。而其中最重要也最能代表妇女生活态度的特征是同情的生活方式，同情使我们互相关心、爱护，而这种爱是广泛的、普遍的。因此，她反对环保主义者对弱势群体的冷漠。她指出，"当环保主义者为非洲人和同性恋者的死亡拍手称快时，他们是在与自己有着相同利益的势力结盟，这些相同利益正在杀害有色人种、男同性恋者、妇女和其他弱势群体。这些相同利益也正在毁灭地球的生态系统，暴殄未被开垦的土地"②。

基于大地的精神信仰给我们建构绿色世界提供了精神的支撑，而本章第一节介绍的由卡伦·J. 沃伦提出来的女性伦理也给了我们重要的启发。于此，我们可以理解生态女性原则的真正含义，其精髓是反对任何形式的二元对立，具体表现在以下几个方面：一是反歧视，反对人类对自然的歧视，也反对人类内部的歧视，强调每一存在物的内在价值；二是反统治，反对人类不同集团之间的统治关系，也反对人类对自然的统治；三是反对二元论的对抗性，主张包容主义和多元共存；四是反对自我中心主义，反对性别优势论；五是提倡尊重、联系与对话，有主体间性的思维倾向。在这种原则指导下的社会关系不再有压迫、统治，而走向了现代意义上的伙伴关系模式。伙伴关系到底具有怎样的内涵和特征呢？理安·艾斯勒博士是这样界定和描述的：

> 伙伴关系要求人们合作并相互尊重。它包含参与、联系，并为大家的共同利益和平而和谐地工作。伙伴关系是通过联系而形成的一个整体的原则，它不同于当今社会占据主导地位的强制性的等级服从体制。伙伴关系要求公平合理，意见一致，互利互惠，民主地参与决策；必须积极地倾听，富有同情心地分担，相互支持，以促进共同兴旺发达。它包容并追求把人们结为一体。在伙伴关系的环境里人们感觉自己受到了重视，有真诚的关怀和安全感。真正的伙伴关系导致人人有权利并有条件实现自我。③

---

① ［美］Starhawk：Feminist, Earth-based Spirituality and Ecofeminism, from Healing the Wounds: The Promise of Ecofeminism, by Plant, Philadelphia：New Society Publishers, 1989, p. 176.

② ［美］Starhawk：Feminist, Earth-based Spirituality and Ecofeminism, from Healing the Wounds: The Promiseof Ecofeminism, by Plant, Philadelphia, New Society Publishers, 1989, p. 179.

③ 闵家胤主编：《阳刚与阴柔的变奏：两性关系和社会模式》，中国社会科学出版社1995年版，第14页。

能够在世界范围内倡导伙伴关系精神，进而推进伙伴关系的社会模式，无疑是我们整个地球得到拯救的唯一途径。而这种关系并不是遥不可及的，它深入到每个人、每个家庭、每时每刻。只要我们能够丢弃文化强加的有色眼镜，以相互欣赏、相互尊重地面对他人、面对自然，征服欲望就会悄悄退场，和谐、和平的绿色氛围就会渗透到世界的每一个角落。最终，妇女、自然乃至于整个人类都将得到真正的解放。

参考文献

1. 李培超：《伦理拓展主义的颠覆——西方环境伦理思潮研究》，湖南师范大学出版社 2004 年版。

2. 何怀宏主编：《生态伦理——精神资源与哲学基础》，河北大学出版社 2002 年版。

3. 闵家胤主编：《阳刚与阴柔的变奏：两性关系和社会模式》，中国社会科学出版社 1995 年版。

4. 林树明：《多维视野中的女性主义批评》，中国社会科学出版 2004 年版。

5. 王诺：《欧美生态文学》，北京大学出版社 2003 年版。

6. ［美］Susan Griffin：Woman and Nature：The Roaring Inside Her，New York：Harper & Row，1978。

7. ［美］卡洛琳·麦茜特：《自然之死》，吴国盛等译，吉林人民出版社 1999 年版。

8. ［美］Rosemary Radford Ruether：New Woman/New Earth：Sexist Ideologies and Human Liberation，New York：Seabury Press，1975.

9. ［印度］席瓦、［英国］米斯主编：《生态女性主义》，London：Zed，1993.

10. ［美］玛利·戴利：《妇科/生态学》，Boston：Beacon Press，1978.

11. ［美］凯特·米利特：《性的政治》，宋文伟译，江苏人民出版社 2000 年版。

12. ［美］贝蒂·弗里丹：《女性的奥秘》，程锡麟等译，四川人民出版社 1988 年版。

13. ［法］西蒙·德·波伏瓦《第二性》，陶铁柱译：，中国书籍出版社 1998 年版。

14. ［美］罗斯玛丽·帕特南·童：《女性主义思潮导论》，艾晓明等译，华中师范大学出版社 2002 年版。

15. ［美］卡森：《寂静的春天》，吕瑞兰译，吉林人民出版社 1997 年版。

16. ［美］理安·艾斯勒：《圣杯与剑：男女两性的战争》，程志民译，社会科学文献出版社 1995 年版。

17. ［英］J. 梅拉特：《卡塔尔·惠雅克》，纽约：麦格劳－希尔出版社 1967 年版。

第十章
女性的身体与智慧

　　长久以来，在中外历史与社会文化中，女性都被视为弱者。尽管现代社会已步入知识经济的时代，但在人们的思想意识中，甚至在女性自身的观念中，男优女劣、男强女弱的观念依然存在。这些根深蒂固的观念深刻地影响着人们的认知，也影响了女性对自己的认知，进而影响到女性对自身潜能的开发。不可否认，男女两性是存在差异的，不管是在身体方面还是在心理方面，这种差异都是客观存在的，关键在于如何看待这些差异。过去的某些研究一旦发现男女的这些差异，便认为是女性自身的生理条件及心理特征决定了女性的先天不足，从而打着科学理论的旗号，进一步加深男优女劣的观念。从女性主义理论出发来研究女性的身体和心理，有利于以新的视角来看待女性自身的条件，探讨女性在身心的不同方面存在的性别优势。

第一节　女性的身体密码

　　两性之间的差异是人类社会中存在的事实，有关性别差异有很多定义，根据心理学百科全书所引，性别是指个体在生理、荷尔蒙、基因等因素上的特征，它涉及男女之间身体和生理上的差异；二是社会角色的差异；三是男女心理上的差异，包括认知、情绪、行为方式等方面上的差异。生物遗传因素是两性之间身体和生理差异的物质基础，也是两性之间社会角色和心理差异的前提，它主要表现在两性之间染色体、性激素以及大脑结构等方面的差异。

此外，两性之间的差异也受到生存环境的影响，是一种进化的结果。原始社会的食物来源是狩猎和采集，男性在原始社会以狩猎为主，狩猎活动需要快速的奔跑和有力的攻击。为了生存下来，男性便进化出高大威猛、肌肉发达而有力量、在生存竞争中有主动性、攻击性等特点。女性在原始社会的任务便是采集，在聚集地周围进行果子、花草的采集不需要耗费大量的体力，因此女性较为矮小。除了采集之外，怀孕、生产、哺乳及照料后代也是女性的主要任务，因而，女性骨盆较宽，臀部丰满，皮下脂肪也较为丰富。

一、女性的生命周期

（一）女性生命周期的含义

生命周期一般是指某一事物的发生、发展直至消亡（或为另一事物所替换）的运行历程。人口学的生命周期理论就是按人口时间的发生、发展阶段，内容特征及变化所进行的社会人口学概括。一个人从出生到死亡所经历的生命序列阶段的不断重复、变化，便构成了人口的生命周期。女性生命周期是以女性人口为研究对象，描述、说明女性生命的运行历程。这一历程主要包括以下阶段：出生、开始受教育、月经初潮、结束受教育、就业、结婚、生育、子女成长独立、绝经、退休、丧偶、死亡等。将各个阶段的长度作为一个整体，即组成女性生命周期。

通过对女性生命周期的研究，可以说明女性生命过程的阶段、内容、类型及变化，以此判断和分析女性的整体状态、女性的地位变化和变化趋势，同时可以获得某些衡量女性人口状态的指标，如女性受教育程度、女性生理和婚姻、生育状态等。女性生命周期对人口的组成、人口素质、家庭规模和结构、生育行为、死亡率、人们的观念以及国家的经济结果均有影响。认识女性的生命周期，也能使女性更好地把握自己一生的生命轨迹，更充分地意识到女性的社会地位和社会角色的变化。

（二）女性生命周期的特征

生命周期理论实际上可以说是关于生命史上各个不同阶段年龄与角色之间关系的理论。不同年龄段的人群随着生理的发展、角色的变更，会呈现出不同的心理行为特征。对女性生命周期的研究证实了女性一生中各个阶段的心理行为特征极大地受到了来自女性的生理特点和时代发展的影响。

1. 生理特征。女性的一生按生理现象可以分为五个时期：幼年期、青春期、育龄期、更年期和老年期。各个时期受到卵巢产生的各种激素的影响而表现出不同的生理特点。

（1）幼年期：从女婴到小女孩。

只要地球还在转动，无论是过去、现在、还是将来，新生儿的诞生永远是世界上最奇妙的事。那剪脐带时的"咔嚓"一响，切断了新生儿与母亲的直接生理联系，也宣告了一个独立个体的诞生。女婴诞生之初，她的身体就表露出女性的某些迹象，如外阴隆起、乳腺凸起，而其他部分则是那么娇小可爱。但这些迹象稍纵即逝，大约只持续一周，只有当女孩成长成为女性时，才会再回到她的身上。这一时期卵巢尚未发育成熟，不存在明显的第二性征。

（2）青春期。

青春期是由儿童逐渐发育成为成年人的过渡时期。青春期可划分为早、中、晚三个期，每期持续两三年。青春早期是指女孩月经初潮之前的生长突增阶段；中期以第二性征迅速发育为特点，女孩在此期多已出现月经初潮；在青春晚期，性腺发育已经接近成熟，第二性征发育也近似成人，体格的生长发育缓慢逐渐停止。

青春期开始的年龄因人而异，青春期各项形态及机能指标、开始生长发育的早晚及进行速度的快慢也存在个体差异。按照世界卫生组织（WHO）的界定，青春期的年龄范围为 10～20 岁，大约从 10～12 岁第二性征开始出现一直到 20 岁体格和性的基本成熟为止，中国一般指 11～17 岁，是由儿童逐渐发育成为成年人的过渡时期。[①] 女孩的青春期一般在 10 岁至 11 岁开始，比男孩早一两年，大约在 17 至 18 岁结束。

青春期是女性生命周期中的一个重要时期，在这一时期，女性在生理上发生了巨大的变化，并由此开始在心理上、社会文化上逐渐趋于成熟，为下一步进入生育期和参加工作打下了基础。女孩进入青春期之后，由于受到神经内分泌变化的影响，身体生长加快，进入了一生生长发育的第二个高峰期。身高、体重增长，骨骼、肌肉、脂肪组织及各器官的发育成长，在青春期结束时，伴随着性腺发育的基本成熟，女孩也长成具有明显女性体型，这些外形变化都在向外界表明，女孩已经长成为一个亭亭玉立的少女了。女性在青春期的身体发育主要有以下特点。

身高 女孩青春期生长突增起始年龄比男性早，约在 10 岁至 12 岁之间开始。因此，女孩在 11 岁左右身高均值大于同龄男孩。但女孩到 13 至 14 岁时，月经初潮来临后进入生长相对缓慢的阶段，而同龄男孩此时身高生长突增已经开始。而且，女孩的青春期结束较早，整个身高生长突增的时间比男孩短，因此到青春期结束时，女性青年一般比男性青年矮 10～12 厘米。

我国女孩在整个青春期身高平均增长约 25 厘米，在生长突增阶段，每年可长 5～7 厘米，快者每年可长 9～10 厘米。

---

① 杜红梅：《积极心理学对青春期心理健康教育的启示》，《山东省团校学报》2010 年第 4 期。

体重　女孩在青春期体重也有很大幅度的增长，但体重不像身高那样有明显的突增高峰。体重增长持续较长，增长的幅度也较大，而且青春期之后体重仍然可以继续增长。在青春期，不仅肌肉重量在体重中的比例增加，而且肌肉的力量也大大增加。初中生肌肉的生长有明显的性别差异，表现为男孩肌肉细胞增长比女孩快，而且力量也比女孩大。与此同时，青春期机体的脂肪也发生了很大的变化，男孩的脂肪逐渐减少，他们的肌肉更为发达；然而女孩的脂肪却没有减少，伴随着卵巢的逐渐发育，在雌激素的作用下，女孩的脂肪持续增多，在骨盆、胸部、背部、臀部积存。

性发育　相对于人体其他系统，生殖系统是成熟最晚的，它的成熟标志着人体生理发育完成。进入青春期的女孩，乳房开始发育，性器官开始成熟，阴唇和阴蒂变大，阴道开始变大，子宫的发育从 10 岁开始到 18 岁结束，长度增加了 1 倍，子宫壁肌肉也变得更为强健。此外，青春期女孩生理上的许多变化都是在激素的作用下发生的，其中最为主要的是雌激素和黄体酮，它们促进性器官的发育和第二性征的出现，决定着机能的周期性。

第二性征的出现不仅标志着男孩和女孩机能的日趋成熟，也使其外形上出现明显的差异。女孩的第二性征主要表现为音调变尖，乳房变大，骨盆变宽，臀部丰满，皮下脂肪增多。青春期女孩的发育开始于乳房，而后开始出现阴毛，但也有少数女孩阴毛的发育早于乳房，随着性激素分泌的增多，女孩会出现月经初潮。

月经初潮是女孩性发育的一个重要里程碑，月经来潮象征着女孩真正进入了女性的行列。由于地域、种族、社会、遗传等方面的差异，月经初潮的年龄也有一定差别，从 10 岁到 16 岁都属正常，各国各地有所不同。据统计，欧美国家比较早，第三世界国家较晚。初潮出现的早晚与遗传、环境及经济水平、营养状况等因素有关。一般来说，母亲初潮来得早，孩子初潮也较早；热带地区的女孩子初潮较早，寒带较晚；发达城市女孩较早，边远地区较晚；身体健康、营养条件好的较早，体弱、生活条件差的较晚；初潮在春夏季开始的较多，冬季开始的较少。相关数据表明，少女初潮的年龄有提前的趋势，20 世纪上半叶女性月经初潮的平均年龄是 14 岁，下半叶就提前到了 13 岁，而进入 21 世纪，平均年龄进一步下降到 12 岁。

值得注意的是，女孩的青春期时间有很大的个体差异，无论早熟还是晚熟，只要是不合时宜的都可能带来消极的后果。早熟的女孩可能会感觉尴尬，她们会意识到她们的青春期身体变化早于她们的同伴。男孩甚至可能会嘲笑她们的身高和正在发育的胸部。一些早熟的女孩可能会把头垂下来，以使自己看起来不那么高。相比于晚熟的女孩，早熟的女孩对自身的印象通常会差一些。但是，晚熟的女孩常常由于自己受到忽视而苦恼，甚至会嫉妒已经发育成熟的同龄同伴，尽管早熟和晚熟都有可能带来一些消极的影响，但这些影响都是相对的，随着青春期的来临，通过恰当的教育与引导，这些影响也会逐步被克服。

（3）育龄期

育龄期又称生育期、性成熟期，是卵巢生殖功能及内分泌功能旺盛的时期，通常称这一时期的女性为育龄妇女。

女性从 18 岁开始进入生育期，持续 30 年左右，生殖器官完全成熟，生理的突出表现为周期性排卵、行经，具有生育能力。孕期、分娩期、产褥期、哺乳期均达到性成熟期。

孕期、产褥期和哺乳期。为了保护孕妇和胎儿的健康，避免孕期和分娩时发生意外情况，必须做好孕期保健工作。孕期生活卫生保健要包括情绪、衣、食、住、行和休息以及哺乳的准备等。做好孕期生活卫生保健不但关系到孕妇本人的健康，而且也关系到胎儿的生长发育，是生殖健康的关键。在怀孕期间，女性常由于怀孕反应即恶心、呕吐以及因增大的腹部而日益行动不方便，导致情绪波动。孕妇应保持心情愉快，避免不良的精神刺激。衣着适合孕期变化：穿衣要宽大柔软得体，注意个人卫生，由于妊娠期代谢旺盛，汗腺及皮脂腺分泌旺盛，容易出汗，要勤换干净的衣服；接触充足的阳光，尤其冬天，经常晒晒太阳，可以转化体内储存的维生素 D，有利于钙的吸收；睡眠要充足，避免熬夜；注意避免剧烈运动，乘坐电车、汽车应避免碰撞，避免长途旅行及旅游。活动适当，避免剧烈运动，防止外伤。防止感染：由于孕期妇女生理变化大，抵抗力降低，要注意防止呼吸道、生殖和泌尿道的感染，对母亲及胎儿均有益处。围产保健是指围绕生产前后即产前、产时、产后，以保护母婴安全、提高出生质量为目的，对孕产妇和胎婴儿进行的预防保健工作。过去的保健制度只是以母体为中心的保健制度。70 年代以后，强调母婴统一管理的医疗保健系统关心新生儿则从母体内开始，而对产妇产后一周之内的医疗保健也给予重视，对新生儿也强调产后一周内的医疗保健，因为妊娠的并发症、胎婴儿的疾病和死亡率都容易发生在这一时期内，围产期的医疗保健就显得格外突出和重要。围产期保健的水平高低，不但反映一个国家和地区的医疗及社会福利状况，而且直接关系到每一个家庭的幸福，宣传普及围产期保健知识，使女性能掌握围产各期的保健要求，使家庭和社会都能关系和支持母婴的安全和健康。孕妇要按照保健要求定期检查。预防和正确处理难产，提高接产质量。加强新生儿保健：主要是新生儿窒息的抢救，新生儿的喂养、护理及预防新生儿常见病等。由于出生后一周内的新生儿的保健很重要，和新生儿的存活与健康有着重要的关系，所以产妇应该掌握一些这方面的常识。

（4）更年期。

更年期是指女性绝经前后的一段时期，即指女性性腺功能开始衰退直至完全消失的时期。多数女性的更年期发生在45～55岁之间，其持续时间长短因人而异，通常持续8～12年，平均年龄在47岁左右，但也有少数女性到了55岁左右才开始进入更年期。女性绝经的早晚，与月经初潮、生育与否、种族、家庭生活条件、气候、营养等因素有关。但总的来说，随着人们生活水平的提高、体质的增强，女性绝经年龄已经出现了向后推延的趋势。

绝经是女性在此期间经历的一个重要的生命事件。进入更年期的女性，其第二性征将逐渐退化，生殖器官慢慢萎缩，与雌性激素代谢相关的组织也随之退化，身体外貌显示出衰老的信号。卵巢分泌的激素减少，大脑的丘脑下部、脑垂体和卵巢之间的平衡关系也发生了变化，因而出现了自主神经系统功能的紊乱等一系列症状，即"女性更年期综合征"，表现为面部潮红、出汗、头痛、眩晕、肢体麻木、小腹疼痛、情绪波动大、易怒、心慌、失眠，甚至多疑等症状。

（5）老年期。

进入老年期，机体的神经系统、循环系统、呼吸系统、消化系统、内分泌系统等均呈衰退趋势，功能也呈减弱趋势。这一时期女性的卵巢功能进一步衰退，月经完全停止，生殖器官萎缩，第二性征逐渐消退。在此期间，多数人还要面临生命周期中又一重要事件，即丧偶寡居。

2. 文化教育特征。受教育程度是影响女性生命周期各阶段的一个重要方面。女性什么年龄开始上学、什么年龄开始离开学校，不仅标志着女性受教育年限的长短，而且影响着女性生活的方方面面，关系到女性自身的社会地位和生命价值。这些影响主要表现为：

受教育程度与女性平均初婚年龄成正比，即女性平均初婚年龄随着受教育程度的增加而提高。根据第六次人口普查（以下简称"六普"）对婚姻和生育状况进行了详细的调查，2010年女性平均初婚年龄为23.9岁，比男性低2岁。其中，城市女性的平均初婚年龄为25.1岁，高于镇和乡村女性；乡村女性平均初婚年龄与镇女性相差不大，仅差0.9岁，但与城市女性相差2.3岁。20～24岁是大多数女性成婚的高峰年龄段，学历越高的女性越倾向于晚婚。从15～19岁女性有偶者的城乡分布看，70.9%居住在乡村。不论城镇还是乡村，女性早婚人口中，初中及以下受教育程度者占大多数。受教育程度低的乡村女性比城镇女性早婚的可能性更大。①

此外，女性的文化教育程度直接关系到人口的优生、优育与优教。具有

---

① 杨玉静：《解析中国女性婚姻与生育现状》，《中国妇女报》，2013年4月9日。

较高文化教育水平的女性易于接受优生、优育的科学知识，自身的教养会直接影响整个的怀孕过程、生育质量以及对子女的教育等。

3. 婚姻家庭特征。婚姻标志着女性的生命周期进入了一个新的阶段。从生理方面讲，是女性性器官的发育成熟，并将进入生育阶段；从社会方面讲，则是女性由出身家庭转入婚姻家庭，开始一个新的家庭生命周期。婚姻方式有两种：一种是传统的依赖型婚姻，即女方在法律及经济上完全依靠家庭；另一种是现代的自愿型婚姻，强调夫妻双方的个人自由、相互信任与尊重。现代中国女性的婚姻特征具有鲜明的时代特色，既有别于发达国家，又不同于一般发展中国家，而是在中国社会处于转型期的时代背景下表现出一些新的特点来。据 2010 年全国妇联和国家统计局联合组织实施第三期中国妇女社会地位调查表明：18～64 岁女性中 85.0% 处于在婚状态，比男性高 1.5 个百分点；未婚占 7.1%，比男性低 5.2 个百分点。离婚、丧偶的分别为 2.8% 和 5.1%，比男性高 0.3 和 3.4 个百分点。在 65 岁及以上的老年妇女中，49.5% 处于丧偶状态，比同龄男性高出 29.1 个百分点。外出务工/经商农村女性的通婚范围扩大，有流动经历的女性中，15.7% 的配偶是在外结识的异乡人。调查发现，无论城乡，大多数已婚妇女能够得到丈夫的理解和支持，夫妻关系和谐；85.2% 的女性对自己的家庭地位表示比较满意或很满意。[①]

4. 社会经济活动特征。女性是社会经济活动中的一支重要力量。女性在参与社会经济活动方面的显著特征有两个。一是女性就业压力大。大量资料显示，在同样面临严峻就业竞争压力的社会背景下，女大学生的就业困境更加明显。由于用人单位的性别歧视、整个社会用工不平等性、女性自身的生理特点等原因，造成了女性在现实就业环境中的劣势地位。劳动力市场上性别歧视的例子无处不在，这里，谨以 2012 年国家公务员的招考简章为参考，以一个毕业一年的计算机本科女生为例，该女生逐一对所列岗位进行筛选，最终找到两个基本符合条件的，可仔细一看，在"其他条件"里赫然注明"本岗位适合男性"或者"男性比较适合"等"女士止步"的牌子，最终，该女性被排除在公务员大门之外了。[②]

二是在计算女性工作生命时，普遍忽视其在家庭内的无偿劳动量，而这一数值将直接影响女性生命周期与总劳动量。家庭内的劳动由于不直接以报酬、价值量体现，往往被人们忽视其存在。事实上，按时间利用的统计方法，应计入的是一切工作，即有偿和无偿的经济活动以及无偿的家务劳动。

① 第三期中国妇女社会地位调查课题组：《第三期中国妇女社会地位调查主要数据报告》，《妇女研究论丛》2011 年第 6 期。

② 燕赞、姚亚兵：《中国劳动力市场上的性别歧视研究》，《百家讲坛》2013 年第 10 期。

忽视女性在长达几十年的工作生命中的大量沉重的家庭劳动，对女性无疑是极不公平的。据 2010 年全国妇联和国家统计局联合组织实施第三期中国妇女社会地位调查表明：2010 年城乡在业女性工作日用于家务劳动的时间分别为 102 和 143 分钟，比 2000 年减少了 70 和 123 分钟，两性家务劳动时间的差距明显缩小（见图 10-1）。值得关注的是，72.7% 的已婚者认为，与丈夫相比，妻子承担的家务劳动更多；女性承担家庭中"大部分"和"全部"做饭、洗碗、洗衣服、做卫生、照料孩子生活等家务的比例均高于 72.0%，而男性均低于 16.0%。女性承担"辅导孩子功课"和"照料老人"主要责任的占 45.2% 和 39.7%，分别比男性高 28.2 和 22.9 个百分点。由此可见，我国大部分女性在其家庭生命周期中仍然有较重的家务劳动负担。①

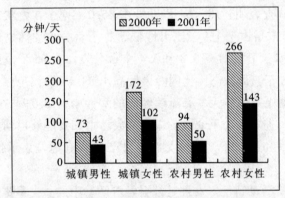

图 10-1　城乡在业者工作日平均家务劳动时间

二、女性健康

随着社会的发展与进步，女性在社会和家庭中的地位越来越重要。女性的健康不仅关系到自身的发展和进步，更直接关系到现代化建设的全局。当代中国女性在社会和家庭两方面都有所作为的愿望日益增强，且有能力承担社会角色，也能承担起独特的家庭角色。女性实现自我价值的意识增强，同时其社会属性和家庭属性也同时被强化，这就要求女性既要在家庭生活中担任传统家庭妇女的角色，具备温柔、贤惠、体贴、奉献的一面；又要在工作中冲破传统观念的束缚，尽力实现自我价值，表现精明、强干、坚决、果然的一面。

由于社会发展与自身发展的双重任务，同时也受到来自社会、家庭以及自身等因素的影响，使得当代女性的身体健康和心理健康面临着巨大的威

① 第三期中国妇女社会地位调查课题组：《第三期中国妇女社会地位调查主要数据报告》，《妇女研究论丛》2011 年第 6 期。

胁。一方面，各种生物与社会因素往往对女性整个生命周期的健康有累积性的影响。根据 1993、1998 和 2003 年三次国家卫生服务调查（见表 10-1 和表 10-2），2003 年同 1993 年相比，调查地区城市男女的两周患病率和慢性病患病率均有所下降。比照两性的情形则会发现，无论两周还是慢性病患病率，城乡妇女的比例都高于城乡男性。妇女尤其是农村妇女对自己身体健康状况的评价低于男性得到了包括第二次妇女地位调查在内的其他一些实证研究的支持。

表 10-1　调查地区城乡居民分性别的两周患病率（‰）

	1993		1998		2003	
	城市	农村	城市	农村	城市	农村
男性	158.0	118.7	170.74	125.05	135.5	128.7
女性	191.8	138.1	203.54	150.12	170.2	150.6

数据来源：中国卫生统计年鉴（2006 年）第 213-215 页。

表 10-2　调查地区居民分性别慢性病患病率（‰）

	1993		1998		2003	
	城市	农村	城市	农村	城市	农村
男性	254.4	119.0	251.1	106.3	215.4	106.4
女性	316.2	142.9	294.9	131.1	262.7	135.3

数据来源：中国卫生统计年鉴（2006 年）第 218-220 页。

根据第三期中国妇女社会地位调查，重庆部分的数据显示，大多数重庆妇女自我感觉健康状况较好。在本次调查中 53.3% 的妇女感觉健康状况良好，健康状况一般的为 30%，感觉"差"和"很差"的比例为 16.7%。感觉健康状况良好的妇女比例比十年前有了很大提升，比上一次调查上升了11.6 个百分点，但与全国 64.2% 的妇女感觉健康状况良好相比，仍然有不小差距。分城乡看，城镇中男女健康自评并不存在明显差异，城镇女性自评为良好的比例为 57.5%，但乡村中男性女性健康自评状况存在显著差异，女性健康状况差于男性，主要表现在自评健康状况为"较差"和"很差"的女性比例（20.7%）比男性（15%）高 5.7 个百分点。可见，女性的健康状况差于男性，尤其是农村女性的健康状况更亟待改善。

像其他许多发展中国家一样，新中国成立以来我国主要从母婴保健和计划生育的角度关注妇女健康，她们整个生命周期的其他健康问题很少成为政策关切的焦点。事实上，从女性的生命周期上看，女性健康应该包括女性生命开始到生命终止的整个过程。女性健康的内容也不应仅仅是妇科、产科健康，还应包括适当的避孕措施、怀孕、生育、更年期及其他与女性生育和性生活有关的问题。女性健康问题贯穿于女性生命周期的各个阶段。男女保健的平等应是能够提供男女生理差异的保健服务。对女性而言，只有掌握了对自己身体的控制权，确定并解决了对妇女生活至关重要的健康问题之后，才能获得真正的解放。正如波士顿妇女健康写作集体在《我们的身体，我们自己》一书中所说的："我们的身体是我们走向世界的物质基础；对我们自身的无知、了解不确切甚至更糟糕——感到羞耻，造成了我们对自己的疏远，阻碍我们成为本可以成为的完整的人。"

另一方面，中国女性在社会转型期要比男性面临更多的社会和心理双重压力，女性的价值被忽略，女性的需求被淡化。因此，女性还应该关注自身的心理健康。身体健康与心理健康都是个体健康的有机组成部分，两者之间相互联系、相互影响。这是因为，个体的生理活动经常是与其心理活动同时存在和进行的，不论疾病发生在人体的哪一部位，都会影响到这两个方面。身体健康会影响心理健康，当一个人得了感冒，病变主要在上呼吸道，但也会影响全身，患者除了鼻塞、咽痛、咳嗽甚至头疼、发热之外，还会觉得精神不振，不想工作或学习，甚至觉得烦躁不安。同样，心理健康对身体健康也有很大的影响。不健康的心理状态会导致生理疾病的发生，如狭隘、嫉妒，抑郁，情绪、性格和脾气暴躁，会不同程度地影响女性的身体健康，导致身心疾病的发生。促进妇女的心理健康，则可减少身心疾病的发生，提高健康水平。例如：患有绝症的病人在得知自己病情之后，如果一度失去信心、悲观绝望，病情也会随之急剧恶化，将其摧垮；而如果病人豁达乐观，并积极与病魔作斗争，病情可能会得到一定的控制，甚至在一定程度上能延长病人的生命。

在健康的这两个相互影响的组成部分中，心理健康和身体健康一样起着重要的作用。正如古罗马哲学家西塞罗所说的，心理的疾病比起生理的疾病为数更多，危害更大。这一点已经引起了当前医学界、心理界越来越多的重视，围绕这方面所开展的研究也不断地证实了心理因素对健康所起的重要作用。医学上把这类主要或完全由心理或社会因素引起、与情绪有关而主要呈现为身体症状的躯体疾病称为心身疾病。另外，在研究近 50 年来疾病谱和死亡谱的变化时，心理、社会因素和健康与疾病的关系也引起了人们的注意。人们发现，由生物因素所致疾病的死亡率已降居次要地位，而高血压、冠心病、溃疡病、癌症和神经症等心身疾病的发病率明显增加。心血管、脑血管、癌症的死亡率在十大死因中居前三位，而且死亡人数在总死亡人口中占相当大的比例，并有不断上升的趋势。

此外，女性健康问题不仅仅是生理健康和性别差异问题，也是关系到女性的权利和地位的问题，体现了一个国家的社会进步程度和文明发展水平。

一个身心健康的女性，应该是具有旺盛的体力、精力和能力去做她要做的事情，而且能够做得很好；每一位女性都应该有意识、有能力积极主动地关心和保护自己的身体，对自己的行为负责；影响女性健康的因素很多，而绝不仅仅是生物因素，女性健康受到她们所处的社会政治、经济、文化等多重因素的影响。

第二节　女性的心理奥秘

性别心理特征是一个颇有趣味的课题，也是一个正处于探索阶段，不断完善的课题。一本来自美国的婚姻心理畅销书叫《男人来自火星，女人来自金星》，意在强调男女之间的不同，以及如何把握其中的不同。虽然把两性之间的差异比喻为像异星人一样，有过分夸大的意味，但是，根据心理学的研究，两性之间在心理上的差异确实很明显。性别心理特征，主要指男性与女性心理特征的差异。本节将从个性的性别差异和女性特殊的心理这两个方面，来揭示女性的心理奥秘。

一、个性的性别差异

甲乙两人是夫妻，甲对乙说，咱们家买电脑就买 X 品牌吧，买这种电脑的人很多，一般不会错。乙说："何必都去买 X 品牌呢？家家都一样，那多乏味。其他品牌的电脑也有好的嘛。"问：甲和乙谁更像女性？答案：甲更像女性。女性比男性更容易受他人影响，尤其是权威影响，因而也容易表现出模仿和从众行为，此外，女性也更容易受环境气氛的影响而表现出相符行为。在买菜或过马路等场合，可以明显地看出上述表现。

甲、乙两人在街上行走，甲最先看到喊他们的人，乙最先听到有人在喊他们；在辨别方向上，甲总是比乙强。别人问路，甲的回答往往使人满意，而乙的回答却往往使人不得要领。问：甲和乙谁更像女性？答案：乙更像女性。女性听力较男性强，视力却不如男性。由于女性的听力较强，因而对音调、音色的感受性也较强；在空间知觉方面，女性不如男性，其原因既在于男性的视觉较女性强，也在于男性比女性更喜欢结构性的事物。这也是在机械、建筑方面，女性人才较少的重要原因。

链接：德国心理学家施太伦创立差异心理学，并著有《差异心理学》一书。1974 年美国心理学家麦考比（E. E. Maccoby）和杰克林（C. N. Jacklin）发表的《性别差异心理学》标志着性别差异心理学的诞生。性别差异心理学的诞生有两个前提条件：

从线索上看，必须形成男女平等的观念，相互尊重，彼此信赖。把相互的差异理解为一个合理的历史过程，而非孰优孰劣。

从方法论的线索看确定人在心理上存在差异的科学依据，以及验证这些依据的科学方法。

所谓个性就是个别性、个人性，就是一个人在思想、性格、品质、意志、情感、态度等方面不同于其他人的特质，这个特质表现于外就是他的言语方式、行为方式和情感方式，等等，任何人都是有个性的，也只能是一种个性化的存在，个性化是人的存在方式。个性包括个性倾向性和个性心理特征两个方面，这两个方面贯穿并影响着人的一生。

个性倾向性是推动人进行活动的动力系统，是个性结构中最活跃的因素。决定着人对周围世界认识和态度的选择和趋向，决定人追求什么。包括：需要、动机、兴趣、态度、理想、信念和世界观。例如：一个人经常追求什么，对什么感兴趣，推动一个人进行活动的动机是什么，有什么样的理想等。个性倾向性中的各个成分并非孤立存在的，而是互相联系、互相影响和互相制约的。其中，需要又是个性倾向性乃至整个个性积极性的源泉，只有在需要的推动下，个性才能形成和发展。动机、兴趣和信念等都是需要的表现形式。而世界观属于最高指导地位，它指引着和制约着人的思想倾向，是个体言行的总动力和总动机。

个性心理特征是指表现在个体身上的那些经常的、稳定的、本质的类型特征。所谓经常的、稳定的类型特征，是说某种机能特点或结构形式在个体身上表现出较为固定的特点。也就是说，只有那些特点经常地、稳定地在一个人身上表现出来，并影响这个人的一切举止言行时，才能叫作个性心理特征。例如：形成一个人脾气暴躁、性格外向的印象，其含义是通过一段时间的了解、看到这个人的一些行为表现，才产生这样的评价，所以，心理特征在一段时间内具有相对稳定的特性。所谓本质的类型特征，是就个体的基本精神面貌而言的，例如勤奋、勇敢、坦率等。个性心理特征包括能力、气质和性格，是影响个体行为方式和活动方式的关键。

个性倾向性和个性心理特征并非孤立存在，个性心理特征受到个性倾向性的制约。例如，能力和性格是在动机、理想等推动作用下形成、稳定或者再变化，也需要依赖于动机和理想等动力机制才表现出来。两者相互制约、相互作用，使个体表现出时间上和情景中的一贯性，并通过个体的行为表现出个性差异。同时，个性倾向性和个性心理特征方面的差异，除了主要表现在个体之间，也同样表现在不同的性别之间，即个性具有性别差异。一般地讲，个性的性别差异比较明显地表现在兴趣、能力、气质和性格等方面。

（一）兴趣的性别差异

兴趣是人对事物的一种认识倾向，伴随着积极的情绪体验，对个体活动，特别是对个体的认知活动有巨大的推动力。

孔子曰："知之者不如好知者，好知者不如乐知者。"兴趣是乐趣的孪生兄弟，对有兴趣的事物人们总是乐此不疲。兴趣在人的实践活动中具有重要的意义，可以使人集中注意，产生愉快紧张的心理状态。人对有兴趣的东西会表现出巨大的积极性，并且产生某种肯定的情绪体验。例如，一些体育迷，一谈起体育便会津津乐道，一遇到到体育比赛便想一睹为快，对电视中的体育节目特别迷恋，这就是对体育有兴趣；一些老京剧票友们，总喜欢谈京剧、看京剧，一遇京剧就来劲，这就是对京剧有兴趣。

每个人的兴趣虽然千差万别，但是通常是用它的以下四种品质来进行衡量：

1. 兴趣的倾向性。

兴趣的倾向性是指兴趣所指向的具体内容和具体对象。它是指向物质的，还是指向精神的；是指向高尚的，还是指向卑劣的内容。女性由于在个性倾向性上更容易显示出"人物定向"，偏于形象思维，因而兴趣也容易倾向于与人生有关的内容和对象。例如：女性一般对文学、艺术、教育、医学等内容比较感兴趣；男性由于在个性倾向性上更容易显示出"物体定向"，偏向抽象思维，因而兴趣也容易倾向于与探索物体奥秘有关的内容和对象。例如男性更倾向于对数学、物理、化学等比较感兴趣。

2. 兴趣的广度。

兴趣的广度是指兴趣的范围大小。有人兴趣广泛，有人兴趣狭窄。通常，兴趣广泛的人能获得广博的知识。一般而言，男性兴趣较为广泛，好奇心容易在各个方面表现出来，逐步建立中心兴趣；女性兴趣则相对较为狭窄，好奇心容易局限在与自己所从事的活动相关的某些方面。

3. 兴趣的持久性。

兴趣的持久性是指兴趣持续时间的长短。只有具备了持久性，一个人才可能在兴趣广泛的背景上形成中心兴趣，使兴趣获得深度。一般说来，男性的兴趣较为广泛，但兴趣的持久性却相对要弱些。男性的兴趣往往容易变化，不很稳定，特别是在青春期以前，这种情况更为突出，兴趣常常表现为瞬息万变，受好奇心的驱使；青春期以后，虽然有所改变，但见异思迁的现象仍表现得较为明显。只有到了高中后阶段和大学以后，男性这种情况才会有根本的改变，才会随着中心兴趣的稳定而逐渐表现出强烈持久的兴趣。对女性而言，无论是青春期之前还是之后，其兴趣的持久性都要优于男性，女性为某个事物和现象所吸引从而产生兴趣的趋向虽不如男性，但她们一旦产生浓烈的兴趣，就能持续较长的时间，显得较为稳定，即使已事过境迁，仍然还会保留一定的兴趣的余波，以至回忆起来仍然津津有味，当然高中后阶段和上大学以后，她们兴趣的持久性也会在原来的基础上得到较大的发展，然而发展的幅度却不如男性，这在一定程度上也会影响她们对复杂而艰巨任务的完成。

4. 兴趣的效能。

兴趣的效能是指兴趣对活动发生作用的大小。凡是对实际活动发生的作用大的兴趣，其效能作用也大；反之，对实际活动发生作用小的，其兴趣的效能作用也小。只有兴趣对人的活动有推动作用时，兴趣才是有效能的。男性的兴趣一般更为容易变为行动，并能产生一定的效能。他们一般不满足于对感兴趣事物的认识，而喜欢进一步表现出认识的积极性，并用实际行动来解释它、掌握它，追根问底，非要弄个水落石出不可。女性的兴趣虽然也能变为行动，但碰到困难则往往容易中止，实际行动的决心和意志相对要弱些，因而实际活动产生的效能相对也要小些。

（二）能力的性别差异

能力是使人能成功完成某项活动所必须具备的心理特征。它与气质和性格的不同表现在：能力必须通过活动才能体现出来，当然活动中也会体现出性格和气质方面的差异，但完成该项活动所必须和必备的心理特征才是能力。例如，完成一幅绘画作品需要具备色彩鉴别能力、形象思维能力、空间想象能力等不同能力的有机组合。

现实社会中有一种看法，认为男性比女性聪明。这种看法来自两个方面的因素：一是从生理上看，成年女性的大脑重量平均要比成年男性轻150克左右；二是从获取成就的现状看，女性成才比例要大大低于男性。但这两种理由都是错误的。

研究表明，男性与女性在能力，特别是一般能力（即智力）方面，并没有明显的区别，某些项目女性还明显优于男性，许多科学研究的结果都已证明，智力与人脑的重量并没有直接的关系。如果从脑重与体重的比例来看，由于女性体重一般要比男性轻，女性的脑重与体重的比例与男性相比，两者之间并无多大差别。因此，以脑重来说明男性比女性聪明是错误的。再看第二个理由，造成女性成才比例低的主要原因是社会因素，如受教育不平等、女性角色冲突多、性别歧视等，与女性自身并没有直接的关系。

男女两性在语言发展、空间知觉、数学能力、行为攻击性等方面的差异已基本得到确认。女性左脑语言功能的发育较男性早，而且大脑两侧都有语言功能。同时，男女两性的空间思维能力也有很大的差异。女性的直觉优于男性。这种下意识的直接感觉不掺有观察、思考和理性分析的结果。有关两性之间的这些差异，在本章的第三节将进行重点论述。

（三）气质的性别差异

气质是个人生来就具有的心理活动的动力特征，它是表现在心理活动的强度（如情绪体验的强弱、意志努力的程度）、速度（如知觉的速度、思维的敏捷程度）、灵活性与指向性等方面的一种稳定的心理特征。即我们平时说的脾气、秉性。

气质是人的天性，它只是给人们的言行涂上了某种色彩，但不能决定人的社会价值，也不直接具有社会道德评价含义。一个人的活泼与稳重不能决定他为人处事的方向，任何一种气质类型的人既可以成为品德高尚，有益于社会的人，也可以成为道德败坏、有害社会的人。具有某种气质的人常常在内容不同的活动中表现出相同性质的特征。一个具有情绪易激动的气质特点的人，不仅在与人争辩时显得异常激动与亢奋，而且在听报告时，也会显得坐立不安，沉不住气，往往在他人提问时会抢先发言。这说明气质是不以活动的内容、目的和动机为转移的，具有相对的稳定性。

人的气质差异是先天形成的，受神经系统活动类型的特性所制约，更多的是遗传的结果。孩子刚出生时，最先表现出来的差异就是气质差异，有的孩子爱哭好动，有的孩子平稳安静，其原因就在于他们各自的高级神经活动类型的不同。由于高级神经活动类型的不同，形成了四种基本的气质类型，即多血质、胆汁质、黏液质和抑郁质。气质作为心理活动稳定的动力特征，在行为方式上的典型表现如下，多血质：活泼好动，思维敏捷，注意易于转移，情绪易于改变。胆汁质：直率热情，急躁冲动，自制能力差，情绪变换剧烈。黏液质：安静稳重，反应缓慢，注意难于转移，情绪不易外露。抑郁质：行为孤僻，反应迟缓，情绪体验深刻，感受性极高。一般来说，只有少数人是这四种气质类型的典型代表，多数人是介于各种类型之间的中间类型。

气质本身并无好坏之分，任何一种气质类型都有其积极的一面，又有其消极的一面。多血质的人既可能是活泼、热心和富于生气的，也可能是轻率、任性和浮动不定的；黏液质的人既可能是冷静、稳健和富于强力的，也可能是冷酷、执拗和偷懒苟且的；胆汁质的人既可能是热情、主动和精力充沛的，也可能是暴躁、冲动和感情用事的；抑郁质的人既可能是深刻、坚定和平稳沉着的，也可能是阴沉、拘泥和多愁善感的。

男女两性在气质形成和发展上的性别差异主要表现为气质类型的心理特

征上的差异。一方面，从总体上说，男性接近于多血质和胆汁质的人数比率明显要高于女性，而女性接近于黏液质和抑郁质的人数比率则明显要高于男性。也就是说，男性属于多血质、胆汁质或多血质－胆汁质，以及主要属于多血质或胆汁质，同时又具有黏液质或抑郁质等气质类型的人数比率要显著高于女性。而女性属于黏液质、抑郁质或黏液质－抑郁质，以及主要属于黏液质或抑郁质，同时又具有多血质或胆汁质的人数比率要明显高于男性。因此，在日常生活中，男性往往会表现出这样一些心理特征和行为特点：活泼好动，精力旺盛，不甘寂寞，善于交际，直率热情，智慧敏捷，反应迅速，易于冲动，兴趣广泛易变，易接受新事物，但印象不深，情绪急剧而又易变，持续时间不长，明显外露等。女性则往往会表现出这样的心理特征和行为特点：淡泊宁静，沉着稳重，孤僻胆怯，沉默寡言，善于隐忍，反应迟缓，不善空谈，埋头苦干，情绪体验深刻，不易外露，多愁善感，具有很高的感受性，善于觉察到别人不易发觉的细小事物和细微变化。

另一方面，同样接近某种气质，或接近某种气质的同时又具有其他气质某些特点的男女两性，其心理特征和行为方式的表现也是有所不同的。具体差异表现见表 10-3。

表 10-3　两性气质类型的差异比较

性别	多血质	胆汁质	黏液质	抑郁质
男性	敏捷好动，富有精力，易于适应环境，能迅速把握新事物，工作效率较高；轻率，情绪易变，缺乏耐心，不愿从事平凡性质的工作	反应迅速，行动敏捷，热情高涨，坚韧不拔；性急暴躁，易冲动、沮丧	沉着坚定，态度持重，交际适度，善于忍耐，恪守纪律，富于毅力；较刻板，缺乏灵活性，有惰性	行为孤僻，反应迟缓，善于观察，处事谨慎，情绪深刻持久，态度平稳坚定；优柔寡断，易惊慌失措
女性	活泼热心，富有生气，与人相处精神愉快，朝气蓬勃，愿意做合乎实际的工作；任性，兴趣不太稳定，缺乏耐心	热情肯干，主动积极，精力充沛，思维敏锐；易感情用事	冷静稳健，注意稳定，反应缓慢，沉默寡言，善于克制，埋头苦干；执拗，态度冷淡，因循守旧	迟疑怯懦，柔弱腼腆，多愁善感，情感细腻而敏感；拘泥呆板，耐受能力较差，容易感到疲劳

男女两性之所以会有不同的气质特征和行为表现，这与男女两性在长期历史中形成的不同社会地位和生活实践上的差异、与男女两性历史上所受的教育影响的不同是密切相关的。当然，这里仅仅是从"更多"的角度来说的，也就是说，男女两性容易显露出上述带有一定倾向性的表现，而丝毫不

意味着男女两性"只能"或"只会"有这样的表现。

在研究两性的气质差异时也出现了同样的问题。对气质的测量结果往往得出这样的结论，即女性具有女性气质，男性具有男性气质。如果结果是相反的，则会对结果产生怀疑，为什么一个女性会有男性的气质？气质的测验一开始就规定了什么是男性气质、什么是女性气质。如男性具有自尊、自信、自觉、独立、坚定、果断、灵活、冲动、坚韧、主动、深刻、广阔和批判等特征，女性具有守旧、依赖、动摇、脆弱、孤僻、隐蔽、怯懦和易受暗示等特征。

主张两性气质不同的人们对男女的特质作了大量的区分和概括，认为人的气质可以分为女性气质和男性气质。这两种气质不论在男性还是女性的身上都可能表现出来，有的人倾向于女性特质，有的人倾向于男性特质，有的人则是两种特质同时具备。1974年，美国心理学家制定了个人特征问卷（Personal Attributes Questionnaire，简称 PAQ），其中包括用两个分离的维度来测量性别相关的人格特征。在 PAQ 中，这两种测量包括既可以赋予女性也可以赋予男性的特征，但认为它们可能在一种性别身上比另一种性别身上更具有代表性，在这个测量工具中，女性相关的测量包括亲和性的特质，而男性相关的测量则反映了行动性的特质。PAQ 的记分反映了评价女性/表达性和男性/工具性作为独立维度的目标。被试得到每一维度上的分数，而两个维度的结合则表明个体在以下四个类别中的某一个最好地描述她/他的性别相关特质。这四个类别是：（1）女性化，在女性/表达性测量上得到高分，而在男性/工具性的测量上得到低分；（2）男性化，在对男性/工具性测量上得到高分，而在女性/表达性的测量上得到低分；（3）双性化，两个测量上都得到高分；（4）未分化，两个测量上都得到低分。任何个体，不论男女，不外乎是这四个类型中的一种。

你的性别相关特质如何？

以下是从个人特征问卷抽取的部分特征。对每个项目，选择最能描述你的字母。如果你感到左边的词汇能最好地描述你，则选 A；而如果右边的词汇能最好地描述你，则选 E。如果处于中间，则选 C。此外，请一个朋友在这些特征上对你进行评定。

1. 根本不独立　　　　A. B. C. D. E.　　　　很独立
2. 根本不是情绪性的　A. B. C. D. E.　　　　很情绪性的
3. 很粗鲁　　　　　　A. B. C. D. E.　　　　非常文雅
4. 根本不竞争　　　　A. B. C. D. E.　　　　竞争性很强
5. 根本不帮助他人　　A. B. C. D. E.　　　　很愿意帮助他人

6. 很不友善	A. B. C. D. E.	非常和蔼
7. 很不自信	A. B. C. D. E.	非常自信
8. 很容易放弃	A. B. C. D. E.	从不轻易放弃
9. 根本不理解他人	A. B. C. D. E.	很理解他人
10. 被压力压垮	A. B. C. D. E.	经得起压力

给自己计分，A 为 0 分，B 为 1 分，C 为 2 分，D 为 3 分，E 为 4 分，将项目 2、3、5、6、9 的得分加起来，构成女性特质/表达性得分；将项目 1、4、7、8、10 的得分加起来，构成男性特质/工具性的分数。使用同样的程序将你朋友对你的评定计分。

1. 你的两个分数彼此相似吗？还是一个比另一个高得多？你的分数反映了你认为最好地描述你的性别相关特质的类别吗？为什么是或为什么不是？

2. 你的分数模式与你朋友对你评定的模式相似吗？如果不是，描述这些差异，并解释为什么你的朋友看待你的性别相关特质与你的看法不同？

3. 尽管今天广泛地应用个人特征问卷，但它是基于 20 世纪 70 年代对女性或男性典型特征的知觉，其中有什么特征现在看来不再是一个性别比另一个性别更有代表性吗？是哪些？①

（四）性格的性别差异

性格是个人对现实的稳定的态度和习惯化了的行为方式。例如，一个人在任何场合都表现出对人热情、与人为善，这种对人对事的稳定的态度和习惯化的行为方式表现出的心理特征就是性格。

对周围现实的影响，每个人都会有一定的反应，这种反应既包含着对反应的内容，也包含着对反应的方式。即既包含着有什么样的反应，也包含着怎样去作出反应。有什么样的反应，表现一个人对现实的态度；怎样去反应，表明一个人的行为方式。这种态度和行为方式如果已经在生活经验中巩固起来，成为稳固的态度和习惯化的行为方式，那就构成了一个人的性格特征。例如，有的人对人热诚忠厚，处处与人为善，有的人则对人尖酸刻薄，习惯冷嘲热讽；有的人虚心谦逊，严于律己，有的人则自高自大，宽于恕己；有的人积极进取，勇于创新，而有的人则墨守成规，畏难贪安；等等。这种对人、对己、对事、对物等方面综合表现出来的、经常的、稳定的态度

① ［美］Claire A. Etaugh, Judith S. Bridges：《女性心理学》，苏彦捷等译，北京大学出版社 2003 年版，第 57 页。

和习惯化的行为方式，就是一个人性格特征的心理表现。因此，在某种情况下，那些属于一时的、情境性的、偶然的心理表现，就不能代表一个人的个性特征。

以上几个方面的性格特征是性格结构的主要成分，这些性格特征总是相互联系，构成一个统一的整体，存在于具体的个人身上，不仅每个人因各不相同的性格特征而表现出不同的性格，同时性格特征在每个人身上构成的结构不同，性格的表现也不尽相同。

由于男女两性高级神经活动类型及其外部表现、气质类型的不同以及环境、教育条件和活动方式的差异，男女两性的性格发展是不尽一致的，其表现也是不尽相同的。性别差异主要表现在性格类型的偏向性上。

男性的性格特征更多的是偏向于意志型或理智－意志型，独立型，外倾型。也就是说，男性性格的多种特征中，意志特征或理智与意志的混合特征较占优势。他们目标较为明确，行动较为主动，能进行冷静的思考，喜欢憧憬未来。他们的独立性程度也较高，比较善于独立地发现问题和解决问题，不易受无关因素干扰，比较好强，于是不甘落后，总想胜过别人，易于发挥自己的力量，甚至有时候还喜欢把自己的意志和意见强加给别人。他们的心理活动也比较倾向于外部，经常对外部事物表示关心，开朗、活泼，情感外露。因此，他们心理特征中的自尊、自信、独立、坚强、果断、坚韧、主动、冲动和批判等性格特征表现得比较明显，他们一般不太拘泥于细枝末节，不太计较点滴得失。但如果缺乏正确的引导，就会妄自尊大、骄傲自满、盲目乐观、狂热冲动和好强逞能。

女性的性格特征更多的是偏向于情绪型或理智－情绪型，顺从型，内倾型。也就是说，女性性格的多种特征中，情绪特征或理智与情绪的混合特征较占优势，她们情绪体验比较深刻，举止易受情绪左右。她们的独立性程度相对较差，易受暗示，容易不加分析地接受别人的意见，遇事较易退让，不太喜欢与别人竞争。她们的心理活动也比较倾向于内部，较为沉静，处事谨慎且能深思熟虑，但反应比较缓慢，顾虑较多，交际面窄。因此，她们的性格中，踏实好学、认真负责、耐心细致、严于律己、感情丰富以及谦虚亲和等性格特征表现得比较明显。但是她们的守旧、依赖、动摇、脆弱、孤僻和易受暗示也表现比较突出。她们的意志力相对也比较薄弱，在遇到巨大困难和挫折是往往缺乏顽强的坚持精神，容易自卑自弃、优柔寡断、缺乏主见、盲目服从。

当然，男女两性性格发展上的差异并不是绝对的，也就是说，男性也可能具有许多女性性格特征，如细致、谦虚、守纪以及动摇、懦弱等，女性也会具有许多男性性格特征，如坚强、勇敢、自信以及冲动、草率等。另外，两性的性格类型只是从更多地偏向于某种类型的这个角度来分析，并不意味着性格的绝对属性。

二、女性特殊的心理

（一）经期心理

月经是女性特有的生理现象，月经周期中无论是性激素，还是垂体促性腺激素都将发生一系列变化，它们将通过一定的神经机制影响着女性的心理活动和行为，引起一些情绪变化。当然，情绪变化和紧张也能影响生殖激素的水平，并导致排卵抑制和周期紊乱。

众所周知，许多女性在月经周期中存在情绪波动问题，尤其是在月经前和月经期，情绪十分低落，抑郁或脾气急躁。主要表现为烦躁、焦虑、易怒、疲劳、头痛、乳房胀痛、腹胀、浮肿等，她们常常会说："又快倒霉了。""倒霉"是很多女性对月经的俗称。统计结果表明，很大比例的女性暴力犯罪活动和自杀都发生在经期4天和经期前4天这段时间内。当然，并非所有女性都存在这种情绪改变，情绪改变也不会全都这样严重。

（二）妊娠与产褥期心理

妊娠是正常的生理现象，大多数人高兴、愉快。孕妇情绪比较脆弱，易激惹、焦虑不安，对异性兴趣明显下降，对自己及胎儿关注特多，担心胎儿发育不正常，生育后对家庭及工作的影响，生女孩遭到冷遇等。分娩期孕妇出现紧张、恐惧和焦虑等不安心理，害怕胎儿异常、生女孩、难产时又改剖宫产等；有人到预产期无产兆，容易失去信心与耐心。因为产后生理变化，人体的激素发生很大变化，产后两周内特别敏感，易受暗示及依赖性较强，故要保持产后心情愉快，避免发生产后抑郁等心理障碍。

许多女性在分娩后的第一个星期里，会经历一些心理上的忧虑。其中最为常见的一种形式，称之为产后抑郁症。产后抑郁症是指产后1~2周内第一次发病，4~6周症状明显，（以往无精神病障碍史）以情感（心境）持续低落为基本特征的一种精神障碍，可伴有思维和行动的改变及躯体症状[1]，产妇常表现为抑郁、悲伤、沮丧、哭泣、易激动、烦躁，自责自罪，对孩子强迫性担心，失去育儿自信心，害怕接近婴儿，重者出现幻觉或自杀等一系列的精神紊乱。产后抑郁症所表现异常的心理行为，不但严重危害产妇的身心健康及婚姻家庭，而且影响婴幼儿情绪、智力、行为的正常发育，给家庭

----

① Rahman A, Iqbal Z, Bunn J, et al. Impact of maternal depression on infant nutritional status and illness: a cohort study [J]. Arch Gen Psychiatry, 2004 (9).

和社会造成巨大的危害。①

（三）更年期女性心理

由于更年期脑垂体与卵巢间内分泌平衡失调，以致植物性神经功能紊乱，出现较多的生理反应，如心悸、呼吸不畅、眩晕、麻木、耳鸣失眠、肠胃功能紊乱、食欲减退、便秘等。另外，除了生殖、内分泌神经系统的变化外，此阶段机体适应调节能力也减退，抵抗力也随之降低，女性在此阶段或多或少都有些不适应。最常见的症状有：潮红、出汗和心慌。其次是自主神经功能失调症状，如疲乏、注意力不集中、抑郁、紧张、情绪不稳定、易激动、失眠、多疑、肢体感觉异常、头晕、耳鸣等。同时，更年期心理也发生一些变化，更年期的心理特点为：

1. 情绪不够稳定，易激动，易怒，易紧张焦虑。

2. 注意力不够集中，不易集中自己的思想，不易集中自己的精力。

3. 心理敏感性增强，感觉易敏感。

4. 记忆力减弱。

妇科专家认为，产生这些异常的心理状态，与本人原来的个性、体质、社会地位、情绪性格和心理平衡状态有关，和绝经期关系更大。因此，应重视更年期这些异常的精神心理现象，消除心理障碍，使之随着时间的推移，症状也慢慢减轻直至消失。值得注意的是，更年期的这些症状和变化并不是所有更年期妇女所共有，而仅在一部分更年期妇女身上出现。

第三节　女性的智慧地图

古今中外，人们对两性间的差异都存有不少刻板的认识，许多时候人们夸大了男女间的差异。其实这两大群体间的差异远远小于具体个体间的差异。但两性间的有些差异也是不可否认的。有人问心理学家："男性和女性到底谁更聪明一些？"心理学家反问道："你说的是哪一名男性和哪一名女性？"真是绝妙的回答，我们无法判断是男性更聪明，还是女性更聪明，我们只能说具体哪个人更聪明。因此，男女智力差异在两性研究中就受到特别关注。那么，男女之间是否真在能力方面有高低差异呢？如果存在某些差异

---

① Emma R, Sherry G, Tamara W, et al. Antenatal risk factors for postpartum depression: a synthesis of recent literature [J]. General Hospital Psychiatry, 2004 (6).

的话，这些差异又是由什么原因引起的？人们应该如何认识和理解这些性别差异？只有了解了这些，才能更好地剖析女性的智慧。

一、女性智力结构的优势

虽然传统文化中的男尊女卑、男强女弱思想在现今社会并没有完全消亡，但是女性在言语表达、记忆、直觉等方面表现出来的独特优势却是无可争议的。

（一）感知觉和运动能力的特征

两性在新生儿时期就表现出感知觉和运动能力方面的性别差异，在触觉、温度觉、痛觉方面，女孩更为敏感，在反应速度上则是男孩更快些。女孩在痛楚时的感觉范围较男孩大及持续时间长。女性疼痛点比较低，同样的刺痛测试，可能对男性来说毫无感觉，而女性却会把疼痛放到很大。这些差异在幼儿期以后被进一步加以强化。当女孩感受到痛楚并表现出来时，父母会立即给予爱抚，社会也给予接纳，女孩为得到更多的关注和爱，会更多地表现自己的痛楚。而男孩则从小就接受男子汉应该坚强、不怕疼痛的教育，渐渐地，他们较少关注自己身体的疼痛。另一方面，男孩过多的活动也是被社会所认可的行为，这不仅锻炼了他们的反应速度，而且在活动中多次发生的疼痛也使他们对疼痛的敏感性降低。

在视觉和听觉方面，男性对视觉模式敏感，女性则对听觉模式敏感，这种差异在婴儿期就已出现。同样的视觉刺激对男性的强化作用大于女性。从10岁起，男孩的视－空能力开始超过女孩，包括在二维、三维空间操作客体，看地图和瞄准目标等活动，男孩的操作水平较女孩要好。在听觉方面，儿童听觉能力在十二三岁达到高峰，成年后听力逐渐下降，男性主要是对高频音听力的丧失，女性则是对低频音听力的丧失。

在时间知觉方面，一些研究认为6~17岁时男性的时间知觉准确率要高于女性，女性有将时间估计过长的倾向。但后来也有研究表明，在这方面，男女之间并无差异可言。

在知觉速度方面也存在着性别差异。知觉速度是指能快速准确地观察细节、迅速地从一个项目转移到另一个项目的能力，如划消测验就可测量知觉速度。这种测验要求被试在一定的时间内划去某些数字，并以划去数字的多少及准确率计算成绩。一般而言，这类测验的结果女性成绩总比男性的成绩好，这种差异早在儿童时期就已出现，女孩5岁时测验的成绩就超过同龄男孩。但对于5岁的女孩而言，尚无机会接受比男孩更多的知觉训练，因此有人认为两性知觉速度的差异可能与先天遗传有关。

在运动能力方面，研究表明，男女的短时动作记忆的容量和准确率均没有差异。短时动作记忆的容量与快速形成的动作之间有着非常重要的联系，即容量越大，掌握动作所花的时间越少。短时动作记忆容量有随着年龄增长而递增的趋势，儿童在 10～14 岁的阶段这种递增趋势较平稳，到了 14～18 岁阶段则发展迅速。相比之下，短时动作记忆容量发展的高峰期比数字类、位置类材料短时记忆的高峰期偏迟些。研究表明，这方面的能力没有性别差异。短时动作记忆的精确度与动作学习时完成动作的精确度相联系，由于它与本体感觉的精细程度相关，而本体感觉在不同年龄、不同性别间无显著差异，所以短时记忆动作的精确度也无性别、年龄差异存在。从运动能力看，女性的速度及身体运动的协调能力低于男性，但在手指的灵敏和精细动作方面较男性占有普遍优势。

总之，在视、听、触觉以及相应的知觉上，一般说来，男性的视觉感受性高于女性，而女性的听觉、触觉、温度觉、痛觉以及触觉的感受性明显比男性高，由于这些感受方面的差异，男女两性在与之相应的知觉方面是有所不同的。男性视觉能力较强（辨别方位、识别图形等），作出反应速度快，女性则在以听觉为主的对声音的辨别和定位上优于男性。在社会知觉中，男性对社会事件、社会性因果关系等物的因素感兴趣，女性则多注意人，对人及人际关系的知觉比男性敏感。

虽然男性视觉能力较强，在辨别方位方面具有优势。但就逛商场这一现象而言，我们不难发现，大多数女性都乐此不疲，而很多男性却痛苦不堪。男性在选购礼物时的精神紧张度和警察在处理一群聚众闹事的暴徒时一样高。而对女性而言，购物却是一种消除紧张的好方法。原因何在呢？首先，女性的生理耐受能力较男性强，心理耐受力也较男性更为稳固，心理恢复能力也较强。一般而言，女性喜欢同一节奏活动且持久，而男性则倾向于以冲锋式的节奏活动。其次，原始社会男性早期的狩猎经历，使他们的视野比较狭窄，他们喜欢顺着直线从 A 地直接到达 B 地。购物时左拐右拐的穿梭令他们很不舒服，因为每次拐弯都需要大脑做出清晰的判断。而女性的外围视野比较宽阔，可以在熙熙攘攘的人流中穿梭自如。原始社会中，男性往往是迅速地杀死猎物，然后立马回家。于是男性喜欢以速战速决的方式来购物。而女性购物的方式则和她们在远古时代采集果实的方法相似：某个女性记得某个地方有好吃的果子，于是一大群女性结伴而行，她们不需要具体的目标和方向，也没有时间限制。她们可以花上一整天的时间从一个地方逛到另一个地方，沿途用手挤，用鼻子嗅，用嘴巴尝任何让她们感兴趣的果实。同时，她们叽叽喳喳地谈论着毫不相关的话题。即使到了晚上还找不到可以采集的果子，她们仍然觉得一天过得很愉快！

（二）记忆能力的差异

在记忆能力方面，男女两性之间也存在明显的差异。这种差异在小学时就已经显现出来了，许多女孩比男孩更善于完成像背诵课文这样的作业。许多研究表明，女性的记忆能力要强于男性。进一步分析，会发现女性的机械记忆和形象记忆能力比男性强，如对无意义联系的人名、数字、地点等记得非常清楚，她们在复述课文时，能够从头至尾、逐字逐句地背诵。而男性虽然机械记忆不如女性，但其逻辑记忆却强于女性。有人推断，女性较强的机械记忆能力可能与大脑左半球功能成熟早、语言训练比较多有关。在小学阶段，只需机械记忆就可以很好地完成学习任务，女孩使用这种方法很容易得到好成绩，这会使她们忽视理解的重要性，限制了其意义记忆的发展。随着年级的升高，学习内容日趋复杂，要求学生具有较高的记忆材料组织能力时，女生就会感到学习上的困难。因此，在对女生的教育中，不仅要注意知识的传授，更要注意能力的培养。

（三）言语能力的特征

日常生活中，我们有时也许会经常听到："你这个女的怎么这么啰嗦？真是婆婆妈妈。"但我们却很少听到这样来评价男性的话。每当妻子尽可能详尽地解释某件事情时，而丈夫总会说："你能不能说得简短一些？你到底想要说什么？"可以看出，女性想用语言把大脑中和身体中的事物尽可能丰富地表达出来。相反，男性说话总是尽可能地简短，他们只关心主题、结果和解决方法，往往在他们看来，除此以外都没有谈论的必要。女性比男性更擅言辞确实成为了一个大家都比较认同的事实，就算男性压力大或有烦恼的时候，他们会选择发呆或者独处。而女性刚好相反，她们会找好友吐苦水，一起数落引起她们烦心的人或事。男性只有在需要的时候说话，也就是说，男性说话是为了"解决问题"，而女性说话是为了说话。这也是大多"煲电话粥"的是女性的原因。据统计，在一天之内女性能够使用包括复杂的语调、面部表情、手势在内的丰富手段，发出多达 2.4 万个交流信号，而男性每天则不过 7000 到 1 万个信号。①

著名的人类学家 M. 米德（Mider）发现，几乎在所有文化背景下都是女孩的言语能力比男孩要强。② 由于女孩的记忆力比男孩具有早期的优势，因此，她们比较容易激起联想与想象，这些都大大有助于她们语言表达能力的提高。同样，在我国的大学英语四、六级考试中，女生的首次通过率也高于男生。以安徽师范大学为例，非英语专业的女生首次通过率为 72%，男生为43%。结果表明，女生整体上通过率比男生高。③ 这种语言能力方面的优势

① 林泉：《男性的大脑与女性的大脑》，《百科知识》2011 年第 13 期。
② 时蓉华、曾建国：《两性世界男女性别差异的心理剖析》，华东师范大学出版社 1992 年版，第 75 页。
③ 姚本先、陶龙泽：《大学生学业成就的性别差异研究》，《教学研究》2004 年第 6 期。

也使得更多的女生选择学习与语言相关的专业，如外语、中文专业。

关于言语的流畅性以及叙述文的篇幅、文法、写作和读法等方面的有关研究，都得到女性优于男性的结论。从言语能力上看，女性明显优于男性，这种优势在青春期及其以后的发展阶段中尤为突出。女性的语言流畅、形象、表达力强。

研究者通过解剖比较正常男性和女性的大脑发现，在进行语言功能运作的时候，女性的大脑更多的是左右脑协调进行工作，比起男性左右脑分工明确、各个区域各司其职的做法，显然女性更有语言能力方面的优势。并且由于女性的脑通道更加发达，造成了女性容易喋喋不休。此外，研究者还从进化角度解释了为什么女性比男性更擅言辞。他们认为，从原始社会狩猎时代，男外女内的风俗形成开始，男性更多地使用肌肉去解决问题。男性聚在一起时不讲话，因为出声可能会吓跑猎物。而女性则更多留在家中和孩子以及其他同伴沟通交流，从而演变出如今男性和女性在语言方面的差异。

在女性参与社会活动范围急剧扩大的今天，交际中怎样发挥自身的巨大优势，已成为众多女性所急切探讨的热点问题。由于生理和心理方面的原因，女性形成了自身特有的优势。例如感受细腻深入，性情温柔亲切，为人谦和善良，更能使人容易接受并喜欢。如果发挥得恰当，这些显著的个性因素都是女性在人际交往中的先天优势。谦和、温柔、细腻几乎是每一个女性的天性，无论同什么人往来，都会受到普遍欢迎。在与他人打交道时，这些性格会让别人感到轻松、愉快，无形中消除了交往时产生的戒备和争斗欲望，营造了和谐轻松的理想气氛。你是否注意到这样的现象：不少即便是很有才能的男性也感到棘手的事，派一位女性前去办理，轻易就打开了局面，收到出奇满意的效果。

（四）思维方面的差异

男女两性思维是否有差异一直是心理学和教育学中的一个重要课题。目前的研究表明，男女思维能力是有差异的，但这种差异表现在男女思维能力的各自特色上。而从总体水平上看，则没有显著差异。例如，全国青少年推理能力协作组研究成果（1985）认为：在我国青少年中，男女学生的逻辑推理能力出现"互有高低，互有接近"的状况，在形式逻辑推理能力的发展中，男生的推理能力高于女生，这主要表现在演绎推理方面，而在归纳推理方面则是没有差异的。在逻辑法则运用能力方面，女生运用矛盾律、同一律的能力要高于男生，排中律的运用能力无性别差异。此外，男女生的辩证逻辑思维的发展是同步的，没有显著差异。[1] 潘洁等（1983）对上海地区大学

---

[1] 朱智贤、林崇德：《思维发展心理学》，北京师范大学出版社2002年版，第549、612页。

生的发散性思维进行的调查表明，在反映发散性思维的流畅性图形测验和符号测验方面，男性的成绩高于女性，而语义测验则是女性高于男性。

国外的研究表明：女性偏于形象思维，男性则偏于抽象思维。阿普罗伯赫（H. Aplerbach）认为：男性在判断和认识问题方面比女性更进一步，男性的思维在判断问题时有较高的逻辑性，能客观的理解事物的本质，女性思维则逻辑性不太强，往往具有比喻性和故事性，判断问题时带有强烈的主观色彩，即易受外界暗示的影响，也易受自己感情的影响。女性的这种"感性思维"与她在非言语沟通上的能力有关，她们的直观感觉敏锐，直觉能力明显强于男人。女性能够注意到对方表情、动作、语调上的微小变化，当这些细节与惯例不符时，她们就会动用联想，集中精力对这些"异常情况"进行类比和分析。敏于观察让她们产生了奇特的判断能力。这个结论是由心理学家经过调查发现的，无论是在东方或是西方，结果都相同。事实上，女性的"第六感"确实是一种很奇妙的东西，甚至让人感到不可思议。有的女性就用她的"直觉"察知某些事情。如：某个人好与不好、自己的丈夫是否移情别恋，等等，而且有时相当准确。有人认为这是由于人类在长期的进化过程中，女性因为要承担延续种族的责任，因此她们比男性表现出更多的本能的、情感的、动物的本性和习惯。总之，支配女性行动的是她的"感性认识"。像男性那样将语言抽象化，进行逻辑思考对她们来说是很困难的，但她们大多能在瞬间把握事物的整体，发挥惊人的直觉能力。

除了思维逻辑方面的差异之外，思维的性别差异还表现在不同年龄阶段两性发展的不同上。学龄前儿童思维的性别差异并不明显，特别是婴儿时期，几乎没有什么差异，幼儿时期虽然已经显示出差异，其表现是女孩的思维发展略优于男孩，但差异并不明显。1992年，方富熹、方格对初入学儿童逻辑推理能力的研究也未发现性别差异。但从小学到初一，思维的性别差异逐渐明显。朱智贤等人的研究表明，女性思维发展的速度和抽象逻辑能力的水平明显优于男性，但思维品质的灵活性却低于男性。①

20世纪的50年代和60年代，西方心理学家曾进行过一系列与认知方式有关的实验，得出结论认为妇女的认知活动是场依赖式的，而男子则是场独立式的。这两种不同的认知方式又叫做分析操作式和整体操作式。在知觉中，男子是分析性的，而妇女是整体性的。这些研究使用的是"棒框测验"，让被试者将倾斜地位于一个框架内的小棒调成垂直的位置，判断、调整准确者被称为场独立者，即个体对小棒是否处于垂直位置的判断不受外在框架等因素的影响；而调整、判断不准确者称为场依赖者。女性在做这个测验时比

---

① 朱智贤、林崇德：《思维发展心理学》，北京师范大学出版社2002年版，第549、612页。

男性错误多，这说明了女性的认知方式是场依赖式的。但这只是视觉测验的结果，如果要求被试者闭上眼睛做同一个实验，女性却可以和男性做得一样好。

两性思维的差异引起心理学界的广泛关注。与此同时，心理学家还对造成这种差异的原因进行了分析，提出了不同的观点。其中的一种观点更强调生物性因素（即遗传、内分泌、大脑单侧化等）的作用。这种观点认为，造成儿童认知能力性别差异的主要原因是内分泌的作用。女性在月经、怀孕、绝孕期内，由于荷尔蒙量的增加或减少，其行为和情绪都势必受到影响；由于女性的大脑左半球优势比男性的出现得早一些，因此，在言语信息处理方面就比男性强。再看大脑的单侧化，男性的单侧化程度比女性高，女性大脑的活动则具有双联的特征，这些生理特征是造成男女两性在能力结构上产生差异的一个重要方面。另一种则更强调社会因素的作用。在社会化过程中，父母为了照顾"弱"的女孩，与她的接触就多于男孩，这种较多的接触就很容易使女孩形成注意力对人定向、语言能力发展较快、情绪易表露、观察仔细等特点。再如，在教育中，许多人认为男孩的数学能力比女孩强，因此，一些家长和教师便忽略了对女孩数学能力的训练，这更促成了这一事实的成立。最后，还有一个传统文化的影响因素。尤其是在我们中国，由于受几千年男尊女卑思想观念的束缚，使很多女性都存在着不敢想男人之所想、做男人之敢做的思想顾虑。职业选择上的传统观念也使得众多女性在秘书、售货员、教师、护士等行业中打转，缺少更广阔的发挥创造力的环境。

综上所述，男女在智能和能力方面表现出总体的平衡性，可以说男女智能是相当的，但男女在智能结构上表现出的特色各不相同。在言语能力上，女性显示出更明显的优势；在记忆方面，女性不善于意义加工和逻辑加工，而男性则擅长于此，这在记忆复杂材料时有很重要的作用；在思维方面，女性的思维属于形象型，而男性的思维则更具抽象特点；在感知觉方面，女性要比男性敏感，知觉速度比男性快，在反应速度上则是男性更快一些。了解了这些差异，就可以有针对性地开发两性的智力，对男女给予适当的家庭教育和学校教育，充分发展其各种能力。

改革开放以后，我国青年上大学的比例逐年提高，也形成了有利于女性教育的大环境。1999 年中国高考改革后，中国科学院心理所研究员、博士生导师王极盛教授连续 5 年对全国 300 多名高考状元进行了访谈及研究。研究发现，女状元并不亚于男状元。很多人想当然地认为，状元的争夺主要是在男孩之间进行，但实际情况并非如此。90 年代末以后，女孩的升学率越来越高，女状元的比例也越来越高。调查表明，在 2000 年北京大学招收的状元中，女生占 55.9%，而在 2001 年这个比例是 65%。在状元群体中，人们通常认为的高考最容易出现反差的科目——数学也是女生占优势。2000 年、2001 年数学全国试卷的文、理最高分得主都是女生。重庆市还出现了很高的女状元比例，连续 4 年的 8 个状元中有 7 个是女状元。北京大学连续 5 年招收的全国状元当中，女状元比例远远高于男状元。以 2003 年为例，北京大学在全国招收的 35 个省级状元中，有 24 个女状元、11 个男状元。2000 年、2002 年也是如此。[①] 这表明，在同等教育条件下，女生的能力能得到更大程度的发挥。新的研究资料会使人们逐渐改变过去的陈旧观念，给女孩以更宽松的环境，更好地发挥女性的潜在智力。

总之，女性能力结构中的特点是存在的，它们有的是长处，有的是短处，但这并不意味着女性比男性愚笨，也不是现实生活中男女成就差异存在的根源，两性成就差异的主要原因，我们只能从社会环境中去寻找。

二、女性智力开发的障碍

（一）对智力测验可靠性的质疑

长久以来，衡量智力的工具就是智力测验，但是很少有人去探讨这个测量工具的可靠性。在自然科学的经验实证模式的指导下，心理学研究追求一般的、通用的、适合所有人的心理规律的探讨，排斥了对社会背景和性别的权力关系的考虑，把一定文化背景下的男性和女性都作为抽象的、一般的人加以看待，而把社会文化因素和性别的权力结构看成是可以加以排除的无关因素，掩盖了心理学知识中所隐含的男性中心偏见。[②] 在这种研究方法的指导下，智力测验也带有这种男性中心偏见。由此而进行的男女性别差异的比较也就失去了公正的基础。例如，编制智力测验都需要进行预测，以获得一个可以比较的常模。国际通用的一些智力测验，如韦克斯勒智力量表、斯坦福－比纳量表都是以男性作为全预测的对象。尽管心理学力图把被试看成是"中性"的，但事实上，这种做法带来的结果就是比较的基准永远是男性。同时，貌似公允的智力测验实际上从内容上看就是对女性不公平的，所编制的测验题大多是有利于男性而不利于女性的。在心理学研究中，西方主流心理学家往往将大学二年级的白人男性学生作为研究对象，并倾向于将男性作为全人类的标准，把针对男性的研究发现推广到全体，漠视女性切身的领域与议题，而其研究结果则往往用来描述人类行为的普遍规律。心理学家麦克利兰指出："心理学家总倾向于把男性行为视为标准的行为，把女性行为看

① 张星海：《智力水平中等，女生优于男生——近五年中国高考"状元"调查》，《山西教育》（高中版，理科）2005 年第 1 期。

② 叶浩生：《女权心理学及其对西方主流心理学的挑战》，《南京师范大学学报（社会科学版）》2000 年第 6 期。

成是对这个标准的某种偏离。"①

　　有些智力量表在编制中就试图排除那些两性差异过大的项目，而保留差异较小的项目。被保留的项目中，女性占优势的有对美的反应、语言、手的技能及社会性项目，男性占优势的有机械、数学等。这是为了使男女特长项目保持平衡，以抵消结果的不准确。但由于编制智力测验量表的出发点便是男性中心主义的，所以即使采取这些措施，也很难做到真正意义上的"中立"。

　　美国心理学家在一项对数学表现性别差异的最全面的评论中，对100项研究中的300多万个个体做了一个元分析。结果发现，接近15岁时，在计算技能中存在有利于女孩的小差异。在所有年龄中，女孩和男孩在理解数学概念方面一样好。从15岁开始，在问题解决测验中，男孩开始比女孩做得更好。在从一般人群抽取样本的研究中，总的性别差异最小，女性稍微强于男性。然而，在从高层人群（如大学生或数学上有天赋的年轻人）抽取的样本中，数学表现的差异更大，并且男性做得更好。尽管数学表现的性别差异随着时间的推移已经减少，但仍然存在。例如，近年对大学在校低年级和高年级学生的大范围调查中，男孩在标准化的数学、物理、化学、计算机和生物学的测验中都比女孩做得好。② 而当把标准化测验的分数转到数学课上的成绩时，出现了另一种情况。女孩比男孩获得了更高的分数，在包括美国和加拿大在内的许多国家中，都发现了这种情况。甚至在数学上有天赋的年轻人中抽取的样本中，也发现了女性在成绩上的优势，而就在同样的样本中，在标准化的测验中，男性优势最大。当女性和男性大学生在相同的数学课程上比较时，与那些在数学标准化测验中获得更高的分数的男生相比，女生获得同样或更高的分数。这个发现也适用于其他的学科。换言之，女性大学生所获成绩比标准化测验的预测更高。这样，在大学中，在获得相同成绩等级的学生中，女生更少被录取，因为她们的标准化测验分数较低。

　　（二）社会偏见对人们智力估计的影响

　　自我估计智力是指人们头脑中对自己及他人的智力状况的主观评价。自1992年Bloff的研究报告表明自我估计智力在性别间存在显著差异以来，国外许多学者以不同国家和地区的人为被试进行研究，结果几乎一致，即男生的自我估计智力显著高于女生的自我估计智力。在对父母的智力进行估计时，父亲的被估智力显著高于母亲；在父母估计孩子的智力时，男孩的被估智力显著高于女孩。张月娟2002年的研究结果显示，男生在七种智力上的

---

　　① 郭爱妹、叶浩生：《当代西方女性主义心理学学研究》，《南通师范学院学报（哲学社会科学版）》2003年第3期。

　　② ［美］Claire A. Etaugh, Judith S. Bridges：《女性心理学》，苏彦捷等译，北京大学出版社2003年版，第126页。

自我估计得分均高于女生，在空间、逻辑、身体运动、人际关系、自我反省及总体智力上的估计得分差异尤为显著。父亲的被估智力高于母亲①。这一研究与国外同类研究结果一致。这似乎可以说明自我估计智力的性别差异具有跨文化的一致性。

这个研究结果反映了人们头脑中有关性别角色的刻板观念，即人们刻板地认为男性的智力水平高于女性。这种刻板观念是在个体社会化的过程中形成的，与社会赋予男性和女性的期望不同有关。在社会生活中，男性被鼓励自信独立、追求成功，而对女性则更多是强调柔顺和谦虚。男性和女性接受了不同的社会期望和影响，形成与其性别相适应的心理特征。这便使人们形成有关智力的性别角色的刻板观念，这种刻板观念使得男性对自己的智力比较自信，自我概念比较积极，女生对自己的能力缺乏自信，当女生取得了同男生一样好甚至比之还要好的成绩时，也倾向于低估自己的能力。自我估计智力与心理测量智力不同，它代表了个体对自己或他人的智力水平的主观评价，而非实际的智力水平。这种主观评价反映了社会的观念，直接影响着人们学业和职业的选择、定向与成就。

美国伊利诺伊州的一项研究跟踪调查了 1981 年入学的 81 名优秀学生，其中女性 46 名，男性 35 名。他们都是中学时代的佼佼者，进入大学以后，21% 的女性和 23% 的男性的智商远远高于平均水平。然而，大二以后，只有 4% 的女性和 22% 的男性认为他们的智商远远高于平均水平。到更高年级时，已经没有一个女性报告说她们的智商高于平均水平，而 25% 的男性仍然这样认为②。然而事实上，在整个大学期间，在 4 分制的情况下，女性保持着平均 3.7 分的好成绩，和男性的 3.6 分形成对比。到大学二年级时，女性已经比男性降低了对事业的渴望。是什么使得女性对智力的自信心在大学期间下降？应该说主要原因是来自社会对女性角色的刻板印象。

影响女性智力水平发挥的并非女性缺乏智力、能力，而是女性缺乏进取的动机和自信心。然而，要消除影响女性成才的自身障碍，就必须改变传统的社会文化。我们相信：一方面，随着有关两性问题的社会文化、价值观念的不断变化，一个有利于女性成才的社会环境正在形成；另一方面，随着女性自身自我意识的逐渐觉醒，女性自尊、自信、自立、自强精神的不断光大，女性受教育机会的进一步增加，女性整体文化素质的不断提高，女性在未来社会中的作用将是不可低估的。

---

① 张月娟：《自我估计智力的性别差异研究》，《中国行为医学科学》2002 年第 2 期。

② ［美］ClaireA. Etaugh，JudithS. Bridges：《女性心理学》，苏彦捷等译，北京大学出版社 2003 年版，第 163 页。

参考文献

1. 傅安球：《男女智力差异与教育》，北京出版社 1987 年版。

2. 何立婴：《女性的智力开发》，四川人民出版社 1987 年版。

3. 刘翔平、葛鲁嘉：《男女差异心理学》，北方妇女儿童出版社 1987 年版。

4. 袁振国：《男女差异心理学》，天津人民出版社 1989 年版。

5. 朱智贤、林崇德：《思维发展心理学》，北京师范大学出版社 1991 年版。

6. 钱铭怡、苏彦捷、李宏：《女性心理与性别差异》，北京大学出版社 1995 年版。

7. 李义男：《女性身心健康》，人民中国出版社 2000 年版。

8. 钞秋玲：《女大学生心理健康与自身发展》，西安交通大学出版社 2002 年版。

9. 杨眉：《妇女热线咨询手册（修订本）》，中国妇女出版社 2003 年版。

10. 曹泽毅：《中华妇产科学》，人民卫生出版社 2004 年版。

11. 杨丽珠、刘文：《毕生发展心理学》，高等教育出版社 2006 年版。

12. 王金玲：《中国妇女发展纲要》，社会科学文献出版社 2006 年版。

13. 赵树勤：《女性文化性》，广西师范大学出版社 2006 年版。

14. 王宇：《女性新概念》，北京大学出版社 2007 年版。

15. 张雷：《进化心理学》，广东高等教育出版社 2007 年版。

16. ［美］Claire A. Etaugh，Judith S. Bridges：《女性心理学》，苏彦捷等译，北京大学出版社 2003 年版。

17. ［法］勒帕日·帕热：《女性·生命的历程》，刘京、王辉等译，内蒙古人民出版社 2005 年版。

第十一章
女性与婚恋、家庭

　　爱情的主题古老而年轻。爱的宇宙无比宽广，属于无穷尽的永恒，日月与之同辉，天地与之共存。当人类进化到以一夫一妻的方式结合的阶段，就意味着人类开始步入了探索和追求爱情的漫长历程。围绕爱情的主题，人们不断调拨爱的琴弦，不惜消耗毕生的精力，努力弹奏出和谐美妙的乐章。在人生道路上，每位女性都会经历恋爱，它是一个人人生中一段重要的经历。如何能够享受到美好爱情带来的幸福，则是每位女性都要认真思索与实践的问题。

　　在获得并享受了爱情的甜美之后，热恋的男女就要携手步入婚姻的殿堂，组建一个新的家庭单位，开始共同的家庭生活。但是"恋爱和婚姻决非是个人的私事，它们与整个人类有关并成为全社会所关注的问题"①。婚姻和家庭是人类社会发展到特定阶段所形成的社会形式，由此注定了婚姻和家庭不仅是单纯的男女之间的关系问题，它还是社会生活的一个重要的组成部分，是一个关乎社会的问题，它反映着人类文明进步的程度和社会道德发展的水平。女性作为社会中的一个"人"，应该在努力建立和享受美满幸福的婚姻家庭生活的同时，也为社会作出自己应有的贡献，发出光和热。

---

　　① ［美］奥尔加·克洛甫：《女人的奥秘》，王宏、李广田译，四川文艺出版社1998年版，第114页。

第一节　女性婚恋的历史沿革

社会制度和体制的转化势必引起意识形态各领域的嬗变，而婚恋生活作为人的社会生活的一个组成部分，必然带有意识形态的印痕，也必然随着社会变革大潮的此起彼伏、潮涨潮落而发生变革。在漫长的人类社会发展史上，中国女性的婚恋几经变迁。女性婚恋的历史沿革变迁不仅是衡量社会进步的一个重要维度，同时也是折射女性自身发展状况的一面镜子。透过女性婚恋历史，我们捕捉到了女性地位的变迁脉络：在原始氏族社会—阶级社会—社会主义社会的历史演进中，女性走过的是一段"女神—女奴—女人"的艰难历程。

一、原始母系社会的女性婚恋

原始母系氏族社会，女性是受人景仰的女神，拥有崇高的地位，在氏族中受到男性的尊敬和崇拜，在男女关系和婚姻家庭中与男子处于平等的地位，拥有自主选择权，可以自由地与性伴侣进行交合。但是，到了母系氏族社会后期，出现对偶婚的"从夫居"形式时，女性在社会、家庭中的地位开始发生显著的变化，女性身上的"女神"光辉逐渐暗淡下来。

在人类的童年时代，男女两性之间的性关系是一种与动物无甚区别的混乱杂交。一个原始群体内不分辈分，父母子女、兄弟姐妹之间杂乱地发生性关系，这是最原始的男女婚姻形式，也被称之为"杂婚"。后来人类排除了上下辈分之间（即父母与子女之间）的血亲婚配，只允许本群体内同辈的兄弟姊妹发生性关系，这就是血缘婚。血缘婚标志着人类向前跨进了一步，并形成了人类历史上的第一种家庭形式——血缘家庭。

随后，人类对两性关系作了进一步限制，禁止群体内兄弟姐妹之间的婚配关系，这样血缘婚就转化为群婚（也称族外婚），即实行两个血缘集团之间的男女群婚，摩尔根和恩格斯称之为"普那路亚家庭"。"普那路亚"即"亲密伙伴"之意，共夫的一群女子互称为"普那路亚"，共妻的一群男子也互称为"普那路亚"。群婚代替了血缘婚，原始集团便自然地转化为氏族。"氏族不仅是必然地，而且简直是自然而然地从普那路亚家庭发展起来的。"[1]

---

[1] ［德］恩格斯：《家庭、私有制和国家的起源》，人民出版社1999年版，第42页。

人类学家所说的早期母系氏族社会就这样出现了。群婚经历了两个阶段：一是典型群婚阶段。"男女杂游，不媒不娉"，"望门居"（即在野外交媾的意思）。二是走访婚阶段。男子夜访宿住在女子的房间，次日黎明前离去，回到自己母亲家。每个处在生育年龄的女子都在自己的单间房屋里接待夜里来访的单个男子，当然女子接待的男子是不固定于某一个人的。我国云南纳西族至今还保留着的"阿注婚"（阿注，意即"同居的朋友"）的早期形态就是以女子为中心的走访婚的遗留。走访婚的男女只保持单纯的性生活关系，生产和衣食都各归于各自的母亲家庭。群婚中男女关系的不稳定性使子女只能确认他的母亲，故有"其民聚生群处，知母不知父"之说①，于是只能按照母系确定世系，这便是母系氏族社会的一个显著特征。

不论是杂婚、血缘婚还是群婚，它们都具有一个共同点，即性交对象都是随意的，一切男子属于一切女子，一切女子也属于一切男子。这个基本特征决定了在蒙昧和野蛮的原始社会初期，男女关系是混杂的、多对象的，即两性关系带有浓厚的自然性状，纯粹是一种延续种族的本能生理行为。男女两性根本不知情为何物，更不用说在这种条件下会产生爱情，也就是说男女之间是一种纯粹的动物本能的生理性的交合。

在原始的杂婚和群婚阶段，由于生产力水平的低下，人们过着原始共产制的生活，既没有阶级差异，也不存在男女不平等现象，女性的地位甚至还略优于男性。由于世系是从母亲方面来确定的，故只承认女系；女性所从事的采集远比男子外出狩猎捕鱼获取的生活来源稳定、可靠得多，所以在经济生活上出现了男子依赖女性的状况；男人对妇女会生殖感到不可思议，他们因女性的生殖而对女性抱着神圣庄严的崇拜。女性就凭借上述优势建立了自己的权威，她们握有经济大权，男人们都要听从她们的指挥。在男女性关系上，女性很自由，完全没有道德约束，可以随意地与任何男子发生性关系而生育子女。

随着经济生活条件的发展和人口密度的增大，古代的两性关系失去了森林原始生活的素朴性质，这使女性感到屈辱和压抑，她们迫切地要求取得暂时的或长久的只同一个男子发生性关系的权利，这是女性的一个进步。"在普那路亚家庭的后期，随着女子自我意识的发展，女性逐渐对以群婚为单位的两性结合的方式感到耻辱，于是出现了某种或长或短时期的成对配偶的情况，这就是最早的个体婚姻的雏形，即对偶婚。"② 我国云南纳西族后期的"阿注婚"就保留着母系社会的"从妇居"对偶婚的形式。两个男女保持

---

① 陈奇猷：《吕氏春秋校释》，学林出版社1984年版，第1321页。

② 啜大鹏：《女性学》，中国文联出版社2001年版，第69-70页。

"阿注"关系，在感情上难分难舍，昼夜之间在两个家庭间奔波很辛苦，于是男子就在女阿注的母系家庭中居住下来，走访婚就这样转化为对偶婚。早期对偶婚是以女性为中心的"从妇居"形式，是男子嫁到母系家庭，女子娶进丈夫。对偶婚使孩子在确认母亲的同时，又确立了生身父亲。在对偶婚家庭中，世系仍按母系计算，所生子女仍属于母亲所有，但是男女双方生活在一起，共同照料孩子。这种"从妇居"的对偶婚也很不稳定，男子在这样的对偶婚家庭中权力不及女性，一旦女子对男方不满意了，就可以把男子撵出家庭；当然，男子若对女子不满了，他也可以自主离去。而且男女双方在性上并不要求专一，夫在众妻中有一个正妻，妻在众夫中有一个正夫，性关系自由无拘。

随着生产力的发展，男子在生产中所处的地位不断提高，劳动力强的男子开始占有较多的私有财物，他们与子女的关系也因对偶婚而能够得以确认，所以他们希望自己的财物能够传给自己的亲生子女。与此同时，男性从生殖的生物学意义上获得了对男根的"种"的实质性认识，意识到自己作为父亲在生育中的重要性。生育秘密的揭破也使女性失去了原有的受崇敬的地位。于是男子们迫切要求将"从妇居"转化为"从夫居"。男子娶妻、"从夫居"与母系制的旧传统习惯相抵触，它破坏了母系的血亲关系，直接触犯了母系家庭中女性的利益，因而遭到女性的激烈反抗。然而，随着男性经济地位和社会地位的不断提高，男性终于冲破重重阻力，将本氏族的女性排挤出去，同时将别氏族的女性娶进来，实现了"从夫居"的对偶婚。这是人类所经历的最深刻的革命之一。男子娶妻引起了母系氏族的分裂，并给母系氏族以致命的打击。经过较长时间的过渡和演进，母系、父系并存的大家庭便转化为父系氏族大家庭。但是"从夫居"并未立即导致一夫一妻制的产生，婚姻的对偶性质仍未改变。在父系氏族的"从夫居"婚姻中，男子是家庭的中心，女性的地位下降，但并未到受丈夫压迫和奴役的境地。"从夫居"的对偶婚在很大程度上保持了对偶婚的可离异性，男女双方都有解除婚姻的自由和决定权，女子离婚和再嫁都不会受到社会的歧视。而且女性与男子一样，在婚前和婚后都拥有性自由，她仍然可以在主要丈夫之外与别的男人有性关系。

在对偶婚阶段，一对男女同居在一起，在一段比较长的婚姻生活中，一男一女产生感情已经是有可能的事情了。然而我们也看到，在这种群婚式的组合婚姻中，男女双方在同一时间内还各有另外的性关系，一个男子（或女子）对于他的（她的）同居伙伴来说不是唯一的，而只是许多性关系中主要的一个，并且这种个体组成的对偶婚姻也会很轻易地解体。所以在这种还不固定的对偶婚中，男女之间可能培养出一定的感情，但这种感情是不专一的，也就是说在对偶婚阶段，女性与男子发生关系还不是因为双方之间拥有真正的爱情，还只是一种简单的、浅层面上的男女之间的喜欢而已。

二、封建父权社会的女性婚恋

进入父系氏族社会末期，随着社会生产力的发展，农业、畜牧业成为直接创造物质财富的生产部门，而男子成为这些生产部门的主要劳动者，女性则在生产部门中居于辅助地位，同时承担繁重琐碎且不直接创造财富的家务劳动。女性在社会生产中的地位骤然降落。男性在社会生产中地位的改变导致其在家庭中地位的改变，男权战胜并取代了母权，女性家庭中心让位于男性家庭中心，神圣的母权、"女神"轰然坍塌。"母权制的被推翻，乃是女性的具有世界意义的失败。"[1]

当人类发展到文明时代，作为个体婚的一夫一妻制产生了。促使一夫一妻制代替对偶婚的原因是私有财产的出现。生产力的发展以及以物换物的产生促成了剩余产品和私有财产的出现。伴随着私有制的出现，产生了财产继承问题，而财产继承问题又必然引出继承人的血统问题。"由于大量财富集中于一人之手，并且是男人之手。而且这种财富必须传给这男子的子女，而不是传给其他任何人的子女。"[2]男性就此要求女性遵守贞操，以便保证继承者以纯净的血缘关系来继承自己的私有财产。此时，由不固定的对偶婚转化为比较固定的一夫一妻制的条件完全成熟了。

一夫一妻制要求排除杂乱的两性关系，要求夫妻间保持忠贞守一的性生活。对于一夫一妻制，恩格斯首先肯定了它是"一个伟大的进步"，认为在一夫一妻制中发展了"整个过去的世界所不知道的现代的个人性爱"。[3]也就是说，一夫一妻制为人类提供了发展爱情的必要条件。但任何一种进步同时也是相对的倒退。"个体婚制在历史上决不是作为男女之间的和好而出现的，更不是作为这种和好的最高形式而出现。恰恰相反。它是作为女性被男性奴役，作为整个史前时代所未有的两性冲突的宣言而出现的。"[4]一夫一妻制的确立是男性获得支配权的标志，同时也是女性沦为女奴的起点。正如恩格斯所说："在历史上出现的最初的阶级对立，是同个体婚制下的夫妻间的对抗的发展同时发生的，而最初的压迫是同男性对女性的奴役同时发生的。"[5]一

① ［德］恩格斯：《家庭、私有制和国家的起源》，人民出版社1999年版，第57页。
② 《马克思恩格斯选集》第四卷，中共中央马克思恩格斯列宁斯大林著作编译局编译，人民出版社1995年版，第71页。
③ ［德］恩格斯：《家庭、私有制和国家的起源》，人民出版社1999年版，第70页。
④ ［德］恩格斯：《家庭、私有制和国家的起源》，人民出版社1999年版，第66页。
⑤ ［德］恩格斯：《家庭、私有制和国家的起源》，人民出版社1999年版，第66页。

夫一妻制有两大特点。一是男子的绝对统治。男子在家庭中掌握了经济大权，从而形成对妻子的绝对统治权，女性成为了男性的附属。二是婚姻的不可离异性。一夫一妻家庭比对偶制更牢固、持久，不能任意解除，只有丈夫可以解除婚姻关系，离弃他的妻子。这两大特点都意味着一夫一妻只是针对女性而言的，是男性对女性的奴役，是男女不平等的体现。可以说，随着私有制和一夫一妻制的产生，女性开始沦为男人的奴隶，"此后随之而来的是轻视甚至蔑视妇女的时代"①，女性被压迫的历史就这样开始了。

在世界范围内，进入阶级社会之后的女性被当作二等公民看待，诚如西蒙·波伏瓦所说的，是"第二性"。男子是"第一性"，他们主宰了一切，从而使男女双方具有不能对等的人格。中国封建社会斩断了女性走向社会的道路，使女性的生存天地只局限在婚姻家庭里，而且在家庭中女性无法自立，不得不依赖男性。

中国女性在长期受奴化过程中形成了对男性极强的依附心理，在婚恋上自然地表现出一些相应的特征。

一是在包办婚姻制度下的婚姻大事完全听从父母之命，根本谈不上个人的选择与自由。婚姻的缔结基本上由父母安排，是出于经济利益考虑的、权衡利弊得失的事情，是一种以家庭为本位的家族主义婚恋观。女性作为婚姻当事人并非婚姻缔结的主体，自始至终都以服从家族利益和需要为本，以听从父母之命媒妁之言为最高准则，女性在婚恋上的自由意志根本无从谈起。她们从小被养在深闺，隔绝了她们与异性的接触，无从生出对某个异性的了解和爱慕。而她们的父母则待她们成年后，从家族利益出发，为她们择定婚姻对象。

二是信奉男主女从、男尊女卑，表现出女性独立人格的缺失。进入封建社会后，中国男性权力地位达到鼎盛，妇女是附属品这一概念已经上升为法律制度保护下的社会意识及道德准则。其中最显著的表现是一夫多妻制的合法化。在"男主外、女主内"的传统社会分工模式下，女性将生命的全部意义局限于家庭，婚姻由此被视为女人最后的归宿和最大的幸福，这样形成了女性对男性的极大依赖。男人是女人生命的中心，女性"在家从父，出嫁从夫，夫死从子"，这既是男人对女人的要求，也是女性对自己的要求。女性结婚后不仅要"从夫居"，而且还要从夫姓。女性的命运、希望全都由男性所掌控。

三是女性作为男性的私人财产，在保贞守节、从一而终的观念下，女性贞操被认为是重于生命的。秦汉时期，中国出现了诸如《女戒》、《烈女传》

① ［德］奥古斯特·倍倍尔：《妇女与社会主义》，中央编译出版社 1995 年版，第 25 页。

等对女性进行规范的书籍，女性的贞洁观逐渐形成，并日渐发展。尤其在宋代，随着程朱理学的发展，女性的贞洁观达到顶峰，贞洁甚至被看得远重于生命。女性一旦失去了贞操，就意味着失去了人生的全部幸福，所谓"饿死事小，失节事大"。在家庭中，女性作为男性淫欲和传宗接代的性工具而成为男人的私人物品，男性对她们的贞操要求越来越严格。男子可以拥有三妻四妾，而女性必须为男子守贞操，稍有越轨，就要受到极为严厉的惩罚。女性婚前就为未来的丈夫守贞，丈夫死了还要为其鬼魂守节一辈子。女性的贞操观让她们违背人的生命意识、人性本能而蒙昧地、痛苦地生活着。

三、社会主义社会的女性婚恋

（一）三部《婚姻法》与女性婚姻权利的演化

新中国的成立使中国女性获得了前所未有的解放，在政治上第一次争得了与男性平等的权利。1950 年 5 月 1 日，中央人民政府公布实施了新中国的第一部《婚姻法》，第一次用法律的形式赋予女性婚姻自主的权利，并规定男女平等。《婚姻法》的颁布使女性在恋爱、婚姻上的独立自主与自由第一次获得了现实的法律保障，第一次体现出女性是独立自由的人，享有与男性同等的自主权利。第一部《婚姻法》开宗明义：废除包办强迫、男尊女卑的婚姻制度，实行男女婚姻自由、一夫一妻、男女权利平等的婚姻制度。在法律的保护下，女性的自主意识、婚姻自主权得到了保障。她们开始追求以爱情为基础的自主婚姻，选择自己恋爱的对象，把握自己的婚姻幸福。女性自主意识的觉醒还表现在对传统贞操节烈观念的反叛上，这反映在对离婚的自觉与自由。据资料记载，在第一部《婚姻法》的实行过程中，无论城市或乡村，提出离婚要求的或解除订婚婚约要求的均以女性占多数。童养媳、一夫多妻等旧式夫妻关系在新中国成立初期大量解体，引发了新中国历史上的第一次离婚大潮。据统计，1951 年到 1956 年间，全国约有 600 万对离婚夫妇，从而形成了巨大的女性单身人口，这被社会学家称为中国历史上的第一次"单身潮"。在中国传统婚姻中，离婚是男子的特权，他们可以以"七出"（"七出"指无子、不事舅姑、恶疾、窃盗、淫荡、妒忌和多言）中的任何一条来休妻，而女性却只能"从一而终"。只有在新中国《婚姻法》颁布后，女性才能与男性一样平等地提出对婚姻关系的解除。女性在离婚上的自由、自觉反映了女性获得了平等与独立的人格。

1980 年 9 月，我国颁布了第二部《婚姻法》。它对第一部《婚姻法》进行了修订，其中对女性影响比较大的有两点：一是离婚自由度的增加，二是计划生育的提出。第二部《婚姻法》对离婚条件作了修改，将"夫妻关系"确已破裂改为"夫妻感情"确已破裂。"遇罗锦离婚案"就是在这一背景下发生的。出身于知识分子家庭的遇罗锦迫于生存压力，嫁给了一名普通工人。但两人一起生活两年后，遇罗锦向法院提起了离婚诉讼。诉状中有这样一个典型的例子：有一次，他们一起去香山赏红叶，可走到一半，她丈夫忽然想起菜市场正在卖处理的黄花鱼，于是赶去排队买鱼了。遇罗锦说："我应当结束这种没有爱情的夫妻生活。"而她的丈夫却认为她是过河拆桥，忘恩负义。"遇罗锦离婚案"引发了全社会的大讨论，法院审判更是一波三折，但遇罗锦最终还是离婚了。在这里，婚姻中人的个人意志终于得到了尊重。第二部《婚姻法》一方面使女性提出离婚在具体的司法实践中不再成为老大难的问题，但是从另一个方面看，它也使丈夫提出离婚变得更容易了，这对于依然守着旧观念的女性来说，是一场灾难。显然，新《婚姻法》在尊重女性平等权利的同时，也给女性撤掉了婚姻保险箱，离婚自由度的增加迫使女性从婚姻依赖的心理中觉悟过来，唤起了她们自立自强的意识。从这个角度说，第二部《婚姻法》对于女性的自强自立有着独特的意义。

计划生育对于女性的意义大致说来有两点：一是减轻了女性的生育负担，使女性可以有更多属于自己支配的时间和精力来从事社会生产活动，这对提高女性的社会地位和家庭地位无疑是一个重要条件；二是有助于唤起女性的性自主、性权利意识。在计划生育政策下，在先进避孕技术指导下，生育行为与性行为得以分离，使夫妻性生活是否美满成为婚姻关系的一个重要指标。女性不再被当成传宗接代的生育工具，也不再是满足男性欲望的物件，而是可以作为一个平等的人，与男性一样地享有性的权利和自由，享受性的快乐。

2001年4月28日，第三部《婚姻法》颁布。第三部《婚姻法》修改和增加的内容相对较多。它首次承认了女性的隐性贡献。《婚姻法》第40条规定，夫妻离婚时，一方因抚育子女、照料老人、协助另一方工作等付出较多义务的，有权向另一方请求补偿，另一方应当予以补偿。在中国大多数家庭中，女性承担了更多的家庭劳动，所以，这是对处于弱势的女性的保护。《婚姻法》第46条明确规定了重婚、有配偶者与他人同居、实施家庭暴力、虐待遗弃家庭成员等4点要作损害赔偿。夫妻离婚时一方隐藏、转移、变卖、毁损夫妻共同财产，离婚后另一方又发现了，可以向法院起诉，请求再次分割。这些内容都在客观上更多地保护了女性的权益。

第三部《婚姻法》的理念是，夫妻双方都是独立平等的人，有完全对等的权利和义务。比如损害赔偿制度。我们一般习惯性认为夫妻各是半个圆，合在一起是一个整体，既然是一个圆，谁多点谁少点就是无所谓的事情。而依照第三部《婚姻法》的理念，应该是夫妻各是一个圆，相互支持但又男女平等，谁要多占了谁的，分手时还得补给人家。

2011年8月12日，最高人民法院发布19条《婚姻法》司法解释。首次明确离婚案件中一方婚前贷款购买的不动产应归产权登记方所有；首次明确婚后一方父母出资为子女购买不动产且产权登记在自己子女名下的应认定为夫妻一方的个人财产；首次明确夫妻一方个人财产婚后产生的孳息和自然增值不是共同财产。根据房产局相关统计，新《婚姻法》出台后，到房产公证处变更房主姓名的人明显增多了。不少女性发现，找个有房无贷的多金老公，看起来很幸运，但并不能保证一生都享用这些财富。用一位女网友的话总结："我就是老公的房客，如果离婚了，就连房客都不是了。"新的《婚姻法》在尊重女性平等权利的同时，也迫使女性从婚姻依赖的心理中觉悟过来，唤起了她们自立自强的意识。当婚姻走向务实，夫妻之间重视权利与义务时，婚姻反而会更加牢固。从长远来看，不是"男人笑、女人愁"，而应是双赢。

新中国的三部《婚姻法》引导着新中国女性摆脱女奴地位做女人，更进一步强化了女性的独立平等意识。但我们也应该清醒地看到，新中国成立后的中国女性虽然获得了与男性平等的社会权利和待遇，但这种解放是得益于中国的民族民主革命，是随着阶级的解放、民族的解放而获得的，缺乏西方女性痛苦的自我追求过程，在心理上并没有真正建立起自觉的女性主体意识，这导致中国女性自身争取平等的内在动力始终不够强烈。所以尽管中国女性在婚恋问题上可以自己做主、自由选择，但还残留着不少传统意识和观念，还在扮演着传统意义上的妻子和母亲的角色，维持着低质量、高稳定的婚姻。

我们看到，在社会主义时期，真正以爱情为基础的婚姻还没能在全社会普遍实现。封建社会遗留下来的传统道德观念还残留在人们的头脑之中，社会主义社会的婚姻家庭生活还受到各种经济条件的限制，因此现实生活中还大量存在着以经济条件为基础的婚姻和封建主义的买卖婚姻。比如20世纪60年代末70年代初，在农村中还存在着"换亲"。甲、乙两家找不到配偶的男青年以互换自家的姐妹来获取婚姻，换亲出嫁的女性作出牺牲，为她们的兄弟换来一个妻子。还有的女性将婚姻作为生存的基础，在爱情婚姻中更多考虑诸如政治背景、家庭出身、经济条件、户口、住房之类的物质和经济因素，而这种功利的婚姻观是和男女两情相悦的天然要求相冲突的，这种追求物质的婚姻背离了爱情婚姻的本质。

可以说在新中国的政治背景下，女性要获得经济上的独立，摆脱经济上对男性的依附相对来说比较容易，但要在婚姻关系中摆脱对男性的从属和依附心理还比较困难，封建婚姻观念中女性卑弱的心理和地位一代一代传下来，有时还表现得根深蒂固。比如有的女性放弃自己事业上的追求，一心当丈夫的贤内助，只希望丈夫飞黄腾达，然后自己跟着享受荣华富贵。可有的丈夫事业成功、感情变心后，妻子却还要忍气吞声迁就他，拼命维护这种无意义的婚姻。这类女性的所思所为表达了女性在精神、心理上对男性的强烈的依附意识，让我们看到了女性在新中国仍存在着独立意识缺失的问题。

（二）市场经济转型时期的女性婚恋

进入到20世纪后期，男女两性在物质生产过程中由于自然造物而形成的体能差异已随着科学技术的进步、国民经济的飞速发展以及产业结构的调整而变得无足轻重。在超越两性差别的生产过程中，男性和女性都不再具有天生的优势，男女开始有了真正的平等竞争的机会。女性真正成为"女人"的历史语境开始形成，女性真正成为"女人"的时代终于到来了。

社会转型中，市场经济的推行使女性的生存处境发生了很大的变化，改革开放一步步把中国女性推向与男性平等竞争的位置之上。首先是市场经济的开放性把女性推向了广阔的社会，使女性走出那种受国家保护的虚幻平等状态，第一次真正独立地走向社会和市场。由于第三产业的发展，城镇女性获得了更多的就业机会，同时她们也遭遇了相当严峻的考验。面对挑战，女性强化了自我意识，把安身立命的基点放在自立自强的基础上。她们有的在工作之外拥有第二职业，或参与其他业余经济活动；有的下岗之后积极再就业，甚至获得了事业上的新成功。农村中"男工女耕"的模式使女性成为农业生产的主力军，在种植、养殖、加工等家庭商业方面发挥积极作用，她们在精神上真正成为了独立、自主、自信的新女性。农村中大批年轻女性外出到城镇打工或从事服务性工作，实现了非农转移而跨入到工业文明之中……所有这些都有利于女性实现经济独立和人格自主。其次，科技经济的发展使家用电器和家务劳动的社会化服务迅速走进千家万户。微波炉、自动洗衣机、成品食物、钟点工等使女性逐渐地从繁重的家务劳动中解脱出来，有更多的时间和精力投入到社会工作和社会活动中，去实现自身的社会价值，提高自己的社会地位，充分展示女性的聪明才智和才干。再次，现代化的市场经济为女性根据自身的优势选择职业创造了条件。女性可以凭借自身特定的优势（比如心理细腻、语言表达能力较强、感情丰富等）在某些领域发挥自己的聪明才智，在社会上获得较多的劳动报酬和较高的社会地位，有时候甚至可以超越男性。这时，女性对男性的自卑和依附心理就会很自然地消失。

社会环境的改善势必会影响女性的婚恋观。在社会主义市场经济下，女性在婚恋问题上呈现出以下特点。第一，主体意识增强。女性普遍意识到女人不是为男人洗衣做饭、传宗接代的"客体"工具，而是与男人一样顶天立地、心智健全的主体人。基于这样的认识，女性在婚恋上往往是通过朋友介绍或自己认识而选择对象，实现了真正意义上的恋爱婚姻的自由自主。未婚女性的择偶行为越来越显示出主动性，不再"守株待兔"地等待男人来追求自己，而是积极主动地、大胆地去追求自己倾慕的异性。中国人说：男追女隔层山，女追男隔层纱。现在的中国的未婚女性更愿意主动出击寻找另一半。不少自立自强的已婚女性也敢于大胆放弃原有的低质量、高稳定的"维持会"式的婚姻，主动提出离婚，解除名存实亡的婚姻，去寻觅新的爱情港湾。这些都体现出女性作为婚姻当事人的独立意识。

第二，崇尚男女完全平等。女性意识到，在婚姻中男女双方都具有平等的家事决策权、经济权、教育子女权和家务劳动的义务，所以她们要求在家庭中与男性一起为家庭大事和经济开支作决策，她们也要求与男性共同担负教育孩子和家庭劳动的义务。重要的是，她们还更进一步意识到性关系上男女的平等权利，在生育问题上有自己的主张；在夫妻生活上真正破除男主女从、男尊女卑的观念，不再羞于表达自己的欲求，敢于追求性生活的满足和快乐，从而实现了女性彻底的解放和真正的男女平等。

第三，选择的多元化。当代女性对人生的价值和意义的看法呈多元化趋向，在婚恋上，她们独立自主地选择最适合自己的模式。有的选择结婚，做贤妻良母，同时也不放弃事业；有的选择独身来满足女性自尊、自立等精神需求，过一种完全由自己做主的自由自在的生活；有的愿意结婚，但不愿生育孩子，选择一种纯粹的二人世界的生活方式——丁克家庭生活；还有的只与恋人同居而不结婚……凡此种种，都说明新女性已经冲破传统习俗对女性人生的规定，不再把结婚生子当作女人人生唯一的选择。

第四，对婚姻本质的不断趋近。随着女性文化程度的提高，女性独立的经济基础的奠定使女性的依赖性减弱，自主把握未来命运的决心也越大，离婚率呈逐步上升的趋势，而且女性主动提出离婚的比例一直居高不下。据2013年6月19日人民网的报道，民政部发布的《2012年社会服务发展统计公报》显示，2012年，各级民政部门和婚姻登记机构共依法办理结婚登记1323.6万对，比上年增长1.6%。与此相对，2012年共依法办理离婚手续的有310.4万对，增长8%，远高于结婚登记的增长比率。虽然中国的离婚率在不断上升，但高离婚率并不代表中国的大部分已婚人士婚姻生活不幸福。《小康》杂志社联合清华大学媒介调查实验室，在全国范围内开展了"2012中国人婚恋幸福感"调查。调查显示，59.4%的受访者感觉"比较幸福"，17.7%的受访者感觉"非常幸福"。如果重新选择，79.9%的已婚人士还会和现在的爱人结婚。而在影响婚姻幸福感的因素中，夫妻二人间情感也超过收入排在了首位。调查显示，对于已婚人士而言，影响婚姻幸福感的十大因素依次是：夫妻二人间的情感，沟通、理解的意愿和能力，相互忠诚，孩子，收入，性生活，婆媳关系，对方与自己家人的关系，住房和家务工作分配。并且，选择"夫妻二人间的情感"（61.5%）的受访者比选择"收入"

（37.2%）的受访者高出了24.3个百分点。

关于中国人的婚姻，几个数字值得关注：中国的离婚率呈上升趋势，从2004年的1.28‰逐年上升到2012年的2.29‰；22～35岁人群是离婚主力军。女性离婚原因越来越趋近婚姻本质，即从着重于婚姻的外在条件（如经济因素）转向婚姻的内在规定性（如性格、性生活失调）。根据《小康》的调查，过半受访者（58.9%）每天和爱人的聊天时间不超过一小时，这其中，还有22.8%的受访者每天和爱人的聊天时间不足半个小时。不注重交流、沟通，某种程度上也是"7至10年婚龄幸福感最低"的原因之一。中国的夫妻之间，往往在新婚的时候"甜蜜蜜"，而随着时间的推移，爱情逐渐转化为亲情，就不太注重"谈情说爱"了。而女性对婚姻性情相融的期望越来越高，要求的是婚姻中的精神的愉悦和满足，因此，离婚率的上升并不意味着婚姻质量和稳定性的下降，而在一定程度上表明了女性在追求真正现代意义上的高质量婚姻，使婚姻更趋近婚姻本质。

然而，我们也看到了社会转型中一些不和谐的因子。

第一，卖淫嫖娼和一夜情等性商品活动。女性甘愿作为男性的性玩物，扭曲自身人格，以付出身体为代价换取相应的金钱或所谓的性快乐。这是传统男尊女卑观念的体现，是女性人格意识的退化，势必对女性心理和生理造成严重伤害。

第二，爱与婚姻的分离。爱情是缔结婚姻的基础，婚姻是爱情的自然归宿，这种由爱到婚姻的必然逻辑受到严峻挑战。一方面体现在一些女性为了获得安逸的物质享受，选择无爱的婚姻，表现出女性对物质需要的极度依赖，比如"老夫少妻"、"二奶"现象。另一方面是一些已婚女性虽然夫妻感情已经消亡，但仍然在维持无爱的婚姻。前一种分离体现的是现代女性在婚恋问题上具有很强烈的功利性、目的性，已经远离了爱情婚姻的本质，是女性对自己人格的不尊重；后一种分离则是传统婚姻观念在当下的体现，是女性主体意识丧失的表现。

第三，"男高女低"婚姻梯度观的存在。中华全国妇女联合会（全国妇联）曾对三万个家庭进行过调查，询问人们对剩女的看法。在一项名为"看看你属于几级剩女"问卷中，妇联将年轻的单身女性贴上不幸的标签，诸如"剩斗士"（25～27岁），"必胜客"（28～30岁），"斗战剩佛"（31～35岁），"齐天大剩"（35岁以上）。剩女是教育部2007年8月公布的171个汉语新词之一。按照通俗的说法，剩女指超过一定年龄（一般来说是27岁）仍然没有结婚的女性。当今，剩女话题日益成为中国各大报纸专栏、电视情景剧、真人相亲秀的热门话题，也成为全国妇联等政府机构的调研对象。据全国妇联2010年的调查，90%以上的男性受访者认为女性应该在27岁之前结婚，否则就很难嫁出去了。现在流行一个笑话，称中国有三种人：男人、女人和女博士。男人和女人结婚，而女博士不结婚。中国受过教育的女性越来越清楚自己对生活的追求。

造成剩女的原因是多方面的。从女性学的角度来看，尽管女性获得了平等自由的人格，但是在婚恋问题上，"男高女低，女依附于男"的婚姻梯度观尚未彻底改变，"男不高攀、女不低就"的观念仍很有市场。很早就有人提出"A女D男说"：按财富和地位把人分为四等A，B，C，D。男人不肯娶比自己强的女人，女人不肯嫁比自己弱的男人，所以A男选了B女，B男选了C女，C男选了D女，剩下A女和D男。人口结构上男多女少的性别失调，加上社会意识上的男强女弱的婚姻定式，在未来很长一段时间内，成千上万的A女D男难以婚嫁将成为现实。A女在婚恋问题上往往不能如意，这与男性害怕"高处不胜寒"、不愿意选择比自己强的女人有关，但同时也不排除女性自身的原因。高学历的女性在择偶过程中也不愿意"下嫁"比自己条件差的男人。这说明现代女性在潜意识里仍没有真正把自己从对男性的依附中解放出来。

从我们对中国女性婚恋的回溯与考察中可以看到，中国女性在婚恋问题上正加大步伐向彻底解放迈进，在逐步实现向真正意义上的"女人"的回归，但是要真正实现女性的独立自主和彻底解放，确实还任重而道远。

第二节　当代女性婚恋观透析

树立积极正确的婚恋观，是每个女性生活幸福和事业成功的前提。女性不同的婚恋观、对婚恋需求的不同取舍反映出女性不同的价值取向。大而言之，当代女性婚恋观可以分成下列三大类。

一、独立自主、追求情感满足的精神型婚恋观

随着社会现代化进程的推进，女性自身的现代化也得到很大程度的发展。当代女性已经能够作为真正意义上的独立主体而存在，去面对自身和世界。既能够客观地看待自己，也能够客观地看待男性；既不把自己的一切希望都寄托到男性身上，也不摆出与男性世界断绝一切关系的姿态，而是实事求是地自尊、自爱、自重。所有这一切的根基就源于女性自身独立性的建立，这既包括经济的独立，也包括精神和心理的独立。人格的独立是现代新

女性婚恋观的起点。正如当代诗人舒婷在诗歌《致橡树》中发出的宣言一般——"我必须是你近旁的一株木棉，作为树的形象和你站在一起"①，她们要求在婚恋中作为一个"人"与男性比肩而立。婚恋中的女性一旦拥有了独立自主的人格，就可以保障选择爱人的自由性及感情的自主性；可以保障婚姻的充分自由，不受任何第三者的干涉，从而使婚姻的缔结真正是因为爱，而不是为了家族利益或其他的目的，是一种建立在纯粹爱情基础上的婚姻。

这些具有独立自主意识的女性在婚恋问题上已根本不考虑或很少考虑通过婚姻来改变自己的生活，完全以爱情为婚姻的基础，看重的是婚姻的精神生活。她们恋爱、结婚不再是为了性、经济或生育子女，也不是为了给自己找一份人身保险，而是为了满足精神的、情感的、心理的需要和自我价值的肯定。在选择和决定婚恋对象时，更注重人品素质和道德修养，讲究情投意合和志趣相投，追求对方的人格魅力，她们所看重的是人而不是物。这种在婚恋上对精神的需求反映出女性人格上的独立，表征着女性对物的依赖性的减弱，是对爱情婚姻本质的追求。

她们掌握着选择对象的自主决定权。选择伴侣已成为她们自己的事情，没有来自社会、家庭的任何压力，不再遵循"父母之命，媒妁之言"，既不听凭父母来安排婚姻大事，中间也没有作为红娘的第三者出现，而是"在正常的生活和工作交往中产生并形成的一种自发的恋爱婚姻关系"，② 从同事、同学、朋友关系自发升华为恋人、爱人关系，实现了真正意义上的自由恋爱式的"超越型婚姻"。

女性拥有了独立意识，自然就会把自己看成与男性平等的人，所以能够在婚恋问题上掌握主动权。"她们已越来越远离那种等待被人攻占的堡垒形象"，"不再接受不平等的爱情游戏规则"（男性主动/女性被动是这一游戏规则的核心）。③在人们的传统观念和习惯中，常常是男性追求女性，而女性往往把自己摆到了被动的位置上，作为被动者等待着男性的示爱和追求。现代女性的婚恋观突破了这种传统的观念，她们把自己看成是与男人一样的拥有追求爱情主动权的"人"，大胆地、主动地去表白自己的爱慕之情，大胆热烈地追求自己喜欢的男性，这是女性自主、自信、自强的人格魅力的体现。

近年来"裸婚"渐渐盛行，成为"80后"、"90后"新潮的结婚方式之一。"裸婚"是指不买房、不买车、不办婚礼甚至没有婚戒而直接领证结婚

① 舒婷：《致橡树》，江苏文艺出版社 2003 年版，第 24 页。
② 李合龙：《中国女性未来发展大趋势》，北方妇女儿童出版社 1988 年版，第 178 页。
③ ［法］吉尔·里波韦兹基：《第三类女性》，田常晖等译，湖南文艺出版社 2000 年版，第 39－40 页。

的简朴的结婚方式。一部分"裸婚"是因为社会的高压，使得现代版的无房、无车、无存款的"三无人员"过多，使得他们无奈选择裸婚。但是还有一部分热衷于"裸婚"的年轻一代，他们主动选择"裸婚"。他们大多思想前卫，其中也不乏高学历、高收入的都市白领。在主动"裸婚"者看来，领了证，就生活在一起，轻松自然，这种节俭的婚姻方式可以证明自己爱情的纯粹。"裸婚"一方面体现了现代社会物质观念的转变，另一方面也体现了现代社会婚姻观念的转变，是个人对于生活方式和爱情的自我选择。婚姻幸不幸福，跟结婚的仪式隆不隆重没关系，跟结婚的日子也没关系，关键还是看人。如果人合适，不摆酒席、不度蜜月、不拍结婚照都可以，最重要是两个人心在一起。在"裸婚"者看来，婚姻并不是物质，而是相互扶持、共同努力的精神和相互依靠的温暖。在我们看来，裸婚，是个人对于爱情和生活方式的选择，是一种爱的升华，抛开物质和世俗的负累，回归爱情本身，体现幸福的实质。

二、依赖附属、追求物质享乐的实惠型婚恋观

"32 位亿万富翁在北京征婚"、"富豪'海选'征婚，2000 美女报名"……网络上不乏这样的消息，甚至还有"富豪征婚网"、"《嫁个有钱人》课程"、"手把手教你如何嫁个'钻石王老五'"等内容。一部电视剧《蜗居》引发了众多关于女性价值观的探讨。而艳照门事件、韩局长日记、凤姐高调征婚等社会现象也刺激着女性同胞们的神经。"干得好，不如嫁得好"、"宁嫁黄世仁，不嫁'80 后'"……这些在过去都会被人不耻甚至唾骂的观点正悄然兴起。

马克思说："结婚的充分自由只有在消灭了资本主义生产和它所造成的财产关系，从而把今日对选择配偶还有巨大影响的一切派生的经济考虑消除以后，才能普遍实现。到那个时候，除了相互的爱慕以外，就再也不会有别的动机了。"[1] 婚姻要真正做到以爱情为基础，必须以消除一切相关的经济因素为前提。社会主义中国虽然消灭了私有制，但是由于整个社会物质生产发展水平的限制，还不能保证在恋爱婚姻中彻底消除"经济因素"。随着商品经济的发展，交换观念渗透进婚姻，权力和金钱在婚恋生活中的作用时时可见。

社会的转型、商品经济的发展自然会影响到女性的婚恋观。当商品经济的大潮汹涌而至，对物质利益的关注将女性择偶的眼光引向了金钱与财富，物质化和金钱化影响着女性的婚恋观，有的女性要求男性比自己强，特别看

---

① 《马克思恩格斯选集》第四卷，中共中央马克思恩格斯列宁斯大林著作编译局编译，人民出版社 1995 年版，第 78 页。

重男方的经济收入和社会地位，企图通过寻找配偶来改变自己的境遇，实现个人生活的归宿，满足物质享受的欲望。这是一种追求物质实惠的婚恋观。在她们看来，所谓幸福生活无非就是物质享受。对物质生活的追求并没有过错，但如果是不愿付出劳动，只想收获享受的话，就会导致女性对婚姻的极度依赖。为了这种幸福生活，她们把婚姻当成了一种手段，追求的是婚姻的物质功利目的。"干得好不如嫁得好"是这种婚恋观的现实体现。这些女性希望利用自己的身体资本，通过婚姻使自己从此过上舒适安逸甚至是奢侈的生活，把婚姻当做交换洋楼、小车、富足生活的筹码。农村姑娘以婚姻为跳板，改变自己"面朝黄土背朝天"的辛勤劳作的生活，去享受所谓的轻闲生活，而城镇姑娘则是要通过婚姻在一夜之间获取也许要奋斗一生才能获得甚至是一生都得不到的物质财富。于是用青春换取享乐的"老夫少妻"式的婚姻有之，傍大款插足别人家庭做第三者的有之，甚至还有的甘于屈居"二奶"……种种畸形婚恋现象不一而足。

在这种很现实的实惠型婚恋观中，我们看到金钱与财富在婚恋中的分量，这些女性加强了对男性经济地位和实力的期望和追求。在她们的观念中，物质经济是婚姻的基础，在这一点上她们表现出冷静和理智的现实主义的价值取向，认为现实生活毕竟是很实在的事情，爱情虽然很迷人，但不可靠。爱情并非不重要，但它不是个常数，经济实力才是个实实在在的东西，可以给她们带来实惠。因此她们把婚姻当作了消费品，把婚恋作为实现自己人生价值、人生追求的载体或桥梁，使男女之间的婚恋关系具有了商品性质。但是金钱和财富就一定比感情可靠吗？把自己的命运完全交到别人手里是一件很冒险的事情，这种不以感情为基础的婚恋注定是不可靠的。如果一个女性把自己当作商品，那么自然只能由购买者任意摆布而失去自我，并不能获得真正的幸福。

不管女性自身是否意识到或者有无勇气承认，这种实惠型婚恋观对男性经济实力和社会地位的期望值趋于上升，都说明了女性对男性的依赖不是在减弱而是在增强，而且这种依赖进而会发展成人身依附，使女性重新回到依附男人的老路上。它不是女性的进步而是一种女性人格的退化。

近年来，婚姻、情感、两性关系等方面的新现象、新观点、新争议不断，这些变化与争议对当代女大学生也产生了潜移默化的影响。2010年，由广州市妇联主办的广州地区首届女大学生论坛发布了《广州女大学生价值观调查红皮书》。调查结果显示，59.2%女大学生愿意嫁给"富二代"，理由是可少奋斗很多年。随着社会及人际交往的复杂化，当下女大学生群体分化也十分明显，价值取向多元化。在接受调查时，许多女生会认同或接受某种观点但不见得自己会做，这反映了她们内心有很明显的矛盾冲突。讨论当下女大学生的价值取向，很难绕开成为公众话题的"海藻"这一争议形象，究竟有多少女大学生认同《蜗居》中的海藻？尽管网上有调查称九成女性认同海藻，但根据广州大学的配套调查，认同海藻选择的大学女生只占一成左右。当然，仍有约三成女大学生认同"干得好不如嫁得好"这一观点。

针对当下的女性热门话题，社会学家、妇女问题研究专家和各校学生代表在不同的场合展开了激烈的讨论，为如何成为新时代下的知性女性建言献策。有专家建言：女大学生出现一些不健康的价值观，一方面是因为她们在社会上遇到了许多不公正的待遇，另一方面则是还没有充分认识女性自身的优点。女大学生要成为一个戏称为"白骨精"（即收入充裕的白领，德才兼备的骨干，主流社会的精英）的新时代知性女性，必须要树立自信心，同时应该通过自身努力完善自我并投身社会实践。只有这样，女性同胞才能获得应有的尊重，享受美好的生活。

三、彰显个性、追求时尚前卫的开放型婚恋观

现在的中国社会给女性提供了日益增大的空间，人们对婚恋问题的宽容度越来越大，因此越来越多的中国女性在婚恋问题上可以独立自主地选择最适合自己的模式。在一部分现代都市女性中正在兴起一种全新的婚恋观，生育和婚姻已不再是她们必须履行的义务和唯一的选择，而仅仅成为女性可以选择的生活中的一种。

2000年"三八"妇女节前夕北京美兰德信息公司的调查显示，"即使结婚也不要孩子"、"不想结婚但想生个孩子"、"感情好，不结婚，同居也行"、"独身主义"、"周末夫妻"等前卫的婚恋观念在现代都市女性中得到了一定程度的认可和理解。[①] 拥有这种开放式时尚婚恋观的女性一般是思想开放前卫、推崇个性、张扬个性的年轻女性。

在对待婚姻的态度上，独身女性不再把传统意义上的婚姻当作获取幸福的唯一方式而奉行独身主义。当然，我们这里论述的是那些自觉自主地追求独身的女性所拥有的"独身主义"，那些因"男高女低"的"婚姻梯度"而造成的独身女性、那些因情感挫折而走向独身的女性不在我们的论述之列。在某种意义上，独身主义和同性恋一样曾遭受过巨大的歧视和不解。在血缘伦理和家庭制度牢牢主导生命传递的历史时代，任何反叛都被认为是大逆不道，但是随着时代宽容和发展，独身主义越来越被认可。

广义的独身主义是指没有组建家庭或者不愿和家属生活在一起的人。狭义上的独身主义是指在生活能力上、生理上完全可以结婚，但是不愿承担家

---

① 陈洁：《悄然生变的女性婚恋观》，《文明与宣传》2001年第5期。

庭负担或者感情上对爱情绝望厌弃，而自愿地保持单身，这是更纯粹意义上的独身主义。独身可以分成主动独身和被动独身两大类。被动独身主要是因为经济问题或者没有找到合适对象。而主动独身主义大多都对婚姻进行过认真评估，认为婚姻无法与其物质和精神平衡，所以对婚姻失望或者反感。

根据 2010 年 8 月《新周刊》的文章《中国婚姻现状考察》，北京、上海有 30% 的适婚青年选择单身，深圳目前正生活着 20 万 28 岁以上的未婚女白领。与结婚相比，她们更迫切的需求可能是瘦身、享受生活、扩大交际圈。她们是美容健身机构的 VIP，是城市购房族中的刚性需求，是奢侈品的有力消费者，30% 的城市单身女白领买大牌从不心疼。而这些价值观与行为方式，与婚姻的要求是背道而驰的。当然，女人很容易为不婚生活找到同类：51% 的美国女人独自生活；1/3 的德国年轻女性决定不婚；25 至 29 岁的日本女性未婚率为 59%；新加坡 1000 名适婚女性中只有 39.3 人结了婚。女性的独立价值正越来越受到推崇，整个社会的晚婚风气也为个人的不婚提供了底气。她们中有独善其身的，也有只谈恋爱不结婚的，时代潮流正把女性推向与婚姻无关的生活。

在对待婚姻的态度上，独身女性不再把传统意义上的婚姻当作获取幸福的唯一方式。这类女性受教育程度高，有独立而成熟的人生观、价值观和对事物的判断力，在行为方式上表现得有主见。她们的社会地位和经济地位使她们在物质和精神上对他人（包括男性）的依赖性较小，有能力选择自己想要的生活而不必受制于人，在此基础上，她们形成了大胆独特的婚恋观。她们享受着一般独身者的共有好处（比如自由、独立），又摆脱了一般独身者的困扰。一般独身者最大的问题是"性生活"，结婚的重要性在中西方两种文化中的差别很大。在西方，单身并不意味着没有性生活，但在中国，婚姻几乎是性生活唯一被允许的途径。① 这批具有新观念的独身女性奉行的是只要两人相爱就可以发生两性关系，不论结婚与否（当然双方必须都是单身，这里不涉及道德问题）。双方彼此不会互相干涉对方的私生活空间，两人既像朋友又是情人，一直保持恋爱的最佳状态。"独身"让女性以一种不会威胁她们自主性和完整性的方式过着有爱、有性、有人做伴的生活。虽说没有婚姻的人生是残缺的人生，而且独身也并不是女性对自己人生的一种最佳选择，但可以肯定的是，独身女性拥有了一种自由、自立的精神，在婚恋问题上表现出对传统婚姻的彻底背叛。

有的年轻女性追求一种"周末夫妻"的婚姻形式。这是一种更透明、更坦诚、更自由的婚姻关系，使男女在结婚之后也能享有单身般的自由自在。

---

① 李银河：《中国人的性爱与婚姻》，河南人民出版社 1991 年版，第 74 页。

随着生活节奏的加快，合法夫妻都为事业奔波忙碌而无暇顾及家庭，由此，"周末夫妻"的生活方式应运而生，即夫妻平常各忙各的，周末才共同生活在一起。文化程度比较高的事业型女性对"周末夫妻"认可率相当高，这充分说明这类女性不愿意把自己拴在家庭中而丧失对事业的追求，表现了她们的自强自立的主体意识。"周末夫妻"的婚姻形式因此成为了一些年轻人崇尚的一种时尚。它使女性从烦琐的家务中解放出来，有利于女性在事业上的发展，有利于女性的自强。

波伏娃曾说结婚是社会传统赋予女人的命运，因为她必须为社会提供孩子。现在，很多女性已经让自己逃离了这一宿命。在生育观念上，现代新潮女性也有了新的观念。在她们看来，生育的选择、生育的价值全都在于女性自我的自主选择，在于自我的快乐和责任体验，在于独特的人生经历，而不是在于满足家族的承延。在传统的婚姻/生育模式中，婚姻中的女性都是为了繁衍后代、延续种族而存在的，生儿育女被视为女性天经地义的事情，从来没有把尊重女性权利考虑在内。以传统观念来看，不生育要受到负面的评价，正所谓"不孝有三，无后为大"，男人可以理直气壮地休掉不能生育的妻子。生育对家族、家庭的影响遮蔽了生育本身给女性带来的特殊的人生意义。现代社会出现的"丁克家庭"则对这种传统生育观形成了挑战和冲击。

在现代社会，男女婚后的生育不再被限制在生殖繁衍的作用里，这种新型的生儿育女形式逐渐由天职转变成一种"自愿"的个人行为。"丁克家庭"是英文"Double incomes and no kids"的缩写"DINK"的音译，是指夫妻都自愿不生育孩子，是不愿而不是不能。最早接受丁克观念的家庭大多有高学历、高收入的特征，而且这些家庭中的女性地位独立，拥有较大的话语权。根据北京市统计局和国家统计局北京调查总队 2010 年 12 月发布的数据显示，21 世纪前 5 年，北京市家庭状况呈现出家庭户规模持续小型化、家庭结构趋向多元化的变化趋势，"单身族"、"丁克家庭"还将大量出现。从调查数据上来看，女性比男人更想当丁克。

现今社会还不具备给予女性完全平等的条件，这条件即是生育和工作两不误。所以有些女性宁愿为了事业而放弃生育，以集中精力追求事业的成功，实现自己的人生价值。有的女性担心孩子的出生会使自己把感情和爱更多地投向孩子而忽略了丈夫，导致夫妻感情的疏远，她们追求单纯的夫妻伴侣的情感满足，愿意给配偶更多的关怀和爱而选择不生育。还有的女性是考虑生育和抚养孩子的艰辛而放弃生育。但不管是出于什么样的原因，我们可以肯定的是，她们有自己的主见和思想，不会受到外界压力的影响，体现出她们在婚恋问题上的特立独行的个性特征。当然那种纯粹为了自己享乐而不要孩子的做法，我们是不提倡的。

总而言之，女性在婚恋问题上需要不断努力强化作为一个独立的人的人格品质，唯有如此才能实现自身价值，心胸和眼界才能更宽阔。要多方面提高自身素质和修养，在心理上淡化传统观念，不依赖别人，保持独立的人格，树立自立自强的婚恋观。此外，还需要树立正确的男女平等观，以正确的男女平等观对待婚恋。在爱情婚姻中，女性和男性作为人的权利和地位是平等的，女性和男性一样是一个自由自主的个体。只有基于这一点，女性才能树立正确的婚恋观，并争取最大限度的发展。但在过去，我国在男女平等问题上曾有过过激的荒唐行为：将男女平等简单地理解为男女一样，认为男人能做什么，女人也能做什么。在那个女性"男性化"的时代，有意掩盖了男女两性的生理和心理差异，一切以男性为标准。表面上"男女平等"的背后是女性独特自我的丧失，这不是真正意义上的男女平等。另一方面，我们讲男女平等也并不是只讲从男人手中夺取权力，甚至是形成女性专权，否则追求男女平等的女性又走向了男女不平等的另一个极端。其实真正的男女平等是指在婚恋中女性与男性既要享受平等权利，同时还在婚恋中承担同样的责任和义务。

我们认为，一个自尊自爱、自强自立的女性在婚恋问题上应该以爱情为基础，追求精神上的和谐与满足。如果一味以物质享受作为婚恋的目的，去追求一时的安逸和奢侈，到头来被抛弃和受伤害的仍是女性自己。而对于那些时尚前卫的女性所追求的独特的婚恋生活方式，我们要辩证地看待、理解和宽容。一个女性如果能够在婚恋问题上保持自立的姿态、坚守男女平等的信条，在多元化的价值取向中，就会更自由、更潇洒，更有利于促进自我与社会的发展和进步。

第三节　现代和谐家庭的构建

传统婚姻家庭的职能已从"生育－经济共同体"转向"心理－文化共同体"，由自发的婚姻向自觉的婚姻转变。当家庭的重心从血缘关系转向姻缘关系，又从姻缘关系转向满足自我需要时，家内男权、夫权的主导观念让位于男女平权已成为可能。在市场经济条件下，女性如何使自己既能在广阔的社会生活中施展才华、成就"大我"，又能通过婚恋获得情爱、性爱的满足和天伦之乐，这是新时代每一个女性必须反复思索并认真回答的问题，我们都应该为构建一个现代的和谐家庭而努力。

民主化、人本化的现代社会重视的是人的权利、人的自我的拥有。在家庭生活中，女性应该争取和提高自己应有的家庭地位，追求平等、独立、和谐、互惠的夫妻伙伴关系，在家庭生活和个人事务的处理上享有充分民主和自由的空间。我们可以从以下几个方面努力，营建幸福的婚姻家庭生活。

一、不断完善平等独立的主体人格

"我"是谁？"我"是父亲的好女儿，是丈夫的好妻子，是子女的好母亲——这是女性的回答，这是一个以男性社会为核心构成的角色定位的综合。但真正的自我是什么样子呢？中国传统女性既看不到这个问题，也想不到这个问题，她们心中往往缺少一个明确的自我形象，自我轮廓是模糊不清的，自我力量也从未有所体现。女性主体自我意识的薄弱是问题的关键所在。

作为社会文化的存在物，女性的发展不可能脱离社会环境，即不可能脱离男性来发展自身。西蒙·波伏瓦在分析女性的客体地位时，曾认为这是由于女性在经济上对男性的依附造成的。经济上对男性的依附使女性为了生存必得取悦于男性，并因此将以男性为中心的父权制文化价值内化为自己的行为准则，安于男人指派给她们的地位，不去争取自己的自由独立。

在爱情婚姻中，女性和男性作为人的权利与地位是平等的，不应有高低之分，女性和男性都是自由自主的个体。女性只有认识了这一点，才能争取最大限度的发展。中国社会的解放已经使中国女性获得了与男性一样的工作的机会，有了展示才能、建树事业的机会，有了与男性共同支撑家庭经济大厦的能力。那么女性为什么还要依附于男性而失去自己的主体独立性呢？女性必须作为"人"而崛起屹立于世。

2013年11月，世界经济论坛公布了2013年度世界性别平等报告书，对世界136个国家的性别平等度进行了综合评估，综合考察了各国女性的政治参与水平、经济参与机会、健康水平和受教育程度。中国女性的综合得分位列全球第69位，不及世界平均水平。

长期以来，在以男性为中心的社会里，男性很难容忍女性尤其是配偶比自己强，社会舆论和所谓的自尊心使男性难以包容女性与他平起平坐，于是男人要求女性做温柔贤淑的贤妻良母（像电视剧《渴望》中的刘惠芳），这是男性的可悲之处。但若女性迎合这种不合理要求，便构成了双重的可悲。她们若还只追求"女为悦己者容"，还只停留在获得男性青睐的低层次上的话，那么将会给女性自身发展造成极大的障碍，也不可能构建一个幸福和谐的现代家庭。

女性只有具备独立意识和独立人格才能保证拥有平等婚姻。平等是一种态度，一种心理状态。所谓现代的平等型婚姻，是指摆脱了男女相互间的奴役与束缚，是"性角色平等和在婚姻期待中相互交换"①。作为个人自由和相互成长的许诺，平等型婚姻包含了对传统婚姻的彻底否定。夫妻间要求平等的待遇、平等的权利、平等地分享彼此的感觉。我们主张用这样一种开放平等的婚姻来取代传统的封闭婚姻，保证女性在婚姻生活中的自由独立，使男女两性在婚姻中获得共同的发展。

关于家庭暴力。新的《婚姻法》明令禁止家庭暴力，这也是对女性人权的尊重和保护。它的支持理念是夫妻是平等的，即使是结了婚，各自仍有独立的人权。2011 年，全国妇联和国家统计局发布了《第三期中国妇女社会地位调查》。该调查显示：有 24.7% 的女性曾遭受过家庭暴力。其中，5.5% 的女性明确表示遭受过配偶殴打。

家庭暴力问题是世界各国普遍存在的社会问题，是对公民尊严和人身权利的严重侵犯。家庭暴力形成的原因是一个复杂的社会问题。女性主义与社会性别论者从文化与社会结构视角对家庭暴力进行了解释。他们认为，家庭暴力源于男性对女性行使的权力和控制，源于女性在社会中的不平等的经济和政治地位。在社会文化结构层面上，家庭暴力之所以得以长期存在，实质上是社会以及家庭的传统父权模式的表现。长期以来，男人打老婆被看作是"家务事"或者被认为是女性因为在某些方面做得不好而应得的"责罚"。男性认为家庭领域是他们的私人领地，作为私人领地的主人，他们有权力控制和支配妻子。这种性别等级差异文化助长了家庭暴力的发生，更强化了女性的传统性别角色和"劣等"地位。在古代中国"夫者，妻之天也"的思想文化中，丈夫教训妻子是天经地义的事情，夫权统治是长期得到社会公开维护的，性别的不平等在习俗、道德与法律上都是受到保护、不被谴责的。所以，只有改变性别等级观念与父权制，改变以男性至上原则为中心的社会秩序，才能使家庭暴力的基石消解。

女性在婚姻生活中要坚守自己平等独立的自主人格，同时也要尊重对方的人格独立，给对方留下足够的个人空间，只有这样才有基础建立和谐美满的婚姻关系。否则，女性又走向了不平等的另一个极端。一个人需要的空间就是一个圈，就像是数字"0"的样子。两个人合成的系统，也就是两人关系，便好像数字"8"。你必须允许有两个圈存在，不允许对方拥有自己的空间，便像把一个圈删掉，剩下的将不再是"我们"，而只是"我"了。所以，有足够的空间以保持"个人"的不同之处是维持良好感情关系所必需的。对方需要足够的个人空间，自己也需要，不能扼杀了对方的空间，也不

---

① 兰明春等编译：《婚姻与家庭模式的选择》，四川大学出版社 1990 年版，第 167 页。

能为了表示对对方的爱而放弃自己的空间。女性必须认识到，丈夫不是一个与你一样的人，不能事事与你有一样的看法和做法。彼此都把对方当一个独立平等的主体来看待，一个人不能去试图改变他人，每个人都只可以改变自己来获得双方的平衡。

二、努力追求事业家庭的共同拥有

事业和家庭是男性的"太阳"和"月亮"，而对于女性却是"鱼"与"熊掌"，使女性面临一个不可兼得的两难选择。在中国传统的性别文化熏陶下，女性认可了男权社会派给她的性别角色——"女主内"，往往将自己的学业和事业作了爱情的"祭品"，这是女性的悲哀。

作为一个现代女性，在家庭与事业的选择中，必须抛弃为丈夫、为子女、为家庭而生存的观念，应该在广阔的社会舞台上力求发挥自己的创造力。女性也是与男性一样的属于社会的人，在社会上应该有自己的位置，有自己的责任。你只有在事业上有所为，在得到社会认可的同时，才能得到丈夫对你的尊重，否则就极有可能把自己变成丈夫的依附和附属品而完全没有了自己的价值存在。

2003年，中国政协的一位委员曾经提出"鼓励和引导女性回家"以减轻中国就业的压力的提案。这是一种对女性的歧视，是对女性与男性平等地位的侵犯。为什么呢？首先，女性回家对女性个体和群体势必造成经济上对男人的依赖，女性无法从自己的工作中获得稳定的报酬，而经济独立是其他方面独立的首要基础。其次，女性在家料理家务、相夫教子完全是一种隐性的劳动，能在多大程度上获得认可呢？女性长期待在家里，不管是社会、男性、家庭成员，还是她们自己，都会对其存在价值产生强烈的怀疑。女性对家庭的贡献无法通过具体化得到应有的承认和尊重。长此以往，做"全职太太"的女性很容易因此感到自我价值感的下降，自我评价渐渐倾向于负面，从而导致焦虑和无力感。再次，女性回家可能会导致自我封闭。"全职太太"把绝大多数的精力和时间放在照顾家人上，与社会的接触人群大多局限在同类人群，关心的话题也大多与家庭有关，同时与丈夫的沟通也比较单一，这种封闭的状态会令女性进入一种不自觉的自我封闭状态。不少"全职太太"甚至会出现一种"全职太太综合征"，即心理焦虑躯体化，常见的症状有不明原因的长年慢性头痛、失眠或睡眠障碍、慢性抑郁、疑病，过分担心丈夫或者孩子在外面会遭遇危险或不幸等。最后，由于拥有一份工作，女性有了面对整个社会的机会，有了获得个人发展的机遇。很明显，工作带来的不仅仅是一份收入，还有社会的承认、人际关系的自我满足和肯定。因此，女性成为社会化劳动者不仅仅是女性经济独立需要，也是精神、心理上能够达到独立的重要根基。女性需要在工作和事业中获得经济独立感，在心理和感情上拥有更强的自尊、自信和自强。

在面临事业与家庭的矛盾时，有些女性将自我完善、事业独立、社会交往、兴趣爱好统统放弃，一心一意做起"全职太太"，成天做着琐碎的、非生产性的家务劳动，这样她的地位总不免要受到限制。随着岁月的流逝，夫妻间的距离越拉越大，当初在同一个起跑线上的伴侣就变成了"保姆和主人"的不平等关系。没有自己的经济收入，而要依附于丈夫赚钱来养活，"保姆"和"主人"能够平等吗？能够"白头偕老"吗？

还有一些女性因下岗而回到家庭，从家庭经济主要收入的"源头"变为纯粹的"消费者"。失去了经济支撑，她们在家庭中原有的地位将受到严重的威胁，很有可能会让女性回归从属、依附的地位，这是我们最不愿意看到的结果。在当下这样一个多元化经济体制里，下岗女性应该按照自身条件流动到合理的岗位，而不是在家坐等丈夫的供养，这才是一个真正独立的女性所应该选择的。女性要想真正获得彻底解放，真正与男性达到平等，就必须投身于公共经济中去，参加共同的社会的生产劳动，获取自己独立的经济收入和经济地位。

但是在中国社会占主导地位的"男主外，女主内"、"男人养家，女人理家"性别意识形态下，女性被规定承担了料理家务的责任和义务。"正因为家务劳动的性别分工根植于文化传统，男性特权被社会结构固定下来，使不平等的观念公正化。"① 女性在这种意识形态下，不仅与男性一样承担着社会角色，同时又要包揽所有家务，无论在体力上还是精力上，都深感无法胜任而疲倦，即使是受教育较多、性别观念较现代的职业女性也难以卸下家务重负。其实这正是长期积淀、隐蔽于社会心理深层的传统性别文化对女性潜在的束缚和牵制。社会意识形态赋予男女的性别角色使丈夫少承担或根本不承担家务都能被社会认可，而妻子即使挣钱多，但家务做得少，也不被社会认可。这样的结果是丈夫可以少做或不做家务，他们可以把做家务节余的时间用于学习和休闲，他们有更多的时间放松或充实自己，这自然有利于他们的自由发展。而女性在家务琐事上的过度付出和自由时间的缺乏无疑对她们的事业和个人的全面发展会产生一定的负面影响。

那么如何解决女性在家庭和事业两方面形成的冲突和压力呢？我们主张男女在家务上的分工合作。

西方社会学家的大量研究表明，男性是否参与日常家务劳动已经成为婚姻满意的预警器，因为家务劳动分工的不均会使女性产生不公平感而对婚

① 孟宪范主编：《转型社会中的中国妇女》，中国社会科学出版社2004年版，第229页。

不满。而现代的婚姻是"趋向于把婚姻看成是一个人成长和完善的手段……即使个人得以成长，又使婚姻伴侣一起成长"①。因此要达到个人自由发展和建立夫妻伙伴关系，必须摈弃传统的定型化两性分工模式和意识形态。在婚姻家庭生活中，双方既是相互独立的个体，同时又是一个相互合作的整体。"在人类面临的所有问题中，惟有恋爱和婚姻最需要依靠人类彼此合作的能力和忘我助人的精神。"②

在上海，有不少男性能够很坦然地参与家务劳动，结果"上海男人"成为了中国社会的议论热点。受根深蒂固的传统文化影响的一些人对"买菜烧饭拖地而不觉得自己低下"的上海男人表示出极大的愤慨和不满，将他们调侃为"世界稀有品种"，戏称他们为"围裙丈夫"、"马大嫂"（即上海话"买、汰、烧"的谐音）。③ 这其实就是男权文化对女性发展的压抑。对此，具有现代意识的男女应该是不屑一顾的。男人和女人都要摆脱旧的性别角色期待，丈夫要能与妻子共同分担养育子女和料理家务的义务，不要担心因此而丧失了男子汉气概，不要担心被人指称为"妻管严"。女性也应该认为在家务方面丈夫与自己是一样能干的，同时也不要把一切家务都甩手给丈夫，自己去做"娇小姐"。我们强调的是夫妻双方的分工合作及灵活变通。真正相爱的男女应该如舒婷诗歌《致橡树》所言："我们分担寒潮、风雷、霹雳，我们共享雾霭、流岚、虹霓。仿佛永远分离，却又终身相依。""我必须是你近旁的一株木棉，作为树的形象和你站在一起。"④ 正是在这种既相互独立又互助互惠的关系中，夫妻感情得到滋养，男女双方的公平感也能得到满足。

三、积极创造滋养婚姻的浪漫激情

恩格斯说："如果说只有以爱情为基础的婚姻才是合乎道德的，那么也只有继续保持爱情的婚姻才合乎道德。"⑤ 爱是一种创造，是双方共同开拓的情感园地，是相互发现、相互鼓励、相互欣赏对方个性的情感升华过程。只有不断地挖掘、培育、收获并分享情感之果的爱情才是永葆活力和青春的爱情，也只有永葆活力的爱情才能带给婚姻永远的激情。

然而，即使是到了 21 世纪，"婚姻是爱情的坟墓"、"婚姻总会越来越平

---

① 兰明春等编译：《婚姻与家庭模式的选择》，四川大学出版社 1990 年版，第 5 页。
② ［美］奥尔加·克洛甫：《女人的奥秘》，王宏、李广田译，四川文艺出版社 1998 年版，第114 页。
③ 孟宪范主编：《转型社会中的中国妇女》，中国社会科学出版社 2004 年版，第 261－262 页。
④ 舒婷：《致橡树》，江苏文艺出版社 2003 年版，第 25 页。
⑤ ［德］恩格斯：《家庭、私有制和国家的起源》，人民出版社 1999 年版，第 84 页。

淡"这样的观念仍然是深入人心的。人们牢牢记住了这样一句话：平平淡淡才是真。甘于平淡才能守住婚姻。在这样的婚姻观念和婚姻逻辑下，爱的热情一天天地降温、慵懒甚至麻木一天天地滋生，乃至整个生活都成为一潭死水。但是婚姻果真就是如此吗？其实婚姻不应该是浪漫的终结，婚后没有激情与浪漫，是因为夫妻没有用心去创造，是我们的懒惰和漠然将婚姻变得死气沉沉。平淡也许是我们为婚姻惰性寻找的借口，我们没有以一种建设性的创造性的态度来爱护它、维护它，没有从积极的方面去寻找滋养爱情、滋养婚姻的途径和方法，也未做过改善和建设婚姻的努力。婚姻跟爱情都需要男女全心全意地去创造激情、创造浪漫。如果在婚后还能保持着恋爱时的浪漫、激情的状态，那么就不会出现所谓的婚姻危机，一个和谐美满的幸福家庭也是我们可以追寻到的梦想。

浪漫是女人与生俱来的天赋，不使用太浪费。我们需要把婚姻当作一项重要事业来追求、来建设，为改善婚姻质量花更多的工夫。来自内心的激情和源于激情的创意与行动可以打破婚姻的平静，为平淡的生活制造激荡的浪花，增加斑斓的色彩。我们可以试试一些热情而浪漫的创意行动。

第一，在周末的时候享受情人的浪漫。夫妻两人一起离家，单独享受两个人的空间，郊游、看电影、听音乐、跳舞、泡吧、烛光晚餐都行。在一个单纯的二人世界里用充裕的时间来享受恋爱时的浪漫和甜蜜。

第二，用分离刺激爱情兴奋剂的产生。制造短暂的分离，在分离的日子里堆积思念，重温旧日恋爱之梦，这是酿造激情的秘方，也就是我们俗话说的"小别胜新婚"。

第三，年年拍婚纱照，年年感受新婚。在每一个结婚纪念日里去拍一张婚纱照，让这些婚纱照的神圣感使夫妻看重婚姻而不懈怠了婚姻和配偶。

第四，毫不吝啬地表达爱。爱是需要不停表达的，在夫妻之间应该有三个永远不会说厌的字——"我爱你"。我们可以每天真诚地在口头上对配偶说出"我爱你"，也可以写封情书、发个 e-mail、写张卡片悄悄放进对方的口袋里或钉在卧室的门上等方式传达自己的"我爱你"。

婚姻中的浪漫激情行动我们还可以创造出很多很多种，只要我们有一点创造的热情，有一颗对于伴侣的爱心，那么美丽的、生动如花的婚姻也是我们可以追寻到的梦想。尽管婚姻可以越来越宁静，但是爱的感觉应该是每天都新鲜而美好的。

四、率真追求性与灵的完美结合

根据 2013 年全国妇联发布的一项调查结果显示：中国有近 6 成夫妻曾受到"性冷淡"的困扰。一年做爱次数不及 10 次的"顶思族"（Double Income No Sex，DINS，即双收入并且无性的婚姻）越来越多。性学专家认为，夫妻间如果没有生理疾病或意外，长达一个月以上没有默契的性生活，就是无性婚姻。夫妻之间性交流很重要，而工作繁忙、没有氛围、没有新鲜感等借口导致夫妻之间性交流萎靡。

性爱，是婚姻生活重要的一部分。性是夫妻间最亲密、最直接的身体沟通，常被视为夫妻间亲密的指标。性欲像食欲一样是人类最强烈的本能之一。中国人受封建礼教和传统观念的影响，羞于直论男女之间的性欲求。尤其对女性而言，那更是万万不能谈及的一个禁地，否则将被冠之以"淫荡"。女性不被看作一个人，而只是一个被男人拥有的"物"，一个生育工具。在这样的男权文化背景下，女性一直在压抑、异化着自己正常的性欲。以往我们在谈婚姻问题时，更多的是强调道德、情感、性格、志趣等精神方面的诸多要素，而闭口不谈夫妻之间和谐的性生活的重要，活生生地把灵与性人为地割裂开来。

柏拉图式的爱情无性、无身体的接触，是一种纯粹的"灵"的结合，是一种灵肉分离的爱情，它曾经被道德盛赞为"纯洁无瑕"的爱情。实际上，这种所谓的"精神恋爱"只是封建贞操观在女性身上的现代形式的延续，本质上是为男人利益服务的。真正的爱情应该是灵肉和谐统一的，夫妻的性愉悦是婚姻关系的生理基础和婚姻质量的一个重要指标，夫妻之间的性生活需要和性心理交流不仅是完成生物学意义上的生殖功能——繁衍后代，而且还通过两性间的情感交流美化人类的现实生活，成为人类社会向更高阶段发展的一种推动力。所以，有学者认为"性生活的欢乐和实现似乎与情感的亲密关系是平行的"，"婚姻中的性结合对密切彼此的亲密关系有更多的贡献"。①女性不能再把柏拉图式的爱情当作爱的经典模式。婚姻伴侣之间不仅要对性行为有所理解，对性生活有种惬意感，而且还要彼此真诚地交流自己的性愿望和性期望，并提供反馈信息。

根据 2013 年 10 月百合网的调查：近 8 成国人认为无性婚姻不能长久。"人只要有肉体就一定需要性，人生的过程实际上就是肉体与灵魂的纠结。"在百合网的调查中，27 岁的男生小陈这样说。跟小陈一样，有 78.5% 的女性和 84.4% 的男性同样认为爱与性是不能分开的，尤其是在婚姻生活中，性会使婚姻更有活力、更加完整，无性婚姻是一定不会长久。百合网的调查表明，由于各种原因无性婚姻仍然存在。例如，忙碌的生活导致夫妻缺乏性致，神经高度紧张，身体处于压抑的状态，很难有情感的释放；之前的性爱过程不美好，导致对性爱的期待降低，性关系逐渐变成应付差事，最后导致

---

① 兰明春等编译：《婚姻与家庭模式的选择》，四川大学出版社 1990 年版，第 162 页。

性冷淡。当然，造成性爱过程不美好的原因很多，比如性关系的程序化。其实，人类天性爱冒险，爱刺激，对性的期望值恰恰来自于它的不确定性。另外，一些男人喜欢给老婆定条条框框，反对老婆性感穿着，让女性不敢表达自己真实的欲望。中国女性有比较强的性羞耻感，传统教育导致了女性的自我克制和束缚，她们很难彻底享受性爱。

过去在性关系上男性主宰着女性的性权利。男人可以随意泄欲和追求性满足，女人只能被动地接受而不能主动地提出自己的性要求，更谈不上性享乐。但是，作为一个现代意义上的"人"，女性在性的问题上理所当然地应该是与男性站在同一个层面上的。性作为爱的出发点，在男人那里是真实的，在女人这里也应该同样地真实。女性要坦然面对自己神圣的欲望，并且不以它为羞耻，甚至把它摆到一个重要的位置上，认为它是天然的自己的一部分，是不需要加以控制、抵制、掩饰乃至否认的东西。女性在婚姻生活中要自信地、大胆地、公开地向丈夫表露自己的性愿望，与丈夫交流自己的性感受，这类交流有助于使配偶双方都感受到性生活是婚姻快乐的一部分，更进一步地促进夫妻感情的加深，使夫妻感情在性的和谐满足中获得更进一步的升华，真正达到灵与性的完美结合。

女性的解放首要的是女性自身思想意识的解放。在新的时代社会里，女性需要树立健康、自主、自尊、自强的婚恋观，以保证获取自身幸福和事业成功。同时女性的解放还需要整个社会意识形态更趋进步，至少是需要男性从男权文化中走出来，真正意识到女性是作为"人"而存在的这样一个事实，这样才有可能构建一个平等和谐的两性社会。我们很欣慰地看到，伴随着社会的进步，女性的婚姻地位发生了极大的变化。在价值观方面，过去那种压抑女性个体价值而维护男性价值的传统观念改变了，树立了发展女性个体价值、努力实现自我满足的价值观；在人生观方面，女性改变了依赖丈夫养活，满足于做"贤妻良母"的处世之道，树立起了自信、自尊、竞争、参与、创新和争取成就的成功意识，这意味着女性解放的光明前景绝非是遥远而不可即的梦想。尽管女性争取实现自我、发展自我还面临着许多困难，但已非绝无可能的神话，让我们以自己的所思、所为让美梦成真。

参考文献

1. 李合龙：《中国女性未来发展大趋势》，北方妇女儿童出版社 1988 年版。

2. 兰明春等编译：《婚姻与家庭模式的选择》，四川大学出版社 1990 年版。

3. 李银河：《中国人的性爱与婚姻》，河南人民出版社 1991 年版。

4. 熊郁主编：《面对 21 世纪的选择——当代妇女研究最新理论概览》，天津人民出版社 1993 年版。

5. 陈一筠：《两性世界何处去?》，社会科学文献出版社 2000 年版。

6. 啜大鹏：《女性学》，中国文联出版社 2001 年版。

7. 孟宪范主编：《转型社会中的中国妇女》，中国社会科学出版社 2004 年版。

8. ［德］E. 弗洛姆：《爱的艺术》，李健鸣译，商务印书馆 1987 年版。

9. ［美］丽莎·斯冈茨尼、约翰·斯冈茨尼：《角色变迁中的男性与女性》，潘建国等译，浙江人民出版社 1988 年版。

10. 《马克思恩格斯选集》第四卷，中共中央马克思恩格斯列宁斯大林著作编译局编译，人民出版社 1995 年版。

11. ［德］奥古斯特·倍倍尔：《妇女与社会主义》，中央编译出版社 1995 年版。

12. ［美］奥尔加·克洛甫：《女人的奥秘》，王宏、李广田译，四川文艺出版社 1998 年版。

13. ［德］恩格斯：《家庭、私有制和国家的起源》，人民出版社 1999 年版。

14. ［法］吉尔·里波韦兹基：《第三类女性》，田常晖等译，湖南文艺出版社 2000 年版。

第十二章
女性与就业、参政

　　女性就业与女性参政是女性参与社会生活、获得生存与发展的基础和前提条件，同时也是衡量女性社会地位和社会发展与文明进步的重要尺度。女性要改变单一的家庭角色，摆脱对男性的依附地位，获得独立生存的能力，就必须要参加社会劳动谋得职业、获得劳动报酬。而女性在获得就业权后要充分表达自己的见解和需求，维护自身的利益，真正实现男女平等，还要享有参与国家和社会公共事务管理的权利。但长期以来，在父权制的统治下，女性一直被排斥在社会公共领域之外，经济上的无法自立使女性始终依附于家庭和男人，臣服于生儿育女的传统角色，在社会的性别分工中始终处于劣势；政治生活对女性的拒绝使女性群体的利益无人代言和力争，从而给女性的发展形成巨大的障碍。因此，从 18 世纪末以来，争取女性平等参与国家经济生活和政治生活一直是世界妇女解放运动追求的主要目标，并由此扩展到争取其他权利的斗争。当前，女性就业与女性参政已成为不可阻挡的世界潮流，但与男性相比，女性的经济参与率和政治参与率相对较低。在 1995年第四次世界妇女大会上，联合国成员共同通过了一个《行动纲领》，把妇女与经济、享有职权及决策权的女性等问题列为全世界妇女发展的 12 个关切领域。2000 年 5 月 14 日，中国妇女研究会和联合国性别主题组根据这个《行动纲领》和《中国妇女发展纲要》，结合我国的具体情况，又提出了妇女与就业、妇女与参政等十个方面的问题研讨。2011 年，国务院印发了《中国妇女发展纲要（2011—2020 年)》，确定了未来十年，在妇女与经济、妇女与参与决策和管理、妇女与社会保障等七个发展领域要实现的主要目标和采取的策略措施。女性就业与女性参政的问题，已成为世界各国共同关注的热点问题。

第一节 女性就业与自立

女性就业是女性参与社会经济发展的基本途径，是女性获得经济独立的重要渠道，也是女性与男性享有平等权利，拥有独立人格的重要条件。恩格斯说："妇女解放的第一个先决条件就是女性重新回到公共的劳动中去。近二百年妇女解放所争取的目标是男女平等，特别是男女就业的平等。"① 要提高女性的社会经济地位，改善女性的生活状态，真正实现女性的自立（包括经济的自立和精神的自立），就必须要关注女性就业这一全球性问题。

一、女性就业的历史回顾

在人类历史发展演变的历程中，女性曾长期处于受压迫、被奴役的地位。由于女性要承担生儿育女的性别角色，这使女性多从事离居住地较近，有利于家务劳动特别是照顾孩子的工作，如纺纱织布、喂养牲畜、制作食品、编篮子、做罐子等。这样，女性所从事的社会劳动多局限于家庭的范围内。她们承担了繁重的家务劳动，并参与了社会经济的发展，但是并不能得到社会的承认。由于男人是家庭经济的提供者，拥有决定权和支配权，而女人则因在经济上不能独立而丧失了独立的人格，成为男性的附属物，从而构成了男女之间不平等的权利关系。

女性真正大规模走出家庭、参加社会劳动是在18世纪末工业革命以后。一方面，西方各国的生产力迅速发展，资产阶级追求高额利润和高速发展生产的需要，使女性参加社会劳动成为必需；另一方面，工业革命的发生与发展，使大批失去了土地的农民转变为雇佣劳动力，其中也包括大批走出家门的女性，她们成为了廉价的劳动力。男工一般从事的都是技术性较强的工种，而女性只能干单调、繁重的体力活。如1870—1900年，在美国，工业革命虽然使妇女就业人数增加了64%，但是她们的就业层次低，主要集中在纺织部门。另外，已婚妇女极少出去工作，在1890年仅有5%的已婚女性就业。

第二次世界大战期间，妇女纷纷走出家门参加社会工作，以填补劳动力的不足。女性就业人数猛增，就业范围较广。如二战期间，美国妇女就业人

---

① 《马克思恩格斯选集》第四卷，中共中央马克思恩格斯列宁斯大林著作编译局编译，人民出版社1972年版，第70页。

数增加了 600 多万人，已婚妇女的就业率从 1940 年的 30% 上升到 1945 年的 40%。妇女就业领域包括飞机、卡车和农机制造厂，陆战队等传统"男性职业"。但是，二战结束后，"妇女回家"的浪潮兴起，大批妇女被解雇，妇女就业率急剧下降。

20 世纪 60 年代以来，女权运动高潮的掀起和新技术革命的飞速发展，给女性就业提供了有利的条件。世界各国妇女的就业率普遍出现了持续增长，但是女性进入的多为辅助性、收入低的行业，女性的就业层次低，就业结构并不合理。

与西方女性相比，中国女性自觉争取平等就业的历史并不很长。中国古代妇女自西周初周礼制定以来，一直服从"男主外，女主内"的性别分工，女性退出公共生产领域，回到家庭相夫教子，照顾家人。尽管自秦汉以来在小农自给自足的自然经济模式下，中国妇女参与了"男耕女织"的经济活动，与男性一样承担了赋税义务，但女性并未摆脱依附性人格，真正获得经济上的独立。

19 世纪中后期，西方资本主义的不断入侵促使中国传统社会结构逐渐瓦解，使得中国妇女开始从封建家庭走向公共劳动领域。到 20 世纪二三十年代，随着资本主义的发展和对外通商口岸城市的出现，相当一部分女性走向社会，用自己的劳动来换取有限的收入。如进工厂当女工、到商店当店员、在公司当职员等，但是女性的家庭地位和社会地位并未因此而得到大力改善。

中国女性大规模参加社会劳动，真正实现经济独立改变自身地位、实现男女平等是在新中国成立以后。1949—1952 年，国民经济迅速恢复和发展，吸收了大批女劳动力，致使女职工以每年 40 多万人的速度增长，到 1952 年底女职工人数达 184.8 万人，比 1949 年增长了 2 倍。第一个五年计划期间，中国妇女开始大规模走向社会。女职工增加了 143.8 万人，到 1957 年底达 328.6 万人。农村广大妇女在新中国成立后三年恢复时期积极参加农业生产和副业生产、兴修水利、植树造林等多种劳动。1953—1957 年，国家对农业进行社会主义改造，引导农民走集体化道路。到 1956 年底，有 1.2 亿农户中的妇女同男子一样参加了集体农业生产，并且有许多妇女掌握了农业生产技术，成为了生产能手和骨干，参与了农业合作社的领导工作。1958 年由于经济建设上的大跃进，妇女就业也出现了大跃进。1958 年一年增加女职工 482.2 万人。1960 年底女职工总数达 1008.7 万人。[①] 从整个 50 年代来看，女职工数量增长如此之快，主要是国家提高女性地位和动员女性参加社会生

---

① 《中国劳动工资统计资料 1949—1985》，中国统计出版社 1987 年版。

产劳动的政策所导致的。一方面，我们为中国女性的高就业率而自豪；另一方面也要看到，由于盲目追求高就业率而不顾生产力发展的水平和妇女自身的生理条件，许多女性从事与男性一样的重体力活，如"三八掘进队"、"女子高空带电作业班"等，损害了女性的身体健康，也导致了女性社会劳动的低效率。

由于 1950 年代末期盲目扩大就业面，加上又遭遇了三年经济困难时期，从 1961 年开始，我国不得不精简城镇职工。1961 年的全民所有制职工比 1960 年减少了 400 多万，女职工也相应减少了 100 多万人。到 1962 年底国民经济调整时期，女职工减少到 673.8 万人。1963 以后，随着经济的缓慢回升，女职工人数回升到 1965 年底的 786.1 万人。自 1966 年以后，我国开始了"文化大革命"。1966—1976 年没有相应的女性就业资料。但以 1978 年数据为例，这一年我国城镇各部门的女职工人数却已经增至 3128 万人，女职工所占比例也已增至 32.9%。（参见表 12 - 1）而农村女性也被动员起来参加社会劳动生产。可见，"文革"中女性就业中的计划分配机制依然在运转，并在此期间职工总数和女职工人数仍在缓慢增加。

表 12 - 1　1960—1978 年全民所有制单位职工人数及其占比情况

年份	女职工人数（万人）	女性所占比例（%）
1960	1008.7	20.0
1961	886.8	21.3
1962	673.8	20.4
1963	656.6	19.9
1964	703.5	20.3
1965	786.1	21.0
1977	2036.0	28.3
1978	3128	32.9

资料来源：《中国劳动工资统计资料 1949—1985》，中国统计出版社 1987 年。

二、女性就业的现状

随着当今世界经济的持续发展、妇女地位的提高和女性自主意识的觉醒，全世界妇女的就业率得到了显著地提高。就全世界范围来说，女性的平均劳动就业率为 53%。欧盟国家的职业妇女人数呈上升趋势，大约占女性总数的 73.5%。中国女性保持了较高的就业率。2010 年 12 月 1 日，全国妇联和国家统计局联合组织实施第三期中国妇女社会地位调查。调查数据显示，2010 年我国 18 ~ 64 岁女性的就业率为 71.1%，城镇为 60.8%，农村为

女性文化学

82.0%，中国女性就业率远远高于世界女性53%的就业平均水平。不过，我国男女两性劳动收入差距仍然很大，城镇和农村在业女性的年均劳动收入分别是男性的67.3%和56%。①

其次，女性的就业领域走向多元化。过去，女性多从事无酬家务劳动或者多从事手工业和农业生产，现在，随着国家产业政策的调整，我国女性的就业结构也发生了较大变化，第三产业正在成为吸纳女性劳动就业的主渠道。越来越多的女性走出传统就业领域，进入到计算机、软件、通讯、金融等高新技术行业，成为这些行业发展的重要力量。

近年来，各职业中女性所占比例的数据在不断变化，但总体来看，女性的就业领域更加广阔，职业结构渐趋合理。所谓职业结构，是指男女两性在业者在各种职业中所占的比例和状况，它是衡量在业者就业质量和就业程度的重要指标，也是历来学者们研究女性就业情况和女性社会地位的首要指标。从行业分布看，我国女性在批发零售、社会服务、教育、文化、卫生等领域工作的比例超过男性，在金融保险、科学研究和综合技术服务等和党政机关、社会团体工作的比例接近男性。另外，女性在第三产业的就业人数也在逐年上升。"2000—2004年第三产业分行业女职工占全部职工比例"的数据显示，在第三产业中，卫生、体育和社会福利业、金融保险业、批发和零售贸易餐饮业以及教育、文化艺术和广播电影电视业等已成为女性就业的优势领域（参见表12-2）。

表12-2　2000—2004年第三产业分行业女职工占全部职工比例（%）

行业	2001年	2002年	2003年	2004年
交通运输、仓储及邮电通信业	28.3	28.3	29.9	29.7
批发和零售贸易餐饮业	45.1	44.9	49.9	50.2
金融、保险业	44.5	45.9	57.5	59.4
房地产业	33.6	34.2	24.0	37.4
社会服务业	42.7	41.7	39.5	40.1
卫生体育和社会福利业	57.5	58.0	60.3	61.3
教育、文化艺术和广播电影电视业	44.9	45.5	47.6	48.4
科学研究和综合技术服务业	32.8	33.5	34.3	33.9
国家机关、政党机关和社会团体	24.8	25.2	26.9	27.3
总计	39.2	39.7	41.6	42.5

资料来源：国家统计局《中国统计年鉴》，中国统计出版社2005年。

---

① 第三期中国妇女社会地位调查课题组：《第三期中国妇女社会地位调查主要数据报告》，《妇女研究论丛》2011年第6期。

随着社会从工业化向信息化过渡，以往女性因身体、生理条件的制约而不能从事的工作逐渐减少，而与新科技、新的生活方式等有关的各种职业有了越来越多的女性参与者。如网络技术、广告策划、自由撰稿人、证券经纪人、律师、翻译、模特、房产销售代理人等职业并没有性别要求，而且有些岗位女性较男性更具优势。网络时代女性就业走向更广泛的领域，是女性就业发展的必然趋势。

再次，女性的就业层次得到了较大的提高。2004年底，国有企事业单位专业技术人员中的女性比例达到43.6%，比1995年的37.3%提高了6.3个百分点，其中高、中级职务中的女性比例分别由20.1%、33.4%提高到30.5%和42.0%。据国务院新闻办2005年8月发布的《中国性别平等和妇女发展状况》白皮书介绍，中国以中小企业家为主的女企业家已占中国企业家总数的20%左右，其中有60%是近十年创业成功者。在金融、证券交易等行业，女性这一群体开始引人注目。据有关数据统计，在上海银行、证券交易处以及一些著名的大公司中，女职工达到50%以上，不少公司中的女职工超过60%，其中担任行政管理部门工作及部门主管的女性人数也超过了50%，有的达60%以上。

三、女性就业存在的问题

随着社会的发展和妇女解放运动的推进，全球女性就业状况已得到极大的改善，女性的就业权利受到了国家法律、法规、政策的保护，女性的就业领域更加宽广，就业方式多种多样。但是女性就业仍面临许多问题。

一般来说，女性的就业问题包含两个重要的方面：一是她们是否有同等的就业机会，即是否与男性"同民同工"；二是在获得就业机会时，她们是否得到与自己能力相符的工资报酬，即是否与男性"同工同酬"。从这两方面去观照女性就业状况，可以发现就业中的性别歧视是全世界女性面临的共同问题。

1. 择业中的歧视。

受传统性别分工意识的影响，女性在社会劳动领域受歧视是一个普遍存在的问题。在择业的过程中，女性受到的歧视有多种表现形式。我国女性择业中的性别歧视主要表现为以下几个方面：

①年龄歧视。

年龄歧视表现为用人单位在招聘中强调年龄界限，将年龄作为是否录用的重要标准。一般用人单位对女性年龄要求更为苛刻。

②身份歧视。

身份歧视指由于身份、户籍、居住区域的不同而在就业中受到区别对待。

③性别歧视。

职业场所中的性别歧视主要表现为：一是公开以性别为由拒绝招用。如在招聘启事中随处可见"只招男生"的标语。二是提高女性录用标准。如一些用人单位在招工考试时人为提高女性分数线。三是招用女性附加条件。如有的企业规定合同期内女性不得结婚或生育，一旦出现这种情况，合同自动终止。

④身体条件歧视。

主要指用人单位在招聘时对应聘者身体等自然条件的限制，尤其对女性的身高、体态、相貌等提出苛刻要求。[①]

择业中的歧视成为女性就业面临的障碍之一。它使女性就业机会不能与男性平等，劳动就业率要低于男性。如在全世界范围内，女性在 1980 年、1995 年、2000 年的就业率比男性低 30.1%、25.9%、24.9%，而且女性就业地位低、职业稳定性差、失业率偏高。国际劳工组织 1996 年的报告指出："在一些工业化国家，妇女的失业率比男性高 50%～100%，使妇女成了 90 年代经济下滑的主要受害者。"

进入 21 世纪，女性的就业环境得到了改善，但遭受的就业歧视仍然存在。一是男女的收入仍存在差异。据美国人口普查局 2008 年 8 月公布的统计数字，美国全职女性 2007 年的收入为 35102 美元，男性为 45113 美元，女性收入为男性的 78%。我国在经济改革之前，女性就业者平均工资占男性就业者平均工资的 84%。经济改革开始之后，市场经济取代了原有的计划经济，收入分配机制发生根本改变。男女就业者的收入差距也开始发生变化。1990 年我国城镇和农村在业女性平均劳动收入分别是男性的 77% 和 79%。但是，据第三期中国妇女社会地位调查数据显示，2010 年我国城镇和农村在业女性平均劳动收入分别是男性的 67.3% 和 56%，男女两性的劳动收入差距在进一步拉大。二是随着法律法规的完善，执法力度的加强，女性在就业中遭受的性别歧视，逐渐走向"隐性化"。就业歧视不仅表现在女性求职难、工资收入低，还表现在女性在职业发展中的低职务、低职称等方面。第三期中国妇女社会地位调查显示，妇女参与决策和管理仍然存在一些障碍；女性领导仍然偏少。数据显示，2.2% 的在业女性为国家机关、党群组织、企事业单位负责人，为男性相应比例的一半；高层人才所在单位一把手为男性的占 80.5%；30.8% 的高层人才所在单位存在"同等条件下男性晋升比女性快"的情况。

---

① 韩贺南、张健主编：《女性学导论》，教育科学出版社 2005 年版，第 110－111 页。

20 世纪 90 年代以来，我国在市场经济条件下进行了经济结构的调整和劳动资源的重组。择业中的性别歧视使女性正在成为中国就业压力最大的人群。其中女大学生和城市下岗女工这两个群体的就业问题尤为突出。

尽管有统计表明，目前我国高等学校女生比例已达 44%，基本上撑起校园的"半边天"，但相同条件下，女生的就业机会远低于男生。全国妇联妇女发展部 2011 年发布的《女大学生就业创业状况调查报告》指出，56.7% 的被访女大学生在求职过程中感到"女生机会更少"，91.9% 的被访女大学生感受到用人单位的性别偏见。

复旦大学对 2002 年 1000 多名本科毕业生的调查显示，在相同条件下，女生就业机会只有男生的 87%。许多女生的求职经历比男生更为艰难，不少人遭受过择业中的歧视。西安市妇联曾对西安理工大学、西北政法学院、西安财经学院三所高校的 2003 届毕业生进行了调查，结果显示，75% 的女生在求职过程中遭遇到性别歧视，除此之外，还有 32% 的女生遭遇地域歧视，13% 的女生遭遇外貌歧视。

近年来，中国女性就业又凸显出一个新的问题，即女性失业面不断扩大，下岗女工再就业比较困难。有关数据显示，从 1996 年开始，我国城镇妇女的就业率开始呈下降趋势。到 2000 年末，全国城镇单位女性从业人员的绝对数量减少了 1477.7 万。2004 年我国城镇女性就业人数为 355.12 万人，占失业总人数的比重达 52.60%。许多企业在实行优化组合时，女职工是优先下岗的对象。据中国劳动社会保障部劳动科学研究所 2002 年 6 月的调查，在全体下岗职工中女性所占比重为 57.5%，超过了半数。如果考虑到在职工总数中女性比例只占 38% 左右，相比较之下，下岗的女性比例是相当的高。

2. 就业中的性别隔离。

国际劳工局曾指出："全世界劳动者中约有一半都是在某一个性别主导的职业中工作，男性主导型职业在全国普遍是女性主导型职业的七倍以上。另外，'女性'职业与'男性'职业相比往往是缺乏价值的，所提供的收入低、地位低和提升机会少。这一结果表明女性在劳动力市场受到比男子更多的限制，而且缺乏吸引力。"① 造成这一男女就业不平等现象的主要原因是在不同的职业和行业间存在着性别隔离。

所谓职业的性别隔离，是指在同一行业内女性居于低职位、低收入，而男性居于较高的职位。所谓行业的性别隔离，是指劳动力市场存在以女性为主的"女性行业"（如服装业、纺织业）和以男性为主的"男性行业"（如

---

① 国际劳工局：《世纪就业报告（1998—1999）》，中国妇女出版社 1990 年版，第 62 页。

建筑业、交通运输业、钢铁业），并形成了"男人的职业"（如科学家、军事家、银行家）和"女人的职业"（如护士、秘书、打字员、幼儿教师）。

虽然自 20 世纪 70 年代以来，随着妇女解放运动的发展和女性社会地步的提高，全球越来越多的女性走出家门，参与到社会劳动中，但是由于受传统性别分工的影响，女性就业中的性别隔离现象仍然普遍存在。这具体表现在：

第一，女性主要集中在某些所谓"适合于女性"的工作领域，如图书管理员、健康护理、秘书、打字员、数据输入员、护士、银行出纳员、电话接线员、幼儿护理员、裁缝和牙医助手等。而这些行业多具有非技术型、非管理性、辅助性且收入较低的特点。女性要想打破固定化的性别分工体系，进入传统的"男性职业"，就会受到主流社会的排斥。

在拉美和加勒比地区，妇女有 71% 在服务业就业。非洲的女工主要从事农业和服务业。在日本，女劳动力的 89% 集中在制造业、批发业、零售业、金融保险业、不动产业以及服务业，而这些产业中的男劳力只占男性就业总数的 66%。①

我国女性就业主要集中于制造业、批发和零售、贸易、餐饮业、卫生体育和社会福利业等。在这些经济类型中，服装制造、零售、餐饮、旅馆、娱乐服务等行业中女性从业者比例占到 50% ~ 60%，而这些行业大多数都属辅助性、技术层次低、就业门槛低、收入低和难以有升迁机会的行业。而国家机关政党和社会团体、科学研究和综合技术服务业、建筑、房地产业、交通运输等属主导性、技术层次高、收入高且有较多升迁机会的行业，女性所占比例远低于男性。女性即使在这些领域就业，也难以得到重视。

第二，女性在非正规部门就业率大大高于男性。所谓"非正规就业"，多指"非全日制、非固定单位、临时性、季节性就业和钟点工"，如社区服务、家政服务等，也包括正规部门的临时雇佣人员和自雇佣者。全球采用非正规方式就业的女性比男性更为普遍。根据对 12 个国家的调查，从事非全日制工作的妇女比男子高出 2 ~ 10 倍。而我国非正规就业群体据劳动部就业司初步估算，最低在 7000 万人左右，大约占城镇从业人员的三分之一，其中女性占有很大的比例。非全日制就业在工资、津贴、保障、职业前景和公司培训机会等方面都不如全日制就业。一旦面对激烈的人才竞争，这些女性首先失业。

第三，女性在就业中普遍处于低职位。无论是在发达国家还是发展中国家，与男性相比，女性在同一行业中担任的职位偏低，升迁机会也明显低于

---

① ［日］富士谷笃子主编：《女性学入门》，张萍译，中国妇女出版社 1986 年版，第 164 页。

男性。据国际劳工局在 2001 年三八妇女节前夕公布的一份调查报告显示，在全世界就业人口中，妇女已占 40%，但是在经营管理方面的各级领导人当中妇女只占 20%，大企业最高级领导人当中只有 3% 是妇女。即使是在信息技术这样的高度技术密集的行业中，男性在决策部门中依然占据着绝对优势。而且在很多信息技术公司中，创新的核心部门往往是男性独占的领地，其中包括工程师、计算机科学家、数学家以及其他技术学科中的专家。女性则被认为在学识和能力方面都不如男性，他们很难进入高层决策和管理部门，始终存在着一种看不见说不出的障碍部门，这就是被称为"玻璃天花板"的性别隔离。性别隔离作为一种制度性障碍，极大地限制了女性施展才能和个人自由发展的领域，造成了女性在职业选择与发展上与男性存在明显差距。

3. 男女两性收入的差距。

由于社会劳动领域普遍存在着性别隔离，女性就业率要低于男性，而且多集中于低技能、低收入、非全日制的工作当中，使男女两性的收入并不平等。即使女性就业层次得到改善，但由于社会对女性的偏见，女性在接受专业技术培训及进修、升迁等方面的机会比男性要少得多，从而影响到她们的竞争能力和晋升资格，使女性的工资水平与男性形成差距。

另外，虽然自 1950 年国际劳工组织制定了同工同酬的《国际劳动公约》后，大部分国家已经制定了同工同酬的法律，如我国将男女同工同酬原则写入《中华人民共和国宪法》（《宪法》第四十八条规定："国家保护妇女的权利和利益，实行同工同酬。"），但是实际上，男女同工不同酬、女性收入水平偏低的问题依然严重存在。例如在大多数国家，即使是社会地位较高的女医生、女律师、女教授，她们的工资报酬一般也只是男性的 70% ~ 80%。[①]有些第三世界国家公开规定工资按性别划分，妇女一律拿男子工资的 50% 甚至 25%。在南非，女教师的法定工资比男同事少 10%。法律甚至规定，在纺织业工作的男性和女性的工资差别可达 20%。[②]

女性就业率及就业层次比男性低、就业年限短、男女同工不同酬等造成了女性平均收入水平比男性低。以 20 世纪 90 年代初世界部分国家（地区）非农行业女性占男性员工工资比例为例，韩国妇女的收入是男性的 53.5%，日本是 41%，孟加拉是 42%，男女两性的收入差距较大。尽管有一些国家男性和女性收入比较接近，如澳大利亚女性工资收入约为男性的 90.8%，斯里兰卡是 89.8%，冰岛是 89.6%，瑞典是 89%，挪威是 86%，但是没有一

① 李明甫、张凌霞：《全球就业和劳动力市场最新发展趋势》，《中国劳动保障报》2002 年 9 月 7 日第 3 版。

② 李银河：《女性权力的崛起》，中国社会科学出版社 1997 年版，第 30 页。

个国家妇女的平均收入水平达到或超过男性。

自 2006 年以来，总部设在瑞士日内瓦的世界经济论坛以涵盖了全球93%以上人口的 136 个国家和地区为对象，就政治赋权、教育程度、就业机遇和健康等 4 个领域，对这些国家和地区的性别差距程度作出评价。2011年，世界经济论坛发布了《2011 年全球性别差距报告》。报告中统计了关于各国男性与女性收入的比较情况。其中，挪威的男性和女性收入持平，男女收入比为 1∶1，美国是 1∶0.88，英国是 1∶0.71，德国是 1∶0.69，俄罗斯是 1∶0.65，中国的男女收入比为 1∶0.65。

我国是世界上男女工资差距较小的国家。自 20 世纪 90 年代以来，我国就业女性的经济收入有了大幅度提高，但女性与男性收入的差距也在明显拉大。2001 年，我国加入世贸组织后，工业部门中女性与男性的收入差距进一步扩大。因为大量外贸企业凭借其产品和服务的竞争优势，以高薪吸引更多的高素质人才，从而导致中国劳动力市场上从事高技术和高智力服务的脑力劳动者供不应求。与此同时，简单的体力劳动者却面临着供大于求的状况。男性在高技术、高层管理等高收入层次所占比重较大，而女性在简单劳动层次所占比重较大，这一趋势将会拉大男女之间的收入差距。据 2010 年《第三期中国妇女社会地位调查》数据显示，18～64 岁女性在业者的劳动收入多集中在低收入和中低收入组。在城乡低收入组中，女性分别占 59.8% 和65.7%，比男性高 19.6 和 31.4 个百分点，在城乡高收入组中，女性仅占30.9% 和 24.4%，均明显低于男性。[①]

总之，女性择业时的性别歧视、就业中的性别隔离等极大地打击了女性就业的热情和积极性，造成了女性就业的行业和职业结构的不合理，进而影响到女性的收入水平和收入的稳定性，使女性在经济上难以自立，社会地位难以提高。

四、积极推进女性就业

如何改变就业领域中依然存在的歧视女性的现状，打破职业的性别隔离，真正有效地保障女性的就业权利，积极推进女性广泛就业，提高女性的经济收入，是各国政府都必须面对的一个重大而普遍的问题。为此，无论是中国还是国际社会都在作出积极的努力。

首先，要制定、完善一系列保护女性平等就业的法律法规。

抵制职业场所的性别歧视是实现男女平等就业的关键。1951 年，针对国

---

① 第三期中国妇女社会地位调查课题组：《第三期中国妇女社会地位调查主要数据报告》，《妇女研究论丛》2011 年第 6 期。

际社会在劳动报酬上普遍存在性别歧视的现状，国际劳工组织通过了《男女工人同工同酬公约》。公约提议男女工人同工同酬的原则可以通过国家法律或法规、依法制定或认可的决定工资的办法以及雇工与工人之间的集体协议予以适用。1958年国际劳工组织通过了《就业和职业歧视公约》，明确界定的"歧视"这一概念中包括劳动力市场中的性别歧视。1979年12月28日，第34届联合国大会通过了《消除对妇女一切形式歧视公约》。国际组织制定的一系列保障性别平等的公约为全世界范围内反对女性就业不平等提供了法律依据。

从20世纪60年代中期开始，各国在保护妇女的立法方面有了很大的进展。如英国在1970年制定了《男女同工同酬法》，1975年制定了《反对性别歧视法》，并设有"就业机会平等委员会"，促使女性就业状况得到了有效的改善。美国从1964年开始陆续出台了《民权法案》、《公平工资法》、《雇佣年龄歧视法》、《怀孕歧视法》以及《公平就业机会法》等，公平就业的立法较为完善、系统。

我国是较早建立男女平等立法原则的国家。《宪法》第四十八条规定："国家保护妇女的权利和利益，实行男女同工同酬。"在1988年制定的《女职工劳动保护规定》、2012年4月通过的《女职工劳动保护特别规定》、2005年修改并通过的《中华人民共和国妇女权益保障法》、1994年颁布的《中华人民共和国劳动法》等法律、法规中对男女平等的就业权利和有利于女性就业和女职工劳动保护的原则也做出了具体的规定。如2005年第十届全国人民代表大会上修改通过的《中华人民共和国妇女权益保障法》便明文规定："国家保障妇女享有与男子平等的劳动权利和社会保障权利。""各单位在录用职工时，除不适合妇女的工种或者岗位外，不得以性别为由拒绝录用妇女或者提高对妇女的录用标准。""各单位在录用女职工时，应当依法与其签订劳动（聘用）合同或者服务协议，劳动（聘用）合同或者服务协议中不得规定限制女职工结婚、生育的内容。""任何单位不得因结婚、怀孕、产假、哺乳等情形，降低女职工的工资，辞退女职工，单方解除劳动（聘用）合同或者服务协议。……各单位在执行国家退休制度时，不得以性别为由歧视妇女。"2008年通过的《中华人民共和国就业促进法》提出保证平等就业权、设公共就业服务机构、帮扶就业困难人员、动态消除"零就业家庭"等措施来保护男女平等就业权和促进就业。2012年4月通过的《女职工劳动保护特别规定》从3个方面对《女职工劳动保护规定》作了完善：一是调整了女职工禁忌从事的劳动范围；二是规范了产假假期和产假待遇；三是调整了监督管理体制。

为了有效遏止职业场所中的性别歧视，一些国家还建立了歧视性别制裁和赔偿制度，通过立法手段对就业领域的性别歧视行为采取限制或者制裁的办法，对当事人造成的损失建立起赔偿制度，给予遭受歧视者以法律援助。如德国法律规定，由于性别因素而在工作中遭受歧视的雇员，可以向其所在部门索赔 3 个月工资。丹麦在其《平等付酬法案》中规定，雇员因要求同工同酬而被解雇，雇主应赔偿不超过 78 周的薪金。美国在 1991 年颁布的综合法《民权法》中设立了对故意歧视的经济罚款。① 而挪威、瑞典、希腊等国则通过立法对女性就业者达到一定比例的企业在税收上予以一定的优惠，从而鼓励企业吸纳女性。我国为了进一步保障妇女的合法权益，促进男女平等，充分发挥妇女在社会主义现代化建设和构建和谐社会中的作用，于 2005 年对 1992 年颁布的《中华人民共和国妇女权益保障法》进行了修改。2005 年 1 月 1 日起开始执行的《中华人民共和国妇女权益保障法》指出："妇女的合法权益受到侵害的，有权要求有关部门依法处理，或者依法向仲裁机构申请仲裁，或者向人民法院起诉。""对有经济困难需要法律援助或者司法救助的妇女，当地法律援助机构或者人民法院应当给予帮助，依法为其提供法律援助或者司法救助。"开始强化了法律责任，重点突出政府部门的职责，并为一些女性提供了法律援助、司法救助和全局性保障措施，使保护女性平等的就业权等权益能落到实处。2012 年 4 月通过的《女职工劳动保护规定》对用人单位违反女职工劳动保护的法律责任予以明确。

其次，要大力开发女性人力资源。

目前，人力资源开发在全球经济发展中备受关注，它被看作一个国家经济实力是否能持续发展的重要因素之一。女性人力资源开发是促进女性就业的主要渠道之一。

第一，提高女性人力资源自我开发意识。女性应加大自身人力资本（如教育、技能等）的投资，注重自身素质的培养和提高。

女性之所以在与男性进行就业竞争时处于不利地位，其中一个重要的原因是女性接受教育程度低于男性，获得进修、培训机会也要少于男性，在人力资本投资上与男性形成差距，从而造成女性的就业层次、就业质量等不如男性。造成女性受教育程度不高的主要原因来自传统观念对女性的歧视。女性自身应该充分意识到这一不利的社会因素，努力提高自身的文化素质，积极参加就业前培训、在职培训、女专业技术人员继续教育等各种职业培训，掌握扎实的专业知识或生产技能，从而真正获得劳动就业的资本和经济自立的条件。

第二，为女性人力资源开发营造良好的空间。

---

① 李慧英主编：《社会性别与公共政策》，当代中国出版社 2002 年版。

1. 传统观念的更新。社会应努力消除传统的性别分工意识，改变对女性的刻板印象，承认女性的主体价值，支持女性积极参与就业，发挥其人力资本的优势。同时，也要看到男女之间的生理和心理差异，使女性在社会分工和职业选择上能尊重自然与客观的规则，引导女性充分发展自我。

2. 法律和政策的保障。政府要为女性人力资源开发提供完善的法律和政策支持。如制定法律、法规，保护女性受教育权利；制定政策扶持、发展妇女职业技术教育和职业培训，增强女性竞争能力；制定男女同龄退休政策；等等。

3. 发挥就业服务体系功能。职业介绍机构要开办女性职业介绍专项服务，为女性就业提供信息、咨询和指导；就业培训中心应强化对女性的职业培训，在培训内容上，应改变教育培训专业的性别化倾向，不仅局限于传统的职业培训，要不断增加新的课程专业。如在社区学校中开设房地产、印刷技术、计算机等职业课程培训，使女性有机会进入一些新兴行业，从而扩大女性的择业范围。

4. 促进家务劳动社会化。在许多国家，购物、烹调、清扫、照顾孩子和其他家庭成员等家务劳动主要由女性来承担。尽管女性承担家务劳动创造的社会价值并不低，但因其劳动产品不能通过市场来直接体现其价值，所以长期以来得不到社会的承认和相应的报酬。而承担无偿家务劳动无疑要占去女性相当多的时间和精力，使其有酬劳动时间低于男性，从而无法与男性劳动力竞争。而且当前女性要承受家务及外出工作的双重负担，家庭主妇和职业女性的双重角色之间的冲突日趋激烈，很不利于女性的发展。

为解决这一问题，有学者提出"推进无酬劳动计量的工作"这一建议，即赋予家务劳动一定的经济价值，以计酬方式来肯定女性承担家务劳动的价值。"家务劳动计酬"的建议肯定了女性被忽视的社会价值，使女性得到社会的公平对待，但可操作性不强。

各国的实践证明，解决这一问题最有效的途径是促进家务劳动社会化、专门化，如社区建设包括托儿所、幼儿园、食堂、餐馆等设点和提供洗染、缝纫、修理、保姆等服务，使女性能从繁重的家务劳动中解脱出来，能有更多的时间和精力参与社会活动和发展自我，从而提高女性的社会、经济地位。因此，当前我国政府应积极采取措施，建设多种公共服务设施，发展各种形式的社会化的家庭服务，以使家务劳动社会化。

再者，要建立女性就业的社会保障制度。

社会保障包括就业保障、养老保障、医疗保障、生育保障、工伤保障这五个方面，其中生育保障因为女性所独有而尤为突出。

男女两性在劳动力市场的竞争中，对女性最为不利的是生育。它造成了女性在就业和人力投资上的阶段性特征，使其人力资源存量不及男性。另外，生育、家务等因素导致的高人事变动率使女性被认为是高成本的就业者，影响了雇主为女性提供工作的意愿。因此，女性较多从事临时性的、报酬低的、低技术的工作。

事实上，生育是人口的再生产。女性不仅是物质的再生产者，还是人口再生产的承担者。女性承担生儿育女的社会责任，应该得到全社会的肯定，生育成本应该由社会来承担。因此，国家应对妇女的生育作出合理的补偿，并制定与之配套的社会保障制度。

我国政府为推进女性生育保险工作，制定了生育保险社会化管理试点方案，在厦门、铜川、孝感等10多个城市进行试点，截至2001年10月底，全国生育保险参保职工达到3345万人。[①] 1994年我国颁布的《企业职工生育保险试行办法》对女职工生育补偿的原则和具体办法作出了明确规定。《中国妇女发展纲要（2011—2020年）》提出了"城乡生育保障制度进一步完善，生育保险覆盖所有用人单位，妇女生育保障水平稳步提高"等妇女社会保障目标。女性参加生育保险使女性生育的社会价值得到了政策的保护，有助于缓解女性就业难的问题。

另外，我国政府积极推动在不同所有制经济实体就业的、不同收入层次的妇女按照国家规定参加社会保险，使妇女享有与男子平等参加城镇职工基本养老保险、基本医疗保险、失业保险、工伤保险等权利。

当然，尽管各国政府采取诸多措施促进女性就业，提高女性的经济收入，但女性在就业中属于弱势群体，在社会劳动中受到性别歧视，仍是一个普遍存在的问题。如何在经济全球化、产业规模化的现代社会劳动竞争中，在就业与收入方面保护女性的权利，是摆在每一个国家面前的一项紧迫而艰巨的任务，它需要全球各个国家的高度关注和积极参与。

第二节　女性参政与发展

妇女参政是民主政治建设中的一个重要组成部分，也是衡量妇女地位和社会进步的一个重要尺度。妇女与男子同为公民，与男子一样平等地参与政治生活既是她们的权利，也是她们的义务和责任。社会发展和妇女发展不可

[①] 《我国妇女就业和社保工作成效显著》，《中国劳动保障报》2002年1月19日第1版。

分割，妇女参与政治，既能够使妇女作为社会发展的积极动力发挥巨大作用，也能使妇女在参与社会发展中取得自身的发展。

一、女性参政的意义及途径

1. 女性参政的概念。

女性参政有广义和狭义之分。广义的女性参政指女性关注和参与到政治活动及政治机构中，包括女性知政、议政和执政三个方面。女性参政、议政是指关心国际事务，关心国家大政方针，关心女性的权益及社会公平、公正问题，参与政策、法律的制定和变革现实的实践活动等。狭义的女性参政指女性执政，即女性掌握政权，包括担任各级政府、政党、企事业单位、非政府组织的领导人和管理者，对国家和地方的党政公务、社会事务进行决策和管理。执政是女性参政的最高形式，知政、议政是女性参政的前提和基础。前者体现了女性的权力参与意识，后者表现了女性的民主参与意识。

2. 女性参政的意义。

女性参政是女性解放运动追求的目标之一，是女性对自身解放的最高层次的要求。女性参政在女性的社会生活和政治生活中具有极其重要的意义。

首先，参政是女性作为社会成员的权利，是女性实现自身利益的重要手段。

政治是维护权益的工具，政治活动都是围绕着权利而展开的。妇女在政治领域中的作用越大，妇女权益就越能得到实现。女性参与政治，是女性运用自己的政治权利获取政治利益的重要手段。女性可以在参与国家和社会事务的管理过程中代表、体现和捍卫最广大女性的利益，以保障决策的合理与完善。

其次，女性参政是实现政治民主的重要条件。

女性参政的程度和水平是衡量一国政治民主化、现代化的主要标志之一。马克思主义认为，要建立政治民主的社会，必须有妇女的参与。第一，女性参政是由民主的特性所决定的。民主制度使人民能够自由地表达意愿，更能使妇女充分地表达见解和要求，以使自身利益得以很好地实现。第二，妇女对政治的参与是否充分，以及妇女在政治领域中的权利有没有得到充分体现，这都直接显示了妇女在国家政治生活中的地位，是国家政治生活民主化的标志之一。所以李大钊说："真正的 Democracy（民主）不是男子所行的民权民主的政治，乃是人民全体所行的民权民主的政治，这里所谓人民全体，就是包含男女两性在内的。"① 妇女的充分参政说明了民主观念的深入

① 李大钊：《妇女解放与 Democracy》，《李大钊文集》第三卷，人民出版社 1999 年版，第 8 页。

与民主制度的完善。

3. 女性参政的途径。

一般说来，女性参政常见的和主要的途径有以下几种：

①政治投票。政治投票是公民个人在选举、罢免、复决等各个领域表达自己政治偏好或政治态度的一种政治行为方式。这是公民政治参与最基本和参加人数最多的政治活动，从形式上表达了大多数公民的政治意愿。

②政治选举。选举权是公民参政的起点和基本内容之一，是衡量女性参政的重要尺度。除选举权外，女性还具有被选举权和竞选权等。

③政治结社。政治结社是指具有共同利益的公民为了相同的政治目的而结成持久性的集团组织。政党活动和社团活动是政治结社的具体物化形态的表现。

④政治表达。政治表达是公民行使政治权利的过程，公民通过宪法规定的手段和机会来表达自己的政治观点和政治态度，从而影响政府决策。这些手段主要包括政治集会、政治请愿、政治言论，等等。

⑤政治接触。政治接触是公民为解决个别政治问题以谋求个人和小部分人利益而接触有关政府官员并影响他们的活动。在西方，有个别接触和院外活动两种主要形式；在我国，有座谈、信访、政治协商对话等方式。

二、女性参政的发展进程

1. 西方女性参政历史概略。

公元前 5 世纪，在西方文明的发源地之一——希腊，性别制度已经开始对个人的参政权产生作用了。雅典城邦的民主制度规定，持有一定财产并且在该城邦居住达几代人的成年男性自由民可以通过直接投票参与决策，而雅典妇女没有参政权，也无从在政治上发挥作用。因为人们普遍认为女性不是具有经济和法律上的独立性的自由人，她们天生缺乏理性，天生缺乏参政素质，所以只能依赖男性，服从男性的统治，不能享受与其平等的权利，尤其是参政权。

18 世纪西方资产阶级启蒙运动提出的"天赋人权"使西方女性意识到自己所处的不平等地位，产生了作为平等的"人"的要求和争取妇女参政权的愿望。但是在资本主义兴起的 17 世纪和 18 世纪里，英格兰等许多国家逐渐形成的有关参政权的法律规范仍然强调妇女道德的低等、对男性的依赖性而拒绝给予女性任何政治权利。

西方女性争取参政权的努力始于 18 世纪法国大革命时期。1791 年法国著名妇女领袖阿伦普·德·古日发表了世界上第一个《女性宣言》，系统提出了妇女权利共 17 款，其中包括妇女应享有与男性一样的参政权这一条。

法国女权运动的另一领袖罗兰夫人组成了"妇女立宪同志会",要求把妇女的选举权和被选举权写进宪法中,并向议会提出了女权宪法草案。法国女性的参政运动让保守派和革命派同时感到震惊,并且遭到了法国资产阶级男权社会的强烈反对和镇压。古日和罗兰夫人在18世纪末先后被送上了断头台,成为争取妇女参政权的第一批殉难者。

除法国外,英国、美国及拉丁美洲的许多国家也开始了女性参政运动并向全世界传播。在19世纪末至20世纪初,西方女性掀起了女权运动和女性参政运动的第一次高潮。

从国外妇女运动的历史来看,妇女参政的第一个目标都是争取选举权。1866年,英国妇女第一次提出女性选举权。1869年,美国妇女提出"女性参政"的口号。1893年,新西兰妇女在人类历史上首先获得了选举权(见表12-3)。在第一次世界大战后,各国妇女运动普遍提出选举权的要求陆续得到实现。到1945年,在联合国51个成员中,30个国家的妇女已获得了选举权,占成员总数的58.8%;而到了1977年,联合国149个成员中就有141个国家的妇女享有选举权,占成员总数的94.6%。①

表12-3 世界主要国家妇女获得选举权时间②

国别	年份	国别	年份	国别	年份
新西兰	1893	英国	1918	委内瑞拉	1947
澳大利亚	1902	美国	1920	阿根廷	1947
芬兰	1906	西班牙	1931	前南斯拉夫	1947
挪威	1913	土耳其	1934	保加利亚	1947
丹麦	1915	法国	1944	罗马尼亚	1948
前苏联	1917	意大利	1945	智利	1949
德国	1918	日本	1945	印度	1949
中国	1949	叙利亚	1952	摩洛哥	1963
希腊	1952	埃及	1956	瑞士	1971
玻利维亚	1952	加蓬	1956	葡萄牙	1976
巴基斯坦	1954	伊朗	1963	列支敦士登	1986

在东方各国,许多国家的妇女解放运动与民族解放运动相结合,从而使女性获得政治权利。1931年,斯里兰卡妇女在亚洲地区最早获得选举权和被选举权。1945年,日本妇女获得了与男子平等的选举权。1949年,中国妇女获得了选举权和被选举权。

---

① 李银河:《女性权力的崛起》,中国社会科学出版社1997年版,第4页。
② 沙吉才主编:《中国妇女地位研究》,中国人口出版社1998年版,第93页。

20 世纪六七十年代以来，新技术革命和民族独立、民主革命的浪潮在全球兴起，这股浪潮重塑了世界妇女强烈的时代感与参与欲，女性的自我意识因此得到进一步发掘，女性参政运动随之呈现出越来越强的发展势头，形成了第二次高潮。

在美国，1970—1990 年间，州立法机构的妇女人数增为原先的四倍，女性律师和法官的人数几乎增加了同等数量。20 世纪 90 年代，在全世界范围的国家立法机构席位中，妇女占了 10%。①

越来越多的杰出女性进入了最高决策层。在过去的几十年中，世界政坛先后涌现出多位女性首脑。如 1960 年，班达拉奈克夫人出任斯里兰卡总理，成为世界第一位女总理。从 1966 年开始，英迪拉·甘地夫人就任印度女总理 15 年。1979 年，撒切尔夫人成为英国第一位女首相，并三次连任，是 20 世纪英国唯一连选连任的首相。西方国家女部长、女议员等高级领导人亦有相当数量。如北欧五国（挪威、瑞典、丹麦、芬兰、冰岛）妇女参政比例在 35% 以上，而且女性高层官员较多，芬兰、冰岛、挪威都出现了女性元首。冰岛 1980 年就产生了世界上第一个民选女总统维格迪斯·芬博阿多蒂尔，且连任 4 届。1981 年 2 月，布伦特兰夫人出任挪威首相，成为挪威历史上第一位女首相。她大胆起用女性入阁，在她连任三届首相期间，女性政府要员优良的素质和政绩得到了公众认可。2000 年，塔尔娅·哈洛宁出任芬兰女总统，2006 年她再次当选。1997 年，奥尔布赖特成为美国历史上第一位女国务卿；2004 年，赖斯任国务卿；2007 年，佩洛西当选为美国历史上的首位女议长；2009 年，希拉里成为美国历史上第三位女国务卿。2005 年，德国选举产生了首位女总理默克尔。2013 年 2 月，韩国史上首位女总统朴槿惠上任。这些执政妇女能更自觉地代表妇女的整体利益，对政府的决策发生重大影响。近年来，拉美女性参政意识和热情高涨，女性参政蔚然成风。如 2010 年 2 月，劳拉·钦奇莉亚在哥斯达黎加总统选举中获胜，成为该国历史上第一位女总统；2010 年 10 月，迪尔玛·罗塞夫以 56.05% 的得票率当选巴西首位女总统。同时，女部长、女省长、女市长、女议员在拉美屡见不鲜，女性正逐渐撑起政坛"半边天"。这表明了世界女性参政运动得到了迅速的发展，已经从幼稚走向了成熟阶段。

2. 中国女性参政的历史与现状。

①中国古代女性参政。

人类进入父权制社会以后，原始母系氏族时代女性的辉煌地位一落千丈，被恩格斯称为"最先做奴隶的人类"。在父权制的统治之下，形成了一

---

① 苏红主编：《多重视角下的社会性别观》，上海大学出版社 2004 年版，第 101 页。

系列限制女性参政的礼法、观念、制度与政令。如《易经·家人》讲"女正位乎内，男正位夫外，男女正，天地之大义也，男不言内，女不言外"。《管子·君臣下》强调"妇言不及官中之事"。《礼记》规定："妇人无爵，从夫之爵，坐以夫之贵。"如此等等，都不允许妇女涉足政治。

从总体上说，在漫长的奴隶制与封建制时代，女性与政治无缘，被隔离与被限制在社会政治生活之外。但是事实上古代中国仍有一些女性冲破重重障碍，登上政治舞台，发挥其政治作为。她们通过辅佐丈夫、儿子或担任巫祝等多种途径参政。如中国的夏商时期，仍然有贵族妇女介入公共事务的传统，参与军政事务、准备和主持祭祀、管理农业等。如商王之妃妇好曾率领13000人的军队讨伐西羌。唐朝女皇帝武则天称帝历时15年，加上代高宗执政和临朝称制，前后执政近半个世纪，被称为"千古一帝"，政绩卓著。清朝慈禧太后统治晚清近50年。其他女性或通过"和亲"来参与政治，如西汉的解忧公主、王昭君出塞，远嫁匈奴，促进了汉匈之间经济文化的交流与发展；或参加农民起义军，打着"替天行道"的旗号，反对腐朽王朝的统治，如西汉吕母、迟昭平，东汉征则、征贰，唐初陈硕真，宋杨妙真，明唐赛儿，清王聪儿；等等。但是，古代中国女性的生存与发展空间毕竟有限，女性参政仅仅只是个体参与，并不代表总体，更无关于女性群体的政治地位。很多时候，女性在一定条件下参政，不过是封建宗法制度下家族制和夫权制权力延伸的一种特殊现象。事实上，在漫长的历史年代中，女性始终处于依附男子的第二性的地位。

②近代资产阶级民主革命时期以来的女性参政。

妇女参政运动是近代工业革命和资产阶级革命的产物。从18世纪末到19世纪初，妇女参政运动席卷欧美各国。中国妇女参政运动的发生比西方妇女参政运动晚了近一个世纪。它的崛起源于近代民主思想的传播和辛亥革命的胜利。

1911年，在资产阶级革命派取得了辛亥革命胜利后，以"中国同盟会"女会员唐群英、林宗素、吴木兰等为代表的一批中国妇女在西方妇女参政运动的影响下，发动了中国第一次妇女参政运动。1912—1913年，她们先后组织了"女子参政同盟会"、"神州女界共和协社"、"万国女子参政会中国分会"三大女性参政团体，为女性争取参政权。唐群英等人曾经率领群众"大闹参议院"，并和参议长展开激烈辩论。但是由于军阀袁世凯的镇压、革命派内部的压制、社会舆论的不支持和女性参政运动自身的弱点，中国第一次由妇女发起的女子参政运动失败了，女子参政团体也被勒令解散。①

---

① 陶洁、郑必俊主编：《中国女性的过去、现在与未来》，北京大学出版社2005年版，第117页。

妇女要求参政权的运动在经历了低谷后，在联省自治的背景下又经历了一次高潮。各地纷纷成立各种"女子参政协会"、"女权运动同盟"等组织团体，要求民主立宪和妇女参政权。但是这些运动都以失败而告终，并没有给女性带来实际上的参政权。①

中国共产党领导的妇女参政运动已被纳入到阶级解放和民族解放的运动之中。1922年，中国共产党"二大"通过了《关于妇女运动决议案》，明确将"帮助妇女们获得普通选举权及一切政治上的权利和自由"作为奋斗目标。1934年，中国共产党颁布了《中华苏维埃共和国宪法大纲》，明确规定妇女享有与男子平等的选举权和被选举权。1939年，在延安由毛泽东倡议建立了中国女子大学，培养了一大批妇女参政的骨干。这是中国女子参政史上女性首次接受参政技能的培训。在中国共产党的控制区域，一些妇女参与了政权建设。

③1949—1976年中国妇女参政运动。

新中国成立后，中国妇女的参政水平有了很大的提高。女性的参政权不仅在法律上得到保障，而且在实践中得以实现。1949—1956年，妇女开始在国家高层权力机构中担任重要的领导职务。1949年9月产生的中国人民政治协商会议第一届全国委员会中有女委员12人，占委员总数的6.6%，女常委4人，占常委总数的8%。中央人民政府委员会中有女委员2人，占委员总数的3.1%。在第一届中央人民政府的6位副主席中，有1位女性。当时，中央人民政府各机构中副部级以上领导干部中有20名女性，分别担任26个职务，约占总数的4%。②

其次，广大妇女群众积极参加基层政权建设。1953年2月通过的《中华人民共和国选举法》明确规定妇女享有与男子同等的选举权和被选举权。从1953年到1956年，亿万妇女群众参加了基层普选活动和民主建设工作。1954年全国基层选举时，参加投票的女选民占全国女选民总数的84%。全国各地选出的人民代表大会代表566.9万人，其中当选为基层人民代表的妇女有98万余人，占全国代表总数的17.3%。1956年第二次全国基层普选，当选的女代表人数达到100多万人，占代表总数的20.3%。当选为全国人民代表的妇女147人，占代表总数的12%。③

再者，成立了妇女的全国性组织：中国民主妇女联合会（后改称为"中

---

① 杜芳琴：《中国妇女研究的历史语境：父权制、现代性与性别关系》，《浙江学刊》2001年第1期。

② 罗琼主编：《当代中国妇女》，当代中国出版社1994年版，第33页。

③ 陶洁、郑必俊主编：《中国女性的过去、现在与未来》，北京大学出版社2005年版，第119页。

华全国妇女联合会"）。作为联合了全国各类妇女社团和在地方各级建立起的妇女组织的妇女团体，中国民主妇女联合会代表和表达妇女群体的特殊利益和要求，对政府行为进行民主监督，同时推动各类妇女团体和地方各级妇联组织通过各种渠道发挥参政、议政作用。

1957—1965 年，在广大女性积极参加社会主义建设的热潮中，不少女劳模走上了基层领导岗位，这成为了社会主义建设时期中国女性参政的显著特点。"文革"期间，大批女工和女农民代表进入参政系统，妇女干部的人数比例达到新中国成立以来最高点，但因在干部培养和选拔中重阶级出身，忽视发挥女知识分子的作用，一味提高参政率而脱离社会发展与妇女发展的实际需要等造成了参政女性整体素质偏低、参政能力欠缺、参政质量不高等弊病，从而在一定程度上影响了民主政治建设的健康发展。

④改革开放后中国女性参政的现状。

十一届三中全会以后，中国社会发生了重大的变化。拨乱反正的进行、改革开放的深入发展使中国女性参政获得了发展的良好环境。在新时期拨乱反正的过程中，知识女性重新获得了参政的权利和机遇。80 年代初，全国一半以上的省、直辖市、自治区选拔了女高级知识分子进入领导班子。全国多数县、市选配了一名女知识分子担任副县长、副市长。女知识分子走上领导岗位，不仅改变了女性领导干部队伍的知识结构，而且促进了女性群体参与意识的觉醒。

但是，1983 年初开始的领导机构和干部制度改革与 1987 年首次实行的差额选举对妇女参政产生了重大的影响。国家党政机关女干部和大部分省、市女干部的比例呈下降趋势。全国人大六届一次会议女常委人数比例由 21% 降到 9%。1987 年 10 月召开的党的十三届一中全会选举产生的中共中央领导机构情况为：中央政治局没有女委员；中央委员会 175 名委员中女性 10 人，占 5.7%，低于十二届的 9.4%；中央书记处、中央顾问委员会、中央纪律检查委员会中没有女性的身影。1988 年 3 月举行的全国人大七届一次会议选举产生了新一届国家和政府领导机构。国家正副主席、政府正副总理、国务委员中没有一名女性；国家各部部长共 42 人，只有 2 名女性，这一现象在当时被称为"尖端缺损"。在相继进行的换届选举中产生的各省主要负责人共 120 人中，也仅有 3 名女性。基层的状况更不乐观。中国妇女参政面临严峻的挑战。

从 20 世纪 90 年代初开始，中国妇女参政逐渐走出低谷，并焕发出勃勃生机。1992 年 4 月，《中华人民共和国妇女权益保障法》的颁布实施为妇女的全面发展创造了全新的法制环境。这既是妇女参政的结果，又是妇女参政的法律保障。1995 年，中国政府在北京承办了联合国第四届世界妇女大会，公开承诺将社会性别视角纳入决策主流，使社会性别理论开始推广。1995 年中国政府发表《中国妇女发展纲要（1995—2000 年）》，第一个目标就是要提高妇女参与国家和社会事务管理的程度，提高妇女在领导班子中的比例。2001 年国务院颁布的《中国妇女发展纲要（2001—2010 年）》倡导妇女提高自身素质，提高参政议政的能力，提出"提高妇女参与国家和社会事务的管理和决策水平；提高妇女参与行政管理的比例；女干部占干部队伍总数的比例逐步提高"等主要目标。2011 年颁布的《中国妇女发展纲要（2011—2020 年）》为进一步推动妇女参与决策和管理，提出了"积极推动有关方面逐步提高女性在全国和地方各级人大代表、政协委员以及人大、政协常委中的比例"、"县（处）级以上各级地方政府和工作部门领导班子中担任正职的女干部占同级正职干部的比例逐步提高"等目标和将采取的策略措施。这些都成为了推进妇女参政进程、促进妇女发展的契机。

这一阶段，各级人大女代表的比例、各级政府部门中女干部的人数都有了显著增长。2013 年 3 月，在第十二届全国人民代表大会当选的 2987 名代表中，女代表 699 名，占代表总数的 23.4%，和 1954 年第一届全国人大妇女代表占 11.9% 相比，高出 11.5 个百分点。据统计，目前中国党和国家领导人中有 8 位是女性；在国务院的 28 个组成部门中，有 3 位女部长，我国目前有 230 多位女性任省部级领导职务（含副职），各级女市长约有 670 人，女干部队伍达 1500 多万人。女干部已经占公务员总数的 40% 以上。这表明了我国女性参政总体上呈上升趋势。广大妇女在参政和社会主义现代化建设中作出了功不可没的贡献，她们中的许多杰出代表积极参与党和国家以及社会的各项管理事务，进入各级党政班子担任领导职务，成为我国各项政治活动中一道靓丽的风景线。

三、中国女性参政面临的主要问题

自改革开放以来，我国女性参政取得了巨大进步。但由于长期的历史、文化影响，在我国经济体制改革和政治体制改革的进程中，仍然存在男女不平等现象，女性参政面临的形势依然严峻。

目前，我国女性参政面临的问题主要表现在以下几个方面：

1. 女性参政的比例偏低。

目前，中国担任高层领导、经济管理决策部门领导和农村基层领导的女性比例偏低。1995 年，联合国第四次世界妇女大会通过《行动纲领》，要求女性在各级权力机构中的比例在 2000 年实现 30%。但是据统计，1997—2002 年，我国中央委员及候补委员、国务院各部部长、全国人大常委、全国政协常委中，女性所占比例分别为 7%、3.4%、11.9% 和 9%，远低于 30%

这一要求①；在地方各级党政机关和国家权力机关的领导职务中，女性的比例也没超过 20%。② 2003 年 8 月中国妇女第九次全国代表大会召开期间，国家权威机构所作的统计表明：中国妇女参政比例在国际社会的排名逐年下降。从 1978—1993 年，改革开放 15 年来女人大代表的比例一直稳定保持在 21% 的比例。1994 年全国人大女代表的比例在国际议员联盟中的排名是第 12 位，1997 年名列第 16 位，2000 年名列第 20 位，2001 年名列第 24 位，2002 年名列第 28 位，2003 年下降为第 38 位。据全国妇联妇女研究所提交的《2010 年国际妇女参政主要状况》这一研究报告显示，2010 年中国妇女在人民代表大会中的比例，与其他国家在议会中的位置相比，已跌至第 55 位。这主要是世界各国议会中的女性比例逐年上升，中国则提高不大。1998 年第九届全国人大女代表的比例是 21.82%，而 2003 年第十届全国人大女代表的比例下降到 20.24%，全国政协女委员的比例也仅为 15.5%。从 2009 年开始，全国人大代表中妇女代表的比例逐渐提高。第十一届全国人大妇女代表比例为 21.33%，比第十届提高了 1.09 个百分点；第十二届全国人大妇女代表比例为 23.4%，比第十一届提高了 2.07 个百分点。尽管我们国家采取了一些措施来提高妇女参政比例，但两性在政治领域的不平等依然广泛存在。

2. 女性参政的结构欠佳。

所谓女性参政的结构，一是指女性在权力结构中的角色，例如妇女一般担任家庭、卫生、教育、福利、环境等软性部门的领导，妇女在公共事务中的角色多是其家庭角色的延伸；二是指女性在权力结构中的地位，妇女一般是副职或副手，这是妇女在家庭和社会中的从属地位在政治结构中的反映。目前，我国女性领导干部多数集中在妇女工作、计划生育和卫生文教领域，在党政主干线和重要的综合部门任职的很少。此外，我国女性所任职位正职少、副职多。以正职岗位计量，我国女性参政呈现出"菱形"的结构，即基层班子女干部与高层一样严重短缺。在省、地、县、乡四级党政班子正职中，女性分别仅占 1.7%、6.5%、7.05%、3.4%。③ 据 2002 年 7 月初在北京召开的"女性领导：塑造全球发展的力量"研讨会的有关统计，中国 661 个城市中，在任的正、副女市长人数 500 人，同中国 5000 名男市长相比，仅占 10% 左右，且 90% 为副职。④ 这造成了中国妇女参政的独特模式——参与广泛，尖端与实权缺失。据 2010 年第三期中国妇女社会地位调查显示，

① 郭砾：《试析各级领导班子的性别比例配置》，《妇女研究论丛》2001 年增刊。
② 崔榕：《对女性参政的新思考》，《湖北成人教育学院学报》2004 年第 1 期。
③ 徐春华：《女性参政面临的问题及对策探讨》，《中共南宁市委党校学报》2004 年第 5 期。
④ 李德姗：《中国女性参政面临新挑战》，《人民代表报》2003 年 3 月 8 日第 4 版。

女性在各级领导岗位上任职的比例偏低，担任正职的女性更少。即使在社会组织中，女性担任高层和中层管理者的比例也低于男性。2.2%的在业女性为国家机关、党群组织、企业、事业单位负责人，仅为男性相应比例的一半。妇女参与决策和管理仍然面临诸多障碍。①

3. 女性参政的外部环境和用人机制的多方制约。

首先，我国现行干部选拔方式多采用委任制，即自上而下地由上级组织部门报名、考察、任命，而组织部门少数领导对女性从政意义认识不足，认为选拔女干部是"凑比例"、"填指标"，没有真正把培养选拔女干部看成是民主法制建设和保障占人口半数的女性政治权利的需要。

其次，现行政策制度存在性别偏见。如我国的干部选拔任用标准并没有充分考虑到女性的生理特点和成长规律。另外，有关政策以保护和照顾女性为理由，实际却限制了女性的发展。如新中国成立初期设立的一些保护妇女的规定和女工50岁退休、女干部与专业技术人员55岁退休的规定，今天在女性普遍摆脱多生育、多子女结构、平均预期寿命超过男性3～5岁的情况下，已经没有了科学的依据，并且广大妇女已经强烈要求改变相关规定，但是却长期得不到修改。如我国《公务员法》规定，男公务员年满60周岁，女公务员年满55周岁应当退休。女公务员退休年龄要比男公务员退休年龄提前5年，造成了事实上的男女不平等。

再者，媒体的文化传播作用对女性参政不利。当前某些宣传的误导扩大了男女不平等的角色定型，诱导妇女对传统角色的认同，加深了社会对妇女的偏见。如大众传媒迎合传统男权文化，片面宣传女性温柔、忍让、逆来顺受的性格，自觉或不自觉把妇女定位于家庭之内，定位于缺乏理性的情感动物，定位于美丽性感的被观赏物，定位于被人怜惜的弱者。这些都极大地阻碍了女性参与社会发展的自信心。

4. 传统文化所造成的性别歧视根深蒂固。

由于中国传统封建思想一直维护男尊女卑的性别意识，将女性最大限度地向家庭"挤压"，"男主外，女主内"、"女子无才便是德"、"女不干政"等一度定格女性社会地位。一些男性受传统性别意识的影响，对男女平等基本国策觉得不可理解，对女性从政存在种种偏见。如认为在激烈的竞争中，在职位有限、任务繁重的情况下，提拔女干部是"添累赘、找麻烦"；在干部选拔中，人们先验地认为"女子不如男"，很多时候社会只是把妇女参政当作一种性别的点缀和政治上的摆设来看待；一些人认为女性过于情绪化、

---

① 第三期中国妇女社会地位调查课题组：《第三期中国妇女社会地位调查主要数据报告》，《妇女研究论丛》2011年第6期。

心胸狭窄、优柔寡断、工作琐碎、缺乏魄力、思维保守、目光短浅等，根本不适合参政。在对女性的角色评估和角色定位上仍然受"男主外，女主内"传统的文化模式的影响，将女性定位于"主于内"的"贤妻良母"。女性一旦成为"女强人"，就很容易遭到人们的排斥和贬低。据 2000 年第二次中国妇女社会地位调查统计，赞成"干得好不如嫁得好"的达到 34.1%，女性认同这个观点的比例比男性还高 7.1 个百分点。10 年以后，这一数据不但没有下降，反而上升。据 2010 年第三期中国妇女社会地位调查显示①，有 44.4% 的受访者表示认同"干得好不如嫁得好"，与 2000 年相比，男女两性对此认同的比例分别回升了 10.5% 和 10.7%，女性认同这个观点的比例比男性高出 7.3 个百分点。无疑，我国女性的自我定位仍然受到传统观念、文化偏见的影响。

5. 女性自身参政意识薄弱。

女性的参政意识主要表现为"女性对政治生活的普遍兴趣和积极主动的参与态度，以及从政妇女自觉代表妇女的整体利益，对政府的决策发生影响，使妇女的权益在政治领域中得到体现"②。西方女性为争取参政权利经历过漫长而艰难的斗争历程，在获得参政权后她们从政热情高涨，积极主动介入政治，参政意识很强。而新中国成立后中国妇女获得参政的地位和权益是由共产党和社会主义制度赋予的，她们无须像西方女性一样为争取参政权而进行激烈的群体抗争。这既是中国女性的幸运，也造成了中国女性内在的政治诉求匮乏，在权力参与的过程中，只是被动地接受而非主动地进取，女性主体的参政意识淡薄。另外由于受"男主外，女主内"、"女性不言权"传统观念的影响，中国女性的社会事务参与度和参与意愿、选举意识、组织化程度等都明显低于男性。如许多女性除业务工作外，对政治一般持远离态度。她们不大关心领导的性别问题，认为"谁当都一样"。而女性的参政质量也有待提高。有些女领导干部在进入权力系统后并未将性别平等纳入决策主流，很少利用自己的政治身份表达女性的声音，争取女性的权益，甚至还对女性怀有偏见。这不仅背离了女性参政的宗旨，反而成为影响女性参政的一个障碍。

四、推进中国女性参政的主要对策

女性参政是一个复杂的社会问题，它关系到社会政治、经济、文化等各个方面。由于我国各个地区的政治、经济和文化发展并不平衡，仍然存在着阻碍女性参政的制度和文化性因素。因此，要进一步提高妇女的地位，充分

---

① 第三期中国妇女社会地位调查课题组：《第三期中国妇女社会地位调查主要数据报告》，《妇女研究论丛》2011 年第 6 期。

② 骆晓戈：《女性学》，湖南大学出版社 2005 年版，第 67 页。

发挥妇女参政的作用，就必须正视当前女性参政的障碍，在全社会、各级政府和女性群体的共同努力下排除障碍，真正推进中国女性参政。

1. 完善有利于女性参政的政策法规。

各级党委、政府要把性别意识纳入决策主流，全面落实《中国妇女发展纲要》和《培养选拔女干部工作规划》，从制度措施上保证女性从政的程度。

首先，制定平等合理的干部选拔制度。要调整以男性为中心的干部选拔任用标准，在选拔任用领导干部的具体条件上，党委（组织部门）应充分考虑女性在生理方面的特性，对她们区别对待；女干部的选拔制度除任命制外，可采取公开选拔、竞争聘用、基层选举等多种途径，给女性参政提供一个更加广阔的空间。其次，保障女性参政比例。目前，国际上普遍实行设定女性参政指标和配额的策略，对参政女性实行保护和倾斜性政策，以促进女性进入决策层。第四届世界妇女代表大会《行动纲领》要求，妇女代表参政议政的比例应该不低于 30%。"芬兰规定政府机构的妇女名额为 40%，印度在地方一级成功地采用了 33.3% 的妇女名额，加纳规定议会妇女名额为40%，意大利和奥地利均规定某些政党的妇女名额 20%～40%。"① 我国对妇女参政采取倾斜政策，但离国际上"妇女代表参政议政的比例应该不低于30%"的指标还有相当的距离。《中国妇女发展纲要》（1995—2000 年）规定今后国家机关和各级党委政府工作部门要有一半以上的领导班子配备女干部；要求党、政、人大、政协四大班子中各有一名以上的女性。《中国妇女发展纲要》（2011—2020 年）进一步推动妇女参与决策和管理，提出"积极推动有关方面逐步提高女性在全国和地方各级人大代表、政协委员以及人大、政协常委中的比例"、"县级以上地方政府领导班子中有 1 名以上女干部，并逐步增加"等目标。现阶段，为保证女性参政目标得以实现，我国仍然要继续贯彻执行女性参政规定比例的政策，并逐步提高各级领导班子中的女性比例。最后，完善保障女性参政的立法和配套政策，建立有效的监督机制，及时纠正含有性别歧视或阻碍女性参与决策的政策条款。女性参政是以女性全面、平等参与公共生活为前提的，因此，凡是涉及女性权利的政策法规都应保护女性合法权利，体现性别平等原则。对违背政策、阻碍女性参与政治生活的政策条款或政策执行不利的行为，应该建立健全的监督机制。目前联合国和许多国家设立了监察机构。1982 年 10 月联合国成立了"消除对妇女歧视委员会"，以审查和监督各个国家执行《妇女政治权利公约》、《消除对妇女一切形式歧视公约》等《公约》的情况。挪威政府设有男女平等

---

① 刘伯红：《半边天要顶破"玻璃天花板"——中外女性参政的进展和对策》，《中国行政管理》2003 年第 3 期。

事务监察机构，其主要任务是保证《男女平等地位法》各项条款的落实，并接受个人和各种组织对《男女平等地位法》条款的申诉。法国 1995 年 10 月成立了由议员、非政府组织代表和知名人士组成并由总理直接负责的"对等观察中心"，对妇女现状进行分析，并向政府提出议案，以促进政治上男女人数对等目标的实现。我国尚未设立执行妇女法律的监察机构。在这一点上应该借鉴国外的一些先进经验。

2. 努力改变陈腐的社会性别文化，营造良好的参政氛围。

首先，要改变"男主外，女主内"的传统观念，公正客观地评价女性，提倡、鼓励女性对社会事业的关注和参与。其次，要清除思想文化领域特别是媒体的文化传播中的男女陈规定型的消极观念，坚决抵制对女性的性别歧视；最后，要研究参政女性的特殊需求，解决她们的实际困难，创造条件帮助她们成长。针对男女两性在家务分工中不均衡状况，大力提倡家务事家庭成员共同分担，使"分一半家务给男性，还一半权利给女性"（第四次世界妇女大会提出）的社会总体分工模式尽早得以普及，以缓解参政女性家庭与职业之间的角色冲突造成的巨大的心理压力，真正实现男女两性携手进步和共同发展。

3. 进一步唤醒女性群体的性别意识，提升女性综合素质，增加女性参政能力。

女性参政除了积极争取和创造良好的外部环境外，女性自身的素质是起决定作用的内因。因此，提高女性的群体和个体素质显得尤为重要。

首先，要唤醒女性群体的性别意识。一方面，广大女性能够团结起来，支持、拥护、帮助和宣传优秀的参政女性，真正成为女性参政的精神基础和群众基础，努力推动妇女运动事业的向前发展；另一方面，参政的女性能够在政治决策中反映广大女性的政治意愿和要求，真正代表女性群体的利益，表达妇女的声音。

其次，要提高参政女性的综合素质。参政女性要紧紧依靠女性群体和妇联组织力量，牢固树立参政的责任意识；要树立终身学习的观念，不断地提高理论素质，加强自身修养，在构建和更新知识结构的同时，培养自己的创新思维和创新意识；要主动深入实际，调查研究，在实践中学习，并争取外派、上派、下派、挂职、培训等机会，扩大视野，多岗锤炼，提高宏观决策的水平和驾驭的能力。

政治参与是中国女性乃至全世界女性地位中最薄弱的环节。因女性参政是一项系统的社会事业，要改善女性参政状况，不仅取决于社会发展水平、文明发展程度和社会性别观念，还受到妇女解放程度、女性自身素质等因素的制约。因此，推进女性参政是一个长期而艰巨的过程。

第三节　互联网时代女性的机遇与挑战

20 世纪 90 年代以来，以信息技术为核心的高新技术群的飞速发展，使超越地域、国界的全球传播网络得以建成，人类社会开始迈入具有划时代意义的互联网时代。所谓互联网时代，是指以计算机、通信、多媒体传输技术为代表的数字化信息技术为基础，跨国界、跨地区的以信息共享和信息的交互式传递为特征，以网络化为表现形式的人类历史的新时期。① 网络具有的直接性、平等性、便捷性、廉价性、公开性、交互性等特征，给女性的就业、参政提供了前所未有的机遇，同时也带来了新的挑战。

一、新的机遇

1. 互联网时代为女性就业提供了广阔的前景。

首先，网络为女性创造了新的就业机会。

信息是网络时代最重要的生产资料。在互联网时代，女性可以挣脱体力的弱势，获得与男性一样掌握信息的机遇和条件。"信息技术正快速地帮助（女性）跨越性别差异，使女性更多地参与经济生活。如今，女性利用信息技术维持生计、建立伙伴关系、交流信息，并参与电子商务。"② 随着网络技术的迅速发展，以电子信息业为主的第四产业为女性提供了大量的就业机会。很多女性的聪明才智、创造力和想象力在网络中可以得到充分地发挥。互联网使得男女在体力和心智上的差异已没有必然的优劣和界定，反而是社会分工的科学化和缜密性更有利于女性价值的自我实现。当前，在以网络技术为基础的信息技术业出现了越来越多的女性，她们成功地打破了男性在技术领域的垄断，获得了广阔的创业空间。

其次，网络改变了人的工作和劳动方式，为女性提供了多样化的就业形式。

网络的出现使传统的劳动模式发生了改变。人们可以利用已经建立的网络在家里参与在现交流、电子会议、电子沙龙、科学咨询、浏览报纸杂志、网上求职等。在此基础上，大范围实行弹性工作制，"远程工作"、"兼职工

---

① 王永生：《网络时代公民政治参与的若干问题研究》，大连理工大学硕士学位论文 2000 年。

② UN：Net Narrows GenderGap, http://www.wired.com/techbiz/media/news/2000/08/38472.

作"或"居家工作"已成为可能。据估计，到 2016 年，全球将有 2 亿人在家上班。① 这对于需要花费比男性更多的时间来照顾孩子的女性而言，无疑提供了更灵活的工作时间和工作方式，为她们充分发挥自己的优势和创造力提供了方便。当今，已经出现了一种由网络产生的新的就业模式——SOHO（Small office，Home office），其中女性就占了相当比例。

2. 网络发展为妇女参政提供了更广阔的舞台。

在计算机技术、网络通讯技术高速发展的今天，女性广泛地参政，充分发挥女性的领导才能，也将迎来新的发展机遇。

首先，网络的出现促进了男女两性的社会平等，提升了女性的主体性。

网络时代科学技术在生产中的支配作用，电脑的大量普及，信息化的生产、管理与办公自动化，使体力强弱、性别区分不再具有重要意义。这为知识女性参政提供了平等竞争的有利机遇。随着网络技术的发展，妇女受教育程度得到普遍提高，为女性参政准备了雄厚的知识储备。网络时代丰富的信息和资源共享，带来了多样化的教育形式。女性可以通过网上学校学习各种文化知识和技能、获取信息，全面提升自己的素质和竞争能力。

其次，网络成为了公民政治参与的重要渠道。

随着科学技术的发展，信息通过网络在全世界自由地传递和流动。网络的发展为女性参政提供了低成本的交流工具，从而有助于女性更多地了解国家乃至世界大事、开阔视野、更新知识，并发表自己的见解；网络政治参与在地域空间和参政内容上较以前要宽泛得多。来自不同地域的女性可以通过网络互相沟通，交流经验，统一行动。如女性可以建立支持妇女发展和参政的网络，在各类妇女团体、女性联谊组织、协会、个人之间建立起经常性的交流，商讨共同感兴趣的问题，就关于女性发展的问题交换意见、协调行动。女性执政者也可以最大程度地反映女性的呼声，得到女性群体的普遍支持，建立参政的广泛基础等。网络发展为女性参政提供了新的途径和手段，这不但降低了女性政治参与成本，最重要的是培养了自由平等的政治参与文化，更利于女性知政、议政、执政。

二、新的挑战

互联网时代给女性的生存与发展带来的好处是显而易见的。但是，不容忽视的是，网络技术的发展犹如一把双刃剑，在给女性的就业和参政带来众多机会和宽广的发展空间的同时，也带来了新的挑战。

---

① 高红冰：《信息化改变社会生活》，《人民论坛》1998 年第 8 期。

1. 受教育程度对女性生存与发展的影响。

当前，以网络技术为基础的信息技术业是一个技术高度密集，要求特殊知识和技能的行业。要发挥信息技术的作用，实现信息技术领域的性别平等，必须要提高女性的受教育程度。女性受教育机会的多少、文化水平的高低与女性的就业率、就业层次的高低，工资收入的多少，参政意识、参政能力的高低等有着密切的关系。

从全世界范围来看，女性的受教育程度普遍不如男性。在第四次世界妇女大会召开之际，在全世界大约1亿儿童中至少有6000万女童还没有机会接受初级教育；在全世界9.6亿成人文盲中，女性文盲超过2/3。在大多数发展中国家，尤其是在非洲国家和若干阿拉伯国家中，女性文盲率很高，这严重阻碍了妇女地位的提高与发展。[①]

随着整个社会的发展和进步，当前中国女性受教育的权利和机会得到了保障和发展，女性受教育人数在不断增加，但与男性相比，其受教育程度远低于男性。1990年第四次全国人口普查数据统计显示，全国15岁以上文盲、半文盲率是22.21%，女性文盲率为31.93%；全国12岁以上文盲和半文盲人口有2.23亿，其中妇女1.56亿，占70%。文盲主要在农村，全国农村15~50岁的女性中，46%是文盲。2000年调查数据显示，在18岁至64岁的女性中，文盲比例为11.1%；女性平均上学年数为6.1年，女性的受教育水平仍然很低。2000年第五次全国人口普查显示，与第四次全国人口普查数据相比，女性成人文盲率下降到13.47%，青壮年女性文盲率下降到4.13%。随着公民受教育程度的提高，女性文盲率在下降，但扫除妇女文盲仍然是中国扫盲工作的重点。

女性受教育程度低极大地限制了女性接触新技术的机会，使女性的科技意识和科学素养因文化程度低而受到制约。根据1997年中国科协公布的90年代以来对中国公众科学素养进行的第二次调查的结果显示，中国女性的科学素养明显低于男性，其中在对科学方法、科学过程的理解和科学知识的掌握方面，差距尤为显著。2010年中国科协发布的第八次中国公民科学素养调查结果表明，我国公民的科学素养水平在明显提高，但我国公民科学素养水平发展不平衡，其中，具备基本科学素养的男性比例为3.69%，而女性比例是2.59%，男性要高于女性。

受教育程度不高也使女性无法充分获取和利用网络技术而求得自身发展的机会。在就业领域，教育程度低的女性在低技术含量、低收入的工作中所

---

① 第四次世界妇女大会《行动纲领》第70段，《第四次世界妇女大会重要文献汇编》，中国妇女出版社1998年版，第191页。

占比例大，女性失业率高；在参政上，列宁曾说过"文盲无政治"，女性较低的文化素质使她们难以实现政治的参与，也无法接近和享受网络技术给参政带来的机会。

2. 网络信息技术领域中性别偏向对女性的潜在制约。

网络时代的到来，为实现男女平等提供了机遇，但是也带来了风险。因为新技术的传播并不会自动地朝着男女平等和授予女性更多权利的方向发展。由于人类社会根深蒂固的性别偏见、性别歧视，目前网络信息技术领域已经表现出性别化的倾向，女性在这一新兴领域已经处于边缘化地位。

首先，在网络信息技术的决策部门中，男性仍然占据着绝对优势，制定的规则和制度往往反映出男性的价值观念和准则，而女性多处于边缘地位，享受不到与男性平等的待遇。德国会计师行和民意测验机构进行的一次调查显示，有从事 IT 工作的 3/5 的女性表示，如果可能的话，她们会选择其他行业，原因是她们感到事业发展过程中存在一层看得见却冲不破的"玻璃天花板"，使女性无法进入高层决策和管理部门。①

其次，女性在网络信息技术领域的就业率低于男性。网络信息技术领域的一个重要特色是技术人才和知识投入的重要性与日俱增。但由于男女不平等的现实仍未彻底改变，女性在获取和掌握信息资源、就业机会、接受教育、掌握权力、参与决策等方面与男性都存在着差距，而传统的社会刻板模式认为女性掌握新技术不如男性，也挫伤了女性进入网络信息技术领域的信心，这使得从事该行业的女性比例要远低于男性。据世界银行 2000 年 10 月的统计，在美国总数为 60.3 万人的电子工程师中，女性只占 8%。据爱尔兰软件协会 2000 年的调查结果，计算机行业中的女性仅占 34%。在技术含量较高的工作中，如编制程序和软件开发，女性的参与率仍然很低，一般为男性的 1/5。大部分女性从事的是诸如售后服务之类的工作。而在一些国家，女性即使进入信息技术行业，在收入上也明显低于男性。例如，1999 年在美国信息技术领域就业的女性的平均收入为男性的 67%。②

总之，网络技术的发展对社会生活和女性的发展产生的影响，已经受到越来越多的人的关注。当前，网络已经成为了网络时代女性运动的一个有利的工具。1985 年，女性主义学者唐娜·哈拉维发表了著名的赛博格宣言。她在《赛博格宣言：20 世纪晚期的科学、技术和社会主义的女性主义》一文中指出，网络时代的到来将男性与女性的界限模糊化了。女性可以依据和运用一定的科学技术，包括电脑对人的身体性能、机能进行的控制和改造，形

<hr />

① 罗慧兰：《女性学》，中国国际广播出版社 2003 年版，第 160 页。
② 黄香馥、刘霓：《e 时代的女性——中外比较研究》，社会科学文献出版社 2002 年，第 25 - 26 页。

成在性能和机能上更加强大的新的身体。霍尔（Kira Hall）于 1996 年提出了"自由的赛博女性主义（Liberal cyberfeminisin）"的概念，强调网络能给女性和女性主义带来一种解放的效应。赛博女性主义认为，通过对网络技术的充分有效的利用，女性可以获得更多的发展，女性的素质和能力可以得到提高，从而消除女性的受压迫地位等，让更多的人关注到网络对女性话语空间的拓展所起到的作用。

面对 21 世纪网络时代为女性的发展带来的机遇和挑战，女性应该充分把握机会，以知识充实自己，增强竞争力，克服自身的弱点，消除外界设置的障碍，更全面、平等地参与可持续发展并与男性共同享受网络信息技术所带来的广阔空间。

参考文献

1. 李银河：《女性权力的崛起》，中国社会科学出版社 1997 年版。

2. 李银河主编：《妇女：最漫长的革命》，生活·读书·新知三联书店 1997 年版。

3. 李小江等主编：《平等与发展》，生活·读书·新知三联书店 1997 年版。

4. 王政、杜芳琴主编：《社会性别研究选译》，生活·读书·新知三联出版社 1998 年版。

5. 魏国英主编：《女性学概论》，北京大学出版社 2000 年版。

6. 李长青：《女性与信息技术革命》，辽宁画报出版社 2000 年版。

7. 鲍宗豪《网络与当代社会文化》，上海三联书店 2001 年版。

8. 李慧英主编：《社会性别与公共政策》，当代中国出版社 2002 年版。

9. 黄育馥、刘霓：《e 时代的女性——中外比较研究》，社会科学文献出版社 2002 年版。

10. 曾国屏、李正风等：《赛博空间的哲学探索》，清华大学出版社 2002 年版。

11. 苏红主编：《多重视角下的社会性别观》，上海大学出版社 2004 年版。

12. 骆晓戈：《女性学》，湖南大学出版社 2005 年版。

13. 陶洁、郑必俊主编：《中国女性的过去、现在与未来》，北京大学出版社 2005 年版。

14. 祝平燕主编：《女性学导论》，武汉大学出版社 2007 年版。

15. 韩贺南、张健主编：《新编女性学》，首都经济贸易大学出版社 2010 年版。

16. ［日］富士谷笃子主编《女性学入门》，张萍译，中国妇女出版社 1986 年版。

后　记

当我校阅完本书最后一行文字的时候，正迎来 2015 年的第一个晨曦初现的黎明。十多年前的这个时节，我刚刚完成《找寻夏娃——中国当代女性文学透视》一书的写作，整个人沉浸在女性文本与女性奥秘带来身心的震撼、自我发现的欣喜之中，我当时真想将自己的这份感受送给天下所有的女性朋友。于是，我萌生了为广大女性以及一切关爱她们的人写一本书——一本贴近她们生活与生命的书——的念头。因为我觉得女性的问题并不单是任何一个个人的问题，也不仅是单一性别的问题，而是关乎整个人性、人类的大问题。为此，我将研究的视阈从女性文学扩展至女性文化，并同时尝试女性文化课程的教学实践，以寻求本书构想及论述的理论支撑和现实依凭。就是在这种信念的支撑下，我主编了《女性文化学》一书，该书被列为"十一五"国家重点图书出版规划项目，2006 年由广西师范大学出版社出版，并先后作为国家精品课程和国家精品资源共享课"中国女性文化"课程的指定教材。

2014 年，我组织课题组老师对《女性文化学》一书进行了全面修订，更新了各章节部分内容，重写了"女性的身体与智慧"等篇章，并增补了"女性与科学"一章，以求该书能更加完善完美。经过整整一年的努力，这本凝聚着编写组全体成员学术智慧和教学心血的《女性文化学》修订本终于得以完成。全书由我确定总体框架、基本思路及章节重点后，组织教师参加撰写，其间，不少章节经过多次讨论修改，最后由我完成全书的审阅定稿工作。参撰作者的具体分工是：赵树勤：前言、第一章、第五章；禹建湘、曾绍皇：第二章；陈娉美、胡海义：第三章；何炼红：第四章；禹建湘、李琦：第六章；张森：第七章；万莲子：第八章；潘桂林：第九章；宋慧萍：第十章；鲁利君、伍丹：第十一章；易瑛：第十二章。

在本书即将出版之际，我首先要衷心地感激湖南师范大学出版社的何海龙主任和谭南冬、黄莉编辑，何主任以睿智的眼光和宽阔的胸怀支持了本书的出版，南冬与黄莉责编用女性的才情和细致玉成了本书的付梓。我还要深深地感谢湖南省教育厅陈湘生副厅长，他不仅热情地参与了本书构想的设计，而且欣然为本书作序；感谢长久以来一直给予我所进行的女性文学与文化研究以支持和鼓励的张炯、乔以钢、陈骏涛、谭桂林、王红旗、王本朝、高玉、张良田、李伦娥、王福湘等诸位先生，他们智慧的心灵和温暖的手臂帮助我顺利完成了本书的编撰。同时，我也永远忘不了在课题立项、课程建设、研究写作以及编辑出版过程中默默给予我关怀、扶持的认识或不认识的女性和男性的朋友。在以上这些女士、先生的身上，我看到了平等互爱、两性和谐理想社会的曙光。

赵树勤

2015 年元旦于岳麓山下